춘천 지역의 속살을 듣다

켜켜이 쌓인 더께 속 감춰진

# 춘천 지명의 속살을 들추다

지명유래를 보는 새로운 시각

———————

2024년 7월 31일 초판 1쇄 발행

| | |
|---|---|
| 글 | 이구영 |
| **펴낸이** | 원미경 |
| **펴낸곳** | 도서출판 산책 |
| 편집 | 김미나 박윤희 |

| | |
|---|---|
| 등록 | 1993년 5월 1일 춘천80호 |
| 주소 | 강원도 춘천시 우두강둑길 185 |
| 전화 | (033)254_8912 |
| 이메일 | book8912@naver.com |

ISBN 978-89-7864-141-8  정가 18,000원

켜켜이 쌓인 더께 속 감춰진

# 춘천 지명의 속삼을 듣다

지명유래를 보는 새로운 시각

이구영

# 켜켜이 쌓인 더께 속 감춰진 춘천 지명의 속살을 듣다

## 지명유래를 보는 새로운 시각

우리는 곰이 사람이 되었다는 것을 증명하기 위해, 쑥과 마늘만 넣어 둔 채 깜깜한 굴속에 가둬두는 짓을 하지 않는다. 마찬가지로 퇴계동 과 공지어의 유래를 찾기 위해 퇴계 선생이 다녀왔다는 용궁이 실재하 는지 동해 바닷속을 찾아 나서지도 않는다. 지자체에서는 저마다 지명 과 관련한 유래담이나 전설을 찾아 스토리텔링 하려고 애쓰는 모양이 지만, 어디까지나 그것은 유래담 내지 설화일 뿐 엄격한 의미에서의 지 명 유래라고 할 수는 없다.

이 책은 이런 류의 지명 유래담이나 전설이 아니라, 지명에 실제로 어 떤 유래가 담겨 있는지를 찾는 데 역점을 두었다. 짧게는 수십 년에서 수백 년, 많게는 천년, 이천년을 훌쩍 뛰어넘어 단군시대, 또는 그 이전 에 이미 생성되었으리라 여겨지는 지명들도 상당수를 차지하고 있는 터에, 옛 선인들이 지명에 어떤 의미를 부여하였는지를 탐구하는 일은 얼핏 생각해 보아도 지난至難한 일일 수밖에 없다. 하나하나 모두 오랜 시간을 투자해야 하는 일이고, 그 경우라도 밝혀낼 수 있다는 보장을 할 수 없는 일이다.

지명 자체가 본질적으로 안고 있는 난해한 성격에도 불구하고, '적어 도 이 지명쯤은 알아야 하지 않을까?' 하는 마음에 매달리게 된 것이 어느덧 10년이 지났다. 어려우리라 예상은 했으면서도 쉽지 않았다. 몇 개월은 보통이고, 몇 년이 지나도 실마리조차 잡을 수 없는 것들도 여럿이었고, 몇 가지 해석의 가능성이 비등해 결정에 어려움을 겪기도 했다.

이 책에 실은 나의 생각이 100% 정답이라고 생각지는 않는다. 써 나가는 과정에서 기존의 생각을 바꾼 것들도 더러 있다. 다만 최대한 과학적이고 논리적인 시각에서 유래를 밝혀보려고 노력했다.

완성된 글과 미진한 것, 제목만 적어둔 것 등등을 한 데 묶어 들고 차츰 고쳐 나가야겠다고 마음먹고, 수시로 읽고 궁리했지만 도무지 진척이 되지 않았다. 매듭을 짓지 못한 채 또 얼마의 세월이 흘렀다. 나이 50을 넘자 조급증이 생기기 시작했다. 하나라도 마무리를 지어야겠다는 생각에 인터넷 카페와 블로그에 올려 두기 시작했다. 성에 차지는 않더라도 다시는 손을 보지 않으려는 일종의 미봉책이었다.

조금씩 늦추다 보니 50대 중반이 되었다. 환갑 기념으로나 출간해야 하려나 보다 생각하고 있었는데, 지난 크리스마스 이브에 뜻하지 않게 지난 산타가 찾아왔다. 자기들 생계를 꾸리기도 벅찰 텐데, 초등학교 부랄(?)친구 녀석들이 얼마의 돈을 걷어 준 것이다. 고마움을 잊지 않기 위해서라도 뜻깊은 데 쓰겠노라고 다짐했다.

일제강점기와 한국전쟁기 잦은 이사로 인해 학교를 다니는 둥 마는 둥 사실상 무학에 가까운 어머니는 늘 내 글의 첫 애독자이자 비평가셨다. 어떤 글을 쓰든 어머니께 먼저 보여드리고 나서 소용처에 보냈다. '잘 썼구나'란 말을 들으면 힘이 솟았다. 그러던 어머니가 숙환으로 재작년부터는 책은커녕 TV도 보시길 꺼리신다. 요사이는 아꼈던 물건들을 버리시고, 애인도 없는 손주들의 폐백 돈까지 모으시는 중이다. 돌아가실 준비를 하시는 게다. 읽지는 못하시더라도 돌아가시기 전에 막내아들이 쓴 책이란 걸 안겨드리고 싶었다.

올려 둔 글이 백 편에 가까워지자 비로소 책을 내어야겠다는 엄두가 생겼다. 노모 연세도 어느덧 여든여덟, 내 환갑 때까지 생존해 계시리라 기대하기도 힘들고, 계속 미루기에는 내 건강도 다음을 기약할 수 없었다. 양적으로나 질적으로 미진한 줄 알면서도 지금까지 찾아낸 성과에 나름의 일정한 매듭을 지어보고픈 마음도 한몫했다.

이 책에 실린 나의 논리가 내 생전에 사람들에게 인정받으리란 기대 따위는 애초부터 하지 않았다. 사람들이 좋아할 만한 글도 아니거니와, 내용도 쉽지 않기 때문이다. 어쩌면 이것이 역으로 10년 동안 흔들림 없이 연구를 지속할 수 있었던 힘의 원천이라 할 수 있을지도 모르겠다. 한두 세대 정도가 지날 때쯤엔 이 논리가 정설正說이거나 제 1설이 되리라 믿는다.

이 책이 나오기까지 도움을 주신 도서출판 산책의 원미경 대표님과 직원들, 무엇보다 앞으로 더 많은 날 함께 살아줄 나의 친구 녀석들에게도 지면을 빌어 감사의 뜻을 전한다.

갑진년
복사꽃 핀 따스한 봄날
봄고을 복사골에 숨어 사는 이 올림

제
1
편

기
초

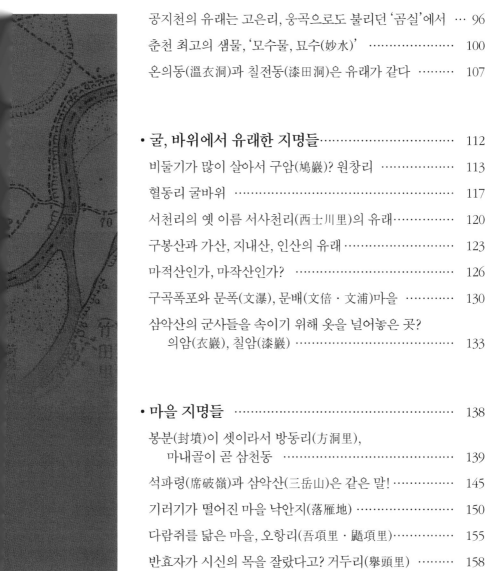

제 2 편 　심화

부록

# 읽어보기로 마음먹어 주신 여러분께

재미있게 쓰고 싶었다. 나름 재미있게 쓰느라 무척 노력했다. 남이 하면 배꼽 터지는 이야기도 내가 하면 싸해지는 걸 어쩌랴! 그래서 이 책은 읽기 쉽지 않다. 아니, 솔직히 말해 어렵다. 아무리 쉽게 쓰려고 애를 써도 지명의 생성과 변화과정을 논리를 갖추어 설명하기 위해서는 복잡한 음운현상이나 규칙이 뒤따를 수밖에 없다. 그렇다고 단순히 음상이 비슷하니까 이렇게 바뀌었을 것이라고만 설명하는 것도 썩 내키지 않는 일이다. 고대국어나 중세국어에 대한 기초 지식이 없는 이들에게는 억측이나 궤변으로 들릴 수도 있다. 그래서 가급적 예를 들어 방증하려고 노력했으나 얼마나 도움이 될지는 모를 일이다.

이해하기 어려운 것이 독자 여러분의 잘못은 아니다. 복잡한 수학이나 과학의 공식이 어렵고 이해되지 않는다고 해서 아예 존재 자체까지 부정할 수야 없지 않겠는가? 지금 우리가 쓰는 지명은 적게는 수십, 수백 년에서 많게는 수천 년 이전에 명명된 것들이 수두룩하다. 어느 한두 가지의 음운 규칙이나 현상으로 설명할 수 있는 문제가 아니란 말이다. 복잡하고 어려운 것은 당연한 일이다. 그러나 알고자 하는 마음만 갖고 있으면 그리 어렵지도 않은 것이 지명 유래이다. 학자들이 내어놓은 음운 규칙이나 현상은 사람들을 골탕 먹이려고 만들어낸 것이 아니다. 옛날 한때 쓰여졌거나 지금도 우리 주변에서 여전히 사용하고 있는 말 중에서 찾아낸 규칙과 현상일 뿐이다.

## 춘천은 한 번도 자기 이름이 '춘천'이라 말한 적 없다

춘천은 한 번도 자기 이름이 '춘천'이라 말한 적 없다. 누구든 어떤 유래든 제시할 수 있지만, 그것이 정답이라고는 아무도 가름해주지 않는다. 쉽기로 말하면 삼척동자도 '내 생각은'하고 의견을 제시할 수 있지만, 어렵기로 말하면 전문가들에게조차도 당연히 지난至難한 일일 수밖에 없다. 지명 유래를 밝히는 일은 수천 년의 세월을 거슬러 더듬어야 하는 만큼 애매모호한 것이 많은 데다, 혹여 운 좋게 유래를 찾아냈더라도 그것을 증명해내는 일은 또 다른 고통이 뒤따르는 일이기 때문이다. 그렇다고 해서 아주 밝혀낼 수 없는 것만 아니라면, 할 수 있는 한 다양한 각도로 규명해나가야 하지 않겠는가?

지명은 대부분 정규학문보다는 향토·지역학의 차원에서 연구가 이루어진다. 기껏해야 인문지리학 분야에서 지명의 활용이란 측면에서 접근하는 정도일 뿐이다. 본격 학문으로 자리매김하지 못한 처지라 지명 전문가가 있을 리 없고, 지명학을 가르치는 대학도 교과 과정에 지명학이 들어 있는 곳도 드물 줄 안다. 이 글을 쓰는 필자 자신도 지명학의 전문가라 할 수는 없다. 부정확한 음운현상이나 규칙이 있을 수도 있고 논리의 비약이 없으리란 확신도 할 수 없다. 국문과를 나왔어도 학교에서 지명학을 배운 것도 아니다. 10년 동안 혼자 탐구하면서 경험한 시행착오와 여러 서적들에 실린 다양한 견해들이 나의 스승이요 교재의 거의 전부이다.

본격적인 학문으로 취급받지는 못하는 실정이지만 지명유래는 엄연한 학문이어야 하고, 연구자들도 학문으로서 자리매김되도록 노력하여야 한다. 이 말은 고대국어나 중세국어에 대한 이해가 부족한 상태에서 애향심에 이끌려 섣불리 지명유래에 접근하면서 수많은 오류를 양산하고 있는데 대한 일종의 경종이다. 향토사를 연구하는 많은 이들이 뛰어들어 저마다의 해석을 내놓고 있지만 표기된 한자의 뜻에 얽매여 발상을 전환하지 못한다. 글자 저 너머에 자리한 유래를 간파해내는 것에는 또 다른 차원의 안목이 생겨야 가능한 일이다.

## 어원이 곧 유래는 아니다

지명 유래는 일종의 어원학이다. 어원학 중에서도 고유명사 어원학이라 할 수 있다. 여기에는 지명과 더불어 인명, 동·식물명 등등 그밖에 이름을 붙일 수 있는 모든 분야를 아우른다. 인명은 개개인에게 한정된 의미를 가지므로 작명을 하는 사람이나 특별한 상황이 아니면 관심 영역이 되지 않는 것이 대부분이다. 동·식물명의 유래를 밝히는 일은 국어뿐만 아니라 동식물의 모습이나 생태적 특성까지 꿰고 있어야 가능한 일이다.

많은 이들이, 심지어 지명을 연구하는 학자들까지도 이를 혼동한다. 유래라고 밝힌 것들은 어원일 뿐 유래로 보기 어려운 것들이 허다하다. 예를 들어 춘천시 퇴계동의 우미나리를 '우[上]+미나리[水芹菜]'로 분석하는 것은 어원학적으로는 아무런 하자가 없다. 그러나 엄황의 《춘주지》에 이 지역의 지명으로 '우민아리雨民牙里'가 수록되어 있다는 걸 알게 되면, 더이상 미나리[水芹菜]와 연결시킬 수 없다는 걸 알게 된다.

　강원도 홍천洪川은 고구려 때 벌력천현伐力川縣이었고, 신라 경덕왕이 녹효현綠驍縣으로 바뀌었다. 국어학자들은 벌력伐力이 곧 녹효綠驍와 대응하는 것으로 보아, '벌력'과 '녹효'가 '푸르다'는 뜻을 반영하고 있을 것으로 보았고, 대부분의 학자들이 이에 동의하고 있다. 자 그럼 홍천강의 물을 떠서 흰 접시 위에 쏟아보면 푸른빛을 띨 것인가? 참고로 경기도 여주는 황효현黃驍縣이니 같은 논리로 치면, 남한강의 물은 누런빛을 띠어야 한다. 구리가 자연 상태에서는 푸른빛을 띤다고도 하고, 다른 어떤 광물의 영향으로 물빛이 푸른 빛깔이나 누런 빛깔을 띨 수 있을지는 모르지만, 그것이 육안으로 구별할 수 있을 정도면, 신비스럽게 여겨 지명으로 삼기 전에 그 물을 마시고 병에 걸려 떼죽음을 당하지 않았을까 싶다.

　어원을 밝히는 국어학자들의 입장에서는 고대국어에 대한 자료가 희박한 처지에 지명을 통해 국어 자료를 확보하려는 것이 목적일 테니, 푸르다[綠]의 고대 고구려어가 '伐力'이라는 점만 밝혀내면 그것으로서 소임을 다하는 것이다. 그러나 지명학자의 입장에서는

그 물을 떠서 정말 푸른지, 그렇지 않다면 어찌하여 푸르다는 뜻의
지명을 사용했는지, 그 이유까지를 밝혀내야 할 책임이 부여된다.


## 공룡에게서 전해들었는가?

지명은 변화한다. 그 원인이야 여러 가지가 있겠지만 대체로 본래
담겨졌던 의미가 퇴색되면서 이를 재해석하는 과정에 이르게 되는
데, 이때 기존의 표기나 말 대신 자신이 이해하는 새로운 말을 만들
어내게 된다. 또는 기존의 이름이 못마땅하다고 여겨 좀 더 아름답
고 고귀한 뜻을 부여하기도 한다. 본래의 뜻을 왜곡한 경우라도 이
미 언중言衆에 의해 사용되고 있다면 그 변화를 용인하고 웬만해선
거스르려 하지 않는다. 지명도 언어인 만큼 거대한 언중言衆의 흐름
에 따를 수밖에 없다. 무엇보다 스스로 그 조류를 역행할 힘이 없는
데다, 소리높여 외친다고 한들 내 목소리에 귀를 기울이고 따라줄
언중이 있을리 만무하다는 생각에서다.

지역 향토사학계에서는 구전口傳이라는 말을 빌어 논리를 세우거
나, 이를 끌어다 방중의 도구로 삼는 경향이 있다. 특히 춘천 맥국설
등 고고학적 뒷받침이 없는 경우에 더욱 그러하다. 평창~정선의 가
리왕산이 맥국의 마지막왕인 가리왕과 관련되었다거나, 횡성 태기
산이 마한의 마지막 왕의 이름이라는 등속의 이야기가 그 예이다.
산의 이름에 사용된 임금 왕王자의 경우 대개는 '큰 산'이라는 뜻에

서 붙여진 것이다. 굳이나 임금[王]으로 해석하려는 태도는 지역민들의 바람이 담겨 있다고 본다. 임금이 다녀갔을 만큼 유서깊은 장소라는 의미를 덧붙이고 싶은 것이다.

　양구 해안면에 대해 한국토지공사,《한국지명유래집》〈중부편〉에서 본래 바다 해海자를 써서 해안면海安面이었는데, 이곳에 뱀이 많았으므로 이를 퇴치하기 위해 돼지 해亥자를 쓰기 시작했다고 전한다. 실제로 산 중턱에서는 층을 이룬 조가비들이 발견된다는 이야기까지 덧붙였다. 산 중턱에서 조가비가 발견될 정도이니 이곳이 본래 바다였으리라는 주장은 사실인 듯하다. 그런데 이곳이 바다였다가 융기되어 오늘날의 모습을 갖게 된 것은, 수천 년 내지 수억 년 전의 일일 터인데, 인간은커녕 유인원도 없었던 시절에, 대체 그 이야기를 누가 누구한테서 전해 들었다는 것인가? 히드라가 본 것을 아메바에게 가르쳐주고, 공룡이 본 것을 바퀴벌레에게 전해 주고, 참새가 쥐에게 전해 준 것을 인간에게 알려준 것이라는 식의 궤변을 통해야만 이 논리가 성립할 수 있을 것이다. 실제의 지명유래를 담고 있는 것이 아니라, 지명과 관련한 민중들의 기원이나 유희 등이 덧씌워진 것이라면, 그것대로의 설화적 가치를 두고 연구의 대상으로 삼을 수는 있겠으나, 그것이 곧 지명 유래라고 단정짓고 함부로 퍼뜨려서는 안 될 일이다.

## 동해바다에 용궁이 있다는 걸 증명하면 퇴계의 공지어 설화가 입증되는가?

많은 사람들이 지명 유래와 유래담, 지명 전설의 차이를 혼동하고 있다. 지명유래가 학문적으로 정의내릴 수 있는 학설의 성격이라면, 유래담은 어디서 유래했다는 단순한 주장이고, 전설은 지명과 관련해 이야기 구조를 가진 설화를 가리킨다. 이야기 속에 지명이 등장하는 경우와, 지명이 주제가 되는 이야기가 있다. 전자는 전설지명으로 후자는 지명전설로 분류하기도 한다. 그러나 유래담이 설화와 명확한 구별이 쉽지 않고, 전설이란 용어 자체도 국문학에서 말하는 설화로서의 전설과는 다른 범주에 속해 있는 등 용어상의 혼란이 존재하고 있다. 여기서 거론하고자 하는 것은 이런 이야기가 아니다. 많은 이들이 학술적 연구를 통해 얻어낸 학설까지도, 근거가 희박한 유래담이나, 과학적·논리적으로 증명할 수 없는 황당한 설화까지 함께 뭉뚱그려서 모두 유래로 간주한다는 것이다.

춘천의 퇴계동이 동해 용왕의 아들이 학업을 게을리 한 죄로 개가 되었다가, 퇴계 이황의 가르침을 받고 크게 깨우쳤다는 설화의 진실성을 규명하기 위해 우리는 동해 바다에 용궁이 있고, 그곳에 용왕이 살고 있다는 것을 증명해야 하는가? 그리하면 퇴계동이 퇴계 이황이 외가에서 자란 데서 유래하였다는 것이 증명되는가, 거꾸로 그 역은 성립할 수 있는가? 효자 반희언의 효성이 지극하면 산신령이 산삼 있는 곳을 가르쳐 주고, 하늘도 탄복하여 홍수도 물러나게 해주는가? 지명의 유래를 밝히는데 이런 류類의 이야기를 언급하는 것이 논리적으로나 과학적으로 요구되는 일인가?

학문은 연구를 통해 그 안에 깃들어 있는 법칙성을 찾자는 것이다. 그 방법으로 과학적, 논리적으로 분석과 종합이 이용되는 것이다. 단군신화를 증명하기 위해 범과 곰을 캄캄한 굴속에 가둬두고 쑥과 마늘을 먹이는 실험을 할 필요 없듯이, 동해 용궁의 존부存否가 퇴계동의 유래를 밝히는 데 아무런 도움이 되지 못하는 것은 자명하다. 이는 과학적 방식이 아니기 때문이다. 그럼에도 불구하고 왜 지명유래라는 명목 아래 이들을 모두 묶어두려 하는 것인가?

## 스무숲엔 스무나무가 없다

도시 개발이 진척되고 그 범위가 확장되면서 지명 유래의 대상물들도 매몰되거나, 파괴되는 사례가 늘고 있다. 지명 유래의 대상물인 줄 알면서도, 반대로 인지하지도 못하는 새, 사라져 버리는 것이 많다는 것이다. 스무숲엔 스무나무가 없고, 봉의산 범바위와 삼천동의 자라바위는 파괴되었다. 신선들의 술잔이라는 선준석仙樽石은 소양강 푸른 물속에 잠겨버렸고, 삼천동에 있었다는 선돌은 이름만 전해질 뿐 기억하는 이조차 없다. 백석동의 흰 바위는 여러 조각으로 동강나면서 제 모습을 잃어버렸다. 남은 몇 조각을 이어 붙인 초라한 모습마저도 최근 도로 확포장 공사를 하면서 더 작아진 모습으로 자리를 옮겼다.

스무나무의 정식 학명은 시무나무란다. '스무'는 '스ㅁ'가 원순모음화된 표현이니, 스무보다 앞선 시기의 어형이다. '시무'가 되려면 전설모음화 현상이 일어나야 하는데 조건이 맞지 않는다. 그러려면 뒤에 'ㅣ'나 'ㅣ'선행모음이 있어야 하기 때문이다. 느티나무, 느릅나무와 더불어 느릅나무과에 속해 있어 서로 구분하기 쉽지 않지만, 시무나무는 손가락만큼 긴 가시가 있어 비교적 쉽게 구분할 수 있다. 문제는 주변에서 시무나무를 만나보기 어렵다는 데 있다. 예전에는 잎이 풍성해서 마을 사람들에게 그늘을 만들어주는 용도로 많이 심었다는데, 지금은 목재로 쓸모가 없다는 이유로 소외되면서 찾아보려 해도 어디 가면 볼 수 있는지조차 알 수 없게 되었다. 교육을 위해서라도 마을 어귀나 공원, 자투리땅에 심어 놓고 비교해 볼 수 있게 하면 좋으련만 내가 찾지 못하는 건지, 아직 공원을 관리하는 사람들의 생각이 여기에까지 미치지 못해서인지….

유래로는 우선 스무나무숲이 있어서 명명되었을 거라는 설이 있다. 일각에선 마을이 숨어 있기때문에 숨은 마을이란 지명을 스물[ㄷㅓ]로 차자 표기했을 거란 설도 제기한다. 스무숲 마을에 처음 들어온 사람에게 물어보니 스무나무숲이 없었단 말에 다른 유래를 찾게 한 모양이다. 이 지명이 100년 전쯤 생겨난 지명이라면 첫 거주자를 찾아가거나, 마을의 노인들을 찾아 묻는 것이 효과적일지 모르지만, 수백 년 수천 년 전에 명명된 것이라면 별 도움이 되지 못하는 일이다. 지명이 반드시 사람이 들어와 살기 시작한 이후에 붙여지는 것도 아니기 때문이다. 달리 뒷받침해 줄 근거가 없다면 그냥 스무나무 고목이나 숲이 있었으리라고 하면 그만일 터인데, 굳이 본래 무슨 다른 뜻이 있었을 거라는 사족을 덧붙인다. 전국에 같은 이름의 여러 마을들이 모두 숨어 있는 마을이란 말인가?

언젠가 지인에게서 춘천 지명 중 몇 곳의 유래를 묻는 연락이 왔다. 유래를 모르거나 잘 쓰이지 않는 지명을 없앨 의도로 보였다. 지인 또한 다른 이에게서 의뢰를 받은 사안이라 그때까지 알고 있던 내용까지만 적어 보내주었다.

유래를 모르는 지명은 없애야 한다면 춘천이란 지명인들 온전하겠는가? 유래를 모른다고 없애려고 들 게 아니라, 스무숲에 작은 숲을 조성한다든가, 자라우에 자라모양의 바위 조형물을 만들어 어귀에 세워두면, 본래의 뜻을 회복할 수도 있을 터인데, 대체 이런 생각을 해 실천에 옮길 날은 언제쯤이나 될까?

### 이 책은 어떻게 구성되었는가?

이 책에 실린 글은 블로그 및 카페에 〈지명단상〉과 〈지명유래〉란 항목으로 올린 글들을 모아 엮은 것이다. 처음부터 책을 내리라 계획하고 시작한 것이 아니라 체계가 서지 못하고 순서도 매끄럽지 못하다. 글 하나로 이야기를 마무리 짓고 싶었다. 어느 한 지명에 초점을 맞추다 보니 관련된 지명끼리 중복도 생겼다. 처음부터 끝까지 읽지 않고 관심있는 글들을 먼저 읽으려는 분들을 위해 그대로 두기로 결정했다. 전체적으로는 쉽게 이해될만한 글들을 먼저 배치하고, 뒤쪽에는 어려운 글들을 두었다.

춘천 지명을 중심으로 하였다. 설명해 나가는 과정에서 춘천·횡성·화천 등과 속초·삼척·동해 등 춘천 밖의 지명들도 적잖이 포함되었다. 춘천 지명에 관심이 없더라도 지명 유래에 관심을 둔 사람이라면 자기 지역의 지명들을 이해하는데도 도움이 되리라 믿는다.

이 책에서는 지명에 대한 일반적인 설명과 이론, 연구 방법론 등에 대해서는 따로 설명하지 않았다. 그런 내용들은 이미 시중에 많은 관련 서적들이 나와 있으므로 그것들을 참조하면 될 터이다. 사실 그런 내용은 필자도 잘 모른다. 지금 여기에 설명한 음은 규칙이나 현상도 고교 시절 배운 것 이상 새로운 것은 별로 없다. 이 책을 읽기에도 그 정도의 지식으로도 충분할 것으로 본다.

혹 이 책의 논리를 말하다 보면 주위에 분명 이견을 말하는 분들이 계실 터이다. 대체로 '내 생각에는' 또는 '우리 아버지는, 할아버지는'으로 시작하거나, '어느 교수님은, 어느 박사님은'으로 시작하는 류의 말들이다. 그럴 때는 어른들의 말씀, 박사님들의 말씀을 믿으시라. "어른들 말씀 하나 틀린 거 없더라."지 않는가! 어른들의 말씀만, 박사님, 교수님들의 말씀만 들으시라. 어른답지 않은, 박사답지 못한 분들의 말을 가릴 줄 알아야 진정한 어른으로 성장할 수 있다.

그리고 나서도 분이 풀리지 않아 항의하거나 이견을 제시할 것이 남았다면 e290@naver.com 으로 전자 메일을 보내주시기 바란다. 환불은 못해드리지만 위로라도 해드릴 수 있을지 누가 알겠는가? 감사의 인사를 전할 겸 생각나는 대로 두서없이 몇 자 적어본다는 게 그만 넋두리가 되고 말았다. 널리 양해 바란다.

# 제1편

# 기초

두루미 마을,
학곡리(鶴谷里)

장롱을 닮아
농암리(籠巖里)

서오지리(鋤吾芝里)와
포항 호미곶(虎尾串)

# 닮은꼴 지명들

고탄의 고양이산과
쥐산

입술을 닮은 마을,
서면 현암리 구순터(口唇垈)

신틀을 닮아
혜기암(鞋機巖)

모란을 닮은 산과 마을?
모오리(毛五里)

노루를 닮은 마을

# 두루머 마을, 학곡리 鶴谷里

강원도에서의 고개는 이 마을과 저 마을을 나누는 경계다. 작은 고개를 넘으면 작은 마을이, 큰 고개를 넘으면 큰 마을이 있다. 막힘과 동시에 열림, 고개는 그런 기능을 했다.

지금은 시내버스가 운행되고 있지만 어린 시절 고향마을에서 춘천까지는 시외버스가 다녔다. 길은 두 갈래, 하나는 모래재고개 쪽이고 다른 하나는 덕만이고개를 넘는 것이었다. 시골길을 다니는 버스는 길이가 짧고 차체가 높았다. 찻 바퀴가 닿는 곳은 그렇지 않은 곳에 비해 한두 뼘 이상 깊이 패여 있다 보니, 차체 바닥이 땅에 쉬 닿기 때문이었다. 눈이 많이 내리거나 산사태로 길이 막히면 마을에서 방송을 했다. 길이 막혀 버스가 들어오지 못하니, 학부모들은 모두 나가서 길을 열어야 했다. 장마에 물이 불어 개울을 못 건널 때면 시내에서 들어오는 버스는 개울 앞까지만 운행을 했고, 이미 들어온 버스는 시내를 나가지 못하고 막힌 곳까지만 다녔다. 기사는 그동안 종점에서 취식을 해야 했다. 강을 건널 수 없는 아이들은 장마 소식이 있으면 몇 시간 일찍 수업을 마치고 일찍 귀가를 시켰다. 마을에서는 패이는 것을 막기 위해 가끔씩 덤프트럭으로 강의 자갈을 퍼다가 길에 뿌려 놓았다.

사람을 가득 태운 버스가 꼬불꼬불 비포장 고갯길을 느릿느릿 넘노라면 애처로운 마음조차 들기도 했다. 잔등에 올랐다가 내려갈 때는 마치 한숨을 내쉬는 듯한 소리를 뿜었다. 느릿느릿 덜컹덜컹 버스가 힘겹게 오르면, 세련된 디자인을 한 버스들이 쌩쌩 앞서 달렸다. 세련되고 세상의 빠른 속도에 내 스스로 위축되는 느낌이었다. 길을 잃지나 않을까 두려워 학교도 다니던 길로만 다녔고, 방학에도 집밖을 나서는 일은 드물었다. 애초에 사교성이 없어 두어 명을 제외하면 만날 친구들도 별로 없었지만, 그렇다고 공부를 한 것도 취미생활을 한 것도 아니었다.

새술막을 지나고 원창고개를 넘으면 눈길이 닿을 수 없는 춘천 분지가 펼쳐졌다. 당시에는 분지라는 생각은커녕 끝도 보이지 않는 너른 세계라고 생각했다. 손바닥만한 시골 마을에서조차 구석구석 가본 적 없던 열여섯 소년의 눈에 도시는 아득히 펼쳐진 비밀의 숲이었다. 지그재그로 내려가는 과수원길은 모든 차들이 속도를 낼 수 없었다. 마치 쉬 속살을 보여주지 않으려는 듯. 그렇게 학곡리鶴谷里와 만났다.

요즘은 어떨지 모르지만, 쉰을 넘긴 우리 세대 사람들은 학마을이라고 하면 이범선의 『학마을 사람들』을 떠올린다. 당시 국어 교과서에 실리면서 익숙해졌던 탓이다. 소설 속에서 학마을 즉, 학동鶴洞은 '자동차로 오르는데 십 리, 내리는데 십 리라는 고개를 넘어 또 그 밑 골짜기를 삼십 리를 더듬어 나가야 있는' 오지마을로 설정해 놓고 있다. 학을 마을의 수호신으로 믿는 학동 사람들이 일제강점기 말기에서부터 한국전쟁까지 겪었던 비극적 삶을 통해 격변기 우리 민족 수난사와 그 속에서 느끼는 비애와 한을 학과의 연관 속에서 그려낸 작품이다.

소설 속에서 학동에는 언제나 학이 날아와야 평온해진다. 학이 오지 않아 걱정하던 마을은 일본의 침입을 받았고, 학이 날아 오자 8·15광복을 맞는다. 학이 있으나 새끼가 떨어지자 한국전쟁이 발발해 인민군이 들어오고 공장을 다니던 박훈장의 손자도 돌아와, 학을 없애려 총을 쏘자 학이 날아간다. 모두 피란을 떠나지만 박훈장 만은 손자 바우를 기다리느라 학동에 남아 있다. 봄이 오자 피란 갔던 마을 사람들이 돌아오지만 학나무와 마을의 집들은 모두 불에 타버린 뒤이다. 그날 밤 이장 영감은 학나무를 걱정하면서 눈물만 흘리다가 세상을 떠난다. 이장을 산에 묻고 덕이는 위패를, 봉네는 흰 보자기로 뿌리를 싼 애송나무를 안고 마을로 내려온다는 것이 소설의 대략적인 줄거리이다.

이 소설 탓에 우리나라 어느 고을에나 한두 곳 있을 법한 학마을은 그저 '학이 많이 살던 마을'이나 '학을 집단의 수호신으로 여기는 마을' 정

춘천 지명의 속살을 들추다 · 제1편 기초

도로만 단정해 버린 채, 유래는 찾아볼 생각도 하지 않고 무심히 지나쳐 버린 것 같다. 춘천에 대한 이해 수준도 대개는 이와 마찬가지여서, 고향 홍천을 떠나 춘천 효자동에 거주한 지 35년이 넘었어도, 주로 다니는 곳만 다녔을 뿐 속속들이 알아보려고 시도해 본 적이 없었다.

'두루미'란 이름은 그 울음소리가 '뚜루루루 뚜루루루' 하고 울어서 두루미라고 부르는 것이라고 한다. 두루미의 외면적 특징은 몸길이 136~140㎝, 날개를 펼친 길이 240㎝에 달할 정도로 크고, 몸통은 전체적으로 흰데, 정수리 부분은 붉다. 둘째와 셋째 날개깃은 검어 날개를 접으면 마치 검은 꼬리를 가진 것처럼 보인다. 6월경 한 배에 2개의 알을 낳는데 암수가 번갈아 알을 품어 32~33일이면 부화한다. 잡식성이어서 주로 미꾸라지, 올챙이, 갯지렁이, 다슬기 등의 어류나 쥐, 두더지 등의 설치류, 옥수수나 화본과 식물의 씨앗 등 식물성 먹이도 먹는다. 시베리아의 우수리 지방과 중국 동북부, 일본 홋카이도 등지에서 번식하며, 10월 하순 경 우리나라 비무장지대 근처에서 겨울을 나고 3월경에 떠난다. 두루미는 전 세계에 3,000여 마리 정도 생존하는 것으로 추정되며 1,000마리 내외가 매년 겨울을 지내기 위해 우리나라를 찾는다고 한다.

송宋의 시인 육유陸遊의 조부祖父 육전陸佃에 따르면, 학은 "태어난 지 2년이면 솜털이 빠지고 3년이면 알을 품으며 7년이면 하늘 높이 날아오른다. 그 뒤 7년이면 춤을 배우고, 또 7년이면 우는 소리가 박자에 맞으며, 또 7년 뒤면 밤낮으로 12번을 우는데, 우는 소리가 음률에 맞는다. 60년이 되면 살아 있는 것을 먹지 않으며, 긴 털이 빠지고 등에 털이 나는데 백설처럼 하얗다. 160년이 되면 암컷과 수컷이 교미를 하지 않고 바라보기만 해도 새끼를 배고, 1600년이 되면 물만 마시고 먹지는 않는다."고 한다. 뒤로 갈수록 믿기 어려운 말들이지만, 오늘날에도 대체로 30~86살까지 산다고 알려져 있을 정도로 장수하는 새에 속한다고 하니, 육전陸佃의 지나친 설명도 웃으며 이해해 줄 만도 하다.

학의 고고한 기상은 선비의 이상적인 성품을 상징하여 왔으며, 동양에서 장수를 상징하는 대표적 존재로 인식되어 왔다. 일찍이 청동기 시대의 문양에도 등장하고 있으며, 그림이나 시의 소재는 물론 복식이나 여러 공예품에도 많이 그려 넣었다. 특히나 조선시대 선비들의 평상복 학창의鶴氅衣는 소매와 옷 테두리에 검은 천을 대어 두루미의 모습을 형상화한 것이며, 문관들의 관복 가슴 부분에 붙이는 수를 놓아 만든 장식물인 흉배胸背에도 두루미가 등장한다.

옛 선비들 중에는 학을 기르는 취미를 가진 이도 있었다. 야생조류를 집에서 키우기란 쉽지 않은 일이다. 참고로 매사냥을 위해서는 매의 둥지에서 알을 가져다 부화시키거나 갓 부화되어 아직 어미를 인식하지 못하는 어린 새끼를 가져다 훈련을 시켜야 한다고 한다. 이미 어미의 얼굴이 각인된 뒤에는 사람을 따르려 하지 않기 때문이다. 학은 6월에 알을 낳는 것으로 알려져 있다. 이때는 우리나라가 아닌 시베리아의 우수리 지방과 중국 동북부, 일본 홋카이도 등지에서 번식하기 때문에 알이나 새끼를 얻을 수 없었을 텐데, 어떻게 학을 기를 수 있었을지는 의문이다.

그러나 퇴계 이황의 문집에 〈양학養鶴〉이란 제목의 시가 있고, 미수 허목의 『기언記言』에도 '용주공(龍洲公: 조경)이 학 한 마리를 보내와 뜰에서 기르고 있다.'는 대목이 보인다. 홍만종의 『산림경제』에는 학을 기르는 내용이 보인다. "학을 기르는 데는 울음소리가 맑은 것을 최고로 치며, 긴 목에 다리가 멀쑥한 것이 좋다."거나 "학이 병들었을 때는 뱀이나 쥐 또는 보리大麥를 삶아 먹인다.《신은지》", "학이 전복顚覆을 먹으면 죽는다." 등등 학의 생태에 대한 일정한 이해와 관심을 지녔던 것을 가늠할 수 있다.

중국에서는 일찍이 춘추좌전 민공閔公 2년(B.C.660) 조에 학을 좋아하였다는 글이 보이고, 임포林逋, 967~1028라는 이는 서호西湖 고산孤山에 은

거하며 장가도 들지 않고, 매화를 심고 학을 기르며 스스로 즐겨, 사람들이 '매화를 아내로 삼고 학을 아들로 삼았다'고 일컬을 정도였다고 한다.

춘천에는 학곡리로 불리는 두 곳이다. 동내면 학곡리만 알고 있겠지만, 동면 장학리도 있다. 장학리는 노루목을 한자화한 장항리獐項里와, 하일이라고 부르는 학곡리鶴谷里에서 한 글자 씩 따서 붙인 지명이다. 1917년 간행된《조선지지자료》에는 'ᄒ일'로 표기하였다. 동내면 학곡리는 엄황의《춘주지》에는 두음곡頭音谷으로, 이후의 문헌에는 두頭에서 부수를 떼어낸 두음곡쿄音谷으로 표기하였다. 지금도 '두름실'로 부른다고 한다. 두음곡頭音谷, 쿄音谷은 두름실을 한자를 빌어 표기한 것으로 보인다.

두름실의 유래에 대해 마을을 산이 에워싸고 있다는 뜻의 '두르다'에서 가져온 말로 설명하기도 한다. 그러나 그렇게 이해하기는 적절하지 않다. 이 마을의 일부가 산에 둘러싸여 있기는 하지만 전체적으로 보면 춘천 전체가 분지에 속해 있어 산에 에워싸여 있지 않은 곳이 없고, 이 마을 또한 서남쪽은 막혀 있지만 동북쪽은 막힌 곳 없이 열려 있기 때문이다. 그러다 보니 그저 '학이 많이 살아서인가?' 정도로 생각하기 십상이다. 그도 그럴 것이 주위에 공지천의 원류와 너른 논밭이 펼쳐져 있어 먹이활동을 하기에 용이하고, 금병산 동쪽 완사면에 숲이 있어서 서식지로서도 부족함이 없어 옛날 어느 시절 이 마을에 학이 내려와 겨울을 났을 것이란 추측을 하는 것도 무리가 아닌 것이다.

이런 환경 조건은 동면 장학리의 하일 마을도 마찬가지이다. 소양강과 하일들, 우두벌의 너른 논밭과, 하일과 지내리枝內里를 아우르는 산림이 먹이활동과 서식지를 제공해주기 때문이다. 학이 살다가 떠났다면 몇 백 년 혹은 몇 천 년이 흐른 오늘에 그 유래를 찾기란 요원해 보였다.

학의 전체 모습을 닮은 산이 있다는 것은 기대할 수 없으니, 학의 생김새 중 어떤 특징을 따다가 그와 비슷한 지형에 이름을 붙이지 않았을까? 유래에 대한 의문은 뜻밖에 쉽게 풀렸다. 하일 마을에서 연잎밥 집을 하는 동창을 만나기 위해 운동삼아 걸어갈 길을 가늠해보느라 항공사진을 보다가 특이한 모양의 산줄기를 발견했다. 일정한 폭을 유지하며 길게 뻗어 나온 산줄기는 학의 모가지처럼 길었고, 끝에서 타원을 그리며 약간 넓어지다가 다시 좁아지며 끝났던 것이다. 항공사진을 보자마자 이것이 하곡 즉, 하일 마을의 유래임을 직감했다.

곧장 하일 마을의 유래가 되었으리라 추측했던 곳을 답사해 보았다. 긴 줄기 양쪽으로는 논밭이 있고, 산 뒤쪽은 근래 어느 시기엔가 개간되면서 논밭이 자리하여 본래의 모습을 찾아볼 수 없었다. 십여 미터밖에 돼 보이지 않는 산 정상은 평평한데 보기에 따라 눈[眼] 혹은 정수리에 해당하는 자리에는 최씨 무덤이 있었다. 비석이 있는데 비문에 이 묘소의 형세를 사와형蛇蛙形이라고 밝혀 두었다. 사蛇는 뱀, 와蛙는 개구리인데, 풍수지리에서 '산 뱀이 개구리를 쫓는 형국[山蛇逐蛙形]'으로 설명하고 있다. 혹 장사축와[長蛇逐蛙]로 일컫기도 한다. 길게 뻗은 산줄기가 뱀의 몸이 되고, 둥글게 맺힌 부분은 뱀의 머리가 된다. 뱀에게는 먹이인 개구리가 필요하니 마을의 집들이 개구리 역할을 한다는 설명이다. 춘천박씨의 시조인 박항의 묘소도 이 형국이다. 이곳은 독특하게도 가늘게 뻗어나온 산줄기가 기어가는 뱀처럼 굽어 있다.

춘천 지명에 관한 여러 책 중에서 학곡리의 유래를 제대로 밝힌 곳은 없다. 민간에서도 제대로 알려지지 않은 탓이었을 것인데, 이것이 학鶴의 유래가 잊혀진 데서 비롯된 것인지, 풍수가들의 형국론에 학鶴과 관련된 것이 없었던 데 기인하는 것인지는 알 수 없다. 민간에서 부르던 학마을 대신, 풍수지리가 유행하면서 뱀이 개구리를 쫓는 형국이 되다 보니 본래의 의미가 상실되고 말았던 것은 아닐까.

그렇다면 동내면 학곡리에도 같은 모양의 지형이 있지 않을까? 옛

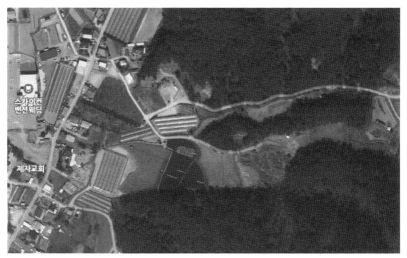

동면 장학리 '학곡' 유래 '학의 머리 부분'(국토지리정보원)

동내면 학곡리 '두름실' 유래지(국토지리정보원)

읍지에는 두음곡頭音谷, 두음곡묘音谷으로 표기되고 있지만, 마을에서는 '두름실'이라 부른다. 금병산에서 학곡리 마을 옆으로 길게 뻗은 산줄기는 동내도서관 부근에서 머리 모양을 하였다. 이곳에서는 동내도서관이 눈에 해당하는 자리를 차지하고 있다. 횡성, 원주 등등 국내 여러 지역의 학곡리 지형을 확인해보았다. 하일과 동내면 두름실 마을처럼 학의 긴 모가지와 대가리 모양을 연상시킬 만큼은 아니었지만 가늘고 길게 뻗친 모양은 학의 모가지를 떠올리기에 충분했다.

어떻게 이해하느냐의 차이가 있을 뿐, 학곡리는 대개 '가늘고 길게 뻗어 나온 산줄기가 끝에서 조금 넓어지는 모양이 두루미의 목과 머리 같다.'고 해서 명명된 것으로 보인다. 동면 장학리의 하일 및 원주 소초면과 횡성읍 학곡리도 이와 같다. 횡성 학곡리의 경우에는 '하일'이라 불리는 것까지도 일치한다는 점은 특기할 만하다.


## 장롱을 닮아 농암리 籠巖里

〈조선오만분일지형도〉(1918)에 현재의 공지천 분수대 부근에 표기되어 있다. 농암籠巖이란 지명은 지금은 더 이상 쓰이지 않는다.

자전字典에서 농롱農籠을 찾으면 대그릇이나 삼태기 등과 같이 대나무나 싸릿가지 등을 이용해 물건을 담는 기구, 또는 새를 가둬두는 조롱鳥籠을 가리키는 말로 나오지만, 지명에서는 대체로 이불이나 옷가지를 넣어두는 장롱欌籠의 롱籠과 관련이 있다.

장롱欌籠은 장欌과 농롱農籠이 합쳐진 말로, 옷이나 책 등 다양한 물건을 보관하기 위한 수납용 가구이다. 장欌이 통째로 붙어있는 것이라면 농롱農籠은 2단, 3단으로 분리될 수 있는 것을 말한다. 정면에서 보기에 2

단, 3단으로 되어 있더라도 분리되지 않으면 장櫃이 되는 것이다. 따라서 농암籠巖이라고 하면 '농籠처럼 분리되어 있는 바위'란 의미가 된다.

　그런데 이 부근에 조롱鳥籠처럼 생긴 바위도 농짝처럼 생긴 바위도 잘 보이지 않는다. 도로 개설로 파괴되었거나 호수를 매립하고 공원을 조성하면서 땅에 묻혔을 가능성도 있으니 없다고 단정하기도 어렵다. 무심코 지나다 공지천 분수대 부근에서 쉬다가 옆 벼랑에 자리한 큰 바위를 마주했다. 이 절벽은 가로로 긴 절리節理를 갖고 있어 몇 개의 바위를 포개놓은 모양을 이루고 있었다.

　마그마가 땅속 깊은 곳에서 천천히 식으면서 생성된 심성암深成巖을 화강암이라 한다. 빗물이 스며드는 등의 풍화작용에 따라 바위에 틈이 생기게 된다. 풍화작용에 따라 잘게 부서지기 전 지표로 상승해 풍화작용의 영향을 덜 받게 되면 용화산 사인암이나 북한산 인수봉처럼 거대 바위 절벽이 생기게 된다. 농암은 이런 풍화작용의 결과 절벽과 균열이 생겨

삼천동 농암리 농암 추정

층이 생기는 지질학적 용어인 토르tor를 가리킨다. 부산의 농바위가 대표적인데, 삼천동의 농암은 절벽과 층은 형성되었으나 손으로 힘만 주어도 부수어질 만큼 토양에 가까운 형태로 변화된 상태이다.

농암의 대상이 꼭 이 바위 절벽이라고 단언할 수는 없지만, 부근에 별도의 바위가 있었다고 할지라도 그 암석의 생성 구조는 동일할 것이다.

농암이란 바위 명칭은《한국지명총람》〈강원도편〉동산면 군자리의 자연마을인 종자리에도 보인다. 현재 군자리 공설공원묘원 제일 상단부에 이 바위가 있다.

명칭은 다르지만 구조는 동일한 것으로 신북읍 발산리 삼한골 안쪽 깊숙한 곳에도 농암籠巖이 보인다. 요즈음은 주로 구층대九層臺라 부른다. 중암 김평묵은 홍재학, 홍재구 형제가 은거하던 삼한골을 찾았다가 이 바위를 구경했다.

동산면 군자리 농바위

삼한골 농암 일명 구층대

농암 / **籠巖**
농암 노인에게 가차해 묻노니 / 借問籠巖叟
어느 해 패수 가로 돌아오리오 / 何年返浿疆
승국(勝國:고려)을 말해야만 하는 것은 아니지만 / 未須談勝國
다만 형상(荊湘)을 합해서 노래하리 / 只合誦荊湘

　　고려 말 농암 김주가 경사에 조회하고 돌아오는 길에 우리 태조의 혁명
소식을 듣고 중국으로 돌아가, 형초(荊楚)·호상(湖湘)의 사이에서 놀았다.
인하여 거기서 세상을 떠났다. 농암이란 명칭이 우연히 같은 까닭에 느꺼
워하며 이른 것이다.
　　麗末。金籠巖澍。朝京師而還。路聞我太祖革命。還入中國。遊荊楚湖湘之
間。因以沒世。籠巖之名偶同。故感而云云。(김영하,《수춘지》(1953))[1]

　　김주金澍는 1392년(공양왕 4) 예의판서禮儀判書로서 하절사賀節使로 명
나라에 들어갔다가 귀로에 압록강에 이르렀을 때 고려가 망했다는 소
식을 들고는, 망국의 신하된 도리로 고국에 돌아갈 수 없다며 죽을 때

1　김영하,《국역 수춘지》, (사)춘천역사문화연구회, 2019.

까지 돌아오지 않은 인물이다. 그의 호가 바위의 이름과 음상이 같은 농암籠巖이었다. 춘천 사람들이 그의 뜻을 기려 문암서원에 배향하였다. 홍재학은 뒤에 죽기를 각오하고 고종께 상소를 올렸다가 고종의 노여움을 사 서소문 밖에서 사지가 찢기는 형을 당하고 죽게 되는 인물이다. 자신이 섬겨 온 나라에 절개를 지킨 고금의 두 인물을 떠올리고 한편으로는 직접 만나 본 것이다.

남면 가정리에도 농바위가 있다는 기록이 보이는데 아직 확인하지 못하였다.

## 서오지리 鋤吾芝里와 포항 호머곶 虎尾串

화천군 하남면 남쪽 끝에 서오지리란 마을이 있다. 춘천시 사북면 지촌리와 접한 마을이다. 다산 정약용의 〈산행일기汕行日記〉에는 '서어촌鉏鋙村'으로 표기되어 있다.

마을의 모양이 참 괴상하다. 사내면에서부터 시작된 지촌천이 북한강에 합류하기 전 크게 휘감아 도는 지점이 잘록하게 좁고, 양쪽 부분은 비교적 너른 모양을 하고 있다. 이렇게 된 데는 서오지리가 본래 춘천시 사북면 지촌리의 일부까지 포괄하던 마을이었기 때문이다. 옛 지명 중에 '안-서오지, 밧-서오지'의 구분이 있고, 안-서오지는 다시 상·하로 구분하여 '서오지 상촌, 서오지 하촌'으로 나뉘어 있던 것인데, 행정구역 개편[2]으로 지촌천 건너 밧-서오지가 대부분 화천군에 붙이게 되면서 현재의 경계가 만들어진 것이다.[3]

2  화천군 사내면은 1954년 행정구역이 변경되면서, 춘성군 관할에서 화천군으로 넘어갔다.
3  《신구대조조선전도부군면리동》에 따르면 안서오지의 서오지 상촌·하촌의 일부도 서오지리 쪽으로 편입된 것으로 보이는데, 문헌기록만으로 경계짓기는 어렵다.

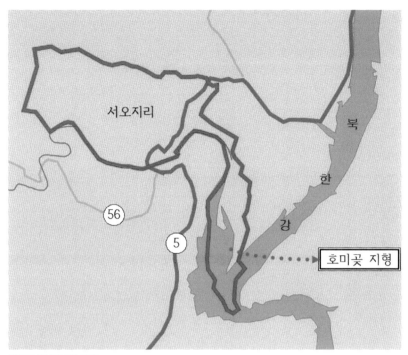

호미곶 지형

화천군 하남면 서오지리

　　남쪽으로 지촌천이 흐르고, 서쪽에는 토보산이 위치하고 있다. 낮은 골
짜기와 평지로 이루어진 농촌마을이다. 자연마을에는 건넌들, 대광골, 토기
점, 챙벌 등이 있다. 서오지리의 유래는 옛날 3명의 노인이 이곳에 정착하여
개척생활을 하던 중 7월경 냇가에 휴식차 갔다가 호미로 약초를 캤다고 한
다. 당시 마을 명칭이 없어 세 노인이 의논하던 끝에 약초를 캔 노인이 자신
(吾)이 호미(鋤)로 약초(지초)(芝)를 캤다하여 서오지(鋤吾芝)라 칭하게 되
었다고 전해진다.[4]

　서오지 마을의 유래에 대해 〈두산백과 두피디아〉에는 위와 같이 밝혀
놓았다. 한자의 의미를 살려 '호미[鋤]로 자신[吾]이 지초[芝]를 캤다'고 풀
어놓았는데, 일견 그럴 듯도 하다.

4　[네이버 지식백과] 〈두산백과 두피디아〉.

또 위로 십리를 가면 곧 화천군(華川郡) 경계이다. 사내(史內) 입구에는 알처럼 생긴 산이 있어 '공산(公山)'이라 하는데 고목들이 많고 백학(白鶴)이 깃들어 산다. 청한계(淸寒溪)가 나오며 공산을 안으며 물굽이가 되어 활처럼 대명탄으로 들어가니, 산이 수려하고 강물이 맑으며 샘은 달고 토지는 비옥하다. 가운데 지촌(芝村)이 있는데, 예전에는 채가(採歌:나물캐는 노래)가 있었으니, 지금은 간혹 부귀해졌을지.[5]

지초芝草 이야기가 나오고 보니 《수춘지》에 김영하가 지가암리芝歌巖里 마을을 가리켜 '예전에 지초 캐는 노래가 있던 마을은 지금 그 덕에 부유해졌을지.' 하던 대목이 떠오른다. 현재의 사북면 지암리이다. 《여지도서》부터 구한말까지의 문헌에는 모두 지가암리芝可巖里로 표기되어 있는데, 일제강점기 1914년 행정구역 개편 이전의 자료부터 '지가암리芝歌岩里'로 표기되어 나온다. 김영하가 나물캐는 노래가 있었다고 한 것은 이 표기에 기반한 것으로 보인다. 개편 이후 지암리芝岩里로 바뀌었다.

《조선지지자료》에는 '서욱기鋤吾浦'란 지명도 보인다. '서오지'와 비교해 '-지'가 생략된 반면에 한글에는 'ㄱ'이 추가되어 '욱'이 되었다. 'ㄱ'은 '곶'의 말음 'ㅈ'의 변형으로 풀이된다. 이곳도 서오지처럼 상류에서 흘러내려온 토사가 축적되면서 만들어진 삼각주로, 두 물줄기의 사이에 뾰족한 호미 모양이 형성된 것을 볼 수 있다. 다산 정약용의 〈산행일기〉에 '곡장탄曲匠灘'으로 표기된 곳과 같은 곳으로 보인다.

한편, 포항시에 호미곶이란 지명이 있다. 토끼의 꼬리를 닮았다고도 하고, 그것은 일제가 조선 민족의 정신을 말살하기 위해 지어낸 말이요, 본래는 호랑이의 꼬리에 해당한다고도 전해진다. 실제로 한반도의 모양에 호랑이가 북쪽으로 도약하려는 것을 그림으로 그리면서, 호미곶의 위치에 호랑이 꼬리를 배치한 그림도 제시되었다.

5  김영하, 《수춘지》(1953). 《국역 수춘지》, (사)춘천역사문화연구회, 2019. 67~68쪽. 원문에 '中有芝村昔 有採歌 今或富貴'(원문 37쪽)로 되어 있어 해석을 바로잡았다.

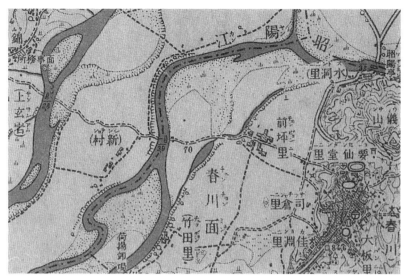

서욱개(조선지형도 3차분)

지명의 관점에서 보면 서오지리나 호미곶이나 같은 유래를 가진 지명
이다. 이말은 이곳의 지형이 농기구인 호미의 날 끝처럼 뾰족한 모양을
하고 있는 데서 붙여진 이름인데, 호미[鋤]를 호랑이의 꼬리란 뜻의 호
미虎尾로 대체하면서 본래의 의미에서 멀어지고 말았다.

포항 호미곶의 경우는 자체로 뾰족한 모습이고, 서오지리는 그림에
서 볼 수 있듯이 지촌천과 북한강이 합류하는 지점에서 땅끝이 뾰족하
게 형성되어 있는 걸 볼 수 있다.

서오지리鋤吾芝리에서 서鋤는 글자 그대로 '호미'이다. 오지吾芝는 '나'
와 '지초'로 읽을 것이 아니라 '곶~고지'[串]에서 초성 'ㄱ'이 소멸된 어형
으로 보아야 한다. 호미虎尾라는 지명은 포항 외에도 내륙 곳곳에서 발
견된다. 호랑이 꼬리[虎尾]에 비하면 서오지리는 지명의 의미를 충실히
남아내고 있는 셈이다.

홍천군 서면 두미리에 '흐멩이'라고 불리는 땅이 있다. 그림의 가운
데 넓은 땅이 오른쪽으로 갈수록 호미의 날 끝처럼 뾰족한 모습을 하

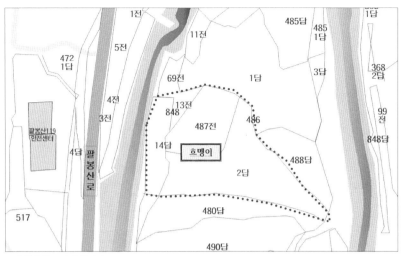

흐멩이 홍천군 서면 두미리

고 있는 것을 확인할 수 있다. 흐멩이는 '호미+앙이'로 분석할 수 있으며, 뒤의 'ㅣ'모음의 영향으로 '흐멩이'로 음전音轉하였다는 것을 알 수 있다.

호미虎尾라는 지명은 경북 김천시 대덕면 관기리와 파주 광탄면 용미리에도 보인다.

### 고탄의 고양이산과 쥐산

《한국지명총람》〈강원도편〉의 사북면 고탄리 항목에 '고양이산'과 '쥐산'이 실려 있다.

> 괴-산【山】고탄리에 있는 산. 고양이처럼 생겼다 함. 그 앞에 쥐산이 있음.
> 쥐-산【山】적두니 서쪽에 있는 작은 산. 모양이 쥐처럼 생겼다 함. [6]

6 《한국지명총람》〈강원도편〉, 1967.

서울 한강 가운데 섬인 선유도에도 고양이가 발톱을 세우고 쥐를 움켜 잡으려는 형세를 하고 있다고 하여, 고양이산과 쥐산이 되었다는 식의 유래가 전해진다. 춘천의 고탄리에는 지명과 더불어 다음과 같은 지명전설이 전해진다.

### 고양이의 괴산과 쥐의 쥐산(괴산과 쥐산)

옛날에 사북면 고탄리의 괴산에 고양이가 살고 있었다. 그 앞에는 쥐가 사는 쥐산이 있었다.

괴산의 고양이들은 매일 같이 쥐산을 찾아와 쥐를 잡아먹었다. 쥐들은 언제 잡아먹힐지 몰라 불안 속에서 오금을 펴지 못한 채 살고 있었다. 쥐들은 매일 잡혀 죽어가는 자기 동족들을 구할 길이 없었다. 속수무책으로 비탄에 쌓여 있을 뿐이었다.

하루는 우두머리 쥐가 모든 쥐들을 모아 놓고,

"우리가 고양이에 붙잡혀 이래 죽으나 저래 죽으나 죽기는 마찬가지다. 기왕에 죽을 바에야 우리도 힘을 합해서 고양이 한 마리라도 죽이고 죽어야 한다. 모두들 불안과 공포에 떨지 말고 고양이가 나타나거든 일제히 기습 공격을 해서 죽이고, 우리도 죽게 되면 되는 거다. 이것만이 우리가 최소한으로 살 수 있는 유일한 길이다."

모두들 집으로 돌아와 공격할 대비를 하였다.

그러던 어느 날 괴산에 살고 있는 늙은 고양이 한 마리가 쥐산으로 사냥을 나왔다. 이리저리 돌아다녔으나 한 마리의 쥐도 발견할 수 없었다.

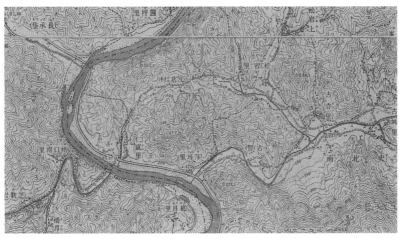

고양이를 닮은 산 사북 고탄(조선지형도 3차분)

쥐 모두가 굴속 깊이 숨어 있기 때문이었다. 쥐 냄새는 났지만 너무 깊어서 잡아먹을 수가 없었다. 쥐 한 마리 잡지 못하고 바위 위에 우뚝하니 앉아 있는 늙은 고양이를 본 쥐들은 우두머리의 지시에 따라 일제히 기습 공격을 하여 그 늙은 고양이를 죽이고야 말았다. 모든 쥐들은 기뻐했다.

"힘을 합하면 안 되는 일이 없다. 앞으로 우리는 더욱더 단합해서 고양이를 격퇴해야 한다. 단합만이 우리가 살 길이다."

우두머리 쥐는 자못 흥분한 어조로 말하였다.

한편 늙은 고양이가 쥐 떼들의 공격을 받아 죽음을 당했다는 소식을 듣고 괴산의 고양이들은 겁이 났는지 그 후부터는 쥐산에 얼씬도 안 했다. 쥐들은 평화롭게 살고 있었다 한다.[7]

'괴'는 고양이의 고어古語이다. 고양이란 말은 고양이의 고어古語 '괴[猫]'에 짐승의 새끼를 뜻하는 접미사 '앙이'가 결합된 합성어이다. '괴'의 모음 'ㅣ'가 뒷 글자 '앙'과 결합해 '양'으로 바뀌었다.

그런데 두 자료 모두 고양이와 쥐처럼 생겼다는 말만 전해지고 있을 뿐, 이에 대해 명확한 근거를 제시한 곳은 발견되지 않는다.

두루미를 닮아 명명된 동면 장학리와 동내면 학곡리 지명, 입술을 닮아서 명명된 구순대[口脣垈], 길마[鞍裝]를 닮은 안마산鞍馬山 등등의 지명과 실제 지형이 일치한다는 데 힘입어, Naver와 Daum에서 제공하는 거리뷰와 항공사진을 샅샅이 찾아보던 중에, 그 유래로 볼만한 지형을 발견했다.

숨은그림찾기 같기도 하지만, 두 귀와 머리 잘록한 목과 등줄기에서 뚜렷한 고양이의 모습이 확인되었다.

오늘날처럼 항공사진을 볼 수 없었던 때에 과연 이 모양을 보고 명명하는 것이 가능했을까도 의심된다. 하지만 일단 지대가 더 높은 곳에서 바라보는 것이 가능할 것이다. 괴산이 있는 곳의 가장 높은 곳이 삿갓봉이라 부르는 곳으로 해발 358.1m이며, 동남쪽에 보이는 동명의 삿갓

---

7 《춘천문화대관》, 춘천문화원, 1994. 163~164쪽.

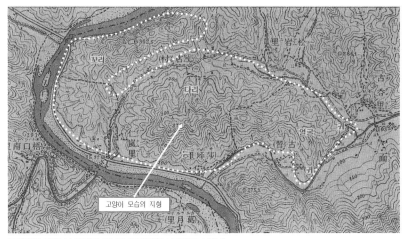

고양이 모습의 지형

고양이를 닮은 산 추정지 사북면 고탄리(조선지형도 3차분)

봉의 높이는 530여m이므로, 약 180m의 해발고도 차이가 발생한다. 지세를 확인하기에 충분한 것이다. 이에 더해 옛날 분들 중에 지형을 3차원적으로 종합하는 능력을 가진 분들이 계셨던 것도 같다. 홍천의 며느리고개 등의 유래가 되는 지명의 경우 고도차로만 설명하기 어려운 부분이 존재하기 때문이다.

위 항공지도 상 쥐산으로 불리는 산은 고양이산의 귓가에 있다. 아직 쥐의 모습을 확인하지는 못했지만, 길가와 산자락에 딸린 작은 산의 모습이 쥐를 연상시키지 않았을까? 이미 고양이산으로 명명했다면 자연적으로 그에 해당하는 쥐산도 꼭 필요했을 터이고 보면, 쥐를 닮지 않았더라도 무슨 상관이 있겠는가!

# 입술을 닮은 마을, 서면 현암리 구순터 口脣垈

지명도 생물체처럼 생성, 변화, 소멸의 과정을 거친다. 엄황의《춘주지》(1648)에 보이는 지명이 약 120년 뒤의《여지도서》에는 보이지 않고,《여지도서》에 보이던 지명이 일제강점기《조선지지자료》에서 찾아볼 수 없는 것들이 있다.

엄황의《춘천읍지》에는 서하면 지역에 기사동耆士洞이 보인다. 후대의 어느 지리지에서도 확인할 수 없는 지명이다. 한편《여지도서》이후의 지명 중에는 예동리裔洞里가 보인다. 이 지명은《관동지》,《관동읍지》, (순조대)《춘천읍지》등 여러 문헌에서 꾸준히 보이지만 일제강점기의 문헌인《조선지지자료》에서는 확인할 수 없다.

유래는커녕 위치조차 확인되지 않다 보니, 최근에는 아예 언급조차 없이 배제시켜 버린 서적들이 보인다. 옷바위라 불리는 의암리는 행정구역상으로는 위치가 확실한 지명에 속한다. 그러나 그 명명 대상이 된 바위나 유래에 대해서는 아직까지 뚜렷한 설명을 내놓지 못하고 있다. 기껏해야 '난공불락의 삼악산에 진을 치고 있는 군사들을 무너뜨리기 위한 계략으로 옷을 벗어 널어 놓았다'는 식의 엉뚱한 이야기만 제시하는 데 그치고 있는 것이다. 옛 지명 중에 유래나 위치를 아는 것이 몇이나 되는가? 모른다고 배제해야 한다면 '춘천'이란 지명조차 온전하지 못할 것이다. 위치를 알아야 지명 변화를 불러온 사회적 변화를 분석할 수 있을 텐데, 모르다 보니 이에 대한 접근조차 어렵게 되고 말았다.

## 기사동耆士洞

엄황의《춘천읍지》에 보이는 기사동耆士洞이란 지명은 늙은이 기耆자가 들어 있어 기사耆士가 70세 이상의 고위 관료들을 예우하기 위해 만

들었던 기로소耆老所와 비슷해 보인다. 기로소耆老所를 줄여서 기사耆社로
도 일컫기 때문이다. 말하자면 기로소에 들었던 관리가 내려와 살던 마
을 정도의 의미 부여가 가능하다. 꼽을 만한 인물로는 월송2리 수정마
을의 파평윤씨 윤금손이 있다. 1533년(중종 38) 종1품 숭정대부에 승자
하면서 우찬성右贊成에 제수되었고, 곧 기로소耆老所에 들어갔으며, 1547
년(명종 2) 종1품 숭록대부에 올랐다가 졸한 인물이다. 그의 묘는 경기
도 고양시지도면知道面 예매화리禮梅花里에 있던 것이 도시개발로 현재의
위치로 옮겨 온 것으로 춘천과는 무관하다.[8]

춘천에 살았던 인물로는 윤금손의 혈족인 윤세호를 들 수 있다. 본관
은 파평坡平, 자는 사영士英, 아버지는 직장 윤지준尹之峻, 할아버지는 참
판 윤잠尹岑이며, 증조부는 윤태산尹太山이다. 1495년(연산군 1) 진사시
를 거쳐 별시문과에 병과로 급제한 뒤, 급속 승진하여 1518년 대사헌
에 이어 진향사進香使로 명나라에 다녀온 뒤, 1519년 공조참판이 되었으
나, 1520년 전라도관찰사로 재임하던 중 조광조趙光祖의 죽음을 의문시
하고 조광조를 애도하였다 하여, 조광조 일파로 몰려 파직되었다. 이후
삼척·진주 등의 지방관으로 전전하다가 다시 중앙으로 등용되었고,
1539년 지중추부사·공조판서로서 성절사聖節使가 되어 다시 명나라를
다녀온 뒤 기로소耆老所에 든 인물이다.[9]

그는 졸년조차 확인되지 않고 있는데, 몇몇 지리지에 서면 퇴골에 내
려와 말년을 지냈다는 이야기가 전해진다. 퇴골은 엄황의 《춘천읍지》
를 비롯 《여지도서》이후의 문헌에도 보이지 않으며, 《조선지지자료》
에 와서야 비로소 '퇴동리退洞里'로 확인될 뿐이다. 문제는 퇴동리는 서
상면 지역이고 기사동은 서하면에 속한 마을이어서 대상이 될 수 없다

8　[네이버 지식백과] 윤금손[尹金孫](한국민족문화대백과, 한국학중앙연구원) 참조.
9　[네이버 지식백과] 윤세호[尹世豪](한국민족문화대백과, 한국학중앙연구원) 참조.

는 점이다.

기사동耆士洞을 찾는 과정에서 서면 현암리에 지시울이란 지명을 발견했다. 동洞이 지명 자료에서 '골~올'로도 나타나는 걸 보면, 기사耆士가 구개음화를 거치면 '지사'가 되어 '지시'와도 유사해지는 것을 알 수 있다. 위치는 지금의 애니메이션박물관보다 좀 더 하류 쪽이다.

### 예동리裔洞里

관련하여 《여지도서》 이후의 문헌에서 나타나는 예동리裔洞里도 주목된다. 《여지도서》에 처음 등장하는 예동리裔洞里는 서하면 부 서쪽 25리 거리에, 이후의 다른 문헌에는 서 20리에 있다고 기록되어 있다. 『조선지지자료』 현암리에 '下玄岩里(하현암리)', '아릭지슈울', '堪臥里가와리'가 보인다. 《강원도지》에는 현암리로 통합되었다.

예裔에는 후손, 후예란 뜻이지만 옛 천자문에는 '옷기슭 예'라고 씌어 있다. 옷을 떼고 보면 기슭이 되니 마찬가지로 구개음화 되면 지시울과 비슷해진다. 강기슭 혹은 산기슭에 형성된 마을이어서 명명한 지명일까? 하는 생각도 들었다.

### 구순대口脣臺

꼬리를 물던 궁금증은 구순대口脣坮 혹은 구진대口辰坮라고 불리는 지명에서 풀렸다. 脣진은 보통 '놀랄 진'이라고 새기지만, '입술 순脣'자와도 통용된다. 입술의 의미를 표현하기에는 고기 육肉 자의 변형이 달 월月보다 입 구口자가 더 이해에 편리한 탓으로 보인다. 진辰으로도 표기된 것은 놀랄 진脣의 음가로 읽은 것이기도 하거니와, 부수를 떼어낸 표기이기도 하다. 서면사무소가 자리한 금산리에서 북한강을 따라 내려오면 현암리가 되는데, 신숭겸 장군 묘역으로 들어가는 길가 방동천의 아래쪽부터 시작된다. 위쪽은 비교적 너른 벌판이 펼쳐진 반면에, 아래쪽으로 내려오면서 강과 산이 붙어 겨우 도로만 있을 뿐 어디 마을이라고 할 만한 곳은 잘 보이지 않는다. 의암댐으로 수위가 높아졌다는 점을 감안하더라도 마을이 들어서기에는 터가 좁다. 그러다가 구순터라 이르는 곳에서 조금 넓어진다.

위쪽에는 파평윤씨 정려각이 보인다. 그녀는 정유에게 시집가서 시부모를 정성으로 공경하여 그 효성이 인근에서 따를 자가 없었다. 남편이 병사하자 유복자를 출산하고 남편의 3년상을 치렀다. 아들이 세 살이 되자, 아들을 시부모에게 맡기고, 남편을 좇아 자결하였다. 1793년의 일이다. 이 일이 조정에 알려지자 정조 4년(1797) 정려旌閭하였다. 오늘날의 관점에서 보면, 어린 아들을 돌보지 않고 남편을 따라 자결한다거나, 손가락을 끊고 허벅지의 살을 베어 입에 넣는 행위들이 무슨 표창할 만한 일이겠는가마는, 충효忠孝를 중시하던 당시의 세계관에서는 잘 부합했던 것인가 보다.

정려각을 보고 오른쪽 봉우리가 태봉胎峯이다. 왕자나 공주 혹은 옹주가 태어나면 길지를 찾아 태를 묻었는데, 후에 임금이 되거나 하면 이를 정비하였다. 현재 이 자리에는 거북 모양의 귀부龜趺만이 남아 있다. 크기나 뛰어난 조각 솜씨가 볼만하다. 본래 선조 임금의 태를 묻으려 한 것인데, 산역山役을 거의 끝내고 정혈正穴을 살펴 보았더니, 옛날 무덤임이 밝혀져 포기하고 말았다고 전한다. 몇 걸음 위쪽에는 민묘民墓가 자리해 있다. 잘은 모르겠으나 나라에서 지관을 데려다 자리를 잡았을 정도니, 그 발복發福의 영험함을 누려보겠다는 심보가 아닐까? 신북읍 용산리 태실 주위에도 몇 기의 민묘가 보이는 것도 같은 이유일 것이다.

## 백운동白雲洞 · 백운단白雲壇

현암리 태실 아래 쪽을 백운동白雲洞이라고도 부르는데, 백운단白雲壇이 있던 곳이다. 인근의 선비들이 강학계를 맺고 학문을 하다가 도곡 이의현1669~1745 등 여러 진신 대부 및 유생들과 함께 서원을 창건하려다가 조정에서 금지한 까닭에 실행되지 못하였는데, 고종 때인 1902년 백운단白雲壇을 설치하고 농암 김창협金昌協, 삼연 김창흡金昌翕 형제와 귀락당歸樂堂 이만성李晩成, 집의 이기홍李箕洪 등 4위를 배향하였다. 1949년 이 자리에 이를 기념하는 단비壇碑를 세웠다.

이만성1659~1722은 조선후기 이조 · 병조의 판서를 역임한 문신으로, 우암 송시열의 문인이다. 소론이 일으킨 신임옥사에 연루되어 부안에 유배되었다. 뒤에 서울로 불려와 국문을 받다가, 64세의 나이에 옥사하였다.

이기홍1641~1708은 송시열의 문인으로 과거에 응시하지 않았으나 학행學行으로 천거되었다. 1689년 사포서 별검司圃署別檢에 옮았으나 사임하고 나가지 않는 등 출사出仕와 사직辭職을 반복하였다. 스승이 제주로 유배가게 되자 동문 40여 인과 함께 이를 변론하다가 죄를 얻어 회령會寧에 유배되었다. 후에 연풍連豐에 내려가 문산文山에 수락정壽樂亭을 세우고 그곳에 살면서 권상하權尙夏와 함께 경사經史를 강론하였다.

김창협과 김창흡 형제는 영의정 김수항金壽恒의 아들이며, 영의정 김창집金昌集의 아우이다. 영평(현 포천)에 은거하며 여러 벼슬을 모두 사임하고 학문에 전념하였다. 김수항의 형이 화천 사내면 삼일리에 은거했던 곡운 김수증金壽增이다.

이 마을을 벗어나면 다시 협소한 골짜기가 이어져 덕두원리 마을에 들어서야 넓어진다. 자동차로는 이 길이 편리하지만, 덕두원리 본 마을에서 춘천 시내로 들어오기 위해서는 구순터라고 부르는 마을로 곧장 고개를 넘는 것이 훨씬 시간을 단축시켜 준다. 이곳에 신연강을 건너는 뱃터가 자리했던 것도 이런 까닭에서인 듯하다.

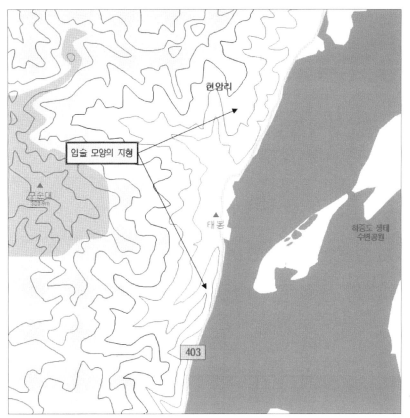

'구순대' 부분

　이곳의 지형은 이름만큼이나 다른 데서 볼 수 없는 독특한 지형을 하고 있다. 긴 산줄기 하나가 북한강을 따라 상류 쪽에서 내려오다가 이 '구순터'라고 부르는 곳에 와서 멈추고, 아래쪽 덕두원과의 사이에 자리한 봉우리에서 뻗어나온 줄기는 북한강을 거꾸로 거슬러 오르다가 이곳에 와서 멈춰 선다. 두 산줄기가 멈춰선 거리가 비교적 멀어 가까이 이르러서는 오히려 이 지형을 볼 수 없다. 강 건너 봉황대 쪽이나, 당시의 춘천도호부 치소가 있던 현재의 도청 쪽에서 확연히 들어온다. 이렇게 두 산줄기가 위에서 아래에서 서로 마주 달려와 만나는 모습은 흡사 사람의 입술 모양과 같아서 명명되었음을 알 수 있다. 그 사이의 산줄기는 입술이 되는 두 줄기와 직각으로 곧장 내려와 치아의 모양까지 갖추고 있다. 사람의 구강구조와 닮아 있는 이런 독특한 구조를 갖춘 곳은 드물 수밖에 없다.

한자로만 보면 전혀 연관짓기 힘든 지명이지만, '구口-시울[脣]', '구耆-시울[士洞]', '기슬[裔]'로 보아 세 지명 모두가 '입-시울 〉 입술'을 표기하기 위한 글자임을 알 수 있다. 입술[脣]만으로도 의미를 담기에 충분하지만, 글자 수를 보강하고 뜻을 돕기 위해 '口'(구)를 덧붙인 것으로 보인다.

입술의 고어는 '시울'이다. 우리말에서는 모음이 연이어 나오는 것을 꺼리는 경향이 있다. 바로 모음충돌 회피 현상이라 부르는 것인데, 이를 피하기 위해 축약되어 '시울'이 '술'로 바뀐 것이다. 눈시울을 붉히다, 활의 시위[弦], 그 모양으로 웅크리고 자는 잠을 가리키는 시위잠 등도 같은 어원이다.

입 구口가 첨가된 '구순口脣' 즉, '구시울'이 음변하여 '기시울'이 되었는데, 이를 '기슬~기슭'으로 이해하여 기슭 예裔자를 써서 예동리裔洞里로 표기한 것이며, 다시 구개음화 되어 지시울로 변했는데, 이를 한자 표기한 것이 기사동耆士洞이 된 것으로 보인다.

구순口脣, 기사동耆士洞, 예동裔洞의 예처럼 어떤 지명이 여러 개의 서로 다른 어형語形으로 나타나는 예는 흔치 않다. 바꾸어 생각해 이렇게 여러 지명이 하나의 유래로 설명 가능하다면, 그만큼 지명의 연속성을 증명하는 것이며 유래도 확실하다는 방증이 될 것이다.

# 신틀은 닮아 혜기암鞋機巖

엄황의 《춘천읍지》에는 혜기암鞋機巖이란 지명이 보인다. 신 혜鞋, 틀 기機, 바위 암巖이므로 그대로 풀이하면 '신틀암'이 된다. 여기에 접미사 '-이'가 더해지면 '신트라미'가 된다. 현재 증리에 포함된 지역으로, 정족1리 숫바리 마을 남쪽에 연한 증리에 '신트랭이'란 지명이 보인다. 혜기암鞋機巖 즉, 신틀암은 '신틀 모양으로 생긴 바위가 있는 마을'이란 뜻이다.

> 혜기암(鞋機岩) : 정족리에 있다. 전해오는 말로 예전에 부호가 살았는데 노승이 오더니 시주(施主)를 해달라고 빌자 그를 꾸짖고 응해주지 않았다. 스님이 홀연 보이지 않고 말았을 뿐인데 신틀[鞋機]의 불 하나가 부러졌고, 마침내는 구허(丘墟)가 되었다고 한다.[10]

《여지도서》 이후의 여러 지리지에 보이지 않던 이 지명은 일제강점기 자료인 《조선지지자료》에 같은 명칭으로 다시 등장한다. 사라졌다가 다시 등장했다기보다는 민간에서는 꾸준히 불려 왔지만, 행정지명으로 사용되지 않았기에 채록되지 않았다고 보는 편이 맞을 것이다.

짚신이나 미투리를 삼을 때는 줄을 걸어 엮거나, 발의 모양과 크기를 맞추기 위한 신틀과 신골이 필요하다. 신틀은 평평한 판자에 새끼를 묶기 위한 기둥이 있는 모양이고, 신골은 발의 크기와 너비, 모양을 가늠해 신발을 제작하기 위한 길쭉하고 둥근 형태의 나무뭉치이다. 신골은 요즘도 신발을 만들거나 수선하는 곳에서 필수적으로 사용된다.

신발은 성별이나 신분에 따라, 사용되는 재질이나 목의 유무 및 장단에 따라, 날씨에 따라, 무늬 및 색깔에 따라 여러 명칭으로 불린다. 혜鞋는 일반적으로 신발을 총칭하는 용어로 사용된다. 초혜草鞋는 짚신

---

10   김영하, 《국역 수춘지》, (사)춘천역사문화연구회, 2019.

을 가리키며, 마혜麻鞋는 미투리라 부르는 것으로 삼 새끼를 꼬아 만든 고급 신발이다. 이들이 가죽신과 함께 주로 마른 땅에서 신는 신발인데 비해, 기름을 먹여 날씨가 궂은 날 진 땅에서 신는 신발을 유혜油鞋라 한다. 나막신[屐]도 궂은 날 신는 신발의 일종이다.

혜鞋가 목이 없거나, 짧은 신발을 가리키는 데 비해, 화靴는 본래 말을 타는데 편리하도록 목이 길게 만든 신발이다. 뒤에는 관복차림으로 신는 신발로 사용된 것도, 말을 타기 위한 것과 무관하지 않다. 문양에 따라, 재질에 따라, 입는 복장에 따라 여러 명칭이 있다.[11]

<pre>
새미[신암] 【마을】        [총람&춘주84][12] 군,신동,정족리
새미들 【들】            [총람&춘주84] 군,신동,정족리
</pre>

한글학회의《한국땅이름큰사전》에 정족리에 '새미'와 '새미들'이란 지명이 보인다. '새미'는 '새암이'에서 나온 말인데, '새[新]-암巖-이'로 분석된다. '[신암]'이라 한 것이 이를 뒷받침한다. 간혹 '샘[泉]-이'로 오해하여 샘물이 나왔다는 식의 유래를 낳기도 한다. 혜기암鞋機巖이란 지명에서 틀[機]자가 생략되면 신암리新巖里가 된다. 신[鞋]이 신新으로 대체되고 틀 기機자가 탈락한 것이다.《여지도서》이후의 읍지에 신암리新巖里가 남13리 거리에 있는 것으로 기록되어 있다. 바위 암巖자와 결합하면서 '새로운 바위', 즉 '새로 드러난 바위'란 뜻으로 바뀌었다. 글자만 보아서는 본의를 짐작할 수 없게 되고 만 것이다.

---

11  예를 들어 다음과 같은 명칭들을 들 수 있다.
   운혜(雲鞋): 앞 코에 구름 무늬를 수놓은 여자의 마른 신.
   당혜(唐鞋): 울이 깊고 코가 작으며, 앞 코와 뒤에 당초문을 새김.
   녹피혜(鹿皮鞋): 사슴 가죽으로 만든 남자의 신.
   목화(木靴): 관복을 입을 때 신었던, 목이 긴 가죽신.
   흑혜(黑鞋): 관복을 입을 때 신었던 가죽신.
   태사혜(太史鞋): 양반가 남성의 평상화.
12  [총람&춘주84]는《한국지명총람》과《춘주지》(1984)의 약칭이다. '&'표시는 두 문헌에 모두 실려 있음을 말한다. 이하 같다.

이와 달리 암巖자가 생략된 지명도 보인다. 《조선지지자료》에 보이는 신기리新機里가 그것이다. 혜기암鞋機巖에서 신[鞋]이 신新으로 대체되고 암巖이 탈락한 꼴이다. 어형語形은 바뀌었지만 두 지명을 종합해 보면 '신틀암'이란 본래의 어형을 재구再構해 낼 수 있다.

1913년에 제판된 〈조선오만분일지형도〉에 '신암리新岩里'는 교차로 좌측 길로 들어가면 나오는 마을 쪽에 표기되어 있다. 지금은 정족2리에 포함된 마을이다. 한편, 김유정로를 따라 실레마을 쪽으로 가다 보면 정족2리로 들어가는 교차로가 보인다. 교차로 직전에 우측으로 꺾어 전철 하부공간을 지나면 '신틀농장'이 있는 마을이 나온다. 행정구역상으로는 증리에 들어 있다. 두 지역 모두에서 아직 이 이름으로 불리는 바위가 확인되지 않는다.

신트랭이 신틀농장 어귀에 길이 약 2m, 높이 1m가 조금 넘는 바위가 보인다. 주변의 다른 돌과 비교해 보면 축대를 쌓기 위해 어디 멀리서

신틀바위 추정

일부러 옮겨왔다고 볼 수는 없을 만큼 큰 돌이다. 이 바위가 신틀바위가 아니었을까 하는 생각이 들었다. 두 차례 찾아가 보았으나, 주민들을 만나지 못해 확인을 받지는 못했다.

## 모란을 닮은 산과 마을? 모오리毛五里

신동면 팔미리에 '모리'라고 불리는 마을이 있다. 칠전동에서 남춘천IC로 가는 도로와 춘천외곽도로가 교차하는 곳이다. 얼마 전까지만해도 '모오리'라는 지명이 남아 있었던 것으로 기억하는데, 지금은 '모리'로 굳어지는 모양이다. 1917년에 펴낸《조선지지자료》에 창천리倉川里에 '모리고개 毛里峴', 팔미리八味里에는 '모오리 毛五里'가 모두 보이는 것으로 보아, 표기상의 혼란은 꽤 오래전에 시작된 것으로 보인다. 모음충돌을 회피하려는 우리말의 특성을 염두에 두어 생각하면 '모오리'에서 '모리'로 이행된 말이라는 것을 추측하는 것은 어렵지 않다.

毛는 음차로는 '모'로 훈차로는 '털'로 읽힌다. '털'이 구개음화 되면 '철'이 되어 철鐵을 대신하는 글자로 볼 수 있다. 五도 음차로는 '오'이며, 훈차로 읽으면 '닷'이 된다. 그렇다면 '毛五里'는 어떻게 읽어야 하는가? 모오리 마을 서남쪽에 자리한 산의 이름이 '모란산'이다. 전국에 모란산이란 지명은 대체로 풍수지리에 근거하여 모란꽃 봉오리가 반쯤 피어난 모습의 명당이라는 '모란반개형牡丹半開形'에서 유래한 것으로 알려져 있다. 이와 달리 물[水]의 안쪽 마을이라는 뜻에서 '물안'으로 명명되었다는 설도 보인다.

앞서 언급한《조선지지자료》에도 창천리에 '목단산 牧丹峰'이, 팔미리에 '모란봉牧丹峰'이 보인다. 원문에는 '牧丹'이 모두 초두[艹]가 부수로 첨가되어 있다. 牧丹만으로는 '모란꽃'의 의미가 부족하다 보니 초두 [艹]를 더한 것으로 보인다.

목단을 모란으로 읽어야 할지 목단으로 읽어야 할 지에 대해서는 논란의 여지가 있다. 본래 牡를 쓴 것인데, 두 글자를 착각해 牧으로 쓴 것이 비판 없이 후대에까지 지속되었다는 설이 있다. 그러나 한자에서 입성이 소멸되는 과정에서 '목'이 '모'로 대체되었을 가능성도 있어, 쉽게 단언하기는 어렵다. 중국에서 'ㄹ'의 음이 'ㄷ'에 가깝게 소리내었던 것을 보충하기 위해 'ㆆ'을 덧붙였던 이영보래식 표기법이 적용되었던 것이나, '애愛'의 우리 음이 '애'여서 중국이나 일본에서 '아이'로 발음하는 것 등에서 중국 한자음과 우리 한자음이 달랐던 예도 허다하게 찾을 수 있어, 단순히 글자를 오기한 것에 기인해 천 년 동안이나 지속적으로 잘못 써 왔다고 보기에는 믿기 어려운 측면이 있다.

모란산과 모오리는 만주어로 '구불구불하다'는 뜻의 'mudan'을 한자어로 표기하는 과정에서 생긴 표기일 수 있다. 만주어에도 꽃으로서의 모란이란 말도 존재한다. 'modan'이 그것이다. '-d-'가 모음 사이에서 유음流音으로 바뀌어 '모란'이 된 것이다. 현대국어에서 '모서리', '모퉁이' 등등의 어휘와도 어원이 닿는 말로 보인다.

둘 이상의 지명유래가 비슷한 정도의 가능성이 있을 때, 가장 중요하게 살펴보아야 할 것은 지명이 자리하고 있는 현장이다. 도로 개설이나 확장, 도시 개발로 인해 많은 지명 대상물이 파괴되고 있지만 아직도 많은 대상물이 남아 있기 때문이다. 산봉우리가 반개한 모란꽃 모양을 하고 있다는 식의 해석은 주관이 개입될 여지가 많기 때문에, '구불구불하다'는 뜻에서 유래한 것으로 볼 여지가 있는지 여부를 확인하는 일이 선행되어야 한다.

대룡산 남쪽에서 발원한 팔미천이 서류西流하여 원창리를 지나 증리와 의암리 사이에서 두 차례 크게 꺾어 돌고는 북한강에 흘러든다. 모

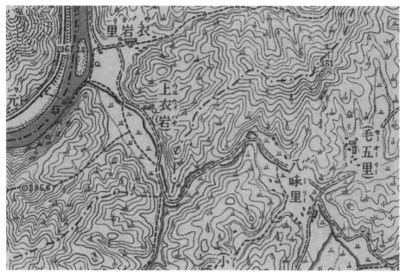

신동면 팔미리 모오리 곡류처(조선지형도 3차분)

란산으로 불리는 곳의 서남쪽 아래 지점이다. 의암터널 전후에 해당된
다. 만주어의 '구불구불 흐르는 강'이란 뜻의 'mudan'에 대입할 수 있
는 지명이 확인되므로, 모오리는 '모란반개형'의 풍수지리에서 유래한
것이 아니라, '모닷리 〉 모란리'에서 유래한 지명으로 해석해야 할 것
이라 생각한다.

## 노루를 닮은 마을

### 노루발(장본리 獐本里)

신북읍 발산리鉢山里에는 장본獐本이라 불리는 마을이 있다. 장獐의
새김이 '글[文]'이다 보니, 서당이 있었다거나, 발산리 일대에 있었다
고 전해지는 맥국貊國과 관련이 있지 않을까 생각할 수 있지만 그렇지
는 않다.

《조선지지자료》에는 이렇게 표기되어 있지만, 엄황의《춘천읍지》에는 북중면 장본獐本,《여지도서》에는 장본리獐本里로 북25리에 있다고 되어 있다. 순조대읍지에는 장목리獐木里인데, 목木은 본本의 오기로 보인다. 이후의 문헌《관동지》와《관동읍지》에는 북20리에 있다고 한다.

《삼국사기》지리지에 다음 기록이 보인다.

장산(獐山) 18: 押梁(督) 〉 獐山 〉 章山 (권 34)[13]

장獐에서 부수인 '犭'(개사슴록)을 생략하고 장章만 기록한 것이다. 장獐의 새김이 노루인 것은 알겠는데, 본本은 무엇 때문에 붙은 지명일까?

이웃 마을인 산천리山泉里는 산본山本과 천구泉邱, 두 지명에서 한 글자씩 따서 명명된 지명이다. 산본山本을 '서미'라고 부르는데, 이는 본래 '산[山] 밑[本]'에서 소리가 변한 것이다. 이를 따르면 '노루밑'을 표기한 지명이라고 보아야 하는데, 무슨 의미인지 이해되지 않는다.

본本에는 '근본, 뿌리, 바탕, 원래, 본원, 마음, 관향, 구루' 등등의 여러 의미가 있다. 이 중 주목해야 할 것이 '뿌리'이다. '뿌리'는 초목의 밑부분을 가리키니, 동물에게는 '발'에 해당된다. 이를 장본獐本에 적용하면 '노루[獐] 발[本]'이 된다.

우리 주위에서 이 모양을 본떠 붙인 이름을 볼 수 있으니, 장도리와 재봉틀 등이다. 장도리는 못을 박는 망치 부분과 박힌 못을 빼는 부분이 합쳐진 기구이다. 끝은 넓다가 차츰 좁아져, 박힌 못의 굵기와 상관없이 쉽게 끼워 뽑아낼 수 있도록 고안된 것이다. 재봉틀에서 바늘이 쉽게 박힐 수 있도록 천을 펼치거나, 재봉선을 잘 확인할 수 있도록 만든 장치를 가리켜 이른바 노루발이라 한다.

13 《삼국사기》〈지리지〉.

장본獐本 즉 노루발 마을은 발산리 삼한골을 들어가기 직전에 만나는 마을이다. 마을을 중심으로 산줄기가 뻗어나간 모습이 갈라진 노루의 발굽처럼 생겨서 붙은 지명일 것으로 본다. 동물의 발 모양은 말[馬]처럼 통굽인 것도 있고, 소[牛]처럼 말과 비슷하면서도 가운데가 갈라진 것도 있다. 이를 기제류奇蹄類와 우제류偶蹄類로 구분한다. 그런데 노루나 고라니는 우제류이면서도 소나 돼지와 달리 두 개의 발톱 사이가 더 많이 벌어져 있다.

한자에서 본本이 음이 되는 한자들 중에 발鉢, 발砵 발缽 등의 글자는 '발'로 읽는다. 말음이 'ㄴ', 'ㄹ'이 혼용되는 현상은 다른 한자에서도 확인할 수 있다. 이를테면 문:물은 문刎,吻:물勿,物의 대응이, 단:달은 단旦,但:달怛,呾의 대응이 그것이다. 조음위치가 같거나 비슷한 음끼리는 상호 쉽게 바뀌는 현상이 존재하지만, 여기서는 그보다 고대 음가에 두 음이 모두 존재하였다가 분화되는 과정에서 나뉘었다고 보는 편이 좀 더 적절할 듯하다.

참고로 '노루'의 옛말은 '노ᄅᆞ'이다. 어중에서 'ᆞ(아래아)'가 'ㅗ'나 'ㅜ'로 바뀌면서 현대국어인 '노루'가 된 것이다.

### 노루목 장항獐項

엄황의 《춘천읍지》에 장항獐項이 보인다. 장항獐項는 노루[獐] 목[項]을 표기하기 위한 차자 표기이다. 엄황의 《춘천읍지》보다 약 120년 뒤의 문헌인 《여지도서》에 와서는 동산외면 동15리에 학곡리鶴谷里가 등장한다. 이 지명은 《관동지》, 《관동읍지》, 《순조대 읍지》 등의 문헌에까지 이어지다가, 1914년 일제강점이 읍면 통폐합 시기에 두 마을을 합쳐 동면 장학리獐鶴里로 바뀌어 오늘에까지 이어진다. 후평동을 지나 동면사무소를 가기 위해 가다 보면 왼쪽에 노루목저수지가 보인다. 농수를 공급하기 위해 인위적으로 쌓은 곳이다.

전국에 노루목이라 불리는 지명은 상당히 많다. 공통점을 찾아보면 어느 한 가지로 귀결되지는 않는다. 일반적으로 노루의 모가지처럼 좁은 통로가 있는 곳을 가리키기는 하지만 모든 곳에 이런 유래를 적용할 수 없다는 데 문제가 있다. 어느 곳에는 산 정상과 가까운 곳에서도 보이는가 하면 노루가 내려와 물을 마실 법한 물가에서도 이런 지명을 확인할 수 있다.

노루는 우리나라를 비롯하여 중국, 카자흐스탄, 몽골, 러시아 등지에 분포하는데 서식처나 생김새가 고라니와 비슷하다. 고라니에 비해 노루가 상대적으로 크다. 노루와 구별되는 고라니의 특징이라면 윗턱에 난 송곳니라 할 수 있다. 수컷의 송곳니는 입 밖으로 약 6cm 정도가 나와 있다. 이것으로 나무뿌리를 캐어 먹거나 수컷끼리 싸움을 할 때 쓴다. 사향노루의 견치犬齒보다 좀 굵고 짧으며, 암컷의 견치는 수컷보다 조금 작다. 노루에게는 송곳니가 없는 대신 사슴처럼 뿔이 나 있다. 뿔은 한 살 때 나기 시작하여 세 살이 되면 생긴다. 사슴보다 작지만 적갈색을 띠고 겨울털은 점토색粘土色을 띠는데 겨울철에는 엉덩이의 백색 반점이 커진다.

노루는 작은 소리에도 쉽게 놀라 달아난다. 한 번에 6~7m를 뛸 수 있을 정도의 빠른 질주력을 갖고 있어서 적의 추격에서 쉽게 벗어날 수 있다. 그러나 적이 보이지 않으면 멈춰 서서 주위를 살펴보는 습성이 있기 때문에, 사냥할 때 이 습성을 이용해 포획하기도 한다. 작은 일에도 놀라는 사람들에게 '노루가 제 방귀에 놀라듯 한다.'고 하는 것도 이에서 연유한 속담이다. 이와 달리 고라니는 쉽게 놀라지 않는다. 토끼처럼 귀소성이 있기때문에 처음 있던 곳을 멀리 벗어나지 않고 되돌아오는 습성을 지니고 있다.

- 노루 때려잡은 막대기 삼 년을 두고 우려먹는다.
- 노루를 피하니 범이 온다.

- 도망치는 노루 잡다가 잡았던 토끼 놓친다.
- 노루꼬리가 길면 얼마나 길까?
- 노루잠에 개 꿈이다.

노루와 관련한 속담도 적지 않다. 이에 비해 고라니와 관련한 속담은 상대적으로 적다. 무엇 때문일까? 비슷하기도 하지만 서로 다른 습성을 지닌 두 동물은, '보노루, 복작노루'라 하여 노루와 고라니가 동일시 되기도 한다.

獐塞縣 一云 古所於 (권 35)
獐項口(가 6): 獐項口 一云 古斯也忽次 (권 37)[14]

《삼국사기》지리지의 대응 관계를 살펴보면 노루 장獐자가 고소어古所 於 · 고사야古斯也가 대응하고 있고, 입 구口가 홀차忽次와 대응하고 있다. 변방 새塞와 목 항項자의 음가는 반영되지 않았다. 구口에 대응하는 홀 차忽次는 훗날 '아구지'로, 다시 '아귀'로 바뀌어, 현대국어의 손아귀나 아귀(물고기)로 바뀌었다. 노루 장獐과 대응되는 고사야古斯也는 현대국 어의 '고라니'가 되었다. 《삼국사기》에서조차 '노루'와 '고라니'가 혼동 되고 있는 것으로 보아, 혼동의 시작이 상당히 아주 먼 옛날로 거슬러 올라 가야 하는 것임을 알 수 있다.

노루는 고산이나 야산을 막론하고 우리나라 전국의 산림지대에 서식 하는데, 다른 동물과 습성이 다른 점은 겨울철에도 양지보다 음지를 골 라 서식한다는 점이다. 그 까닭으로 노루의 체질 자체가 양기陽氣가 많 아 음지를 선호한다는 체질설과, 노루 피부에 기생하는 등에가 초가을 에 알을 품어 겨울철에 피하에서 자란 유충이 양지바른 곳에서 활발한 활동을 하기때문에, 가려움을 견디지 못해 음지를 선호한다는 기생충 설 등 두 가지 설이 있다.

---

14 《삼국사기》〈지리지〉.

고라니의 경우 주로 태백산맥을 중심으로 많이 서식하고 있다. 높은 산에 연결된 산기슭에 서식하므로, 들에 가깝고 나무가 적당히 무성한 남향이나 또는 평지 버들밭, 그리고 억새가 무성한 황무지, 또는 산기슭 가까운 논에서도 흔히 볼 수 있는 종류이다. 이런 생태적 습성 때문에 우리 주변에서는 노루보다 고라니를 발견하기가 훨씬 쉽다.

노루목이라는 지명에 대하여 《표준국어대사전》에서는 두 가지 뜻을 제시하고 있다. 첫째는 '노루가 자주 다니는 길목'이다. 덫을 놓거나 지키고 기다리고 있다가 포획하기 위한 장소로 인식되고 있으니, 이 경우는 해당 동네 사람들이나 명명하여 부르는 정도에 지나지 않는다.

둘째는 '넓은 들에서 다른 곳으로 이어지는 좁은 지역'의 뜻이다. 이 경우는 노루나 고라니의 '좁고 긴 모가지' 모양에 견주어 지명에 적용한 것이다. 춘천에서 동면 감정리나 지내리 등지로 가기 위해서는 노루목저수지 부근부터 이어지는 좁은 길을 통과해야 하므로, 이런 지명이 붙었다고 볼 수 있다.

두 동물 모두 가는 목을 가진 짐승으로 유래는 같아 보이고, 우리 주변에서 볼 수 있는 '노루목'이란 지명은 노루보다는 고라니가 선호하는 장소에 가까운데, 왜 '고라니목'이 아닌 '노루목'이란 지명이 많은 것일까? 언어의 경제성 원리에 따라 한 글자가 적은 것을 선호하였기 때문일까? 알 수 없는 일이다. 가정을 하나 제시한다면 둘의 차이가 '고라니'가 고구려어 계통, '노루'가 신라어 계통의 말이었을 수도 있겠다. 우리말의 대부분을 신라어 계통의 말이 차지하게 되면서 서로 의미가 충돌하는 것을 방지하기 위해 분화된 것은 아닐까? 물론 아직 증명할 처지까지는 못 된다.

늙은 소나무?
노송나무가 있는 마을,
저울골(檜洞)

밤나무에서
유래한 마을,
율문리(신북읍)와
율장리(서면)

# 나무에서 유래한 지명

# 늙은 소나무? 노송나무가 있는 마을, 저울골檜洞

노송나뭇들【들】 강원-춘성-신북-지내- 노송나무가 서 있던 들.

《한국지명총람》(1967) 신북읍 지내리에 '노송나뭇들'이 보인다. 노송老松을 글자 그대로 해석하면 '늙은 소나무'란 말인데, 글자 그대로 '늙은' 소나무를 가리키는 것으로는 보이지는 않는다. '늙-'[耂]는 '높다·크다'[高·치의 의미로도 곧잘 사용된다. 그렇다면 '키 큰 소나무'란 뜻도 되는데, 나무가 자라면 크고 늙는 것이니 이걸 가지고 마을의 이름으로 삼았을까? 모호하기는 매한가지다.

> **회(檜)**
> 회(檜)는 지금 이른바 만송(蔓松: 덩굴솔)이다.【세속에서 노송(老松)이라 이르는 것】 서리를 틀어 푸른 병풍, 푸른 덮개가 되는 것이 이것이다. 지금 속세에서 잘못하여 삼목(杉木)을 회(檜)로 여긴다.【원주: 젓나무】[15]
> (정약용, 《아언각비雅言覺非》)

다산은 회檜가 만송蔓松: 덩굴솔이어야 한다고 고증하며, 이를 세속에서 노송老松이라 부른다고 하였다. 그런데 이를 잘못 알고 지금 세속에서는 전나무를 가리켜 회檜라고 부른다는 것이다. 옛 국어 자료에는 회檜의 훈으로 '젓나모, 젇나모, 뎐나무, 전나무, 로송나무' 등이 거론되고 있는 것으로 보아, 무언가 뒤섞여 버린 느낌이다.[16]

전나무의 유래로는 나무에서 흰 우윳빛의 수액이 나온다고 젓나무로 칭하다가 전나무로 바뀌었다는 설[17]과, 가지와 잎이 퍼진 모양이 전煎처럼 잘 포개지기 때문에 전나무로 칭한다는 설[18] 등등이 보인다.

---

15  檜者 , 今之所謂蔓松也.【俗所云老松】蟠結爲翠屛翠蓋者 , 是也. 今俗誤以杉木爲檜.【젓나무】(정약용, 《여유당전서》 附 雜纂集2, 雅言覺非 卷2).

16  남광우 편저, 《고금한자자전》, 인하대출판부, 1995.

17  허북구 외2, 《재미있는 우리나무 이름의 유래를 찾아서》, 중앙생활사, 249쪽.

18  이우철, 《한국식물명고》, 아카데미서적, 1996. 449쪽.

인제군 상남면 원대리에 회동檜洞이라는 지명이 보이는데, 이곳의 우리말 지명이 '저울'이다. 춘천 신북읍 지내리 이웃 마을인 용산리에 '저울골'이 보인다.

저울-골 【들】 강원-춘성-신북-용산- 회나무가 많은 마을.

용산저수지가 있는 마을이다. 그렇다면 여기서 회동檜洞의 회檜도 다산이 세속에서 일컫는 바라고 한 것처럼 '전나무'를 의미하는 것으로 볼 수 있다. 〈조선오만분일지형도〉에도 이곳이 회동檜洞으로 기록되어 있다.

신북읍 용산리 저울골 [檜洞](조선지형도 3차분)

용화산에서부터 나온 한 줄기가 남쪽으로 달리다가 뾰족 솟아 수리산이 되었다가, 서쪽으로 꺾어 삿갓봉을 지나면서 여러 갈래로 갈라진다. 그중 남쪽 한 줄기가 잠시 움츠러들었다가 펼쳐지고, 그 양옆으로는 더 긴 줄기가 내려와 마을을 감쌌다. 마을의 생김새를 조감도로 보면 흡사 손가락을 펼친 모양이다. 입구가 좁아 밖에서는 이런 마을이 있는 줄 알 수 없으나 들어가 용산저수지를 지나면 꽤 널찍한 마을을 만난다. 이곳이 이른바 '저울골'이다.

일찍이 《지봉유설》을 쓴 이수광의 증손 이현조李玄祚가 졸卒하여 이곳에 묘소를 썼다. 그가 어떻게 이곳에 묘소를 쓰게 되었는지의 자세한 사정이야 알 수 없지만, 이수광의 아들인 동주 이민구가 춘천을 외관外貫으로 인식하고 있는 것과 무관하지 않아 보인다. 지봉 이수광이 안동김씨 김대섭의 사위이고, 김대섭은 청송심씨 심전의 사위인데, 청송심씨 심전 집안은 누대로 이곳에 터전을 두고 있었던 것이 그 방증이다. 이수광의 아들 이민구의 입장에서는 춘천이 어머니의 외가가 되는 것이다.

엄황의 《춘주지》(1648)에 찬자 미상의 발문이 실려 있는데, 끝에 '자헌대부 예조판서 겸 지경연 동지춘추관사'라고만 되어 있을 뿐 지은이의 성명을 기재하지 않았다. 발문의 첫머리가 〈문소각기〉의 서두와 비슷하다는 점과, '이곳이 나의 외관이라 사양할 수 없다는 걸 알고 부로들이 나에게 발문을 지어주기를 요청했다.'는 대목에서, 발문의 찬자가 동주 이민구라는 걸 추정할 수 있게 한다. 발문 뒤 여백에 누군가가 흘림체로 동주 이민구가 지은 것으로 언급하고 있는데, 이 또한 같은 논리로 추정한 듯하다.

그 엄황의 《춘천읍지》 북내면에 회동檜洞이 보인다. 《여지도서》 이후의 문헌에서는 찾을 수 없다가, 2·3차분 〈조선오만분일지형도〉에 이르러 다시 등장한다.

자전에 회檜의 표제어는 노송나무, 전나무, 측백나무 등으로 나온다. 《이아爾雅》에 회檜는 '잣나무 잎에 소나무 줄기[柏葉松身]'라고 한다.[19] 《한국 식물 이름의 유래》[20]에서는 이를 향나무에 대한 설명으로 보고 있다. 잣나무 잎과 솔잎을 잎의 개수와 어린 나무의 줄기 색으로 밖에 구분

---

19  《이아(爾雅)》〈석목(釋木)〉에 "樅, 松葉柏身, 檜, 柏葉松身"이란 표현이 보인다.
20  조민제 외 5인 공편, 《한국 식물 이름의 이해》, 심플라이프, 2021.

하지 못하는 필자로서는 '잣나무 잎에 소나무 줄기'라는 표현을 이해하기 어렵다. 대체 잣나무 잎과 소나무 잎이 무슨 차이가 있길래 이런 표현을 한단 말인가? 노간주나무라면 잎이 침처럼 가늘고 뾰족하기라도 하다지만, 향나무 잎은 편백나무 잎과 비슷해서 잣나무 잎과 연결짓기는 힘들어 보인다.

저울골은 형태소 분석하면 '젓[檜]+ㄹ+골[谷]'이 될 듯하다. 이 나무를 속칭 건수蹇樹[21]라고도 한다는 데 절 건蹇자 인 것으로 보아 '절+나무'를 차자표기한 것으로 볼 수 있다. 다른 한편 우리말에서 종성 'ㄴ'은 곧잘 'ㄹ'로 교체되기도 한다.

지내리는《여지도서》이후의 문헌에는 지내리池內里; 북23리와 지외리池外里; 북20리로 구분되며,《조선지지자료》에는 상·중·하리로 나뉘었다가《강원도지》에 와서 지내리로 통합되었다. 용산리龍山里는 지내리 서쪽에 이웃한 마을이다. 현재 지내리의 '노송나뭇들'은 찾을 수 없는데, 용산리 '저울골'과 지명 유래가 같다는 점에서, '저울골'이 두 마을 모두에서 지명으로 채록되었다는 것을 알 수 있다.

## 밤나무에서 유래한 마을, 율문리신북읍와 율장리서면

춘천시 신북읍에 율문리栗文里가 있다. 매월 4, 9일마다 열리는 샘밭 5일장이 열리는 곳이다. 우두벌에서 신북읍 지내리 방향으로 가다가 중간에 동쪽으로 여우고개를 넘으면 율문리가 나온다. 지금은 남쪽으로 소양5교가 놓여 동면 장학리와 연결되고, 서면에서 여우고개를 거

21 圓柏. 俗稱之蹇樹. 栝, 杉, 松(정량완 외 3인,《조선후기한자어휘검색사전》, 한국정신문화연구원, 1997. 682쪽).

처 율문리, 소양강댐까지 통하는 너른 길이 나 있어 교통이 훨씬 편리
해졌다.

발산리 삼한동 계곡에서 흘러온 물이 신북 벌판을 가로지르며 남서
행하다가 율문리 서남쪽 끝에서 소양강에 합류한다. 소양강물은 천전
리를 내려와 서행하다가 우두산 줄기를 만나 남쪽으로 꺾이는데, 그곳
이 바로 율문천과 만나는 곳이다.

지금의 율문리와 율문천은 《춘주지》(1648)에서는 각각 '율목기栗木基'
와 '율목기계栗木基溪'로 표기되어 있다.

> 북중北中 율목기栗木基 (《춘주지》)[22]
> 율목기계栗木基溪 북중면北中面에 있다. 근원은 용화산龍華山에서 나와
> 남쪽으로 흘러 호현탄狐峴灘으로 들어간다.[23] (《춘주지》)

《여지도서》에 북중면 율대리가 보이는데, 1914년 행정구역 통폐합
때 율대리栗垈里, 문정리文廷里, 泉邱里의 각 일부를 합쳐 신북면 율문리가
되었다. 율대리栗垈里와 문정리文廷里에서 한 글자씩 따서 '율문리栗文里'
라 명명하였다.

전혀 상관없어 보이는 두 지명은 《춘주지》 북중면의 '율목기栗木基'라
는 지명을 통해 본래 같은 지명이었던 것이 분리되었다가, 일제강점기
에 이르러 통합되었다는 것이 확인된다.

| 지 명 | 밤栗 | 나무木 | 터 |
|---|---|---|---|
| 율목기 栗木基 | 栗 | 木 | 基 |
| 율대 栗垈 | 栗 | – | 垈 |
| 문정 文廷 | – | 文 | 廷[庭] |

---

22  엄황, 《춘주지》, 〈춘주속지〉 "각면소지명급인사".
23  栗木基溪 在北中面 源出龍華山 南流入狐峴灘 엄황, 《춘주지》 〈지계현로〉.

현대국어 '나무'[木]는 중세국어 '낡'에서 나온 말이다. 《삼국사기》 〈지리지〉의 관련 지명들을 살펴보면 '글~을~힐~기'로 재구되는 것을 알 수 있다.

赤木縣 一云 沙非斤乙 (권 37)　　→ 木 : 斤乙
高木根縣 一云 達乙斬 (권 37)　　→ 木 : 乙
其買縣 一云 林川 (권 37)　　→ 其 : 林
栗木縣 一云 冬斯肹 (권 37)[24]　　→ 木 : 肹

木, 林 등에 대응하는 표기로 '斤乙, 乙, 其, 肹' 등이 쓰인 것이 보인다. 얼핏 보면 '글'이란 고구려 말이 신라어인 '나무'와의 경쟁에서 밀려 소멸한 것으로 볼 수 있지만, 나무를 셀 때 '그루'라는 말이나 나무의 밑동을 뜻하는 '그루터기' 등에 그대로 남아 사용되고 있다. 율목栗木과 문정文廷의 관계를 통해 이 木과 文이 서로 대응되고 있는 것을 알 수 있다. 나무[木]의 고구려 말이 '글'이요, 문文의 훈 '글(월)'과 음상이 같기 때문이다. 터 기基와 터 대垈는 '(어떤 건물이나 시설이 있던) 자리'란 뜻으로 의미상 유사하며, 조정 정廷은 뜰 정庭에서 부수가 생략된 표기로 간주한다.

춘천시 서쪽 끝 가평군과의 인접 지역에 안보리安保里가 있다. 안보리의 자연 마을 중에 율장리栗長里와 줄길리茁吉里가 보인다. 다산은 〈산행일기〉와 〈산수심원기〉에서 이를 '줄길茁吉' 마을이라 표기하면서 춘천 줄길과 가평 줄길을 이야기하고 있다.

　　또 한 굽이를 떠내려와 안보(安保)의 큰 마을을 지나니, 물 서쪽에 있다. 김청성(金淸城) 집안의 선묘(先墓)가 있었다. 양쪽 언덕에는 송림(松林)이 울창하고 강물은 매우 얕아 나무꾼들이 도보로 건너다녔다. 또 10여 리를 내려가니 물 서쪽에 두 마을이 시냇물을 사이에 두고 있었다. 위는 춘천(春川)에 속한 줄길(茁吉)이고, 아래는 가평(加平)에 속한 줄길(茁吉)인데, 글자로 풀이하면 줄(茁)은 방(鎊)이 된다. 《문헌비고(文獻備考)》에 방천(鎊遷)이

---

24　《삼국사기》 〈지리지〉.

라 하였다. 이곳이 경기(京畿)와 강원(江原)의 경계이다.[25]

　　산수(汕水)는 석문구(石門口)를 지나 칠암(漆巖)에 이르러 약간 꺾어져 서쪽으로 흘러서 현등협(懸燈峽) · 정족탄(鼎足灘) · 작탄(鵲灘)이 되고, 남쪽으로 흘러 초연대(超然臺) · 방천(鎊遷)을 지나 우측으로 거림수(巨林水)를 거친 다음 곡갈탄(曲葛灘) · 안반탄(安盤灘)이 되어 가평군(加平郡) 남쪽을 지나간다.

　　방천(鎊遷)은 세속에서 줄길(茁吉)이라 한다. 거림천(巨林川)은 영평현(永平縣) 도성령(道成嶺) 및 백운산(白雲山)에서 나와 남쪽으로 흘러 산수(汕水)로 들어간다.[26]

　이를테면 주길리 마을은 춘천과 가평으로 양분되어 있다는 이야기이다. 마을 사이로 난 작은 개울이 경계가 되었던 것으로 보인다.

　줄길 마을은 을미의병시 춘천 의병들이 춘천부를 점령하고 춘천관찰사 겸 선유사로 파견되어 오는 조인승曹寅承을 사로 삼다 처형하고, 승리에 도취되어 한양을 향하다가 이곳에서 관군을 만나 무기 부족과 훈련 부족 등으로 패퇴하게 되는 곳이기도 하다. 이를 일명 보납산寶納山전투라고 부른다.[27] 줄길을 지나면 바로 보납산이다. 춘성대교가 건설되기 전까지는 이곳에서 자라목까지 보납산 기슭을 따라 이어진 구도로로 통행하였다. '주길리'란 마을 이름과 '죽일'[殺害]의 음이 비슷하다 보니 혹 그런 뜻에서 붙여진 지명으로 착각할 수도 있지만, 다산의 글을 통해서 볼 수 있듯이 그와는 무관한 지명이다.

　줄길리는 이웃 마을인 율장리와 같은 유래로 보인다. 줄길리茁吉里와 율장리栗長里를 비교해 보면, '밤栗 : 줄[栗]', '長 : 吉'의 대응 관계가 성립하는 걸 볼 수 있다. 방천鎊遷은 《조선지지자료》에 '빙기리'에 견줄 수 있다. 율장리栗長里와 방천鎊遷은 '밤'[栗]의 종성 'ㅁ'이 같은 비음으로 음상이 유사한 'ㅇ'으로 음변한 것이며, '뱅기리'의 '-기리'도 줄길茁吉의

25　정약용, 〈산행일기(汕行日記)〉, 《다산시문집》 제22권. 한국고전종합DB.
26　정약용, 〈산수심원기(汕水尋源記)〉, 《다산시문집》 제22권. 한국고전종합DB.
27　[디지털가평문화대전]-보납산 전투.

길吉과 율장리栗長里의 긴(길) 장長의 관계와 같다.

| 지 명 | 밤栗 | 나무木 | 里 |
|---|---|---|---|
| 율장리 栗長里 | 율栗 | 길[長] | 里 |
| 줄길리 茁吉里 | 줄[栗] | 길[吉] | 里 |
| 빙기리 /방鋩 | 빙[밤]/방[鋩,밤] | 기리 | -/벼랑길[遷] |

밤 율栗의 '율'는 본래 '률'이다. 두음법칙이 적용되면서 초성 'ㄹ'이 소멸하여 '율'로 발음될 뿐이다.

[栗]

| 聲調 | 韻目 | 字母 | 上字 | 下字 | 又音 | 又切 |
|---|---|---|---|---|---|---|
| 入 | 質 | 來 | 力 | 質 | | |
| 先秦高 | 先秦王 | 先秦董 | 先秦周 | 先秦李 | | |
| l-jĕt | 質 l-ĭet | 脂 l-jet | 質 l-iet | 脂 l-jit[28] | | |

중국 성운학자들은 栗의 선진 시대 상고음을 모두 'l-jet'로 재구하고 있는데, 이글에서는 '줄길茁吉'을 근거로 't-jut'를 상정하고자 한다.

초성 / t / → / ǒ / : 구개음화 'ㄷ〉ㅈ'
중성 /-ju-/ → /-j-/ : 단모음화 'ㅠ〉ㅜ'
종성 /-t / → / ㅣ / : 설측음화 'ㄷ〉ㄹ'

초성 /t/이 착오에서 비롯된 것인지, 국어 한자음만의 특성 때문인지, 아니면 중국 한자음을 포함한 한자문화권 지역에까지 모두 적용시킬 수 있는 것인지 여부는 좀 더 고찰이 필요할 것으로 보인다.

북산면 조교리에는 '밤까시'란 지명도 보인다. 민간에서는 '밤송이에 난 까시'처럼 수많은 골짜기가 있어서 명명되었다는 식의 황당한 설이 제기되고 있고, 《춘천지명사전》에서는 이를 의심하면서, '밤[栗]+갖〉갓/까[枝]+실/시[村]'으로 형태소 분석하고 있다.

---

28  漢字古今音資料庫(https://xiaoxue.iis.sinica.edu.tw/ccr/).

그러나 현대국어에서 'ㄹ'로 발음되는 것들이 고대국어에서 'ㅅ'에 가깝게 발음되었다는 점에서, '까시'는 '굿'에서 어두경음화를 겪으면서 음변한 것으로, 나무를 뜻하는 고구려말 '글'의 변형으로 보는 것이 좀 더 적절해 보인다.

## 행촌리 섬배蟾背마을의 유래

춘천시 남산면 행촌리杏村里는 글자그대로 풀이하면 '살구나무[杏]가 있는 마을[村]'이라는 뜻이 된다. 동쪽에 혈동리, 남쪽에 광판리, 서쪽에 추곡리, 북쪽에 수동리와 접하고 있다.

큰 골짜기 세 개가 마을을 이루었다. 첫째는 광판리 법소리에서 추곡고개를 넘어가는 길, 둘째 그 동편에 현재 3번 시내버스가 돌아나오는 섬배안 마을, 셋째 광판리에서 수동리 나가지 마을로 향하는 길의 한가운데를 차지하고 있는 거믄등이 마을을 들 수 있다. 세 큰 골짜기가 다시 좌우로 작은 골짜기를 이루니, 삽다리 · 진기터골 · 안산골 · 보매골 · 우지덧골 · 큰터골 · 버드롱골 · 토목골 등등이 그것이다. 광판리의 법소法所 마을에서부터 남에서 북으로 펼쳐진 꼴이 마치 나뭇가지 같다. 사이사이가 산들에 가로막혀 있으므로 자동차라면 같은 마을을 오가는 것이 다른 마을을 오가는 것보다도 불편하다.

이 마을이 언제부터 행촌리로 명명되었는지는 모르지만 조선시대 여러 지리지 자료에서는 볼 수 없다가 일제시대에 제작된 〈조선오만분일지형도〉[29]에 와서야 비로소 확인된다. 행촌리 복판의 자연마을인 섬배

---

29 杏村里 (蟾背) (墨林洞) (土木洞) 등이 보임.

안 마을에서 섬蟾은 두꺼비를 뜻하고 배背는 등을 뜻하는 말이니, 섬배蟾背라고 하면 '두꺼비 등처럼 생긴 마을' 내지 '두꺼비 등의 모양을 한 산이 있는 마을' 정도로 해석되는데, 마을 내에 이 지명과 관련지을 만한 곳은 잘 보이지 않는다.

그러다 보니 마을 유래를 설명하는 곳에서는 다소 황당한 설이 등장했다. 섬蟾과 곡식을 세는 단위인 '섬'자의 음이 같다는 점에 착안해 본래 마을이 생길 때는 집이 20호였으므로 한 섬이 되는 마을이란 뜻에서 '섬배'라고 했다는 것이다. 스무 말이 한 섬이 되기 때문이다. 두 가마라고 하면 2호가 마을을 이루었다고 설명해야 하는 문제가 있다 보니, 스무 말로 설명한 것으로 보이는데, 다소 억지스러운 느낌이다.

섬蟾의 뜻은 두꺼비이고, 배背의 뜻은 등이다. 두꺼비가 개구리와 구별되는 특징이라면 등이 울퉁불퉁하며 검은 빛을 띤다는 점을 들 수 있다. 그런데 두꺼비의 일본말 중에 '가마がま'가 있는 점이 흥미롭다. 일본말 '가마がま'와 우리말 '검다[黑]'는 말 사이에 어원적 유사성이 엿보이는 것이다. 실제 행촌리 동북쪽에 '거믄둥이'란 마을이 보이고 한자로 흑림동黑林洞 혹은 묵림동墨林洞이라고 표기하고 있어, 섬蟾의 일본음 '가마'와 연결지을 여지가 있다. 이 경우 '거믄'은 섬蟾에, 등은 배背에 대응하게 되어 결국 거믄둥이나 섬배는 유래가 같은 말이 된다.

거믄둥이의 '흑림黑林 혹은 묵림墨林'의 의미에 주목하면 검은 빛깔의 나무 혹은 숲이란 뜻이 되므로 '가문비나무'를 대상으로 지목할 수 있다. 가문비나무를 대체로 '검은 피나무黑皮木'에서 명명된 것으로 설명되기 때문이다. 가문비나무는 우리나라에서 대표적인 흑림黑林을 이루는 수종이라는 긍정적 측면과, 해발 500m 이상의 높고 추운 곳이 아니면 좀처럼 살기 힘든 식물로 알려져 있다는 점에서 해발고도가 250~350m에 불과한 이 지역에 자생했을까 하는 부정적 측면도 아울러 갖고 있다. 우리나라 가문비나무의 주산지로 꼽히는 지역이 지리산이나 덕유산, 설악산 등의 고산지역이기 때문이다.

이와 관련해서 엄황의 《춘주지》에 보이는 지명 '벌질배伐叱陪'를 주목할 필요가 있다. 벌질배伐叱陪는 이두식 지명으로서 '벗배'로 재구再構할 수 있다. 'ㅅ'이 국어에서 흔히 'ㄹ'로 바뀌는 것을 고려하면 '벌배'가 되고 거센소리로 바뀌면 팥배가 되니, 벗배, 벌배, 팥배는 모두 같은 말이 된다. 실제 팥배나무의 이칭으로 벌배가 있어 이를 방증한다.

팥배나무란 우리나라 전국의 산지에서 흔하게 볼 수 있는 장미과의 나무로 '그 열매가 팥알처럼 붉고 작게 맺히고 꽃은 다섯 매의 흰 잎이 배꽃[梨花]처럼 생겼다'고 해서 붙여진 이름이라는 설[30]과, '팥 크기만한 배가 달린다.'고 해서 붙은 명칭이라는 설[31]이 있다. 옛 문헌에는 두리됴梨 혹은 두리杜梨 한글로는 풋뵈 혹은 팟뵈로 표기되었다.

가문비나무보다 팥배나무에 좀 더 무게가 실리는 까닭은 거믄동이 마을의 유래를 '검은 돌이 많아서'라고 한다는 〈두산백과〉의 언급이다. 팥배나무의 특성이 수액이 흘러나와 주변 바닥의 바위를 검게 물들인 다고 하기 때문으로, 가문비나무는 수피樹皮가 회흑색을 띨 뿐인 것과 다른 것이다.

한편, '벗배'라고 하면 광판리의 '법소法所'라는 지명과도 음운적으로 유사성이 있다. '법소'를 마을 사람들은 '법비'라고 읽는다. 느릅나무라고 할 때는 'ㅂ'으로 실현되는 음이 느릅나무가 있는 고개란 뜻으로 쓰일 때는 '느랏재'로 바뀌는 점과, 서오지 외촌이란 뜻의 '밧-서오지'가 바깥 박암리라고 할 때는 '벌-박암리'로 실현되는 점에서 'ㅂ'과 'ㅅ', 'ㄹ'이 상호 교체되는 것을 확인할 수 있다. 즉 '법비'는 '벗배~벌배'를 차자 표기한 지명으로 볼 수 있다는 것이다. 법소法所란 본래 '법을

30  《한국민족문화대백과사전》, 한국학중앙연구원.
31  이우철, 《한국 식물명의 유래》, 일조각, 2005.

집행執行하는 장소.'란 뜻을 가진 말이다. 법소의 바 소所를 뜻으로 읽으면 '법비'가 된다. 이 말이 팥배나무를 가리키는 '벗배'와 음이 유사한 것에 착안해 이를 빌어 지명으로 삼은 것이다.

한편, 거믄동이 동북쪽에는 토목골[土木洞]이란 곳도 보인다. 관련 없을 것으로 보이는 이 지명도 팥배나무와 연결지어 볼 여지가 있다. 토목土木의 '흙 토土'자에 부수 나무 목木을 더하면 '팥배나무 두杜'자가 된다. 본래 팥배나무골이란 뜻의 두동杜洞이나 두곡杜谷으로 불리던 것이 어느 시기 글자가 파자破字되어 토목동土木洞으로 바뀐 것은 아닐까?

춘천시에 '검은동'으로 불리는 지명이 한 곳 더 있다. 동면 감정리甘井里가 그곳이다. '검은동'이라 불리는 마을 곁에 '팥배나무골'이 있어 행촌리의 사례와 닮은꼴이다. 유래가 연관된 것으로 보이는 두 지명이 서로 다른 지역에서 이웃하고 있다는 것은 두 지명의 유래가 같다는 데 무게를 실어준다.

이상에서 팥배나무라는 뜻의 벌질배伐叱陪로부터 두 갈래의 분화과정을 확인할 수 있다. 하나는 벌질배伐叱陪(벗배)에서 거센소리되기[격음화] 현상을 거쳐 풋 빗 혹은 팟빗[豆梨, 杜梨]로 변화되면서, 팥배나무골[두동杜洞, 토목동土木洞]과 법비[法所]가 된 것이요, 다른 하나는 팥배나무 수액으로 땅이 검어진다는 뜻의 '검~가마'가 가마등[섬배蟾背], 검은등[흑림黑林, 묵림墨林]으로 연결되는 지명들이 된 것이다.

결론적으로 《춘주지》(1648)에 수록된 벌질배伐叱陪라는 지명은 팥배나무의 옛말을 이두식으로 표기한 것이며, 행촌리의 섬배, 거믄등이, 토목골 등과 더불어 광판리의 법소리까지 포함하는 지명이다. 이 지명은 적어도 400~500년 이전에 이미 명명된 지명이란 걸 추측할 수 있다.

# 춘천 구송폭포九松瀑布와 속초 영금정靈琴亭

## 구송폭포九松瀑布

구송폭포는 오봉산 청평사 가는 길에 있다. 한때 아홉 가지 소리가 들린다고 해서 구성폭포九聲瀑布라고도 불렸다. 조선시대 탐승객들의 기문記文에 아홉 그루의 소나무가 있었다면서 구송폭포라고 불린 점에 의거해 지금은 구송폭포로 굳어졌다.

엄황의 《춘주지》(1648) 泉石에는 '팔송대八松臺'이란 이름이 보인다. 조인영의 〈淸平山記〉[32]와 이병연의,《조선환여승람》, 산천조에도 팔송대로 되어 있다. 구송대로 적힌 문헌은 이보다 훨씬 많다.

| | |
|---|---|
| 九松亭 | [송광연_범허정 7], 삼한동기 |
| 九松壇 | [김창협_농암22] 동정기 |
| 九松臺 | [김창협, 농암 24] 東征記 |
| 九松臺 | [서종화_약헌 5] 淸平山記 |
| 九松臺 | [成海應, 硏經齋 51], 山水記[下] |
| 九松亭 | [정약용_다산], 穿牛紀行, 夜宿淸平寺 |
| 九松亭 | [정약용_다산], 穿牛紀行, 淸平寺觀瀑 |
| 九聲瀑布 | 《지지조서》북산외면, 瀑布_대정4 |
| 구셕니(구) 九錫里(구) | 《지지조서》북산외면, 內坪里_대정4 |
| 구셕리 | [조선지지자료], 북산외 |
| 구셕이보 | [조선지지자료], 북산외 |

양적으로 많기는 하지만 이 중 범허정 송광연의 〈삼한동기〉가 1686년 춘천부사로 있던 그가 병으로 사직한 뒤 여름날 고탄 출옹의 옛 집과 용화산, 삼한동을 유람하고 쓴 글이 가장 앞선 시기의 문헌인데 비해, 팔송대가 적힌 곳은 엄황의 《춘주지》가 1648년에 완성된 것으로 보아 가장 약 40년가량 앞선 시기의 기록이다. 중간중간 아홉 그루에서 한 그

---

32  조인영, 〈청평산기〉,《운석유고》권10. 한국고전종합DB.

루가 죽어 여덟 그루가 되었다고도 하고, 그 뒤로 누가 한 그루를 심었던지 다시 아홉 그루가 되기도 한다. '九'란 숫자가 동양에서 가장 큰 숫자이고, 주역에 '구궁九宮'이란 말이 있으며, 무이구곡을 모방해 우리나라의 문인들도 구곡九曲을 경영한 선례들이 확인된다. 그런 점에서 '아홉'이란 숫자를 중시해 모자라면 채우려 한 모습이 읽혀진다.

'구성九聲'이란 말은 일제강점기 자료에서 처음 확인되면서 일제의 잔재이므로 없애야 한다는 논리로 이어졌다. 생각해 보면 꼭 일제의 만행이라고 볼 일도 없어 보이건만, 자격지심에 과잉 반응하는 것은 아닐까?

《조선지지자료》의 '가산미리加山美里'가 '오봉산五峯山'의 우리말을 차자 표기한 것으로 보아, 구송대九松臺도 '아홉솔대'로 불렸을 개연성이 있다. 마지막이 폐모음으로 끝나는 것을 꺼리는 우리말에서는 의미없이 접미사 '이'가 첨가되는 일이 많다. '아홉 솔'에서 끝나지 않고 '아홉 소리'로 '-이'를 덧붙여 읽는 것이다. 접미사 '-이'의 영향으로 '솔'은 '소리'로 발음되면서, '松'은 '聲'에 가까워진다. 이것이 '구성폭포'로 바뀌어 인식되게 된 이유이다.

## 심금솔[栽松亭]

'솔~소리'를 거문고 금琴자로 바꾼 예가 춘천에도 있다. 우두벌 북쪽 신동新銅 마을에 '심금솔'[栽松亭]이라 부르는 곳이 있다. 《춘주지》〈누대정사〉 재송정栽松亭 조에 그 숲이 조성된 내력까지 기록해 두고 있다.

재송정栽松亭 부 북쪽 5리 칠산촌柴山村에 있다. 전 정덕正德 병자년丙子年(1516) 우거寓居하던 선비 최도崔渡가 의론을 세워 소나무 만여그루를 심었더니 번성하여 빽빽해졌다. 남북으로 십리였다. 칠산柴山의 여염閭閻들이 매우 번성했다. 백년 뒤에 인심이 태만해지고 흙을 북돋아 심는 관심은 없고 도끼의 해가 있게 되었더니, 근년 이래로는 칠촌柴村의 여염閭閻이 점차 옛날 같지 못하다. 잘모르지만 소나무의 성쇠 또한 한 마을의 흥

칠산리柒山里 마을은 음변하여 '옻뫼〉올미'가 되었다. 그래서 사람들은 지금 재송정이 있던 솔숲을 '올미솔밭'이라고 부른다. 아름드리 소나무 한그루 한그루가 모두 볼만한데 주변에 민가와 음식점들이 들어서 경관을 해치고 말았다. 수성최씨가 가장 도서인 《구일전九逸傳》 중 최도와 형제인 최설 편에, '솔숲에 바람이 불면 거문고를 울리는 듯하였다.'는 대목과 그의 시어 중에 '瑟琴슬금'이 보인다고 한다는 점을 들어 본래 '슬금솔밭'이라 부르던 것이 와전되었으리라는 의견이 제시되었다.[34] 재송栽松이란 지명은 다른 곳에도 보이고, 《춘주지》에서나 민간에서 이미 재송정栽松亭이란 지명이 확산된 것으로 미루어, 공식적으로는 재송정이라 부르던 것에 최도·최설 형제가 좀 더 우아하게 '瑟琴亭슬금정'으로 고쳤다고 보는 편이 좀 더 적절한 해석으로 보인다. 어쨌거나 이 말은 언중言衆의 지지를 받지는 못한 것이다.

## 속초 영금정靈琴亭

이상과 같은 변화과정을 나타내는 지명이 속초에 있다. 영금정靈琴亭이 그것이다. 세간에는 이 정자에 오르면 파도소리가 마치 거문고 타는 소리처럼 들린다고 해서 영금정이란 이름이 붙었다고 설명하지만, 다른 설명도 가능할 듯싶다.

영금정 옆에는 지금은 파괴되었지만 다른 섬이 하나 더 있었다. 솔섬[松島]이 그것이다. 구송九松과 같은 이유로 '솔섬'은 '소리섬'으로 불리게 된다. '소리'를 신령스런 소리란 의미를 담아 '거문고 금琴'자로 바꾼 것

33  栽松亭 在府北五里柒山村 前正德丙子年 寓居士人 崔渡建議栽松數萬餘條 盛行鬱密 延袤十里 柒山之閭閻極盛矣 百年之後 人心怠弛 無封植之觀 有斧斤之害近年以來 柒村閭閻 漸不古 若未知松之盛衰 亦係一村之興替耶 (엄황, 《춘주지》, 〈춘주지 전〉, 누대정사).

34  오동철, 〈500년 '심금솔밭' 이름·조성 내력 새롭게 그려나〉, 춘천사람들, www.chunsa.kr. 2023.12.26. 09:34 입력.

이다. '신령 령靈'자에 해당하는 우리말이 '돗〉돌'이어서 돌섬[石島]이란 의미까지도 나타낸 것일 수 있겠다.


## 화천 간척리 벼바위의 암각문 삼한골三韓洞과 건자야建子若

삼회동은 흔히 삼한골이라고 불린다. 조선후기 옛 지도에 삼회동은 대체로 경운산의 서쪽에 표기되어 있다. 이때의 경운산은 오늘날의 오봉산, 곧 청평산을 말하는데, 근래에 제작된 지도에는 엉뚱하게 오봉산 1봉의 남쪽 봉우리에 경운산이란 지명을 붙여놓았다.

1686년 병으로 부사직을 사임하고 문소각에서 여름을 맞은 송광연은 고탄 출옹 이주의 옛 집터를 방문했다가 양통고개를 넘어 맥국의 고도를 살펴본 후, 삼한동으로 들어가 삼한사, 대곡사, 법화사 등 옛 절터를 유람한다. 그때 본 것을 〈삼한동기三韓洞記〉에 남겼다.

> 모름지기 경운(慶雲)의 한 줄기가 두루 치달아 법화산(法華山)이 되어 남쪽으로 떨어진 것이 용화(龍華)이고 서쪽으로 뻗친 것이 나송(蘿松)이다. 경운(慶雲)의 다른 이름이 곧 청평산(淸平山)인데 진락공(眞樂公; 이자현)을 얻어 우리나라에 이름을 떨쳤다. 나송산(蘿松山)의 별지(別支)가 곧 고란산(古蘭山)인데 출옹이 점유한 바가 되었다. 또한 자못 이름이 드러났다.[35]

오봉산에서 삼한골 쪽으로 뻗은 산이 용화산이요, 현재 우리가 용화산으로 알고 있는 것은 나송산이 된다는 말이어서 혼란스럽다. 우리가 알고 있는 용화산은 경운산(오봉산)의 서쪽이므로 송광연이 언급한 나송산이 용화산이 되어야 하고, 남쪽으로 뻗은 산은 마적산이어야 할 터

---

35 송광연, 〈삼한동기〉, 《범허정집》, 한국고전종합DB.

이다. 이 일대의 지리는 엄황의 《춘주지》를 보더라도 혼란스럽기는 마찬가지다.

> **용화산** : 부府 북쪽 100리에 있다. (엄황, 《춘주지》)[36]

용화산이 북쪽 100리에 있다고 한 자료가 있는가 하면, 45리, 60리, 70리, 100리, 111리 등 같은 산을 두고 각기 다른 거리계수를 내어놓고 있다. 거리계수뿐만 아니라 산의 명칭이나 발원지를 설명하는 과정에서도 차이를 보인다.

> **고탄계古呑溪** : 북내면에 있다. 사인암산에서 발원한다. 서쪽으로 흘러 모진강 (母津江 : 북한강) 하류로 들어간다.[37]
> **율목기계栗木基溪** : 북중면에 있다. 용화산에서 발원한다. 남쪽으로 흘러 여우 고개여울[狐峴灘]로 들어간다.[38]

사인암산은 용화산의 거대한 바위 벼랑을 가리켜 이름한 것으로 보인다. 발산리 삼한골에서 발원해 율문리 남서쪽 여우고개 부근에서 소양강과 합류하는 하천[율목기계]이 용화산에서 발원한다고 되어 있다. 사인암산이란 말은 현재 쓰이지 않으며, 용화산이라 부르는데, 위의 인용문에서는 남쪽으로 흐르는 삼한골의 발원지가 있는 곳을 용화산이라 부르고 있는 것이다. 오늘날의 지리관에서 두 산은 같은 산이다.

송광연 부사가 〈삼한동기〉에서 언급한 관암冠巖, 문암門巖, 표암豹巖, 마암馬巖 등등의 바위들은 산악인들에 의해 다른 명칭으로 불리고 있을 뿐 현재 용화산에 그대로 남아 있다. 송광연 부사의 행로는 고탄 출옹 이주의 집에서 곧바로 양통고개(화천 큰고개 방향)를 올라 용화산을 오르는 길이다. 맥도貊都를 조상했다는 표현은 흔히 생각하는 신북읍 발산

---

36  龍華山 在府北百里 (엄황, 《춘주지》).
37  엄황, 상게서.
38  엄황, 상게서.

리의 맥국터가 아니라 용화산석성인 것으로 이해해야 한다.[39] 용화산의 여러 바위를 유람한 뒤 현재 삼한골을 따라 구층대 바위와 구담龜潭 등 등의 경치를 보고, 발산리 쪽으로 내려와야 하는 것이다.

윗글은 송광연이 미륵불교의 법맥이 확산하는 과정을 산을 중심으로 이해한 것이다. 그가 언급한 용화산과 나송산이 현재 우리가 부르는 산의 명칭과 달라 혼란을 주고 있다. 그의 말을 바로 이해하자면, 경운산에서 시작된 법화法華된 산의 맥이 남쪽으로 뻗쳐 용화산이 되고, 서쪽으로 뻗쳐 나송산이 되었다는 것으로 볼 수 있다. 여기서의 법화산法華山은 실체가 있는 산이 아니라 미륵의 불법으로 화化해진 산이란 의미의 관념적 산이다. 법화산의 의미를 이해하지 못하고 실체가 있는 산으로 이해하려 들면서 주위의 지형을 억지로 재단해버리는 불상사가 발생했다.

일제강점기《조선고적도보朝鮮古蹟圖譜》에 기록에 '법화사지가 용화산 서북쪽에 있다.'고 되어 있다. 최근 들어 고성리 안쪽에서 고려 시대의 절터로 추정되는 사지를 발견했다. 2020년 (사)춘천역사문화연구회에서 지표조사를 실시한 바,[40] 이곳에서 계곡 곁의 너른 땅을 따라 형성된 여러 건물지를 확인했고, 불전이 있었으리라 추정되는 장소에서는 거대한 대석과 계단석, 사자獅子 문양이 새겨진 부자재 등이 발견되어, 고려 시기의 절터일 개연성이 대두되었다.

이는 굴산산문의 범일 국사의 제자인 낭공이 건자야建子若를 짓자 신도들이 조삼모사로 몰려들었다는 기록에 견주어, 이곳이 바로 낭공이 설립한 건자야建子若일 것이라는 추측을 낳았다.

39  한희민, 「조선시대 춘천 삼한동(三韓洞) 향유 양상과 의미」, 『강원문화연구』 제46집, 강원대학교 강원문화연구소 2022.12. 133~163쪽 참조.

40  〈고성리 법화사지 지표조사 보고서〉, (사)춘천역사문화연구회, 2020.

이곳이 낭공이 세운 그 건자야建子若라면, 송광연이 〈삼한동기〉에서 삼한동에 들어가 답사하였다는 법화산과 법화사지法華寺址, 《조선고적도보朝鮮古蹟圖譜》에 기록된 법화사法華寺가 모두 같은 사찰을 가리키는 것인가? 그렇다면 건자야建子若가 어떤 이유로 폐사된 뒤에, 다시 세운 절이 송광연이 둘러본 법화사法華寺이어야 하고, 그것이 《조선고적도보朝鮮古蹟圖譜》에 기록된 법화사지이어야 하며, 2020년 (사)춘천역사문화연구회에서 지표 조사한 그 사지이어야 할 것인데, 송광연의 지형 설명과 답사한 행로 등 말끔히 해소되지 않는 여러 의문들이 꼬리를 문다.

여러 의문점들의 해결책은 좀 더 많은 조사와 발굴이 뒤따른 후에나 짐작할 수 있는 것이라서 차치해 두고, 이글에서는 한가지 실마리를 제시해보는 선에서 만족하고자 한다.

법화산이 실체가 있는 산이 아니라 법화경의 미륵도량이 뻗쳐나간 것을 의미하는 관념적인 의미의 산이라면, 산의 명칭에 매임 없이 오로지 사찰의 명칭으로서의 법화法華만을 상정할 수 있게 된다. 여기서의 법화는 미륵불을 모시는 사찰을 의미한다.

낭공대사行寂, 832~916가 세웠다는 건자야建子若의 若는 아란야阿蘭若를 줄임말이다. 산스크리트어 'araṇya' 팔리어 'arañña'를 음사한 것이라고 한다.[41] 마을에서 떨어진 한적한 곳으로 수행자들이 머물기에 적합한 곳이란 뜻으로, 결국 산림 사찰을 의미하는 말이다. 그렇다면 '건자建子'는 사찰명이거나 산의 이름으로 볼 수도 있을 것이다.

전국에 '건지~건자' 등의 명칭을 가진 산이 더러 보인다.

> A 건지산 산 경기 양평군 옥천면 옥천리
> B 건지산 산 경기 이천시 마장면 해월리
> C 건지산 산 경기 고양시 덕양구 원흥동

41  곽철환 편저, 《시공 불교사전》, 시공사, 2003. [네이버 지식백과] 참조.

화천군 간동면 간척리 볏바위

　흥미롭게도 용화산의 동쪽에 자리한 마을이 간동면 간척리看尺里이
다. 볼 간看, 자 척尺이므로 '간자'로 읽을 수 있다. 이는 미륵보살의 수
계를 의미하는 징표를 가리키는 간자簡子란 말과 음상이 같다. '간자'의
첫 자가 음운 교체되면 '건자'가 되어 위 '건지산'에 가까워져 본래 간
자簡子였던 것이 음변한 말로 의심해 볼 수 있다.

　《삼국유사》에 신라 말기의 고승으로 법상종의 개조인 진표가 미륵보
살에게서 제8간자와 제9간자를 받았다고 한다. 이는 육륜상六輪相의 점
찰법에 의해 관찰할 수 있는 189종의 선악과보차별지상善惡果報差別之相
중 '받고자 원하면 바로 묘계를 얻는 것'인 소욕수득묘계所欲受得妙戒(제8

---

42　Daum 카카오 지도 "건지산" 검색 결과

화천군 간동면 간척리 볏바위 명문

간자), '일찍이 받았던 구족계具足戒를 다시 얻는 것'인 소회수득구계所會受得具戒(제9간자)를 말한다.[43]

간자[看尺], 간자簡子와 관련해 또 한 가지 주목할 만한 대목이 있다. 간척리 볏바위에 새겨진 명문이다. 안내문에 따르면 명문은 '田竽/ 海東好山明火宙上干尺/ 己丑二月印'으로 판독해 놓았다. 이를 두고 삼국시대 국경을 침범하지 말 것을 경고하는 글이란 주장이 제기되었으나,[44] 필자는 이 문장을 다르게 해석하고 싶다.

> 田竽: 인명
> 海東好山明火宙上干尺: 해동의 좋은 산, 불집[초롱]을 밝히고 간자干尺 (山)를 올렸다.
> 己丑二月印: 기축년 2월에 찍음

43 일연, 《삼국유사》 권4, 〈진표전간眞表傳簡〉.
44 이태두, 「화천군 간동면 간척리 암각문에 대한 연구」, 『강원향토사연구논총』, 한국문화원연합회 강원도지회, 2012. 12. 187~208쪽.

왜 글씨체를 바꿔 가며 새겼는지, 왜 '印'자를 썼는지 등등의 의문점이 여전히 존재함에도 불구하고, 누가 언제 어떤 일을 했다는 내용이 되어야 한다고 본다. 즉, '전간田簡'이란 이름을 가진 사람이 우리나라의 좋은 명산으로 알려진 '간자干尺'산을 기축년 2월에 불집[火甲]을 밝혀 들고 오른 것을 기념해 새긴 것으로 본다. 그리되

화천군 간동면 간척리 볏바위 안내문

면 용화산의 옛 이름이 곧 간자산[干尺山]이 되고, 그 아래 마을이란 뜻으로 간척리看尺里란 지명이 유래되었을 것으로 보는 것이다.

《태종실록》권27, 태종14년 1월 4일자 〈비첩의 소생을 한품하여 속신하는 법을 정하다〉 제하의 기사에 "이제 사재감에서 여손女孫을 사역시키고자 하나, 전조前朝의 제도에는 신량역천身良役賤인 자는 모두 그 여손女孫을 사역시키지 않았으니, 정리丁吏 · 역리驛吏의 딸이 양부良夫에게 시집가면 즉시 양인良人이 되었고, 동류同類에게 시집가면, 이내 그 역役을 세웠으며, 염간鹽干 · 진척津尺의 딸도 또한 같았으며, 수군여손도 의당 간척干尺의 딸과 같았습니다."라는 대목이 보인다. 간척干尺은 신분은 양인良人이면서 천한 일을 하는 사람을 총칭하는 말이다.[45]

---

45 《태종실록》권27, 태종14년 1월 4일자 〈비첩의 소생을 한품하여 속신하는 법을 정하다〉 註 013에 '간척(干尺) : 신분은 양인(良人)이면서 하는 일은 천역(賤役)이었던 사람을 총칭하는 말. 칭간천척(稱干賤尺).'라는 내용이 보인다.

실록 기사에 쓰인 의미와 달리 여기서의 '간척刊尺'은 '간자'란 말을 표기하기 위해 기존의 어사語辭를 빌어다 쓴 것일 뿐이다. '간척'이란 말의 의미에 얽매여 해석하려 해서는 안 된다는 말이다.

낭공대사 행적 이후로 대감국사 탄연이 문수원비의 글씨를 쓰고, 이자현 등에게 능엄경을 강한 바 있으며, 공민왕대 책봉된 나옹혜근과 우왕대 국사인 혼수가 모두 청평사와 인연이 있는 것으로 미루어 경운산(오봉산) 일대 용화산에 이르기까지의 굴산산문의 법맥이 뻗어나간 상황을 간취할 수 있다.

홍천강과

북한강이 만나는 곳,

남면 관천리(冠川里)


공지천에 살았다는

공지어는

어떤 물고기일까?


# 물에서 유래한 지명들 ──────────


공지천의 유래는

고은리, 웅곡으로도 불리던

'곰실'에서


춘천 최고의 샘물,

'모수물, 묘수(妙水)'


온의동(溫衣洞)과

칠전동(漆田洞)은

유래가 같다

# 홍천강과 북한강이 만나는 곳, 남면 관천리冠川里

엄황의《춘주지》에는 '관라불冠羅佛'로,《여지도서》이후의 여러 문헌에는 '관천리冠川里'로 나타난다. 춘천의 서남쪽 끝 홍천강과 북한강이 만나는 곳에 위치하며, 남산외면·남산외이작면에 편성되어 있다가 지금은 남면 관할지가 되어 있다.

관라불의 '불佛'은 벌판의 '벌'의 뜻으로 간주할 수 있다. 오늘날 '골谷'이 '올'로 변음되어 '갓내올'이 된 것을 보면, 청평댐 건설에 따라 높아진 수위가 이곳의 지형을 얼마나 많이 바꾸어 놓았는지 짐작할 수 있다. 관라불冠羅佛은 갓 '관冠' 자를 쓴 것이나 유사한 '음音'으로 보나 '관천리冠川里' 즉 '갓내울'과 비교된다. 갓내울로 불리던 지명을 한자로 옮기는 과정에서 각각 관라불冠羅佛과 관천리冠川里로 달리 표기하게 된 것이다.

엄황 부사가《춘주지》완성한 것보다 이른 시기 이곳을 지나간 이가 있다. 1615년 9월 양주목사 이창정은 둘째 아들의 혼례를 치르기 위해 갔다가 간성 관아에 갔다가 돌아오는 길에 진부령, 인제, 홍천을 지나 팔봉산과 반곡리에서 1박을 하고, 이튿날 개야리, 한덕리, 모곡리를 거쳐 관천리를 지나 미원(가평 설악면)에서 묵은 뒤, 화도읍을 통해 서울로 들어갔다. 엄황부사의《춘주지》간행이 1648년이니 이보다 33년 앞선 시기의 기록이다. 그 내용이 그의 유고문집인《화음선생유고》권2〈동행록〉에 실려 있다.

> 임오일(9/9, 22일째) : 팔봉, 반곡(내용 생략)
>
> 계미일(9/10, 23일째) : 가야촌(伽倻村)을 지났다. 신철(申澈)[46] 군이 내

---

46  참판 장(檣)의 2남 중주(仲舟)의 현손으로 아버지는 신수연(申守淵)이다. 능성구씨 족보에 딸을 현재의 이웃 마을인 두미리에 살던 구강(具康)에게 시집보낸 것으로 보인다.

게 자기 집에서 술을 마시자고 청했다. 한래곡(閑來谷:한덕리)에 당도하니 이 골짜기도 곧 내가 다 〈토구책(菟裘策)으로〉 점찍어 두었던 언덕이었다. 산이 갑자기 푸른 냇물에 닿아 있다. 그 갑작스레 머리를 내민 것을 다스려 끊고 열고 하니, 땅이 이미 완성되어, 다만 용마루가 되고 띳집이 될 뿐만 이 아니었다.

보리울[麥谷:모곡리]을 지나 갈라곡(葛蘿谷:관천리)에 이르니 골짜기는 어지러운 산들의 끄트머리에 있고, 서쪽으로는 소양강(昭陽江), 동쪽으로는 홍천(洪川)이 있다. 냇물은 골짜기 아래서 만나 비스듬히 이어져 남(南)으로 서(西)로 흐른다. 푸른 산과 건너 물이 은은(隱隱)히 북두성처럼 절(折)하고 뭇 별들이 북극성에 공수(拱手)하 듯 강과 바위에 조아리고 있다. 잔도(棧道), 구름다리가 위태로이 깎여 푸른 병풍 사이에 있다. 먼 산은 푸르게 우거졌다. 〈산들이〉 눈썹을 찡그린 모습으로 새벽 남기를 모으는데, 찬 저녁 안개와 아침 구름이 때때로 다른 모습이다. 고기잡이배는 수풀에 매어 있고 수풀 가운데서 저녁연기가 피어나며 하나의 승경(勝景)을 더한다. 앞 여울을 건너 석잔(石棧)을 지나 미원촌(迷源村, 가평군 설악면)에서 묵었다.

갑신일(9/11, 24일째) : 남일원(南一院)[47]에 이르러 배로 강을 건너 차유령(車踰嶺)[48]을 넘어 한양[京城]에 들어갔다. (이창정, 〈동행록〉, 《화음선생유고》 권2.(규장각 본)

지금은 춘천 시내버스가 하루에 두어 번밖에 다니지 않는, 오지라면 오지라고 할 수 있는 곳이지만, 수운水運이 발달했던 옛날로 말하면 북한강과 홍천강이 합류하는 곳이어서 많은 배와 사람들로 북적이던 곳이었을 것으로 추측된다. 물길이 오늘날로 말하면 고속도로의 구실을 했던 것이다.

갓 관冠 자가 들어 있기 때문에 이와 관련된 산이나 다른 어떤 지형물이 있지 않을까 생각하기 쉽고, 다른 지역의 경우라면 그렇게 해석하는 것도 가능할 테지만, 이곳은 그보다는 강江의 중세국어 '가람'이나, '갋[並]'이라는 말과 관련있어 보인다. '갈'의 고대국어가 '갓'에 가까웠기 때문에 갓 관冠자로의 차자 표기가 가능하다.

우선 강 안쪽 마을이란 뜻에서 '갈[冠,江]+내[內]+곡谷'의 분석이 가능하다. '갈내'의 'ㄴ'이 동화되어 'ㄹ'로 바뀌면 '갈래'가 되어 '관라'가 '괄라'로 소리나는 것과 비슷해지며 이를 분철 표기하면서 '갓내'가 된 것으로 볼 수 있다.

이와 달리 '강물[川]이 합류하는[冠,갈갸] 마을[谷]'이란 해석도 가능하다. 이때는 '갈[冠,갸] 내[川] 마을[谷]'이 되어 우리말 어순과 달라진다. 다산 정약용이 '관전강冠前江'이라고 이해한 것과 같은 맥락이다.

> **녹효수(綠驍水)가 동쪽으로부터 흘러와 합류한다.**
> 녹효수는 강릉부(江陵府) 백치(柏峙) 및 홍천현(洪川縣) 대소송치(大小松峙)에서 발원하여 북창(北倉)에 이르러 건치(建峙)와 가리(加里)를 거치며, 두 산의 물 {홍천(洪川) 동북쪽 70리 과 풍천(楓川) 물 홍천 동쪽 20리에 있는데, 춘천(春川) 중전산(中田山)에서 발원한다.}이 서남쪽으로 흘러 삼마수(三馬水)를 거친 다음 홍천현 남쪽을 지나 {현은 본래 신라(新羅)의 녹효현(綠驍縣)이다.} 부현(婦峴)의 북쪽에 이르고, 또 구절판(九折坂)의 명암수(鳴巖水) {홍천 서쪽 10리에 있다.} 및 양덕천(陽德川)을 지나 팔봉(八峯)의 북쪽에 이르고 군자곡(君子谷)의 물을 지나 {홍천 서쪽 20리} 서쪽으로 관전강(冠前江) {홍천 서쪽 90리} 이 되고 북쪽으로 산수(汕水)와 합류한다.[49]

다산 정약용이 이해한 '관전강冠前江'에서, 앞 전前의 의미를 살리면 '갓내울 마을[冠] 앞[前]의 강江'으로 분석할 수 있겠지만, 좀 더 이른 시기의 문헌에 수록된 관천리冠川里와 비교해 보면 전前은 천川을 잘못 표기한 것으로 이해하는 것이 더 적절해 보인다. 일러준 이가 '관천강冠川江'이라고 가르쳐 준 것을 '관전강冠前江'으로 이해했으리란 추측이 가능하다. 마을 앞에 강이 있는 마을이란 뜻의 '관전冠前'에 후부요소 '강江'을 덧붙이면서 의미가 중복되었다.

갈라곡葛蘿谷과 관라불冠羅佛, 관전강冠前江 등의 지명을 오늘날의 지명

---

49   정약용, 〈산수심원기〉, 《다산시문선》 제22권, 한국고전종합DB.

인 관천리冠川里와 비교·정리해 보면 다음과 같다.

| 지명 | 재구형 | 전부 요소 분석 | | 후부 요소 |
|---|---|---|---|---|
| 갈라곡 葛蘿谷 | 갈라골 | 갈[江,並] | 내[川] | 골[谷] |
| 관라불 冠羅佛 | 갓라불 | 갓[江,並] | 내[川] | 벌[佛] |
| 관천리 冠川里 | 갓내리 | 갓[江,並] | 내[川] | 리[里] |
| 관전강 冠前江 | 갓전(천)강 | 갓[江], | 전[前] | 강[江] |

## 공지천에 살았다는 공지어는 어떤 물고기일까?

공지어의 실체에 대해 확실히 알고 있는 사람은 아직 없는 것으로 보인다. 일각에서 댐을 막기 전까지만 해도 공지천에 '공지어'라 불리는 물고기가 살았었다는 말도 떠돌기는 하지만, 그들이 본 것이 실제 공지어였는지 아니면 다른 물고기를 공지어로 착각했는지 여부도 분명하지 않다. 코끼리는 실체라도 있으므로 처음에야 벽으로 기둥으로 달리 오인했을 수 있을망정 여유를 갖고 전체를 세세히 만져 가다 보면 그 전모를 인지하는 것 자체는 그리 어려운 일도 아닐 것이다. 그런데 '공지'란 말의 뜻조차 모르는 상태에서 제각기 설명한 문헌자료만 믿고 그 물고기가 어떤 물고기였는지를 추정하다 보니, '장님 코끼리 만지기'보다도 더 어려운 상황이다.

> 공지천(孔之川)은 남부내면(南府內面)에 있다. 수원(水源)은 대룡산(大龍山)에서 나온다. 서류(西流)하여 봉황탄(鳳凰灘)으로 들어간다. 공지어(孔之魚)가 많은 까닭에 이름하였다. ···50

공지어가 처음 등장하는 문헌은 엄황의 《춘주지》이다. 여기에 '공지어가 많아서 공지천이라 불린다.'는 유래를 제시하고 있을 뿐 공지어의 생김새나 포획방법 등에 대한 아무런 언급이 없다.

> 매년 삼사월이 되면 작은 물고기가 보이는데, 길이는 한 치쯤 되고 버들 잎처럼 좁으며 녹금색(綠金色)을 하고, 입에 몸길이의 절반 정도 되는 침이 있다. 밤이 되면 물 위로 올라와 헤엄친다. 날이 저물면 강촌 사람들이 작은 배를 타고서 관솔불을 켜고 둥근 대나무에 그물을 엮어가지고 그 고기를 잡는다. 시속에서는 '공지(孔之)'라고 부르는데, 내가 '침어(針魚)'라고 명명하였다.[51]

이유원의 《임하필기》에서는 비교적 상세한 모습과 습성, 포획 방법 까지도 언급하고 있다. 세간에서는 '孔之'라 부르는데, 자신이 '針魚'라 고 바꾸어 불렀다는 대목까지 실려 있다. 공지어를 실제로 목격하지 않 았다면 기술하기 힘든 자세한 설명이다.

결론부터 말하자면 공지어란 '강태공조침어姜太公釣針魚'란 말에서 유 래한 것이다. 서백을 도와 상나라[殷] 주왕紂王을 멸하고 주周나라를 세 우는 데 일등공신이었던 강태공은 위수渭水 가에서 낚시를 하다가, 뒤에 주문왕이 되는 서백에게 발탁된 인물이다.

고대 중국의 인물이 어떻게 한반도의 물고기 이름에 등장할 수 있는가? 혹 의문을 품을 분이 있을지도 모르겠다. 강태공은 B.C.1156~B.C.1073(?) 을 살다간 인물이다. 우리나라로 치면 고조선 시대의 인물이고, 공자님 보다도 약 500~600년이나 앞선 시대를 산 인물이다. 이름과 자를 따서 강상姜尙, 강자아姜子牙라 부르기도 하고, 그 선조가 우禹임금을 도와 치 수에서 큰 공을 세워 여呂라는 땅에서 책봉되었기 때문에 여상呂尙이라 부르기도 한다. 또 전설에 따르면 주나라 문왕[姬昌,西伯]이 강태공을 얻은

51  이유원, 《임하필기》 제32권 순일편, "침어(針魚)".

뒤, 선조 태공께서 간절히 바라던 인물이라 하여, 태공망 또는 강태공이라 불렀다고도 하는 등 그를 일컫는 여러 이름들이 존재한다.

서백은 친히 강태공을 찾아와 그에게 전군을 통솔하는 사師라는 자리를 주어 극진히 모셨다. 강태공의 도움으로 뒤에 아들 무왕武王이 상나라를 멸망시키고 주나라를 세우는 토대를 마련해주었다. 서백은 기산岐山 주원周原 사람으로, 상商나라 때 서백西伯으로 봉해졌다. 본명은 희창이며, 주周나라 사람들이 그를 존경하여 '주문왕周文王'으로 일컬었다.

'강태공조침어'란 용어는 이 물고기의 턱뼈가 길게 발달하여 강태공의 낚싯바늘처럼 곧게 보이는 특징을 갖고 있기 때문에 명명한 것이다. 그의 낚싯바늘이 우리가 흔히 볼 수 있는 둥글게 굽은 형태가 아니라, 일자형으로 곧은 형태를 취하고 있었기 때문에, 세간에서는 흔히 강태공이 낚싯대를 드리우고 위수 가에 앉아 있던 목적이 고기를 잡으려는 데 있지 않다는 뜻을 나타내기 위한 것이라고 믿고 있다.

'강태공조침어'는 말 자체가 너무 길다 보니 줄여서 '강공어姜公魚', '공어工魚', '동연어銅吮魚', '침구어針口魚', '상비어象鼻魚', … 등등의 여러 명칭으로 불리게 되었다. 강공어姜公魚는 본래의 의미를 간직하고 있는 표현인데 비해, 다른 이름들은 '강태공의 낚싯바늘처럼 생긴'이라는 본래의 의미가 희미해지면서 나타난 현상으로 이해된다. 공어工魚, 공멸工蔑라는 이름은 낚싯바늘[釣針]의 공구工具의 의미를 더한 것이요, 여기에 '바친다'는 뜻을 더해 공어貢魚, 공치어貢侈魚, 공적어貢赤魚 등등의 이름이 생겨났다.

'침구어針口魚'는 주둥이[口]에 침[針]이 났다는 뜻으로, '동연어銅吮魚'는 침[鍼]의 재료인 구리[銅]로 대신하였으며, '상비어象鼻魚'는 코끼리 코처럼 긴 주둥이를 갖고 있다는 표현이어서 모두 일맥상통하는 점이 있다. 공지천에 살았다는 공지孔之와 비슷한 음을 가진 공치孔鯔, 곤치昆雉, 공치釭鯔란 이름도 있다.

길게 튀어나온 주둥이를 가진 물고기로는 동갈치목 학공치과에 속한 어류들이 해당된다. 우리나라 근해에는 학공치, 줄공치, 살공치와 근래에 추가된 검무늬학공치 등이 포함되어 있다. 국어학자들은 꽁치와 어원이 같다는 이유에서 (학)꽁치로 표기하는 반면, 어류학자들은 (학)공치라는 표현을 즐겨 쓴다. 꽁치와 다른 어종이란 걸 강조하려는 의도가 개입된 것으로 이해된다. 동갈치목으로 분류되는 어종으로는 학공치과 물고기 외에도 꽁치과, 날치과, 동갈치과 등의 물고기가 있다.

문제는 이들 물고기들 모두 이들이 주로 서식하고 먹이활동을 하는 바닷물이나 그와 가까운 민물과는 아주 멀리 떨어진 춘천의 공지천까지 올라왔었다고 믿기는 어렵다는 점이다.

> 한강 상하류 및 임진강, 대동강, 금강 등 대체로 빙어가 나는 곳에는 모두 있다. 3월에 처음 나오고 늦여름이 되면 볼 수 없다. 어떤 사람은 말하기를, '빙어가 봄이 되면 이 물고기로 변한다.'라고 하는데, 이치가 혹 그럴 수도 있을 것이다.[52]

서유구의 《난호어목지》의 〈어명고〉에 위와 같은 흥미로운 구절이 있다. 어떤 사람의 말을 빌어, '빙어가 봄이 되면 학공치로 변한다.'는데 이치상 그럴 수도 있을 것 같다는 내용이다. 이 말은 옛사람들의 머릿속에 비교적 광범위하게 또 확고하게 각인되어 있었던 듯싶다.

현재 춘천에서 잡히는 빙어는 일제강점기 함경도 용흥강龍興江; 金野江에서 양식에 성공한 것을 가져다 풀어놓은 것이다. 여기서 양식에 성공했다는 것은 이미 이 강에 서식하고 있던 빙어를 잡아 그들의 알을 채취해 부화시키는데 성공했다는 뜻이다. 이 의미를 곡해해서 본래 우리나라에 빙어라는 물고기가 없다가 일제강점기에 이르러 비로소 서식하

---

52   서유구, 《난호어목지》, 〈어명고〉.

게 되었다고 이해하는 것은 잘못이다. 제천의 의림지에 토종 빙어가 서식하고 있다고 하는 것이 이를 방증한다.

　빙어는 찬물을 좋아하는 습성이 있어 바다와 먼 민물 하천까지도 거슬러 올라왔던 것으로 보인다. 춘천의 공지천에 서식하던 개체 수가 많지는 않았을 것이나, 그 숫자는 당시 조건에 폭발적으로 늘어나는 경우도 가정할 수 있어서 단언하기 어렵다.


## 공지천의 유래는 고은리, 웅곡으로도 불리던 '곰실'에서

　공지천 상류인 동내면 고은리에 곰실이라 불리는 마을이 있다. 명칭 유래라는 측면에서 보면 고은리나 웅곡, 후웅곡이 모두 곰실과 관련된 지명으로 보이고, 그 유래는 동물명으로서의 곰熊보다는 공지천孔之川의 원류가 있는 마을이란 뜻에서 명명된 것으로 보인다.

> 　공지천(孔之川)은 남부내면에 있다. 수원(水源)은 대룡산(大龍山)에서 나온다. 서류(西流)하여 봉황탄(鳳凰灘)으로 들어간다. 공지어(孔之魚)가 많은 까닭에 이름하였다. 병술년(丙戌年) 봄에 관군(官軍)을 발하여 냇물을 막아 보를 수축하니, 많은 백성들이 이익을 입었다. (엄황, 《춘주지》)[53]

　'곰실'의 샘터가 발원지라고 생각해서 '곰지내~곰진내', 한자어로는 '공지천孔之川'이라고 부르던 곳인데, 빙어를 동갈치목 학공치과의 줄공치의 치어로 인식하면서 공지어孔之魚로 바뀌었고, 이것이 공지천의 명칭으로 둔갑한 것으로 볼 수 있기 때문이다. 공지천의 수원水源을 곰진내 즉, 곰실천[熊谷川]으로 보았던 것은 옛사람들의 무지나 오인에 기

---

53　(孔之川 在南府內 源出大龍山 西流入于鳳凰灘 多孔之魚故名 丙戌春 發官軍 防川修築 民多蒙利.) 엄황, 《춘주지》. 천석계담泉石溪潭, 1648.

인하는 것이 아니라, 어느 곳이 신성神聖한 곳인가라는 선인들의 지리관이 반영된 지명일 수 있다.

공지천孔之川의 孔에 해당하는 중세국어는 '굼~구무ㄱ'이다. 之(지)자를 더하면 '굼기내~굼지내'가 된다. '곰기내~곰지내'로도 'ㅁ'이 'ㅇ'으로 변하면 '공지내'가 될 수 있는 가능성도 열려있다. 공지어의 '공지'와 음가가 비슷하긴 하지만 유래는 같지 않은 것이다.

《춘주지》에 '본래 춘천군 동내면東內面의 지역으로서 곰실 또는 고은동古隱洞이라 하였는데 1914년 행정구역 폐합에 따라 고은이라 하여 부내면(춘천읍)에 편입되었다가 1939년 신동면에 편입'되었다고 되어 있다. 동내면 대룡산 아래 지역이다. 현재 고은리 곰실이라 불리는 곳이 이곳이다. 엄황의 《춘천읍지》에는 웅곡熊谷과 후웅곡後熊谷이 보인다. 일제시대 자료인 《조선지지자료》에는 웅곡熊谷이나 곰실이란 지명은 보이지 않는다. 대신에 후상리後上里, 후중리後中里와 후하리後下里가 보일 뿐이다.

공지천

오늘날의 지명이 북에서 남으로 거두리, 신촌리, 고은리, 사암리, 학곡리가 부채꼴 모양으로 둘러 있어, 후중리는 거두리에, 후상리는 신촌리에, 후하리는 고은리에 통합되었다.

웅곡熊谷에 해당하는 곰실이 현재 고은리에 해당되는 것으로 추정해 보면 후웅곡은 대룡산 아래쪽 거두리와 신촌리를 포함하는 부분이 될 것이다. 신촌리에서 거두리로 넘어가는 고개가 웅곡과 후웅곡의 경계가 되었을 법하다.

곰[熊]이 자주 내려와서 명명되었다는 식의 설도 아주 배제할 수는 없겠으나 그보다는 신神이란 뜻의 '고마, 가모, 가미(かみ)' 등으로 다양하게 나타나는 지명과 관련이 있을 듯하다. 그 실질적 대상이야 거대한 신목神木이 있었다거나 기도처가 될 만한 다른 무엇인가가 있었을 법도 한데, 선인들이 이곳을 공지천孔之川의 원류源流라고 인식했던 점에 비추어 농신農神으로서의 수신水神을 모시는 장소가 아니었을까 싶다.

> 언어는 문화라는 시각에서 풀이하면 곱다 혹은 굽다라는 땅이름에 담긴 문화적인 정보는 물과 땅에 어머니의 신격을 부여하는 지모신(地母神) 신앙에서 말미암는다. 곡강~굽은갱이에서 굽다의 '굽'은 기원적으로 '굽'에서 비롯하였으며, 모음이 바뀌면 '곰~굽/곰~곱'의 표기적인 변이형으로 실현되는 수가 많이 있다. 굽~곰의 단어족은 신(신)을 가리키는 '검'으로 이어지며 이는 다시 검~감~곰~금으로 이어지는 계열성을 갖는다.[54]

정호완은 경북 영양의 고지명인 고은古隱이 수원水源이 되는 곡강曲江에서 비롯되었으며, 곡曲의 뜻 굽-의 말음 'ㅂ'이 'ㅁ'으로 교차된 '굼'을 상정하고 이것이 모음변화를 일으킨 형태로서의 '곰'이나 '검(감)' 등의 변이형으로 실현되고 있는데, 이는 물과 땅에 어머니의 신격을 부여하는 지모신地母神 신앙에서 말미암는 것으로 보고 있다. 일본어에서

---

54  정호완, 〈땅이름 '고은(古隱)'에 대하여〉, 《한어문교육》, 1997.

かみkami는 신神의 뜻으로 읽을 때의 독음이지만, 동시에 상上이나 발髮, 무巫의 독음이 되는 것도 같은 맥락이다.

정리하면 공지천의 실제 유래는 대룡산에서 발원하여 동내면 고은리 곰실 마을을 지나 공지천으로 유입되는 것으로, 곰지(기) 내를 한자를 빌어 표기하던 것이, 공지어의 명칭과 뒤섞여 유래된 것이다. 공지孔之는 공주公州=웅천熊川의 지명변화와 웅지熊只=웅신熊神의 《삼국사기》 지리지 기록과 공(孔)의 뜻이 구무인 점, 곰실이 속한 고은리古殷里가 지모신地母神과 관련한 명칭과 관련한 명칭이라는 기존 연구에 힘입어, 공지천의 원류 지역의 한 곳인 곰실이란 자연 마을과 관련한 지명이며, 곰~감은 샤먼Sharman 즉, 제사장으로서의 무巫~신神의 의미가 있다고 본다.

결론적으로 공지어는 공지천에 살았던 것으로 인식된 어류의 명칭인 것은 맞지만 실제 춘천 공지천에 서식하던 물고기가 아니며, 빙어는 실제 공지천에 서식하던 물고기이기는 하지만, 본래 공지어라고 불리던 물고기가 아니다. 공지천은 공지어가 많이 서식해서 명명된 것이 아니라 곰실이란 마을을 지나온 물이어서 얻은 이름이지만, 그 유래를 공지어에 넘겨준 것이다. 이 세 단계의 착오錯誤가 중첩되어 오늘날 본래 의미를 상실하고, 상상의 물고기로 인식되는 결과를 초래한 것으로 본다.

# 춘천 최고의 샘물, '모수물, 모수妙水'

춘천의 진산인 봉의산은 해발고도 305m로 높지도 크지도 않고, 다른 산과 이어져 있지 않은 데 비해서는 상대적으로 샘물이 많은 편이다. 현재의 성심병원 입구에는 한우물이 있었고, 춘천미술관 뒤쪽 골짜기에는 지장천地藏泉이 있었으며, 소양로쪽으로 온수정溫水亭이 있었다고 한다. 조금 멀지만 팔호광장 부근에는 바위물이라는 샘물도 있었다. 한림대학교가 자리한 곳을 옥천동玉泉洞이라 이름한 것도 여기에 기인하는 것으로 보인다.

그중에서도 가장 맛 좋다는 평을 얻은 샘물이 '모수물'이다. 소양로 성당 부근에 있었다고 하는데, 달리 머수물, 묘수물[妙水]이라고도 불린다. 자하 신위申緯의 《경수당전고警修堂全藁》〈맥록貊錄〉에, 조금 긴 제목의 시가 보인다. 〈문소각지북 유지일방 니옹초인유년의 여인가일준치지 부차기사 聞韶閣之北 有池一方 泥壅草堙有年矣 余因暇日濬治之 賦此記事〉가 그것이다. '문소각의 북쪽에 네모진 못이 하나 있는데 진흙이 막고 풀이 덮인 지 한 해가 지났다. 내가 그 때문에 한가한 날 파내어 정비하고 이 일을 기록하였다.'는 제목이다.

> 봉의산 아래 두 샘물 눈 있더니 / 鳳儀山下二泉眼
> 큰 우물 작은 못 모두 황폐해졌네 / 大井小池俱翳然
> 오로지 금 빗질하고 다듬으니 / 聊試金篦刮膜手
> 밝은 달이 물 속 하늘에 펼쳐지네[55] / 展開明月水中天

뒤에 '못 위 수십 보에 우물이 있으니 묘수妙水라 한다. 춘천의 제일가는 샘물이다.'[56]라고 주註를 달아 놓았다. 샘물 눈[泉眼]은 샘구멍 즉, 샘

---

55 이경수 외역, 자하 신위(申緯), 〈문소각지북 유지일방 니옹초인유년의 여인가일준치지 부차기사(聞韶閣之北 有池一方 泥壅草堙有年矣 余因暇日濬治之 賦此記事)〉, 《경수당전고(警修堂全藁)》, 〈맥록(貊錄)〉, (사)춘천역사문화연구회, 2018.

56 池上數十步。有井曰妙水。爲壽春第一泉.

물이 솟는 구멍이란 뜻으로 쓰이는 표현이다. 봉의산 아래 두 개의 샘물이 있었는데 모두 흙이 무너지고 풀이 자라서 사용할 수 없게 되었다. 이들을 재정비하였더니 물이 맑아져 물속에 펼쳐진 하늘에 밝은 달이 떠있더라는 담백한 내용의 시이다. 우물을 닦는 일이나 도道를 닦는 일은 모두 같은 일이다. 그런 점에서 고려 시대 백운 이규보의 〈경설鏡說〉을 읽는 듯한 느낌이다.

《조선지지자료》 요선당리要仙堂里에는 '모수물고기 妙水峴'가 보인다. 한글과 한자 지명이 함께 있어, 묘수현妙水峴을 민간에서 잘못 이해하여 '모수물고기'로 칭했던 것이 아닐까 생각할 수도 있지만, 묘수현妙水峴이란 지명이 그리 오래지 않은 것으로 보면, 거꾸로 한글 지명을 한자로 바꾸면서 '오묘한 맛의 우물'이란 뜻을 부여한 것이라는 데 무게가 실린다. 대체로 식자층識者層에서는 묘수妙水를 주로 사용하는 대신, 서민층에서는 모수물이란 말을 선호했을 것으로 사료된다. 선비의 처지에서 한시에 언문을 사용하기는 어려웠을 터이니 모수물이란 이름을 사용하기 주저되었으리란 점도 이해할만하다. 우두산 아래 은거했던 우정 김경직이 우두산이란 이름이 우아하지 못하다고 여겨, 도[道]를 근심한다[憂]는 뜻의 '우도憂道'로 고친 일도 이와 궤를 같이한다. 이 물에 오묘할 정도로 맛 좋은 샘물이란 의미 부여도 그럴싸하게 여겨진다. 다만 민간에서 부르는 모수물~머수물에 선비들이 묘수妙水란 의미를 부여하였다면, 애초에 '모수물~머수물'이 지닌 유래는 무엇일까 하는 의문이 든다.

샘물과 우물의 차이는 인공성의 여부에 달려 있다. 그러나 둘을 칼로 자르듯 구분할 수 있는 것은 아니다. 샘물 주위에 인공적인 시설을 가미하는 경우가 있고, 우물도 본질적으로 자연적으로 생성되는 수맥을 찾아 만들기 때문에 샘물의 특성을 갖고 있기 때문이다. 일례로 신북읍 천전리 오수물의 경우 '옷(옻)+우물'로 분석된다. 옻이 올라 두드러기가 났을 때 이 물을 마시면 낫는다고 해서 붙여진 이름으로, 이 또한 본래 샘물이지만 우물이라는 명칭이 붙은 것이다. 모수물은 묘수妙水라는 지명 때문에 '모수+물'이란 분석도 가능하지만, '오수물'의 경우와 마찬가지로 '못+우물'로 분석될 여지도 있다. 이궁 설치를 전후한 지도에 문소각 후원에 묘천문妙泉門이 보인다. 여기서의 묘천妙泉은 자하 신위가 언급한 묘수妙水와 같은 곳이다. 본래 샘물이던 것에 편의상 어떤 시설을 추가하여 우물로 부르던 것이 모수물이 되었다고 추정해 볼 수도 있고, 둘을 구분없이 통용한 탓일 수도 있다.

엄황의 《춘주지》에 이와 연관지어 볼 지명으로 모곡慕谷이 보인다. 모慕자가 들어간 것도 그러하거니와 부내면府內面 지역에 보이는 여러 지명 즉, 아동리衙洞里, 허문리虛門里, 대부내大府內, 약사원藥司院, 마승감馬乘監, 대연리大淵里 등이 관장했을 지역을 어림잡아 보면, 마땅히 이 부근을 관할하는 곳이 있어야 하기 때문이다. 모수물과 모곡慕谷이 같은 유래를 가진 지명이라면, 모수물은 '모慕+ㅅ+우물'이거나 '모수慕水+물[水]'로 형태소 분석할 수 있다. 앞에서 언급한 바와 같은 것이다.

왜 모慕자가 쓰였을지는 사료가 부족하여 고증할 길이 없다. 그런데 송환기宋煥箕의 《성담집性潭集》의 〈모암임공묘표慕菴任公墓表〉란 글이 보인다. 춘천과는 무관한 글이지만 이 글에서 그 명칭 유래의 일단을 파악할 수 있다.

공은 어려서도 (어버이를 여의어) 의지가지가 없었고 죽을 때까지도 드물었다. 다만 늙은 종의 보살핌만 받았다. 열 살이 되어서야 비로소 스승에게 나아가니, 문예(文藝)는 일진(日進)하였고 지행(志行)은 더욱 뛰어났다. 성동(成童)이 되어서야 비로소 부모의 상(喪)에 추복(追服)하였다. 아침저녁으로 슬피 곡을 하기를 새로 부모상을 당한[遭艱] 것처럼 하였다. 그 복제를 마치고는 묘 아래 집을 지어 모암(慕菴)이라 편액하였고, 그 곁에 우물을 파고는 모정(慕井)으로 이름지었다. 이웃사람들이 모암(慕菴)이라 일컬었다. (公幼而孤露終鮮。只有老奴護養。甫十歲始就傅。文藝日進。志行益邁。纔成童。追服父母喪。晨夕哀哭 如新遭艱而終其制。築室墓下。扁以慕菴。鑿井其

傍。名曰慕井。鄕隣稱之以慕菴。)[57]

임공은 임한일任漢一, 1635~1711이다. 일찍 부모를 여의어 늙은 종의 보살핌 속에서 자랐다. 부모님의 사망 당시에는 너무 어려서 상주喪主의 역할을 할 수 없었다. 15세가 되자 돌아가신 부모를 위해 뒤따라 상복喪服을 입고 새벽부터 밤늦게까지 곡을 했다. 이렇게 돌아가신 당시가 아니라 뒤늦게 복상服喪하는 것을 추복追服이라 한다. 상제喪制가 끝나자 묘 아래에 집을 지은 뒤 모암慕菴이라 편액하였고, 그 곁에 우물을 파고는 모정慕井이라 이름지었다.

이런 예는 춘천에도 있어서, 남면 가정리에 효정孝井이란 우물이 보인다. 남면 가정1리 의암 유인석 기념관 북쪽 약바위라 불리는 곳이다.

> 유시(柳峕)의 아들 유중리(柳重履)와 처 이씨가 병든 아버지를 간호하는데, 유시 부부가 부모를 모신 것처럼 했다. 유시가 속이 허하여 고기 먹을 생각이 끝이 없었고 먹을 때는 과도하게 먹었는데, 유중리가 바삐 뛰어다니며 다급하게 구하여 올렸다. 지성에 감동되어 베풀어주기를 아까워하는 사람이 없었고, 사방 이웃의 개도 마침내 그에게 짖지 않았다. 강의 물고기와 산의 새도 왕왕 공교롭게 모여들어서, 십 년 동안 하루도 고기가 끊어진 적이 없었다. 이씨가 겨울에도 솜옷을 입지 않고 여름에도 갈옷을 입지 않고 부엌에서 일에 골몰하여, 그녀가 편안히 앉아 일하는 것을 사람들이 본 적이 없었다. 신씨의 상을 당하여 온 집안이 장례비용을 준비해 둔 것이 없어 어쩔 줄 몰랐으나, 이씨가 깊숙한 곳에서 비단 사백 자[尺]를 꺼내어 모자람이 없이 비용을 댔다. 아마 병간호 하는 틈틈이 조금씩 모아 마련했을 것이다. 그 것을 보고 놀라 감탄하지 않는 사람이 없어 떠들썩했다. 사는 곳에 우물이 없고 산속 시냇물밖에 없었다. 이씨가 새벽마다 멀리서 물을 길어 밥하고 빨래하느라, 덤불숲의 벌레와 짐승을 개의치 않았다. 갑자기 한 줄기 샘이 부엌에서 솟아 나오는데, 맛이 아주 달고 시원했다. 마을 사람들이 그것을 신묘하게 여겨 '효정(孝井)'이라고 불렀다. (유중교, 〈우계 유씨가 대대로 효도한 기 愚溪柳氏世孝記〉)[58]

57  송환기, 〈모암임공묘표慕菴任公墓表〉, 《성담집性潭集》, 한국고전종합DB.
58  유중교, 〈우계 유씨가 대대로 효도한 기 愚溪柳氏世孝記〉, 《성재집省齋集》 38권 가하산필[柯下散筆], 한국고전종합DB.

유중교柳重敎의《성재집省齋集》제38권, 가하산필[柯下散筆]에 〈우계 유씨가 대대로 효도한 기 愚溪柳氏世孝記〉란 글의 일부이다. 유중리柳重履는 유몽표柳夢彪의 현손이다. 제목에서 볼 수 있듯이 집안이 대대로 효성이 지극하였음을 알 수 있다.

한글학회 간,《한국땅이름큰사전》에는 모정이란 지명으로 다음과 같은 곳들이 보인다.

- 모-정【마을】경기-미금-수석- 수석리에 있는 마을. 모정이 있었음.
- 모정 [정촌【마을】경남-김혜-생림-금곡- 쇠실 서북쪽에 있는 마을. 광주 노씨의 시조인 해인공이 처음 살았는데, 그의 자부 최씨가 정성이 지극하였으므로 열녀로 봉하여 사모하였음.
- 모-정 [밧땀, 밧땀마, 외동, 외모동【마을】경북-달성-구지-내- 안땀 바깥쪽에 있는 마을. 청도군 은행정에 살던 사람이 처음 마을을 개척하고, 은행정의 고향을 사모하여 모정이라 하였다 함.
- 모정 [모동【마을】대전-서-삼천- 삼천 남쪽에 있는 마을. 효종때 도춘 송준길, 우암 송시열, 송애 김경덕, 죽창 이시직이 모정을 짓고 놀았다 함.

《조선지지자료》부내면 요선당리에 보이는 '모자당고기母慈堂峴'와 엄황의《춘천읍지》에 보이는 '모곡慕谷', 소양로성당 부근에 있었다고 하는 '모수물', 세 지명이 서로 관련되어 있다고 보면, 모수물[慕井]은 모친母親께 떠다 바치고 스스로 생활하기 위한 우물이란 뜻으로 해석된다. 어느 시절 누구의 이야기인지는 아직 알 길이 없으나, 춘천부사로 부임한 인물 중에 모당慕堂이라 자호한 홍이상洪履祥, 1549~1615이란 인물이 있어 주목할만하다.

1573년 진사시에 합격하고, 1579년 문과에 합격하여 예조·호조의 좌랑, 사간원 정언, 성균관 전적, 등을 거쳐 홍문관의 수찬, 지제교, 병조와 이조의 좌랑을 거쳐 호당에서 사가독서를 한 인물이다. 이후에도 여러 청요직을 두루 거친 뒤에 예조참판, 대사헌, 대사간, 대사성을 역임하고, 개성유수를 마지막으로 세상을 뜨는 인물이다.

1581년 홍이상의 나이 33세에 부친이 돌아가셨다. 상기를 마치고 '모당慕堂'이라 자호하고는 어머니를 모셨는데, 1599년 기해년 7월 군현의 벼슬을 청해 어미를 모시고 싶다는 상소를 올려 임금의 허락을 받는다. 9월 16일에 춘천부사의 명이 내려졌다. 역대 춘천 부사를 역임한 인물들의 목록인 《춘천부선생안》에 따르면, 그해 10월 도임하여 이듬해 4월까지 7개월 동안 근무하던 중 어사의 장계에 의해 파직된다.

다소 거친 번역이지만 전문全文을 해석하면 다음과 같다.

**〈군의 수령을 청하는 글 기해년 호군 당시(乞郡疏 己亥 護軍時)〉**

엎드려 생각건대 땅강아지나 개미에 불과한 보잘것없는 신하로서 외람되이 사사로운 간청을 가지고 우러러 임금의 귀를 더럽히게 되니 그 죄는 만번 죽어도 합당할 것입니다. 다만 신의 사사로운 정으로써는 절박하여 그만두지 못할 것이 있어, 부득불 죽음을 무릅쓰고 임금의 앞에 한 번 호소드리고자 합니다.

신에게는 늙은 어미가 있사온데 올해 나이 일흔두 살이십니다. 젊어서부터 가업(家業)이 넉넉지 못해 죽으로도 끼니를 잇지 못할까 항상 근심하며, 가족 모두를 먹여 살리기 어려웠습니다만. 오직 제 어미만은 그것을 감당해내셨고, 밤낮으로 고생하시며 직접 일을 하느라 수고로움이 쌓여 몸을 상하는데 지경에 이르렀습니다. 갓난아기 때에 질병을 얻은 것이 겨우 형체만 부지한 채 오늘에 이르렀습니다. 가난한 집의 가난한 며느리라면 누군들 슬피 연민하지 않을까마는 평생토록 가난한 고통 속에 산 것은 일찍이 신의 어미에 비할 이가 없습니다.

지난 기묘년에 신이 다행히 대과에 급제하여 빠르게 6품의 벼슬에 올랐습니다. 그날부터 부모님께서 신에게 바라는 것과, 신이 부모님께 바라는 바는 오직 한 고을을 얻어 봉양하는 것이었습니다. 그러나 천박한 효성에 쇠약하고 박절하다 보니 마음과 일이 어그러져 불행히 신의 아비께서 일찍 세상을 뜨셨습니다. (지금은) 오직 청상의 어미만을 두었으나, 가난과 질병이 날로 심한 채 20년 세월이 덧없이 흘렀습니다. 아직 어미를 모시는 바람을 이루지 못한 채 한결같이 난리를 만난 이래로 떨어져 먼 외지를 떠도느라, (어미의) 나이는 더욱 많아지고 병은 날로 깊어지니 지는 해가 짧아짐에 고통을 느끼다 보니, 풍수지탄이 마음을 놀래킵니다.

신은 이때에 진실로 안일하게 생각을 잊기를 견디지 못하고, '옛사람들이 이른바 임금을 섬기는 것은 날로 길어지고, 어버이를 섬기는 일은 날로 짧아진다. 하루를 봉양하기가 삼공(三公)으로써 바꾸지 못하는 것이다.'는 말을 미상불 두려운 마음으로 세 차례 반복하였습니다. 엎드려 생각건대 성명(聖明)한 (임금)께서는 효도의 이치를 교화로 삼으시었고, 이제 기강을 고치시는 날을 맞아 늙은이를 우대하는 법을 더욱 돈독히 하시니, 만일 한 고을을 맡으라는 명령을 내리시어 신으로 하여금 까마귀가 제 어미를 위해 벌레를 물어다 바치는 효성을 펴게 하시어, 어미와 아들이 그 은혜를 머금어 남은 나날을 마치게 하신다면, 몸이 문드러지고 머리를 떨구고 죽더라도 어찌 족히 만에 하나를 도모하고 보답하겠습니까?

이 생각에 근심한 것이 단지 하루(이틀이) 아닙니다. 사사로운 마음 비록 간절하고 참람됨이 이렇게 두려워 번민함에 말없이 머뭇거리며 마음을 펴고자 하다가 도리어 그친 것이 여러 번입니다. 정리는 좁고 세는 급박하니 마침내 스스로 억제하지 못하고 (이 소(疏)를 올립니다). 엎드려 바라옵건대 성명(聖明)께서 불쌍히 살펴 주십시오. 신이 절박하고 정성껏 바라는 지극함을 감당하지 못하여, 삼가 죽음을 무릅쓰고 아룁니다. [59]

모수물이나 모자당이 모당 홍이상의 효성을 기리기 위해 유래한 지명이라면, 관아 부근 마을에 모자당을 지어 근무하는 여가에 어미를 봉양하였고, 춘천에서 맛좋은 우물을 떠다가 드렸던 것에서 명명된 지명임을 추측할 수 있다. 그 마을의 이름이 모곡慕谷이고, 어미가 기거하시던 집이 모자당母慈堂이며, 떠다 바치던 샘물이 모수물이었던 것은 아닐까? 엄황이 《춘천읍지》가 1648년이므로 약 50년이라는 기간밖에 없어 다소 짧은 감이 없진 않지만, 달리 전해지는 이야기가 없는 만큼 새로운 증거가 나올 때까지는 이분을 지목해도 좋을 것이다.

---

59 [원문] 〈乞郡疏 己亥. 護軍時〉伏以螻蟻微臣。猥將私懇。仰瀆天聽。罪合萬死。第以臣之情私。有切迫不容已者。不得不冒死一呼於君父之前。臣有老母。今年七十有二歲。自少家業寒素。饘粥常患不繼。艱難百口之養。惟母當之。日夜辛勤。手抵足蹠。積勞致痛。早嬰疾病。僅扶枯形。以至于今日。貧家寒婦。孰不哀憫。而平生食貧之苦。未嘗有臣母比。往在己卯歲。臣幸忝巍科。驟升六品之職。自其日父母之望於臣。臣之願於父母者。惟在得一縣以養。而賤孝衰薄。事與心違。不幸臣父早逝。獨有孀母。貧病日甚。荏苒二十載。惟於此時。尙未諧將母之願。一自遭亂以來。羈離漂泊。西暉苦短。風樹驚心。臣於此時。誠不忍帖然而忘懷。古人所謂事君日長。事親日短。一日養不以三公換者。未嘗不惕然而三復也。伏惟聖明孝理爲化。今當改紀之日。益篤優老之典。若霈一縣之命。俾伸烏鳥之情。而母子嘟恩。以終餘日。則糜身殞首。曷足以圖報萬一哉。耿耿此懷。固非一日。私情雖切。僭越是懼。悶默趑趄。欲發而還止者累矣。情隘勢急。終不得以自抑。伏惟聖明矜察懇之至。謹昧死以聞。한국고전번역원,《영인표점 한국문집총간》, 2005(필자 역).

106

# 온의동溫衣洞과 칠전동漆田洞은 유래가 같다

온의동溫衣洞은 현재 춘천시외버스터미널이 있는 곳이다. 민간에서는 오누골, 오눗골, 오눗골, 노뉘골 등으로도 불린다. 소지명으로는 마내·선들고개·장고개 등의 지명이 있다.

글자로만 보면 '따뜻한 옷 마을'이란 뜻이 된다. 솜옷이나 가죽옷 등 몸을 따뜻하게 할 수 있는 겨울옷을 제작 판매하는 장소들이 있어서 명명된 것으로 오해할 수 있다. 자하 신위의 《경수당전고》에는 '완의浣衣'로 표기되었다. 완의浣衣는 옷[衣]을 빨다[浣]라는 뜻이다. 지명에서 이렇게 한자의 의미가 연결되는 경우는 본래의 지명이 한자에 의해 오염되었다고 보아야 한다.

가장 이른 시기의 기록인 엄황의 《춘천읍지》나, 《여지도서》 이후의 문헌에서도 직·간접적으로 연결지어 볼 지명은 보이지 않다가, 《조선지지자료》에 이르러 '온의동溫儀洞'으로 나온다. 1914년 행정구역 통폐합 때 신남면新南面 칠전리漆田里로 편입되었으며 일제강점기인 1939년 상반정常盤町이라는 일본식 이름이 붙었다가, 1946년에 이르러서야 비로소 온의동溫衣洞이란 지명이 나타난다. 1998년 행정동인 강남동의 법정동이 되었다. 이로 보아 그 이전에는 갈마곡리渴馬谷里, 남7 일부와 칠전리漆田里, 남8 지역에 포함되었을 것으로 보인다.

[네이버 지식백과(두산백과)]에 따르면, 칠전동은 '1914년 행정구역 통폐합 때 상칠전리와 하칠전리 그리고 남내일작면의 창천리를 병합하여 칠전리漆田里라 하였다'고 하였으며, 옷바우칠바위, 漆岩의 안쪽 골짜기에 있다 하여 '칠전漆田'이라는 지명이 붙었다고 그 유래까지 설명해 두었다.

칠전리와 일제시대 읍면 통폐합 후의 상·하 칠전리가 온의동 지역과 칠전동 지역을 아우르고 있었던 데 비하면 오늘날의 칠전동은 범위가 매우 축소되어 있다. 온의동 지역은 일제시대 읍면 통폐합 전까지 칠전리에, 폐합 후에는 상칠전리에 포함되어 있던 것으로 보아, 1946년 이전까지는 별도의 지명으로 불리지 못하고 칠전동에 포함된 작은 마을명에 불과했던 것으로 보인다.

한편, 칠전동(리)은 엄황의 《춘천읍지》에는 보이지 않다가, 《여지도서》 이후의 문헌 남부내면에 줄곧 보인다. 여기서 남부내면에 주목할 필요가 있다. 남부내면은 공지천 북쪽 춘천부의 중심인 부내면의 남쪽에 있다고 해서 붙여진 이름이다. 남쪽으로 남내면과 이웃하고 있다. 남부내면과 구분되는 가상의 선을 그어보면 동쪽에 안화산, 남쪽으로는 향로산과 국사봉, 서쪽은 소양강과 봉황대가 경계가 된다.

조선 시대에는 상칠전과 하칠전이 있었는데, 이중 하칠전만이 칠전동으로, 상칠전 지역은 온의동이 되었다. 현재의 칠전동은 대체로 향로산과 드름산의 사이를 포함하는 지역이므로, 당시의 기준으로는 남부내면이 아닌 남내면 지역이 되는 것이다. 여기서 온의동이 칠전동과 동일한 유래에서 출발했을 개연성을 엿볼 수 있다. 그런 측면에서 현재의 칠전동의 범위에 얽매어 '옻바우(칠바위[漆岩])의 안쪽 골짜기에 있다 하여 칠전漆田이라는 지명이 붙었다.'고 한 네이버 지식백과의 설명은 오류이다.

현 칠전동에 해당하는 옛 지명으로는 《조선지지자료》의 '오음포五音浦 울음실구미', 《수춘지(김영하, 1953)》의 '오음슬포五音瑟浦' 등의 지명이 있다. 이 지명은 드름산, 문암門巖과 관련된 지명으로 이해되어 '옻바우(칠바위[漆巖])'와는 무관하다. 비밀을 푸는 열쇠는 엄황의 《춘천읍지》에 보이는 죽흘천竹屹川에 있는 것으로 보인다. 엄황의 《춘천읍지》에 따르면 남부내면 지역에는 퇴계退溪, 갈마곡葛馬谷, 강창동江倉洞, 우민아리雨民牙里, 선돌先乭, 백돌白乭, 안화저鞍化底 등과 함께 죽흘천竹屹川이 보인다. 죽흘천을 제외한 나머지 지명은 지금도 그대로 남아 있다.

| 엄황《춘주지》 | 《여지도서》 | 현재 | 비고 |
|---|---|---|---|
| 안화저(鞍化底) | | 퇴계동 | 안마산 아래 퇴계동 |
| 퇴계(退溪) | 퇴계리 | 퇴계동 | 무린개, 퇴계 |
| 우민아리(雨民牙里) | | 우미나리 | 이편한세상<br>춘천한숲시티아파트 일대 |
| 백돌(白乭) | | 백석동 | 현재의 백석동 |
| 갈마곡(葛馬谷) | 갈마곡리 | 온의동 갈매울 | 현 풍물시장 일대 |
| 선돌(先乭) | | 삼천동 | 삼천동사거리에서<br>호반요양병원 방향 |
| 강창동(江倉洞) | 강창동리 | 삼천동 | 중도배터부터 남쪽 골짜기 |
| 죽흘천(竹屹川) | | (상칠전리?) | 대응시킬 만한 지명이 없음 |

　퇴계는 현재의 퇴계동이요, 갈마곡은 풍물시장 일대를, 강창동은 삼천동 중도 배 터 쪽에서 자라우 전까지의 마을이다. 우민아리는 우미나리 혹은 웃미나리로도 불리며 국사봉 동편 지역을, 선돌은 삼천동 사거리에서 호반장례식장 방향의 서쪽 산기슭에 형성된 마을을 말한다. 구마나라 불리는 남쪽 지역이다. 도로명 주소에 선들길로 되어 있다. 백돌은 백석동으로 국사봉 서쪽 동네를, 안화저는 안화산 밑을 가리킨다. 현재의 퇴계동도 뜨란채아파트와 성원초등학교, 대룡중학교, 퇴계농공단지까지 이어져 있다.

　죽흘천은 동리洞里의 명칭인 동시에 냇물의 이름이기도 하다. 죽흘천은 과연 어디에 있던 냇물일까? 실레마을에서 북류하는 무릉계武陵溪가 퇴계동인 점을 염두에 두면, 죽흘천은 마내골에서 배나무골을 거쳐 현 시외버스터미널 앞쪽을 지나 공지천에 유입되는 물줄기일 수밖에 없다. 이밖에는 달리 동리洞里의 명칭이 될 만한 큰 물줄기가 없기 때문이다.

　죽흘竹屹의 흘屹은 말음末音 즉 받침 'ㄹ'을 첨기添記하기 위한 글자이다. 죽흘竹屹을 '줄'로 읽으라는 말이다. 중국의 성운학자인 왕력王力은 죽竹의 상고음을 tǐuk으로 동동화董同龢는 t-jok으로 재구하고 있으니, 우리나라의 고음도 '듁'이었을 것이다. '듁'이 구개금화를 거쳐 '쥭'이 되고, 다시 단모음화된 것이 오늘날의 음인 '죽'이 되는 것이다. 모음이 'ㅠ'이어야만 'ㄷ'과 'ㅌ'의 구개음화가 이루어져, 'ㅈ'과 'ㅊ'으로 바뀌게 된다. 흘屹이 종성 'ㄹ'을 보충하게 되면, 죽흘竹屹은 '쥴'로 읽을 수 있게 되는 것이다. 이것이 거센소리되기를 겪으면 '츌'이 된다. '츌'은 '치울'에 가깝게 소리가 났을 것이므로 죽흘竹屹은 칠전漆田의 칠漆에 연결할 수 있다. 전田은 '밭'의 의미가 아니라, 천川의 음을 대체한 글자로 보인다. 흔히 사용하는 관천강冠川江이라는 명칭을 다산 정약용의 〈산수심원기〉에서는 관전강冠前江이라 쓰고 있는데, 여기서 천川을 전田으로 쓰는 것도 비근한 예이다.

이렇게만 설명하면 논리적 비약으로 비쳐질 수 있다. 여기에 온의溫衣를 추가해 보면 각 지명 간의 관계가 좀 더 분명해진다. 온의溫衣 역시 칠천漆川을 표기한 지명으로 본래 '옻[漆]+내[川]'였던 것으로 보인다. 뒤의 'ㄴ'의 영향을 받아 '옻'이 '온'으로 역행 동화된 것이다. 'ㅣ'가 음성모음으로 바뀌어 'ㅢ'가 되었고, '오늬'를 한자어로 온의溫衣로 표기하게 된 것이다.

| 竹屹川 | 竹屹[漆] | 川 |
|--------|---------|------|
| 漆田 | 漆 | 田(川) |
| 옻내 | 옻[漆] | 내(川) |

옻[漆]+내川 → 온늬 → 온의溫衣로 변화된 것임을 알 수 있다. '오늬'는 제보자에 따라 '오늣골, 오누골, 오   골, 노뉘골' 등 다양한 형태로 조사되었다.

결국, 죽흘천竹屹川, 칠전漆田, 온의溫衣는 모두 옻내 즉 칠천漆川의 다른 표기인데, 한자어의 의미를 덧씌우면서 음운변화가 되어 오늘에 이르게 된 것이다.

그렇다면 무엇 때문에 이런 지명이 되었을까? 그 대상은 88공원 남쪽에 있던 샘물터에서 답을 찾을 수 있을 듯하다. 현재는 물이 끊긴 지 오래이다. 설명은 두 가지가 가능하다. 하나는 '따뜻한 샘물[溫泉]이 솟아나와 이루어진 냇물[川]'이고, 다른 하나는 '옻[漆]의 독이 올랐을 때 이를 치유하기 위한 샘물[泉]이 나와 흐르는 냇물[川]'이 그것이다. 현재로서는 둘 중 어느 것이 맞는지는 알 수 없다. 샘물은 온수溫水와 냉수冷水로 모두 인식될 수 있어 변별력이 없는 점을 염두에 두면, 이 샘물이 옻에 올랐을 때 마시면 효험이 있었는지를 수소문을 통해 확인하는 길이 단서가 될 것으로 본다.

# 굴, 바위에서 유래한 지명들

# 비둘기가 많이 살아서 구암鳩巖? 원창리

춘천에는 혈동리 외에도 여러 곳에 굴이 있다. 굴봉산이나 월굴처럼 지명에 이미 굴窟임을 밝힌 지명도 있지만 구봉산이나 마작산처럼 전혀 굴에서 유래한 지명이라는 것을 눈치 채기 어려운 지명도 있다. 동내면 원창리에는 구암鳩巖이란 지명이 보인다.

> 구암-동(鳩岩洞)【마을】→굴아우.
> 굴-아위(구암동)【마을】밑에 굴이 뚫린 바위가 있는 마을.[60]

'밑에 굴이 뚫려 있다'고 유래를 밝히고 있으면서도, 그래서 왜 비둘기 구鳩라는 한자를 사용했는가에 대해서는 아무런 설명이 없다.

경북 영양군에도 구암鳩岩이라 불리는 바위 절벽이 있다. 곡강구곡曲江九曲 중 제6곡이다. 봉화금씨 24세 동성 금소술은 일월산부터 곡강까지의 물길을 따라 9곡을 설정하고 이를 〈곡강구곡수운曲江九曲水韻〉과 기문인 〈곡강기曲江記〉를 남겼다. 하담荷潭 조언관趙彦觀, 1805~1870의 〈우화팔경음又和八景吟〉 중에 구암鳩巖의 은폭銀瀑을 읊은 시가 있다.

> **구암의 은빛 폭포 / 鳩巖銀瀑**
> 산이 양쪽 언덕을 열어 석문이 가로지른 곳 / 山開兩岸石門橫
> 한줄기 폭포가 나는 듯 흐르며 수레 소리를 내네 / 一道飛流萬轂聲
> 잔물결을 내침 없이 북쪽 바다 알현하니 / 莫放餘波朝北海
> 본래부터 분별[涇渭]되던 것 저절로 분명해라. / 由來涇渭自分明

6곡 구암은 5곡 도계에서 약 600m 하류인 일월면 도계리와 곡강리 사이에 위치한 긴 절벽이다. 일월천이 회류하며 부용봉芙蓉峯의 동쪽 사면을 침식하여 형성된 곳으로 길이는 약 350m이며, 높이는 약 15~30m에 이른다. 거대한 절벽의 중앙에는 높이 약 20m에 이르는 폭포가 형성

---

60 《한국지명총람》, 강원도편, 한글학회, 1967.

되어 수량이 풍부한 여름이면 장관을 연출하기에 당진리 일대에서 명소로 알려졌다. 전해오는 이야기에 의하면 절벽 아래로 도로가 나기 전까지만 하여도 비둘기가 많이 서식하여 비둘바위로 불렸다고 한다.[61]

여기서도 구鳩자를 쓴 연유를 이해하지 못하면서 비둘기가 많이 서식하였다는 유래를 제시하고 있지만, 길이 350m, 높이 15~30m에 달하는 큰 절벽이 형성되어 있다는 점은 지명의 명명 대상이 될 상징물로서 충분한 조건을 갖추었는데도 간과하고 있다.

전국에 구암鳩岩이 들어간 지명은 꽤 많은데, 비둘기 구鳩자를 쓰다 보니 대체로 유래를 비둘기에서 찾는다. 지명에서의 한자 표기를 이해하지 못한 채 글자의 의미에만 얽매여 해석한 탓이다.

> **구암**(鳩岩): 황해남도 옹진군 냉정리 동남쪽에 있는 마을. 비둘기가 모여드는 바위가 있다.
> **구암벌**(鳩岩-): 황해북도 서흥군 화곡리 소재지 서쪽에 전개되어 있는 벌. 비둘기가 많이 날아드는 바위가 있다. 땅이 비옥하여 벼농사가 잘된다.
> **구암동**(鳩巖洞): 평안북도 염주군 반곡리 영역에 있던 폐리. 본래 용천군 내상면의 지역으로서 마을 어귀에 비둘기가 새끼 치는 큰 바위벼랑이 있다 하여 구암동이라 하였는데…
> **구암리**(鳩巖里): 평안북도 천마군 신흥리의 남쪽 만풍호반에 있는 마을. 마을 어귀에 해마다 비둘기가 둥지를 틀곤 하는 큰 바위가 있다.
> **구암리**(鳩巖里): 평안북도 삭주군 도령리의 중부에 있는 마을. 험하고 높은 벼랑에 산비둘기가 많이 서식하고 있다.[62]

위 인용문에서도 대체로 비둘기를 언급하고 있지만, 동시에 '큰 바위'나 '벼랑'을 언급하고 있다는 점을 주목할 필요가 있다. 《한국땅이름큰사전》에도 비슷한 지명으로 '비둘기덤, 비둘기낭, 비둘기바위' 등이 보인다.

61  blog.naver.com/yjmuse1/221758340549 英山의 窓.
62  [네이버 지식백과] (조선향토대백과, 2008, 평화문제연구소).

비둘기-덤 [구암]【바위】경북-군위-효령-병수- 이병동 북쪽에 있는 바위더미, 비둘기가 서식한다 함.

비들기-낭 [벼루기낭]【벼랑】경기-초천-관인-냉정- 하평 앞에 있는 낭떠러지.

비들기-낭 【부리】전남-진도-지산-심동- 너꾸지에 있는, 끝이 낭떠러지로 된 부리.

비들기-바우 【바위】전남-무안-무안-성암- 빙암산에 있는 바위.[63]

이상의 지명에도 바위더미, 낭떠러지, 빙(〈벼랑) 등이 유래로 제시되고 있다. 비둘기가 둥지를 틀 자리로 절벽을 선호하는지는 몰라도, 그런 날짐승이 한둘이 아닐진대, 다른 새는 다 놓아두고 하필 비둘기를 언급하는 데에는 무슨 다른 이유가 있어 보인다.

구鳩는 형성문자로 구九가 성부聲部이다. 구九의 성부聲部가 을乙인 것을 고려하면 본래 '굴~글'을 차자하기 위해 사용된 글자임을 알 수 있다. 여기서 '굴~글'은 '굴窟'이나 '클〈 글大'을 차자한 글자라는 것을 추정할 수 있다.

그러나 이 추정에 힘을 실기 위해서는 현장의 상황을 고려하여야 한다. 원창리 이외 다른 지역의 현장을 살펴보면 대체로 큰 바위 절벽이 있는 경우가 많은데, 일부 '비둘기-굴'의 형태로 굴窟로 해석될 여지가 있는 곳이 있다.

원창1리 구암

---

63 〈한국땅이름큰사전〉, 한글학회.

구암 아래 부분의 굴

원창1리 구암마을에는 20여m에 달하는 큰 절벽이 자리해 있고, 그 아래쪽에는 크고 작은 굴이 몇 개 보인다. 굴은 바위 절벽의 하단부에만 형성되어 있다 보니, 굴보다는 높고 큰 바위 절벽부터 눈에 들어온다. 주변에 다른 바위산을 찾기는 어려워 눈에 띄는 바위이다.《춘주지(1984)》에는 '굴窟이 있어' 명명되었다고 전해진다. 굴窟이 있었다면 그냥 '굴바위[窟巖]'이라 하면 될 것을 왜 하필 비둘기 구[鳩]자를 썼는지에 대해서는 언급이 없다.

'구九'의 옛 음을 '굴'로 재구할 수 있다면 '굴窟'뿐만 아니라 '클〈글'로의 재구도 가능하다. 고대국어에서 모음의 기능이 하나로 고정되어 있지 않기 때문에 '으~우' 정도의 변동은 쉽게 허용된다. 당대의 한자음에서는 일정한 소릿값이 있었을지도 모르지만 현재적 시점에서 이를 연구할 때 모음의 역할은 변별력이 없는 것이다.

조鳥의 중세 국어 훈訓은 '둙~둘'이다. 일본어에서 'とり'로 나타나는

것으로 보아, 고대국어는 '도리'였을 것이다. 여기서의 '도리'는 '새'란 의미가 아니라 '돌[石]'을 표기하기 위한 글자이다. 말하자면 '큰[九:치 + 돌[鳥:石]'를 표기하기 위한 글자가 '구구鳩'인 것이다.

구구鳩는 '큰 돌'의 의미를 한 글자로 표기할 수 있는 매우 유용한 글자이다. 돌 석石에 아홉 구九가 더해진 글자는 없을뿐더러, 비둘기 구[鳩]자처럼 우리말 순서까지 적용되어 '큰 돌'을 나타낼만한 글자는 없다. 이런 유용성 때문에 우리나라 지명에서 흔히 사용된 것으로 보인다.


## 혈동리 굴바위

혈동리는 고향마을에서 버스를 타고 오가며 지나치던 길이다. 지명이 혈동穴洞이니까 막연히 굴이 있어서 명명되었을 것이란 막연한 추측만 가졌을 뿐, 고향을 오가는 길에 거쳐 가는 마을로만 생각하였다. 실제로 굴을 확인한 것은 근래 들어서의 일이다.

> 굴암(窟岩) : 신동면 혈동(穴洞) 오봉리(五峰里)의 안산(案山)에 있다. 산꼭대기에 굴암이 있는데, 입구가 매우 비좁아 기어서 들어가면 그 안쪽은 시원하게 트여 백여 인을 수용할 수가 있고 가운데 석천(石泉)이 있다. 지금 신묘(辛卯:1951년)에 중공군의 재란(再亂) 때 읍 사람들이 여기로 많이 피하였으니 나 역시 거기에 섞여 있었다.[64]

---

64  김영하, 《국역 수춘지》, (사)춘천역사문화연구회, 2019.

실제로 이곳의 소재와 모습을 확인해보려는 생각은 (사)춘천역사문화연구회에서 김영하의 《수춘지壽春誌》 번역 사업에 참여하면서부터였다. 수춘지에 따르면 오봉마을의 안산案山이 되고 한국전쟁 때 김영하가 피란하던 곳으로 내부에 백여 명이 들어갈 수 있을 정도의 공간이 있었다고 한다.

동문 체육대회에서 혈동 마을에 사는 동창을 만난 김에 굴의 위치를 수소문해 보았고, 대략적인 위치를 파악할 수 있었다. 얼마 뒤 실제 답사를 할 기회를 얻었다. 굴은 김영하의 설명대로 오봉마을(혈동2리) 앞산에 있었고, 8부쯤 되는 높이의 바위 아래 자리하고 있었다.

입구는 기어서 들어가야 할 만큼 좁지만 조금만 들어가면 키가 큰 사람도 일어서서 돌아다닐 수 있을 만큼 높았다. 김영하의 말처럼 '백여 인을 수용할' 정도까지는 못되지만, 족히 십여 명은 들어가 지낼 수 있을 정도의 넓은 공간이 있었다. 샘물터도 두 곳이 있어 식수로 사용하기에도 충분했다.

동행한 지질학 박사의 설명에 따르면 암석은 눈깔모양[眼球相]의 둥근 반점이 섞인 편마암片麻巖으로 4천만 년 전에 형성된 것으로 보인다는 것이었다. 내부에 동굴산호가 자라고 있는 것도 확인되었다.

굴은 혈동2리인 오봉마을에 가까운 곳에 자리하고 있지만, 이 굴에서 유래한 '설꼴'이란 지명은 혈동1리에서 확인된다. 설꼴은 혈穴+골[谷]로 분석할 수 있다. 혈穴이 구개음화를 거쳐 설로 바뀐 것이다. 방언에서 힘줄이 심줄로, 혓바닥이 셋바닥으로 바뀌는 것과 같은 현상이다. 마을의 형성이 혈동1리가 앞서 형성되었음을 알 수 있다.

굴과 비교할 수 있는 말로 구덩이와 구멍이 있다. 평평한 땅에 함정처럼 깊이 패인 곳이 구덩이라면, 굴은 벽처럼 세워져 있는 지형에 가로로 뚫린 곳을 말한다. 이에 비해 구멍은 가로든 세로든 막힌 곳을 통과하는 형태를 지닌다. 물론 이 경우도 굴로 부르기도 한다.

‘굳’은 ‘굴’의 고어 형태라는 점에서 ‘굳’에 접미사 ‘-덩이’가 결합된 말로 볼 수 있으며, ‘구멍’은 ‘굼’에 접미사 ‘-엉’이 결합된 꼴로 보인다. 남광우 편,《고금한한자전》에 穴의 훈으로 ‘구무, 구멍, 굴, 움, 틈, 굿, 광중’의 뜻이 있어 이를 방증한다. 방언에서 구멍이 ‘굴멍’으로도 실현되는 것으로 보면 종성만 다를 뿐 ‘굴’과 ‘굼’간에 넘나듦이 있었던 듯하다.

신동면 혈동리 오봉산 굴입구

신동면 혈동리 굴 답사 모습

# 서천리의 옛 이름 서사천리西土川里의 유래

서사천리西土川里는 남산면 서천리西川里의 옛 지명이다. 일찍이 엄황의 《춘천읍지》부터 '서사천西土川'이란 지명이 등장하는 것으로 보아 꽤 오래전부터 사용된 지명으로 보인다. 이보다 약 120년 가량 후대의 문헌인 《여지도서》부터 《관동지》, 《관동읍지》, 《순조대읍지》 등을 거치면서 줄곧 '서사천리西土川里'로 나타나다가, 《조선총독부 관보》에 처음 서천리西川里가 등장한다.

> ◎ 서천리(西川里)[서사천]【리】 본래 춘천군 남산외이작면(남면)의 지역으로서, 서사천(西土川)가에 있으므로, 서사천이라 하였는데, 1914년 행정구역 폐합에 따라, 햇골, 정강말을 병합하여 서천리라 함.[65]

《한국지명총람》에 따르면 1914년 서사천西土川을 서천西川으로 바꾼 것을 알 수 있다. 서면 안보리와 연결되는 춘성대교, 가평읍과 연결되는 경강교, 제이드가든 수목원이 모두 이 마을에 있다.

서천리西川里의 옛 이름인 서사천西土川은 유래를 짐작하기 난해한 지명 중의 하나이다. 서西는 이 마을이 서쪽 끝에 위치한 마을인 까닭에 명명된 지명으로 추정할 수 있는 반면에, 土:(사)는 '선비'나 '병사', 어느 쪽으로 해석하든 이 마을과 연결짓기 어렵기 때문이다.

서쪽 끝 가평과의 경계에 있는 마을이다 보니, 우선 '서쪽 냇물이 흐르는 마을'이란 뜻에서 붙은 지명으로 판단할 수 있다. 가평과의 경계에 있기는 하지만 냇물 자체는 북서류 하고 있어, 서쪽이란 글자를 붙인다는 것이 미심쩍을뿐더러, 선비 사土자의 쓰임도 설명할 수 없다는 점에서도 의심스럽다.

서쪽을 의미하는 우리말은 무엇일까? 《삼국사기》 지리지에 단서가 될만한 자료가 보인다.

65 《한국지명총람》 강원도편, 1967.

西林郡 本 百濟 舌林郡 (권 37)
花園縣 本 舌火縣 (권 34)[66]

위 《삼국사기》 〈지리지〉에서 西와 舌이 대응하고 있다. 두 글자 모두 음音이 '서'와 '설'로 유사하여 음차한 것으로 볼 수도 있지만, 花와 舌의 대응 관계로 보면 음차가 아닌 훈차로 읽을 수 있는 여지가 생긴다. 《계림유사》 고려방언에도 舌의 우리말이 蠍(헐)임을 밝히고 있다.

舌曰蠍

蠍(헐)은 전갈을 뜻하는 한자로 음은 '헐'과 '갈' 두 가지가 있다. 음운변화를 고려하면 '헐'은 '갈'이 약화된 형태로 보인다. 현재 舌의 뜻인 '혀'도 '갈 〉헐'에서 '헐'의 종성 'ㄹ'이 소멸되어 나타난 어형으로 해석된다. 따라서 서쪽을 뜻하는 고대국어를 *갈로 재구할 수 있게 되는 것이다.

그렇다면 선비 士가 어떤 기능을 하는 것인지가 문제가 된다. 글자 그대로 해석하면 '서쪽[西] 선비[士]가 사는 냇물[川]'이란 뜻이 되어 의미상 부조화가 일어난다. 士를 훈독하면 안 되는 이유가 이것이다. 士는 서西의 말음을 보충하는 기능을 하는 것으로 이해해야 한다. 西의 고대국어 *갈의 종성을 보충하기 위한 표기로 보는 것이다. *갈의 당시 음가는 *갓에 가까웠던 것으로 보인다. 士는 'ㅅ'을 표기하기 위한 글자인 것이다. 서사西士를 서쪽이라는 뜻으로 읽지 말도록 첨기한 글자이다.

그렇다면 서사천西士川을 그대로 *갈나리~*갓나리 정도로 재구하여 '서쪽 냇물'을 의미하는 말로 이해하면 되는 것일까? 그렇게 보기에

---

66 《삼국사기》 〈지리지〉.

는 뭔가 아쉽다. 단순히 지명을 '서쪽 냇물'이란 뜻에서 명명했을까?

여기에는 또 다른 비밀이 있다. 굴봉산이 그것이다. 해발고도 395m로 높지는 않지만 굴봉산에는 춘천에서는 보기 드물 만큼 많은 자연 굴이 존재한다. 《춘천시 향토문화유산 총람》에 따르면, 쌍굴, 독고굴, 망대굴, 베틀굴, 수정굴, 우물굴, 이심이굴 등이 확인되었다. 지금은 서천리가 아닌 백양리에 들어 있지만, 백양리는 《강원도지》에 이르러 비로소 등장하는 것으로 미루어 볼 때 본래 두 마을은 구분되지 않았던 것으로 보인다. 《조선지지자료》 남산외이작면에 서사천상리와 서사천하리가 보인다. 대체로 상리가 백양리, 하리가 서천리로 바뀌었다.

이렇게 많은 굴이 소재한 곳이라면 춘천 어디에서도 보기 드문 특별한 산인데, 과연 굴봉산窟峰山이란 지명 하나밖에 없었을까 하는 의문이 든다. 이 의문을 염두에 두고 '서사西士'라는 지명을 다시 생각해 보면 서사西士 또한 '굴'을 차자 표기한 것이 아닐까 하는 생각이 드는 것이다. 가을[秋]은 방위상 서쪽이다. 만약 서사西士를 '갈'로 재구할 수 있다면 서사천은 굴이 있는 마을에서 유래한 마을 명이 된다.

그런데 여기서 천川의 해석이 문제가 된다. 굴窟과 천川의 관계가 매끄럽지 않은 것이다. 굴 옆을 흐르는 냇물이란 의미로는 서사천西士川을 설명하기 곤란하다. 여기서 산의 고어 '뫼'가 지명에서 '매~미' 등으로 나타난다는 점이 주목된다. 천川의 고어 '매'와 소릿값이 같은 데서 두 글자의 차자 표기 과정에서 뒤바뀐 사례가 관측되기 때문이다. 김영하의 《수춘지》에 춘천의 국사봉의 딴 이름 '성산星山'이 보이는데, 속칭 '성미'로 불린다. 남춘천역의 본래 명칭이 성산역이었으며, 남부초등학교의 북서쪽 공원 옆에 있는 노인정의 이름이 '성미'이다. 한편 속초에도 국사봉이 있다. 속초시 장사동과 고성군 토성면 성천리와 이웃하고 있다. 여기 성천리의 한자 표기가 '星川里(성천리)'로 본래 '붉은(밝-) 뫼[山]'란 뜻의 성산星山이어야 하는 데 성천星川으로 쓰인 것에서 그 예를 찾을 수 있다.

서사천西士川는 '서쪽'이나 '냇물'과 관련한 지명이 아니라, '굴산窟山이 있는 마을'이란 뜻에서 명명된 지명으로 보아야 할 것이다.


## 구봉산과 가산, 지내산, 인산의 유래

구봉산은 구봉산전망대와 카페거리가 있는 것으로 익히 잘 알려져 있다. 홍천의 팔봉산은 육안으로 보아도 봉우리가 여덟 개이어서 쉽게 수궁할 수 있지만, 구봉산이 아홉 개의 봉우리로 이루어져 있다는 것은 쉽게 이해되지 않는다. 이 산의 정상부는 대체로 밋밋해서 봉우리를 헤아리기 힘들기 때문이다. 그럼에도 옛 사람들은 아홉 개의 봉우리으로 인식했던 것 같기는 하다. 《만곡동사록晩谷同社錄》은 18세기 중반 춘천 동면 만천리에서 여러 선비들이 시사詩社를 결성하여 남긴 기록이다. 박한설 교수에 의해 번역되어 1989년 춘천문화원에서 출간하였다. 당시에 이곳은 만법리萬法里로 불리었는데, 이 책에서는 만의萬宜 혹은 만곡晩谷으로 나타난다.

> 松林隱隱聞疎鍾 / 송림으로 종소리 은은히 들려오나니
> 寺在九峯第五峯 / 절은 구봉산 다섯째 봉우리에 있다네
> 寥亮一聲花雨暮 / 청아한 한 줄기 꽃비 소리 들려오는 저녁이면
> 竹節閑訪白雲蹤 / 지팡이 짚고 한가로이 흰 구름 속 절을 찾네.[67]

구봉팔경九峯八景 중 하나인 도암범종道庵梵鍾에 딸린 시 중 한 편이다. 둘째 구에 따르면 도암道庵이라 불리는 사찰이 다섯째 봉우리 아래 있

67  박한설 역, 《만곡동사록》, 춘천문화원, 1989.

었음을 알 수 있다. 도암道庵이 온전한 이름인지는 확실치 않다. 팔경을 넉자로 표기하기 위해 암자의 명칭을 줄였을 개연성이 있기 때문이다. 현재 적골이라 불리는 지명이 본래 절이 있어서 명명된 지명이라 하며, 도일이란 마을 명도 전해진다. 《한국지명총람》에 '산이 아홉 마디가 된다.'고 씌어 있는 것도 이와 궤를 같이 하는 설명이다.

다른 산들과 마찬가지로 구봉산도 여러 이름으로 불린다.

九峯山(구봉산): 해동지도(古大 4709-41), 여지도(古 4709-68), 지승(奎 15423), 좌해지도(奎 12229), 팔도지도(古 4709-23), 팔도지도(古 4709-14), 팔도지도(奎 10331), 조선팔도지도(奎 12419)

枝內山(지내산): 조선지도(奎 16030), 동여도(奎 10340), 청구도(古 4709-21), 청구요람(古 4709-21A), 대동여지도(奎 10333), 대동방여전도(奎 10341), 팔도분도(古 915.1-p173)〈동관(東關), 여지도(古 4709-37), 조선팔도지도(古 4709-54)

구봉산 전경 1 (소양 1교에서 본 전망)

嘉山(가산): 가산초등학교

仁山(인산): 초계정씨 정인회 관련 자연석 명문

구봉산九峯山의 유래에 대해서는 다른 설명도 가능하다. 구봉산九峯山의 '九'의 성부聲部는 '乙'(을)이다. 《삼국사기》 지리지에 木[그루], 文[글]과 대응하고 있고 九의 음이 '구'라는 점에서 본래는 초성에 'ㄱ'의 음가가 더해져 있었음을 알 수 있다. 지내산枝內山은 본래 지산枝山이다가, 이 산의 안쪽 마을이라는 뜻에서 내內가 추가되면서, 산의 명칭도 지내산으로 바뀌었음을 추측할 수 있다. 枝의 훈인 '가지~갖'이 '갈'로 음변할 수 있는 것은 屈知(굴지)와 古尸伊(고시이)가 굴窟에 대응되는 원리와 같다. 乙이 초성이 소멸된 것과 마찬가지로 嘉(가)는 종성이 소멸된 표기이다.

동면 지내리枝內里에 가산초등학교嘉山初等學校가 있다. 가산嘉山은 감정

구봉산 전경 2 (후평동 쪽에서 본 전망)

리, 장학리, 만천리 경계에 있는 산으로, 해발고도는 400m이다. 가지[枝] 산山에서 '-지'가 생략된 꼴이다.

장학리 노루목저수지 안쪽에 자리한 초계정씨 정인회 관련 자연석 비석은 본래 우두동 정인회의 집 부근에 있던 것인데, 현재 정인회의 비석 곁으로 옮겨졌다. 초서 및 해서체 등으로 된 수 명의 이름과 더불어 '세거인산하世居仁山下'라는 구절이 씌어 있다. 이 집안의 묘비문에 '구봉산 아래'를 언급하고 있는 것으로 보면, 인산仁山은 곧 구봉산의 다른 이름으로 이해된다. 자전에서 仁(인)은 '어질다'는 의미로 통용되지만, 조선후기 천자문 자료에 따르면 본래 '클'의 뜻으로 사용되는 말이었음을 알 수 있다. 둘 간의 음의 변화·변천은 모두 앞에서 살펴본 바와 같다.

이상의 예는 모두 아홉 구九 자의 의미를 반영한 다른 표기로 해석할 수도 있지만, 산 너머 감정리 연산골에 석회암 동굴이 있는 것으로 미루어, '굴[窟]'을 표기하기 위한 지명으로 이해하는 것이 좀 더 설득력이 있어 보인다. 구九의 상고음을 '굴'로, 인仁의 훈을 '클~어질'로, 지枝의 훈을 '갖'으로 보면, 장산長山과 마찬가지로 '굴'에서 유래한 지명으로 볼 여지도 있는 것이다.

행정구역명으로서의 지내리枝內里와 장학리獐鶴里는 구봉산과는 다소간 멀리 떨어져 있지만 우리의 선인들은 같은 산으로 인식하고 있었던 것이다.

## 마적산인가, 마작산인가?

춘천 북쪽에 마작산磨作山, 610.2m이 있다. 소양강댐을 가기 위해 주차장에서 왼편에 자리한 산이다. 서쪽에는 천전리와 남쪽에는 유포리가 있다. 조선후기 고지도에는 다른 명칭으로 마작산麻作山이 보인다.

○ 磨作山:
광여도(古 4790-58) 춘천부
해동지도(古大 4709-41) 춘천부
여지도(古 4709-68) 춘천
지승(地乘) 춘천부
조선지도(奎 16030) 춘천부
동여도(奎 10340)
청구도(古 4709-21)
청구요람(古 4709-21A)
조선팔도지도(古屛 912.51-J773) 강원도 황해도

○ 麻作山:
대동여지도(奎 10333)
대동방여전도(奎 10341)
규장각 한국학연구원, 고지도

다산 정약용의 〈산행일기〉에서는 마적산馬跡山으로도 기록하고 있다.
다산은 기존의 명칭을 자신이 이해하는 바대로 바꾼 것들이 많아 참고
할 만은 하지만 온전한 자료로서 신뢰하기는 어렵다.

馬跡山:
〈마적산에서 두보의 녹두산시에 화답하다[馬跡山和鹿頭山]〉,《다산시문
집》7권 / 시(詩) – 두보의 시 십이 수를 화답하다[和杜詩十二首]

다산이 마적산馬跡山이라 쓰면서, 우두벌에 있는 마작리馬作里와 명칭
이 비슷해졌다. 그러나 두 지명은 거리상으로도 너무 먼데다, 우두산
줄기가 가운데 놓여 있기도 해서 같은 유래를 가진 지명으로 볼 수는
없을 듯하다.

유래가 모호하지만, 우선 이 산의 정상부의 모습에서 명명된 지명이
아닐까 생각해 볼 수 있겠다. 삼각형을 이루고 있는 모습에서 갓[笠]을
떠올릴 수 있는데, 흔히 '갓뫼〉 갈뫼'로 부르는 산들이 이것이다. 이밖
에 홍수가 나서 다 물에 잠기고 말[馬] 발굽[蹟] 만큼만 남았다거나, 병자

마적산 원경

호란 때 무작개라는 여인과 관련한 이야기 등등의 설이 양산되었으나 모두 신빙성이 없다. 일각에선 우스갯거리 삼아 맥국을 치기 위해 마적들이 넘어온 탓에 명명되었다는 말도 유행하지만, 이때의 마적은 '馬賊'이 맞는 표기이고, 말을 타고 넘어올 수 있는 산이 아니라는 점에서 역시 부정된다.

磨의 음은 마, 뜻은 갈-이다. 麻의 음은 마이며, 뜻은 삼이다. 마[麻]의 껍질로 옷감을 짠 것이 삼베이다. 麻는 磨에서 부수가 생략된 모양이다. 부수가 생략된 표기는 인근 지명에서도 찾을 수 있다. 장본章本은 본래 장본獐本이었으며, 두음곡頭音谷이 두음곡묘音谷으로 변한 것이 그것이다. 이렇게 보면 磨는 '갈'을 차자한 것이며, 麻는 磨의 약식 표기로 볼 수 있다. 작作은 '갈'의 말음을 보충한 표기이다.

다산 정약용의 〈산행일기〉에 흥미로운 대목이 보인다.

내가 약암(約菴)에게,
"기락각(幾落閣)은 포복천(匍匐遷)인데 농암(農巖)은 이를 부복천(扶服遷)이라 하였다. 부복(扶服)은 곧 포복(匍匐)이다. 잔도(棧道)가 매우 위태하여 사람들이 모두 기어서 지나가는데, 그것을 방언으로 바꾸어 해석하면

기(幾)는 포복(匍匐)이요, 낙이(落伊)는 출(出)이니 기어서 나가는 것[匍匐而出]을 이름이다. 중간에 석굴이 있는데 옛날에는 길이 이 석굴을 통하였기 때문에 기어서 나갔던 것이다. 나는 '곧 추락할 것 같다.[幾乎墮落]'고 해서 기락각(幾落閣)이라고 썼다. 옛날에 절도사(節度使) 이격(李格)은 소를 타고 이곳을 지나갔는데 그대도 소를 타고 지나갈 수 있겠는가?"
하니, 약암의 대답이,
"아니다. 나는 감히 그리할 수 없다."
고 하였다.[68]

19일 다른 이들은 아들 학연學淵의 납징納徵을 위해 신북으로 가고, 청평산에 들어가 폭포를 보고 돌아온 약암約菴 이경지李景祉와 둘이 남아 대화한 내용이다.

'중간에 석굴이 있는데 옛날에는 길이 이 석굴을 통하였기 때문에 기어서 나갔던 것이다.'라고 한 것으로 보면 굴을 통과해야 하였다고 하니, 청평사를 유람하러 가는 길의 명소이었을 법하다. 절도사 이격李格이 소를 타고 지나갔다는 걸 보면 굴의 크기는 제법 컸던 모양이다. 작은 소라고 해도 중송아지는 되어야 탈 수 있었을 텐데, 소가 지나갈 수 있고 소를 탄 사람이 몸을 눕혀 지나갈 정도라면'기어서 지나간다.匍匐而出'는 표현은 다소 과장되어 보인다. '포복천匍匐遷'이라 부르거나 농암農巖 김창협이 '부복천扶服遷'이라 부른 것에서 일단 편안히 서서 지나갈 수 있는 굴은 아니었던 듯하다.

청평애(淸平崖) : 부의 북쪽 삼십 리에 있다. 본래는 기락애(起落崖)인데, 예전에 다니는 사람이 반드시 포복(匍匐:배를 대고 기어감)하여 엎드려 가야지 일어나면 떨어지기 때문에 그런 이름을 붙였다. 지금은 발전(發展)으로 인하여 차나 말이 통행할 수 있다.[69]

마작산의 동쪽 기슭에 이 굴과 벼랑길이 있었다고 보면 두 지명은 관

68  정약용, 산행일기, 다산시문집, 한국고전종합DB.
69  김영하, 《국역 수춘지》, (사)춘천역사문화연구회, 2019.

런이 있을 것 같다. 이 굴窟을 표기하기 위해서 '갈~가락'에 해당하는 기락幾落과 마작磨作이 필요했던 것은 아닐까? 가리산의 '가리'가 가락재에서는 '가락'으로 나타나듯이, 마작의 '作'도 앞 글자의 말음을 보충하기 위한 표기로 보인다.


## 구곡폭포와 문폭文瀑, 문배文倍·文浦마을

남산면 강촌리 구곡폭포가 있는 마을은 흔히 '구구리'로 불려지고 있다. 구곡폭포가 아홉 굽이지며 떨어지는 것도 아니요, 거기서부터 내려오는 계곡물이 아홉 굽이를 형성하는 것도 아닐진대 어떤 뜻으로 구九자가 붙게 되었는지 사뭇 의심을 갖게 된다. 오봉산의 앞선 이름이 '다섯 뫼'인 것처럼 아홉이란 의미에서 붙여진 이름이라면 '구구리'가 아니라 '아홉구리'가 먼저이어야 하지 않겠는가?

흔히 지명에서 아홉 구九자를 쓸 때는 위의 아홉이란 뜻과 함께 구만리 장천 등과 같이 최고, 최대, 최장 등을 의미하는 경우, 또는 거북 구龜자처럼 획수가 많고 어려운 글자를 쉬운 글자로 대체하게 되는 경우 등을 상정해볼 수 있다. 구곡폭포 쪽에 거북 모양의 바위가 있는 것도 아니므로 일단 제쳐놓고 본다면, 최고의 의미에서 까마득히 높은 곳에서 떨어지는 폭포라는 뜻 정도가 가장 무난한 가정이 아닐까 싶다. 등선폭포처럼 작은 폭포를 두고 이백의 '우화이등선羽化而登仙'이란 발칙(?)한 상상을 할 사람들이라면, 구만리 장천에서 떨어지는 폭포라는 식으로 넉살을 부려볼 만도 하니 말이다.

〈문폭에 은둔하여 살며 감흥 38구 ○정축(1877년)〉
文瀑幽居 感興二十八句 ○丁丑

(전략)

이 곳에 문폭이 있으니 / 此地有文瀑

깊어서 은거하기 매우 좋구나 / 窈窕何其幽

골 안은 맑은 날도 천둥치며 / 洞裏晴雷殷

물보라는 햇빛으로 오색 무지개를 만드네 / 日下丹霞浮

사시사철 풍경을 찾아다니며 / 四時訪風景

거닐면 마음이 설레고, / 徜徉意難收

계곡 물 따라 끝까지 가보면, / 逐流到窮源

마을이 평지에 펼쳐진다. / 有村開平疇

(후략)[70]

'구곡폭포九曲瀑布'가 습재 이소응의 문집에는 '문폭文瀑'으로 기록되어 있다. 습재는 문폭의 근원을 찾아 끝까지 따라가면 들판이 열린 곳에 자리한 문배마을을 만나게 된다고 말한다. 그렇다면 '문배마을'은 '문폭文瀑'의 뒤편에 있기 때문에 명명한 셈이 된다. '문폭文瀑'으로 칭한 사례가 《습재집》에만 보이는 것도 아니다. 종로도서관 소장 1918년판 3차분 〈조선오만분일지형도〉에도 이 폭포를 '구곡폭九曲瀑', 문배마을을 '문포文浦'로 표기하고 있다. 2차분 지형도에는 문배文倍이다. 개포浦는 글자의 본의와 연결되지 않는 것으로 보아 폭瀑의 소릿값만을 차용한 것으로 보인다. 폭瀑은 입성이어서 '포'로 읽히기 때문이다.

그렇다면 '글월 문文'과 '아홉 구九'과의 사이에는 어떤 상관관계가 있지 않을까? 《삼국사기》 〈지리지〉에 그 실마리가 보인다.

赤木縣 一云 沙非斤乙(권37)　　→ 赤 : 赤(sapi) / 木: 斤乙(kïn-ïr)

其買縣 一云 林川(권37)　　　　　　　→ 其(kï) : 林

栗木縣一云冬斯肹(권37)　　　　　　　→ 木 : 肹(xïr)

高木根縣一云達乙斬(권37)　　　　　　→ 木 : 乙(ïr)

馳道縣 本高句麗玉岐縣 景德王改名 今瑞木縣(권35)[71]　→ 道(kil) : 木

70　이소응, 허준구 외 역, 《국역 습재선생문집》 권1, 춘천문화원, 2005. 60~62쪽.

71　《삼국사기》 〈지리지〉, 한국사데이터베이스, 국사편찬위원회.

위의 '赤木縣 一云 沙非斤乙'(권37)에서 赤과 赤sapi, 木과 斤乙kïn-r의 대응 관계를 인지할 수 있다면, '목木'에 해당하는 글자로서 '근을斤乙', '기其', '힐肹', '을乙', '도道'라는 대응관계를 가진다는 점도 어렵지 않게 유추할 수 있게 된다. '도道'의 오늘날 훈이 '길'이니 '근을斤乙', '기其', '힐肹', '을乙'도 이러한 '길~글'을 표기하기 위한 차자표기였을 것이란 추측이 가능하다.

고대에도 이미 저렇게 여러 글자를 빌어 표기해야 할 만큼 다양한 음가가 있었던 것인지, 아니면 저 한자들이 오늘날 우리가 알고 있는 음가가 아니라 모두 '글' 또는 '길'을 나타내고 있었는지까지는 아직 확언하기 이르다.

'근을斤乙', '기其', '힐肹', '을乙', '도道'이 모두 목木 내지는 림林의 고어라면, 현대어에서 목木에 해당하는 말로 사용되는 고어 '남기' 혹은 현대어 '나무'와는 어떤 관계일까? 나무의 의미에만 한정한다면 중세국어에서 '목木'을 의미하는 '나무'란 어휘와 '글'이란 어휘가 충돌하면서 '나무'는 살아남고 '글'은 소멸된 것으로 볼 수 있다.

'글'이란 어휘도 실제로 소멸된 것은 아니다. 나무를 세는 단위에 '그루', 나무의 밑동을 가리키는 '그루터기' 등의 어휘에서 확인할 수 있을 뿐만 아니라, '글[文]' 또는 '글씨'라는 어휘를 통해 여전히 우리말의 중요한 부분을 차지하며 남아 있기 때문이다. '글[文]'은 금속활자가 나오기 전까지 죽간이나 목간, 목판활자가 주된 문자기록 매체이었던 데서, 나무[木]와 구분없이 뭉뚱그려 쓰여졌던 것이다.

만일 '근을斤乙', '기其', '힐肹', '을乙', '도道' 등의 표기가 오늘날의 방언처럼 각기 다른 음가를 반영한 것이라고 본다면, 구곡폭포의 구九는 문文의 의미로서의 기其, kï 또는 ki 계열에서 파생된 형태로 볼 수 있다. 같은 음가를 반영한 글자라면 두말할 나위 없이 문文의 의미를 구九라는 글자를 빌어 표기한 셈이 되는 것이다.

그렇다면 구곡폭포는 아마도 옛 선조들이 '소리내어 글을 성독하며, 목청을 틔우고 가다듬던 장소로서의 폭포'를 지칭하는 뜻으로 명명된 것이 아닐까? 인지하고 있었는 지의 여부는 알 수 없으나 습재가 생존하던 시대, 일제침략기에 이르기까지도 글[文]의 의미로서의 구九가 연면히 이어졌다는 점에서 유구한 땅이름의 역사를 새삼 되새기게 된다.

## 삼악산의 군사들을 속이기 위해 옷을 널어놓은 곳?
### 의암衣巖, 칠암漆巖

의암衣巖, 글자 그대로 풀이하면 '옷바위'라는 뜻이 된다. 그러다 보니 대체로 이곳에 옷을 널어 놓았다는 유래가 지배적이다. 국토해양부 국토지리원의 《한국지명유래집 중부편》(2008.1)의 유래 설명에 세 가지의 유래를 언급하고 있다. 첫째는 어떤 사람이 이 바위 위에 옷을 벗어 놓고 강가에서 목욕을 하고 나와 보니, 그 옷을 신선이 입고 하늘로 올라갔다는 설, 둘째는 맥국에 쳐들어온 적이 맥국의 군사를 속이기 위해 옷을 빨아 바위 위에 널어놓고 맥국 군사들이 안심을 한 사이에 삼악산의 맥국성으로 쳐들어가서 함락시켰다는 설이다. 마지막으로 소설가 김유정이 실레마을에 와서 농민운동을 할 때 천렵을 나와 옷을 벗어 이 바위에 널어두었던 데서 유래한다는 설이다. 두 번째 설이 가장 널리 알려져 있긴 하지만 세가지 설 모두 옷을 널어 두었던 곳이라는 의미는 변함이 없다.

문제는 정확히 어떤 바위가 의암이라 불리는 바위인지가 특정할 수 없다는 것이다. 가장 이른 시기의 기록인 엄황의 《춘천읍지》에는 의암衣巖이 아닌 칠암漆巖으로 표기되어 있다 보니, 유래를 추론하기가 더욱 난해해지고 말았다. 다산 정약용의《다산시문집》에도 칠암漆巖으로 표기되어 있다. 이에 비해《여지도서》를 비롯한《관동지》,《관동읍지》 등등의 후대 문헌에는 대체로 의암衣巖으로 표기되어 있다.

연전에《춘천시보》에 의암이 팔미천 가운데의 한 널찍한 바위를 가리켜 의암으로 제시한 바가 있었다. 하지만 여기에도 별 근거가 있어 보이지는 않는다. 의암이 어떤 바위인지 아무도 모르는 상황에서 동네 연로자들만 수소문해 판단하다 보니 빚어진 오류이다. 지명은 1차적으로 국어자료인 만큼 국어로 설명하려는 작업이 선행되어야 한다. 엄황 부사가《춘주지》를 펴낸 것이 1648년이다. 2021년인 현재와는 373년이라는 시간 차가 존재한다. 지명이 잘 변하지 않는 특성을 갖고 있기는 하지만 그것이 아예 변하지 않는다는 말은 아니다. 오늘날까지 지명의 유래가 잘 간직되어 오기도 하지만 그 반대의 예가 훨씬 더 많다. 따라서 지명의 변모 과정을 잘 살펴 본래 어떤 의미로 명명된 것인지를 고찰하는 것이 필요하다. 그 과정에서 국어학 이외에 다른 학문의 도움이 필요할 때도 많다.

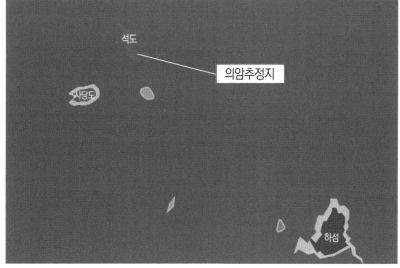

군산 옥도 비안도리 '의암' 추정지

그러면 의암衣巖과 칠암漆巖은 어떤 관계가 있는가? 두 지명이 상호 대응될 수 있다면 음音을 빌어다 썼을 가능성은 없다. 따라서 '옷衣'과 '옻漆'을 훈차訓借일 것으로 보인다. 종성이 'ㅅ'과 'ㅊ'으로 서로 다르지만 우리가 이 종성의 소릿값을 명확하게 구분해 쓰기 시작한 것은 불과 100 수십 년 전의 일이다. 조선 시대의 표기를 보면 종성의 표기가 일정하지 않아, 'ㄷ', 'ㅌ', 'ㄹ', 'ㅅ', 'ㅈ', 'ㅊ' 등등 다양하게 표기되고 있는 것을 발견할 수 있다. 춘천의 지명만 보더라도 신동新洞 '올미'는 칠산漆山의 한글 표기이며, 신북읍 천전리泉田里의 '오수물'은 칠정漆井에 대한 한글 표기이다. '옻'이 '올'로도 혹은 '옷'으로도 표기된 예는 어렵지 않게 확인할 수 있다. 여기서 우리는 옷衣이나 옻漆의 의미에 지나치게 얽매여선 안 된다는 것을 알 수 있다.

의암衣巖이란 지명이 춘천에만 있는 것은 아니다. 전라남도 곡성군 삼기면에는 한자가 다른 의암儀岩이며, 논개 전설이 있는 경상남도 진주시 촉석면의 바위인 의암은 의암義巖으로 표기된다. 전라북도 완주군 상관면 의암리는 다음과 같은 지명유래가 전한다.

> 원의암은 법정 리명과 구분하기 위하여 '원(元)'을 덧붙인 것이며, 의암은
> 북쪽 골짜기에 사람이 옷을 입고 있는 것처럼 생긴 바위가 있어 생긴 이름.[72]

흰옷을 입은 바위가 어떤 바위인지는 위의 인용문만으로는 확인할 수 없다. 이와 관련하여 강원도 정선군 정선읍 귤암리橘巖里에 있는 옷바위[衣巖]가 흥미롭다. 한자표기도 춘천시 신동면 의암리와 똑같은 '옷바위[衣巖]'이다. 하천을 가로질러 가늘고 길게 뻗어 있다. 《한국땅이름큰사전》의 부안군 변산면 마포리에도 '옷바위'란 지명이 보인다. 독섬 부근에 있다고 하는데 마포리에는 섬 자체가 많지 않다. 마을 서북쪽에 하

---

72  완주군 홈페이지(www.wanju.go.kr) 지명유래 '의암리' 중.

섬이라는 섬이 있다. 이 섬의 서쪽과 남쪽에도 긴 바위 섬이 보인다. 간만의 차에 따라 수면 위로 드러났다가 잠겼다가를 반복한다. 그런데 독섬 자체의 모양도 길쭉한 모습을 하고 있고, 그 부근에는 다른 바위섬이 없어 독섬 자체를 옷바위라고 했을 개연성도 있다.

정선과 부안 두 지역의 바위가 '옷바위[衣巖]'로 불리는 것은 일반인들에게는 얼른 납득되지 않을 수 있다. 그러나 국어학적으로 옷이란 어휘의 변화과정을 보면 쉽게 이해할 수 있다. 옷[衣]은 실을 엮어 만든다. 그 실 하나하나의 가닥을 가리켜 우리는 '실오라기' 혹은 '올'이라고 부른다. 정선읍 귤암리와 부안면 마포리의 옷바위는 이 '올'에서 유래한 것이다. '올'이나 '옷'이나 본래 어원은 같다. 후대 어느 시기에 두 어휘의 의미가 변화하면서 구분된 것이다. '올'이 '옷'으로 불리게 되자, 소리로는 '옻'과 구분되지 않게 되었다. 이를 한자로 표기하면서 의암衣巖이나 칠암漆巖으로 표기된 것이다. '올'과 '옻'의 관계는 춘천시 신동의 칠산漆山을 '올미'라고 불렀던 예를 상기하면 된다. 돌나물을 지역에 따라 '돗나물'이라고 부르는 것도 이와 궤를 같이한다. '돗'은 '돌'의 옛말인 것이다.

그렇다면 춘천 의암리에는 완주군 상관면의 의암리와 같은 흰옷을 입은 듯한 모양의 바위가 있는가, 아니면 정선 귤암리, 부안 마포리와 같은 모양의 옷바위가 있는가를 확인해야 한다. 삼악산이나 건너편인 의암리 쪽 산에 있는 바위나 강가에 있는 바위들은 모두 흰색이거나 흰색으로 인식할 수 있는 색깔을 띠고 있어 변별력을 갖지 못한다. 따라서 정선 귤암리 부안군 마포리와 같은 가늘고 긴 모양의 바위를 찾는 일이 논란의 종지부를 찍는 관건이 될 것이다.

의암댐 건설로 인해 이 일대 지형이 얼마나 변형되었는지는 알 수 없다. 다만 현재의 상태만 가지고 본다면 현 의암댐으로부터 아래쪽으로 약 250m 가량 떨어진 곳에 강 복판으로 길에 뻗어나간 바위 줄기가 주목된다. 벚나무 아래 마지막 벤치가 놓인 곳에서 강바닥을 내려다보면, 폭은 2m, 길이는 25m 정도 되는 바위가 보인다. 도로의 유실을 막기 위해 설치된 부분을 감안하면, 길이는 상당 정도로 더 늘어날 개연성도 보인다. 물의 원활한 흐름을 위해 강바닥의 바위들을 얼마나 부숴버렸는지를 가늠할 수 없어 단언하기는 어렵지만, 현재 물 바깥으로 나와 있는 바위를 그대로 두었다고 보면, 이 바위는 원래의 모습을 간직하고 있었을 것으로 지목해도 큰 무리는 없을 것이다. 대체로 이 주위의 암석들이 산에서 강을 향해 길게 뻗어나간 모습을 하고 있어 암석의 생성구조는 동일하다.

《한국땅이름큰사전》에 보이는 옷바위와 옷바우, 옻바우라는 지명에 다 같은 지명으로 보이는 옷박골, 옷박굴까지 더하면 같은 유래를 가진 지명이 전국에 수십여 곳에 달한다. 대부분은 아직 확인하지 못했지만 일부 흰옷을 입은 것처럼 보인다는 둥, 치마처럼 생긴 바위가 있다는 둥, 앞에서 예로 든 춘천 · 정선 · 부안의 옷바위와 다른 유래를 가진 지명이 있을 수 있다. 그러나 그 또한 '올~옷~옻'의 관계를 이해하지 못한 이들이 억지스럽게 만들어 낸 설에 불과할지도 모를 일이다.

춘천시 신동면 의암리 "옷바위" 추정

봉분(封墳)이 셋이라서
방동리(方洞里),
마내골이 곧 삼천동

석파령(席破嶺)과
삼악산(三岳山)은 같은 말!

기러기가 떨어진 마을
낙안지(落雁地)

다람쥐를 닮은 마을,
오항리(吾項里·鼯項里)

# 마을 지명들

반효자가 시신의 목을 잘랐다고?
거두리(擧頭里)

교대가 들어설 것을 예견했다고?
석사동(碩士洞)

약사원이라서
약방이 많았었다고?

원당리 무엇이 맞을까?
院堂, 圓塘, 元堂

용재 성현이 지은 〈황정명농정기〉 속
명농정(明農亭)은 어디인가?

소곳리(所串里)와 방곡리,
수동리의 지명 유래

# 봉분封墳이 셋이라서 방동리方洞里, 마내골이 곧 삼천동

## 방동리方洞里

춘천시 서면에 자리한 방동리는 대구 팔공산 전투에서 사면초가의 위기에 처하자 고려 태조 왕건을 탈출시키려 옷을 바꿔 입고 순절한 신숭겸의 묘소가 자리한 곳이다. 세간에서는 머리를 수습하지 못해 금金으로 이를 대신하고 도굴을 방지하기 위해 묘를 세 개를 만들었다는 전설이 전해져 유명세를 탔다.

근방에 가장 높은 산인 화악산 줄기가 남동쪽으로 뻗어 차례로 몽덕산, 가덕산, 북배산, 계관산, 삼악산으로 이어지는데, 북배산에서 동쪽을 향한 줄기 끄트머리에 장절공 신숭겸의 묘소가 있다. 또 다른 두 줄기가 좌우로 길게 이를 감싸 안고 있고, 방동리 마을은 신숭겸 묘소 아래 길게 나온 두 줄기 사이에 자리하고 있다. 어귀에 장군봉이 솟아 좁은 통로를 만들었지만 그곳을 지나면 제법 넓고 편평한 들판이 펼쳐진다. 방동1리와 2리가 각각 상방동과 하방동으로 나뉘었다. 신숭겸의 묘소는 산자락 높은 곳에 자리해 올라서면 마을이 굽어 보이고 멀리 춘천의 전경이 한눈에 들어온다. 봉의산 뒤켠을 돌아 나온 소양강이 서류하면서 마을을 향해 들어오고 북한강은 좌에서 우로 횡류하면서 마을 앞에서 소양강과 만난다. 경치가 좋고 묘소 아래 자손들이 먹고 살 비옥한 터전이 마련되어 있으니, 풍수에는 문외한의 눈으로 봐도 제법 훌륭한 명당일 법하다.

그런데 하필 마을 이름이 왜 방동일까? 지금은 마을명을 꽃다울 방芳자를 써서 방동리芳洞里로 표기하지만, 방리坊里를 기록한 좀 더 이른 시기의 문헌인 엄황의 《춘주지》와 이후의 여러 읍지에는 모 방方자 방동리方洞里로 기록되어 있다.

'모[方]'의 의미는 엽전을 다른 말로 사각 구멍이 뚫려 있다는 뜻의 공방전孔方錢이라 칭하는 데서 알 수 있듯이 네모진 것을 의미한다. 이렇게 보면 방동리의 동네 형태가 사각형인가 생각할 수 있지만, 네이버나 다음에서 제공하는 위성사진이나 항공사진을 보면 그렇지는 않은 것 같아 보인다.

'모'는 어원적으로 '모서리', '모퉁이'와도 상통한다. '모퉁이'의 사전적 의미는, '①구부러지거나 꺾여져 돌아간 자리., ②변두리나 구석진 곳., ③일정한 범위의 어느 부분.' 이다. 춘천의 '변두리 구석진 마을' 정도의 의미도 추출할 수 있다. 1970년 의암댐 건설로 강에 가로 막혀 있지만 춘천부사로 부임하는 수령이 서울에서 올 때 삼악산의 석파령을 넘어 이웃마을인 덕두원을 넘었고, 덕두원에서 수레넘이길만 넘으면 곧장 이 마을이어서 후미진 곳이라 할 수도 없다.

우리나라 현존 최고(最古)의 역사서인 《삼국사기》 지리지를 보면 이에 대한 단서가 보인다.

서면 신숭겸로 입구

① 三嶺縣 本高句麗 三峴縣 景德王改名 今方山縣〈권35〉
② 三峴縣 一云密波兮〈권37〉
③ 玄驍縣 本推良火縣 一云 三良火 景德王改名 今玄豐縣〈권34〉[73]

고유지명이 많고 내용이 간단하니 지레 한자에 겁먹을 필요는 없다. ①의 의미는 '삼령현三嶺縣은 본래 고구려의 삼현현三峴縣이었는데 경덕왕이 개명하였고 지금은 방산현方山縣'이라는 내용이지만 문장의 의미에 신경 쓸 필요조차 없다. 그저 지명을 표기한 한자들이 어떻게 바뀌는가, 즉 글자들의 대응 관계에만 관심을 두면 되는 것이다. ①에서 三에 대응하는 글자로 方이 사용되고 있다. 방동리의 한자 방方과 같은 자가 쓰인 것이다. 셋[三]이란 말에 익숙한 우리로서는 다소 의아하지만 여기서 방方은 고구려 말[語]을 한자를 빌어 와 표기한 것일 뿐이다. 자료 ②와 ③에서는 方의 소릿값을 확인할 수 있다. 빽빽할 밀密과 밀 추推가 그것이다. 밀密은 소리를, 추推는 뜻을 차용한 것이다. '3三'을 '밀密, 밀[推]'로 읽으면 되는 것이다. 참고로 자료 ①, ②에서 업급한 방산현은 지금의 양구군 방산면이다.

《삼국사기》 지리지의 '밀'은 일본어에서 3[三]을 의미하는 말, 'みつ'와 연결지을 수 있다. 오늘날 'mitsu'로 읽히는 이 말은 고대에는 'mitu'로 읽혀졌다. 고대에 일정하던 가나의 배열이 후대로 내려오면서 た다행에서 흔들림 현상을 겪었던 것이다. 국어에서도 대체로 한자의 끝소리 't'가 'l'로 소리 나는데, 이에서 밀密이 방方의 소릿값이며 추推는 뜻이 훈차된 것임을 확인할 수 있다. 밀密은 본래 입성入聲으로 중국어에서는 종성 'ㄹ'이 소멸하게 되면서 현대중국음 'mao'가 되었다.

이러한 약화 현상은 이미 수당隋唐 시기부터 시작된 것으로 알려져 있으니 천년이 넘는 세월 동안 변화를 경험한 셈이다.

---

73 《삼국사기》 〈지리지〉.

신숭겸과 관련한 자료에는 '비방동悲方洞'이란 표기가 보인다. 이상의 고찰에서 방方에 3의 의미가 들었다는 것을 염두에 둔다면, 비방동悲方洞의 '슬플 비悲'도 훈차로 보아 '슾'이 '方(=三)'의 의미를 보충하기 위해 쓰인 글자에, 신숭겸의 죽음을 슬퍼하는 뜻을 덧입힌 지명으로 볼 수 있다.

'밀'과 견줘 볼 수 있는 또다른 지명으로 삼천동을 꼽을 수 있다. 야외음악당과 의암공원, 춘천MBC 방송국 등이 있는 곳이 삼천동三川洞이다. 칠전동으로 들어오는 경춘국도가 닦이기 전까지는 서울에서 들어오는 들머리였다. 강촌과 삼악산, 의암댐을 지나 들어오면 공지천과 팔각정이 맞아주어 외지인들의 춘천에 대한 첫인상을 심어주는 구실을 했다. 조선시대에도 석파령을 넘어 덕두원이나 현암리에서 배로 신연강을 건너 중도를 지나 오늘날의 근화동 대바지[竹田里] 마을을 지났을 것이다. 자연마을로 농암리, 구마니, 강창골, 자라우, 마삼내麻三內 등의 지명이 보인다.

엄황의 《춘주지》에는 삼내三內로 표기되어 있다. 내內는 '천川'을 표기하기 위한 글자이다. 삼천三川이라고 하면 3개의 냇물이 흐르는 곳이란 의미이다. 갑천·유등천·대전천이 만나는 대전시 삼천동이 그렇고, 전주시 삼천동이 그렇다. 삼천을 북한강, 소양강, 공지천으로 꼽는 이도 있지만 그렇게만 볼 일도 아닌 것 같다. 공지천의 하류가 이곳에서 북한강에 유입되는데 의암댐이 건설되기 전에는 소양강이 더 아래쪽에서 모진강(북한강)에서 흘러온 물과 만나 신연강이 되기 때문이다.

북한강과 소양강, 공지천이 삼천이 아니라면 세 물줄기는 무엇일까? 일제시대 간행된 조선지지자료 및 5만분의 1지도 등을 살펴보면 이 근방에 창천倉川, 마내馬內, 화랑계花郎溪, 별동계鼈洞溪, 죽흘천竹屹川 등 여러 지명이 보여 혼란스럽다.

별동계鼈洞溪는 鼈의 뜻이 자라이므로 현재 자라우라고 부르는 곳에 있어야 할 터, 현재 향로산 아래 자라우 마을에서 강원체고 앞 저수지에 모아졌다가 북한강에 유입되는 물이다. 화랑계花郞溪는 송현리松峴里에 있다는 것으로 보아 송암스포츠타운 남쪽면에 있거나 칠전동을 관통해 스카이워크 쪽으로 흐르는 냇물이 아닐까 짐작된다.

창천倉川은 현재 칠전동 사거리 부근에 옛 창내파출소가 있었고, 옛 지도를 보면 칠전대우아파트와 팔미리 모리 마을 사이에 표시된 것으로 보아 이 부근에서 팔미리로 흐르는 물길로 짐작할 뿐이지만 물길을 확인할 수 없어 의문이다. 죽흘천竹屹川은 또 어디란 말인가? 이 지역을 지나는 물길이 많지 않다는 점을 감안할 때 명칭 중복이 있을 가능성을 상정하더라도 공지천을 포함한 6개의 물길 명칭이 있어 우리를 더욱 혼란스럽게 한다.

같은 지명을 인접한 온의동에서도 확인할 수 있다. '마내馬內'가 그것이다. '마내馬內'는 '마천馬川'으로 현 시외버스터미널에서 칠전동 방면 배나무골을 지나면 '마내길'이 보인다.

삼국사기 지리지에서 참고될 만한 지명 자료를 보면,

> 삼기현(三岐縣)은 본래 삼지현(三支縣)이다. 한편 마장(麻杖)이라고도 부른다. 경덕왕(景德王)이 개명(改名)하였다. 지금 그를 따랐다.(三岐縣 本三支縣 一云 麻杖 景德王改名 今因之 〈권34〉)[74]

三과 麻의 대응에서 방동리의 方이 三과 관련된 말이듯 麻 또한 三에 대응하는 글자임을 알 수 있다. 麻는 음은 '마', 훈訓이 '삼'이므로, 음차인지 훈차인지 가름하기 어렵지만, 麻가 三을 대신한 글자라면 마삼내麻三內 또한 이를 겹쳐 쓴 것에 불과한 것이 된다. 마삼내는 춘천윈드서핑에서 송암스포츠타운 전까지를 가리키는데, 현재는 의암댐과 제방공사 및 복개공사가 이루어져 물줄기를 확인할 수 없는 형편이다.

74 《삼국사기》〈지리지〉.

## 홍천 삼마치고개

홍천에서 횡성으로 넘어가는 곳에 '삼마치고개'라 부르는 곳이 있다. 여기서의 삼마三馬를 세 마리 말과 연관짓는 이들이 있으나 三과 麻의 관계를 고려하면 馬도 三의 뜻으로 보인다. 삼천동의 마삼내가 마내와 삼내를 합쳐 쓴 말이듯 삼마치도 삼치와 마치를 붙여 쓴 것에 불과한 것이다. 이곳의 지형은 큰 물길인 장전천이 정남에서 정북으로 흘러 장전평을 지나 홍천강에 유입되고, 삼마치골에서 발원한 물과 싸리재골에서 발원한 물이 삼마마을회관 앞에서 만나기 때문에 명명된 것으로 보인다.

한편 삼마치三馬峙의 馬도 3의 뜻이라면 현재는 온의동에 포함되어 있지만 三內와 같은 뜻의 마내골이란 지명도 같은 유래를 가진 지명으로 보인다. 마내馬內는 88공원 옆 약수터에서 발원한 물길이 헌수공원 쪽과 멸공교장 쪽에서 내려오는 물과 합쳐져 배나무골 앞을 지나며 공지천에 유입된다. 몇 차례 답사해 본 결과 이곳의 물길은 홍천의 삼마치의 형태와는 다른 것 같다. 삼마치의 물길은 세 물줄기가 한 곳에서 합류하는 반면 온의동의 마내골은 합류하는 곳이 세 곳이기 때문에 명명된 것이 아닐까 추정되기 때문이다.

엄황의 읍지에 실린 지명들의 위치를 현재의 지도 위에 표시해 보면 면 간 경계를 확인할 수 있다. 마삼내와 마내골는 각각 남부내면과 남내면에 해당되는데 둘 간의 경계는 봉황대(일명 돌고개)에서 향로산, 국사봉, 안마산 정상으로 이어진다. 이렇게 볼 때 마삼내는 증리 칠암(의암) 발미(팔미) 등과 함께 남내면에 속한 반면, 마내골은 강창동, 갈마곡과 함께 남부내면 지역에 해당된다.

엄황의 춘천읍지에 실린 삼내三內는 남내면 지역에 속한 현재의 마삼내麻三內를 가리킨다. 《조선지지자료》麻三川里 조에 삼늬가 보이는 것을 보면, 삼천三川과 삼내三內, 마내馬內, 마삼내麻三內의 명칭 혼란은 매우 오래전부터 지속된 듯하다.

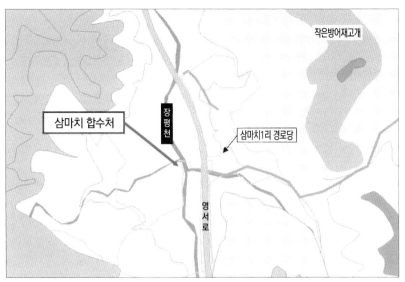

장평리 세 물줄기(삼마) 합수처

   이렇게 보면 마삼내가 곧 삼천동의 유래인 셈인데, 같은 유래를 가
진 두 지명이 인근에 자리하고 있어 두 곳 모두 3개의 물줄기가 만나는
것인지, 어느 하나의 지명이 다른 쪽까지 옮아간 것인지까지는 확인하
기 어렵다.

   경상북도 포항시 남구 장기면 방산리芳山里에는 세 물줄기가 합쳐지는
곳도 있고 마을 뒤에는 삼봉산이라는 산이 있다.

   마내가 삼천에 대응하듯이 밀密과 추推, 모[方]는 모두 숫자 3을 의미
하는 말인 것이다.

## 석파령席破嶺과 삼악산三岳山은 같은 말!

   삼악산은 의암과 관련한 맥국의 전설이 전해지고 있으며, 등선폭
포와 여러 암봉들, 정상에서 내려다보는 의암호의 경치가 좋아 등산

인들 사이에서 우리나라 100대 명산으로 꼽는 산이다. 청운봉·용화봉·등선봉의 세 봉우리로 이루어져 삼악산三岳山이란 이름이 붙었다는데, 일제강점기의 문인들 사이에는 달리 삼학산三鶴山으로도 불린 적이 있다.

삼악산 북쪽에 석파령席破嶺이라 불리는 고개가 있다. 옛 서울로 통하던 길이다. 전해오는 말에 따르면, 옛날에 새로 춘천부사에 임명된 이와 전임 수령이 여기서 교대를 하였는데, 방석[席]을 하나만 가지고 가서 찢어[破] 앉았던 데서, 그런 이름이 붙었다고 전해진다. 읍지에 그리 기록되어 있기 때문에 이곳을 언급할 때마다 그대로 실리고 있지만, 한자의 의미를 살리기 위해 만들어낸 흔적이 역력해 보인다. '席破'(석파)는 '石坡'(석파), '石破'(석파) 등 다양하게 표기되었다.

席破 : 모주집(김시보), 손재집(조재호), 상촌집(신흠), 운석유고(조인영), 경수당전고(신위), 귀록집(조현명), 우사집(이세백), 구당집(박장원), 삼연집(김창흡) 등등...
石破 : 광여도(古4790-58), 해동지도(古大4709-41), 대동여지도(奎10383), 지승(奎15423)...
石坡 : 승정원일기(1715.1.11.), 대동방여전도(奎10341), 華泉集(이채), 낙하생집(이학규), 도암집(이재)..
石巴 : 궁오집(임천상)..

가정 무오년인 1558년에 우두사牛頭寺의 중 지희智熙가 길을 닦았고, 1647년 부사 엄황이 거듭 닦아 평탄해졌다고 한다. 그 이전엔 지나는 사람과 말이 고꾸라지는 등 험준하기로 악명이 높았던 듯하다. 신흠의 《상촌집象村集》에 다음 시가 전한다.

내 장차 수춘으로 귀양 가려는데 석파령이 험난하다는 말을 듣고 즉흥으로 짓다[余將貶壽春 聞席破嶺之險 口占]
높디높은 석파령 고개 / 迢迢席破嶺
높은 곳은 하늘까지 우뚝 솟았다지 / 高處出雲霄
나무 늙어 가지가 해를 떠받치고 / 木老枝撐日
강물은 비어 언덕이 다리가 되었다나 / 江虛岸作橋

송암스포츠타운 쪽에서 바라본 삼악산

집 떠나 돌아갈 꿈 요원하기만 하고 / 別家歸夢遠
나라 떠나는 이 몸은 멀어질밖에 / 去國此身遙
나그네 정신일랑 끊어내지 마오 / 休遣覊魂斷
대초부(大招賦) 지을 사람 없으리니 / 無人賦大招

**석파령을 내려서 신연의 강어귀에 머무르다[下席破嶺泊新淵江口]**
고개를 내려서 강어귀 따라가다가 / 下嶺沿江口
배를 옮겨 타고 옛 성터 들어왔네 / 移舟入古墟
낡은 성엔 맥국의 자취 남아 있고 / 弊城存貊跡
끼친 풍속은 진 나라 여파 같네 / 遺俗似秦餘
들녘은 고산(孤山)에 닿아 멀어지고 / 野接孤山迥
하늘은 이수(二水)에 이어져 비었네 / 天連二水虛
그 누가 알았으리, 백 사마(백거이)가 / 誰知白司馬
늘그막에 광려산에 귀양 갈 줄을[75] / 垂老托匡廬

봉우리가 하늘까지 닿고, 늙은 나무의 가지가 해를 떠받치고 있다는
대목에서 유배를 떠나는 이의 걱정스런 마음을 느낄 수 있다. 막상 내

---

75  신흠, 《상촌집》. 한국고전종합DB.

려와서는 고산孤山까지 펼쳐지는 벌판의 모습과, 모진강과 소양강의 두 물줄기를 대하면서 사회를 비판하다 좌천된 당나라의 시인 백낙천白樂天을 자처하는 모습을 보인다.

김영하의《수춘지》에 따르면, '춘천부사가 된 자는 이 고개에서 반드시 두 번 울게 되는데, 부임赴任할 때 이 고개에 이르면 정말 더할 나위 없는 산골짜기에 들어가는구나 하여 울고, 그가 교체되어 갈 때 이 고개에 이르면 또 정말 훌륭한 승경을 지닌 주를 사퇴하는구나 하여 운다.'고 기록하고 있다.

중세 시대라 하더라도 신구 관원의 교체가 주먹구구식으로 이루어지는 것이 아니었다. 읍지에 따르면 군사軍士들과 관기官妓에 이르기까지 수백 명에 달하는 사람들이 신연강에 나가 맞이했다는 기록도 보이는 것이다.

《삼국사기》지리지에 다음 내용이 보인다.

> 삼척군三陟郡은 본래 실직국悉直國이다. 파사왕婆娑王 때 와서 항복했다. 지증왕智證王 6년 양梁 천감天監 4년 주州를 삼고 이사부異斯夫를 군주軍主로 삼았다. 경덕왕景德王이 이름을 고쳤다. 지금 그것을 따른다. (권 35)[76]

> 실직悉直은 사직史直이라고도 부른다. (권 37)[77]

三陟과 悉直, 悉直과 史直의 관계에서 三:悉:史, 陟:直이 서로 대응하고 있는 것을 알 수 있다. 오늘날의 '석, 셋, 세, 서' 등으로 나타나는 말의 고대국어라고 할 수 있다. 그렇다면 석파령席破嶺도 삼악산三岳山과 연결하여 席(석)을 '셋~석'의 차자표기로 볼 수 있지 않을까? 여기서

76  三陟郡, 本悉直國 婆娑王世來降, 智證王六年 梁天監四年爲州, 以異斯夫爲軍主, 景德王改名, 今因之.《삼국사기》〈지리지〉.
77  悉直 一云 史直.《삼국사기》〈지리지〉).

破(파)의 쓰임새가 문제가 된다.

《삼국사기》 지리지에, 이와 비교할 수 있는 지명들이 보인다.

> ① 三峴 一云 密波兮 (권37)
> 　文峴 一云 斤乙波兮 (권37)
> 　猪蘭峴 一云 烏斯波衣 一云 猪守 (권37)
> 　平珍峴 一云 平珍波衣 (권37)
> 　夫斯波衣 〉松峴 〉合 中和 (권35)
> ② 鵂鶹城 一云 租波衣 一云 鵂巖 (권37)
> 　濟次巴衣 〉孔巖 〉孔巖 (권35)
> ③ 牛岑 一云牛嶺 一云首知衣[78]

①에서는 峴과 波衣의 관계, ②에서는 波衣, 巴衣와 巖의 관계를 통해, 고개[峴]와 산[山]이 잘 구분되지 않았다는 점과, 席破嶺의 破가 파의波衣, 巴衣에서 衣가 생략된 표기라는 것을 알 수 있다. ③에서의 嶺과 衣의 대응이 이를 방증한다. 현재 문헌에 전해지는 산이나 고개의 이름에서 '파'자가 들어 있는 것들은 대체로 이 고대국어 파의波衣, 巴衣의 잔영으로 볼 수 있다. 波와 巴가 함께 쓰일 수 있다면 破 대신 坡로 쓰는 것도 무리가 없다.

삼악산 남쪽 당림리의 한 골짜기 이름으로 '백일동'이 있다. 《춘주지》 (1984)에,[79] 옛날에 마귀할미가 베틀바위에서 오줌을 누었는데, 그 오줌 발에 패여 골짜기가 이루어졌다는 식의 유래가 전해진다. 여기서의 '패일~배일'이란 말도 '파의波衣, 巴衣'의 잔상으로 이해된다. 후대 이를 음차하면서 '백일동'이 된 것으로 보인다.

그렇다면 삼악三岳이 곧 석파席破가 되는 셈이다. 破와 嶺은 같은 말의 반복으로, 어원이 불분명해진 고개의 의미를 보충하기 위해 첨가된 글자로 이해할 수 있다.

---

78　悉直 一云 史直.《삼국사기》〈지리지〉).
79　《춘주지》, 춘천시 · 춘천문화원, 1984.

# 기러기가 떨어진 마을 낙안지落雁地

## 낙안지落雁地

남산면 수동리에 '나가지'라 부르는 마을이 있다. 사실 '나가지'라고 하면 '무슨 지명이 그래? 네가지 아닌가?' 생각할 사람이 대다수일 것이다.

> 〈나가짓고개〉 남산면 수동리의 나가지로 가는 고개. 혈동리
> 〈나가지(羅加池)〉 큰 못이 있는 마을. 수동리
> 〈낙안현(落雁峴)〉 나기지고개. 나가지 위에 있는 고개. 기러기가 날아가다
> 이곳에 떨어졌다. 수동리[80]

나가지羅加池, 낙안현落雁峴 등으로 표기되는데 글자만 보아서는 어디서 유래한 지명인지 짐작하기 힘들다. '기러기가 날아가다가 떨어져서 이름 붙였다.'는 설도 있고, '큰 못이 있었다.'고도 하는데, 별로 신빙성 있는 설은 아닌 것 같다. 고향 가는 길에 혹시나 지명유래를 찾을 수 있을까 하는 마음에 두어 차례 이쪽에서 저쪽으로, 저쪽에서 이쪽으로 넘었지만 알 길이 없었다. 기러기야 어느 곳이든 떨어질 수 있고, 못이 있을 만한 자리는 흔적조차 찾을 수 없기 때문이다. 큰 못이 있었다면 기존의 지리지에 기록되지 않을 리 없을 터인데, 부근에 못이 있었다는 기록은 보이지 않는다. 현재는 부근에 탄부저수지가 있어 수동리와 창촌리 일대에 농업용수를 제공하고 있지만, 지명이 생긴 시기와는 비교할 수 없을 정도로 후대에 조성된 것이다.

> 〈빙하밑〉 빙하촌(氷下村)이라고 부른다. 빙애산 밑에 있는 마을. 벼랑으로 된 산을 빙하산(氷下山) 빙애산이라고 부른다.[81]

80  한글학회, 《한국지명총람》, 〈강원도편〉, 1967.
81  《춘주지》, 춘천문화원, 1984.

이웃 창촌리 마을에 빙하밑이란 지명이 보인다. 지명에 얼음 빙氷자가 들어 있고 마을이 산의 남쪽에 있다 보니 그늘이 져서 얼음이 늦게까지 얼어 있다는 설이 보이긴 하지만, 그보다는 위 인용문의 설명대로 벼랑이 있어 명명된 것으로 보인다. 행촌리와 경계가 급경사를 이루고 있어 벼랑이 형성될만한 지명이 보이기 때문이다. 지금은 골프장 부지로 들어가 버려 지형을 가늠잡기 어렵게 되고 말았다.

빙하밑을 주목하는 것은 낙안현落雁峴의 떨어질 락落 자와 벼랑 사이에 연관성이 있다고 판단되기 때문이다. 낙안落雁의 사전적인 의미는 공중空中으로 날아다니다가 땅에 내려앉는 기러기를 뜻한다. 이와 달리 라쿠간[落雁, らくがん]이란 과자의 명칭도 있다. 곡물가루와 설탕으로 만든 건과자의 일종이다. 일제강점기의 기록으로 본다면 이 시대의 영향을 받은 지명일 가능성도 무시하기 어렵다.

기존의 지명에 자신의 의견을 덧붙여 재해석할 때는 대개 자신이 아는 단어 중에 소릿값이 비슷한 것을 가져다 붙인다. 본래의 차자표기를 할 때는 음과 훈을 통해 본래 지명의 음운을 충실히 반영하기만 할 뿐 자신의 의사를 덧붙이지 않는다. 그런 점에서 나가지羅加池는 상대적으로 기존 지명의 소릿값을 잘 반영하고 있는 지명에 속한다. 자체로는 말이 안 되기 때문이다.

떨어질 락落자를 염두에 두고 나가지羅加池를 보면, 羅(라)에는 '벌(〈별)', 혹은 비단(〈비달)으로 해석할 수 있다. -가지는 '모롱가지[隅]'에서 지명에 붙는 접미사이다. 벌(〈별)은 벼랑, 비단(〈비달)은 비탈의 의미를 지닌 지명으로 보인다. '벼랑'에서 'ㄹ'이 탈락하면 '빙'에 가까워진다. 羅加(라)는 落(락)과 같은 말이며, 낙과 낭의 종성 사이에는 조음 위치가 같아 곧잘 혼용된다. 방언에서 구멍과 구먹, 구녕과 구녁이 그 예이다. 낙안현羅雁峴은 '낙아-'에 관형사형 어미 'ㄴ'이 더해진 꼴로 볼 수 있다.

이 마을의 대표 인물로 영조 때 김환金鐶이 보인다. 아흔 살이 넘게 장수했던 인물이다. 영조가 누차 초대해 벼슬을 증직해 주었으며, 어제시御製詩도 내렸다. 후손들이 이 시를 돌에 새겨 놓았으나 어떤 이유로 관리되지 못하더니, 근래에 원창리 봉우이 마을 부근 묘소 앞에 다시 세웠다.

김환 묘 (원창리 봉우이 마을 소재)

영조대왕 어제 시비

영조대왕 어제친필시 : 영조 14년(1738) 8월 1일
我朝三百年來也 / 우리 왕조 삼백년 내려오는 동안
今卿父子半乎哉 / 지금 경의 부자가 절반을 살았구려
特命陞超意有在 / 승자하라는 특명 내린 뜻 이에 있으니
耆府宜謝朱門開 / 기부에선 홍살문을 열어 사례해야 하리

김환 친정탑하시 : 영조18년(1742) 9월 4일
命召催宣九耋臣 / 아흔 노신 부르는 명 재촉해 내리시어
威顔咫尺玉音新 / 지척에서 용안을 뵈오니 옥음도 새로우셔라
榮優老老恩何報 / 노인을 우대하신 영광 은혜 어이 보답하리
惟祝霽天壽萬春 / 오직 맑은 하늘처럼 장수하시길 축원드릴 뿐

그의 호가 낙애樂崖이다. 그 까닭에 이 지명이 그의 호에서 비롯되었다는 설도 보인다. 崖(애)자의 훈도 '벼랑'이어서 위의 추정을 방증한다. 지명과 호에 사용된 한자를 종합해 보면 '낙애지落崖地'가 의미를 잘 반영한다고 보겠다.

이들 지명을 도표로 정리해 보면 지명 어소가 갖는 의미와, 각 지명들 간의 관계를 뚜렷이 파악할 수 있다.

| 나가지(羅加池) | 나ㄱ | 아 | 지 | |
|---|---|---|---|---|
| 낙안현(落雁峴) | 낙 | 아+ㄴ | | 고개 |
| 낙애지(落崖地)/낙애(樂崖) | 낙-애(落崖)/낙애(樂崖) | | 지 | |
| * 냥아지 | 냥- | -아 | 지 | |

## 가연佳淵

김영하의 《수춘지》에 따르면 김환金鑃은 구안동김씨로 양산군수梁山郡守를 지낸 인물이다. 벼슬을 버리고 죽전竹田에 우거하였다. 가연佳淵을 파서 삼악산三嶽山이 화체火體가 되어 비추는 것을 막게 하였다고 한다.

가연(佳淵) : 일명 청연(淸淵)이라 한다. 처음에 김환(金鐶)이 춘천은 삼
악산이 정면에서 비추고 있으므로 화변(火變)이 많다고 여겨서 부의 입구에
대연(大淵)을 팜으로써 화기(火氣)를 누르게 하였다. 지금은 시구(市區)의
개정에 따라 시외의 춘천역 아래인 지금 근화동 3구에다 옮겨 팠는데, 경진
(庚辰:1940년)에 과연 큰불이 나서 도청 및 문소각이 다 오유(烏有: 아무것
도 없게 됨)로 화하였으니 이것이 무슨 증험이란 말인가.[82]

엄황,《춘주지》(1648) '견연리犬淵里'가 보이는 것을 보면, 김환 이전
에 '개못'이라 불리던 못이 있었음을 알 수 있다. 김환의 생몰 연대가
1650-1744로,《춘주지》편찬 연대인 1648년보다 늦으므로, 김환 이전에
못이 이미 존재했던 것이다.

《여지도서》(1757~1765)와, 그 이후의 여러 문헌에 가연리可淵里가 남
5리에 있다고 기록되어 있으니, 김환이 삼악산의 화체火體를 막기 위해
팠다는 것은《여지도서》이후에 보이는 가연可淵으로 보아야 할 것이다.
《조선지지자료》에는 가연佳淵으로 표기되어 있다.

위《수춘지》(1953)의 인용문에서 김영하가 '지금은 시구市區의 개정
에 따라 시외의 춘천역 아래인 지금 근화동 3구에다 옮겨 팠'다고 한 것
은 그로부터 다시 어느 정도 기간이 지난 후대의 일로 보인다. 김환이
연못을 판 것이 그가 70세 무렵으로 보면 1720년 정도가 될 것이고, 시
구가 확장된 것은 일제강점기이니 약 200년 간 남아 있었던 것으로 볼
수 있다.

82  김영하,《국역 수춘지》, 역사문화연구회, 2019.

# 다람쥐를 닮은 마을, 오항리吾項里·鼯項里

북산면에 오항리吾項里란 마을이 있다. 소양강댐 안쪽 깊은 곳에 위치해 있어 하루 두 차례 운행되는 배를 이용해야 해서 교통이 불편했던 것이, 배후령 터널과 추곡터널이 뚫리면서 지금은 훨씬 수월해졌다. 소양강댐이 생기면서 북산면 행정복지센터가 이 마을에 옮겨 와 있다.

현재는 오항리吾項里로 쓰고 있지만, 《여지도서》를 비롯한 《관동지》, 《(순조대) 춘천읍지》, 《관동읍지》 등의 문헌에는 오항리鼯項里로 표기되어 있다. 다람쥐 오鼯에 목 항項자를 쓰다 보니 '다람쥐의 목을 닮아' 이름이 붙었다고 한다. 일제강점기 면리 통·폐합 과정에서 부수를 떼어내고 오항리吾項里로 표기한 데서 비롯된 것으로 보인다. 《조선지지자료》에 '吾項峴(오항현) 다라목이고기'가 보인다.

북산외면 현명 吾項峴 다라목이고기 吾項里[83]

다람쥐의 중세국어는 《유씨물명고》에 '다람이, 두라미'[山鼠(산서)]이며, 《아학上7》에는 '다람쥐'로 되어 있다.[84] '다람이'란 말은 어디서 유래된 것일까? 흔히 '닫다~달아다나'의 의미에서 '달음박질을 잘하는 동물'이란 뜻으로 해석된다. 쥐에 비교해 다람쥐의 속도가 무척 빠르다는 의미에서 연유한 모양인데, 다른 해석도 가능해 보인다. 다람쥐 등에 알록달록한 긴 세로줄을 특징으로 삼으면 '달록'의 '달'을 추출할 수 있기 때문이다. 필자만의 생각이므로 아직 이런 의견에 동조할 사람은 많지 않아 보이지만….

---

83  《조선지지자료》〈강원도편〉, 춘천.
84  남광우, 《교학 고어사전》, 학문사.

두 지명의 공통 부분은 '달-'에 있다. '다락'이나 '다랑이논' 등의 어휘에서와 같이, 기준이 되는 위치보다 높은 곳을 가리킨다. 《삼국사기》〈지리지〉의 지명을 비교해 보면 '山, 高'의 의미로 사용되고 있는 것을 알 수 있다. 흔히 달 월月로 차자표기 된다. 엄황의 《춘천읍지》에는 '오항鼯項'이 아닌 '루항樓項'이다. 다락 루樓자이다. 다람쥐와는 상관없는 지명이란 의미이다. 마을이나 길이 높은 곳에 위치해 있는데, 그 길목에 있는 마을이라 해서 '다락-목'이라 불리던 것이 음운 변화를 겪으면서 이 지명으로 바뀐 것으로 보인다.

《조선지지자료》를 찾아보면 다락 루樓자가 포함된 지명이 여럿 보인다. 이들의 지명 표기를 비교하면 '오항리鼯項里'와 '오항리吾項里'가 왜 다람쥐와 무관한지를 알 수 있다.

한자 지명 '樓谷(루곡)'에 대해 '다락골'로 표기한 곳은 횡성군 갑천면과 화천군 남면 용암리 등에 보인다. 영월군 좌변면 고사동에는 '달악골'이 보인다. '樓洞(루동)'이나 '樓山(루산)', '樓臺(루대)'란 지명도 있는데 모두 '달~다락'에서 유래를 찾을 수 있다.

이를 차자 표기하는 과정에서 다른 어형들이 등장한다. 다락 루樓자 앞에 달 월月자를 덧붙여 '다락'을 표기한 '月樓峙(월루치)'가 정선군 임계면 어전리에 보이고, 다락 루는 그대로 두고 뒤에 떨어질 락落자를 덧붙여 '-락'을 대신한 '樓落谷(루락곡)'이 화천군 상서면 다목리에 있다.

접미사 '-악/-락' 대신 '-아/-라'를 붙인 예도 보인다. '月下峙(달하치) 달아치'는 양양군 현북면 면옥치리에 보이고, 아래 하下 대신 높은 산의 의미를 더해 '月峨山(월아산) 다릭산'이 영월군 북면 연평리에 보인다. 달에 산다는 미인 항아姮娥의 의미를 더해 '月娥山(월아산) 다릭산'이 영월군 좌변면 고사동에 있다.

| 분석\지명 어휘 | 전부 요소<br>다락 | | 후부 요소<br>골, 고개, 산, 항 | 비 고 |
|---|---|---|---|---|
| 樓谷(洞) 다락골 | 다락: 樓 | | 골: 谷(洞) | |
| 月樓峙 올누지 | 달: 月 | (다-)락: 樓 | 고개: 峙 | 月樓를 한자로 읽음 |
| 月下峙 달아치 | 달: 月 | 하: 下 | 고개: 峙 | |
| 月峨山 다리산 | 달: 月 | 아: 峨 | 뫼: 山 | |
| 月娥山 다리산 | 달: 月 | 아: 娥 | 뫼: 山 | |
| 樓落谷 누낙골 | 다락: 樓 | -락: 落 | 골: 谷 | 樓落을 한자로 읽음 |
| 韻項里 다라메기 | 다람: 韻 | | 목: 項 | |
| * 兩娥峙 양앗치 | 둘: 兩 | 아: 娥 | 고개: 峙 | |

한편, 원주 귀래면 양아치리에는 '兩峨峙(양아치) 양앗치'라는 지명
이 보인다. 흔히 아름다운 여인의 예쁜 눈썹을 표현할 때 아미蛾眉라는
말을 쓴다. 당의 시선 이태백의 〈아미산월가峨眉山月歌〉라는 시가 있다.

아미산월가 / 峨眉山月歌 이백李白
峨眉山月半輪秋 아미산월반륜추 / 아미산의 가을 반달
影入平羌江水流 영입평강강수류 / 그림자 평강 강물에 비쳐 흐르네
夜發淸溪向三峽 야발청계향삼협 / 밤에 청계를 떠나 삼협으로 향하노니
思君不見下渝州 사군불견하유주 / 그대 그리타 못보고 유주로 내려가네

최근에는 옛 기록을 근거로 '양안치兩鞍峙'로 쓰는 모양이다. 말안장을
닮았다는 유래를 제시하는데, 그 경우 두 량兩자의 존재 이유를 설명하
기가 궁색해진다. 대·소의 구분이 있지만 대안치, 소안치가 아닌 큰 양
안치, 작은 양안치이다. 춘천시 '낙아지고개'의 경우 '낙안지'로도 표기
하고, '한치고개'는 '한안치고개'와 어원상으로는 같은 유래로 보인다.
'(아)ㄴ'은 관형사형 어미가 포함된 꼴로 볼 수 있는 것이다. 이 지명을
위의 분석처럼 '둘: 兩', '아: 娥', '고개: 峙'로의 분석도 가능해 보인다.
길이 마을보다 낮은 곳에 있어 길에서 보면 높은 다락에 있는 마을로 보
이는 데서 유래하였을 가능성도 생각해 봄 직하다.

# 반효자가 시신의 목을 잘랐다고? 거두리擧頭里

효자 반희언은 백방으로 약을 구하여 어머니를 간병하였으나 효험이 없던 차 꿈속에 한 신선이 나타나 대룡산 어디쯤 가면 시체 다섯 구가 있으니 가운데 시체의 목을 잘라다 어머니께 먹이면 병이 낫는다고 하여 신선이 가르쳐준 대룡산으로 달려갔다. 과연 시체 다섯 구가 있었다. 어머니를 살리겠다는 일념으로 가운데 시체의 머리를 잘라 돌아온 길을 거두리(머리를 잘랐다)라 부르니 지금의 거두리다. 시체의 머리를 달여서 어머니께 드리니 어머니의 병은 씻은 듯이 나았다. 하도 기이하여 후일 대룡산을 찾으니 산삼 다섯 포기 중 가운데 가장 오래된 산삼의 머리 부분이 잘려 있었다.

이 효성이 임금님께 알려져 효자각을 내리니 사람들이 많이 다니는 춘천, 원주, 양구 가는 삼거리, 지금의 효자동이 그 효자각을(현재 우체국 자리)세웠던 곳이다.[85]

거두리擧頭里의 지명유래를 반희언 효자의 전설과 결합시켜 놓은 것이다. 거두리란 지명은 《강원도지》에 보인다. 가장 이른 시기의 자료인 엄황의 《춘천읍지》에는 擧頭逸(거두일), 《여지도서》에는 巨豆谷里(거두곡리) 동16, 《순조대 읍지》에 巨頭谷(거두곡) 동16, 《관동읍지》, 《관동지》 및 《조선지지자료》에는 擧頭谷里(거두곡리) 16으로 기록되어 있다. 효자 반희언은 1554년에 출생한 실존 인물이다. 병든 노모에게 산삼을 구해다 바치는 등 효성이 지극하다는 소문이 알려져 1608년 선조 41년에 정려를 받은 인물이다. 거두리 거제반씨 묘산 아래 반희언을 추모하는 비석이 세워져 있다.[86]

이 이야기는 옛날 〈전설의 고향〉이라는 TV 프로그램을 통해서도 소개된 바 있다. 머리를 잘랐다는 모티프를 그대로 방영하기에는 적합하지 않았던지 다리로 바꾸어 놓았다. TV가 보편화되기 전 동네 꼬맹이들이 다른 놀거리를 제쳐두고 한 집에 옹기종기 모여든 것은 만화영화

85  퇴계동 무릉공원 〈무릉마을 유래〉 중에서 발췌.
86  춘천시·춘천문화원, 《민속문화》.

효자 반희언 추모비

나 몇몇 프로그램을 보기 위해서였다. 당시엔 그조차도 차마 보지 못하고 눈을 돌린 기억이 남아 있는 걸 보면, 어린 마음에도 죽은 시체의 일부를 잘라낸다는 것은 차마 받아들이기 어려웠던 것 같다.

전설은 어디까지나 전설이지 사실은 아니다. 이야기대로 남의 산소를 파헤치고 죽은 시체의 머리를 잘라 가져 왔다면, 효성이 깊다고 정려를 받아야 할 것이 아니라 중벌을 받아야 할 죄인이 되어야 마땅하다. 오늘날도 그렇지만 효를 중시하는 조선시대에 이런 일은 있을 수 없다. 윤색되는 과정에서 효성만 강조하다 보니 이치에 맞지 않는 이야기로 바뀐 것으로 이해해야 한다.

거두擧頭는 '자른 머리를 들고'라고 해석하기보다는 '(춘천부에 들어오기 위한) 들머리'란 말을 표기하기 위해 한자를 빌어 쓴 것으로 보인다. 수령으로 부임하기 위해서 춘천에 오는 길은 두 가지이다. 첫째는 서울 쪽에서 삼악산 석파령을 넘어 신연강을 건너 들어오는 길이고, 둘째는 원주 쪽에서 들어오는 경우이다. 원주 감영에서 원창고개를 넘어 춘천으로 들어오려면 지나게 되는 곳이 바로 이곳이 된다. 거두擧頭는 춘천의 입구入口라는 뜻에서 '들머리'를 한자로 표기한 예로 보인다. 일逸은 谷을 뜻하는 실이 'ㅅ'이 소멸하면 '일'로 소리 나는데, 이를 한자를 빌어 표기한 것이 逸이다.

《율곡전서》에 〈해주 야두촌에 도착하여 지음 到海州野頭村有作〉이란 제목의 시詩가 보인다. 《조선향토대백과》황해남도 벽성군 벽성읍 북쪽에 자리한 '야두동野頭洞'과 같은 곳이다.

> 海路遙遲得得歸 / 구불구불 바닷길 더디더디 돌아와 보니
> 野頭村巷映斜暉 / 들머리 마을엔 햇빛이 빗기었네
> 風塵十二年前事 / 바람 먼지 속 열두 해 전의 일로
> 付與閒人說是非 / 한가로운 이에게 시비의 말 부쳐본다오[87]

1570년 (선조 3) 그가 35세 되던 해 4월 교리에 제수되었으나, 10월 병으로 사직하고 해주의 야두촌野頭村으로 막 돌아오는 길이었다. 추정컨대 열두 해 전의 일이란 1558년 겨울, 〈천도책天道策〉으로 별시別試에서 장원한 일일까? 아니면 이전 12년 동안의 이력履歷을 되돌아보며 느낀 감회였을까? 이 시詩를 부친 대상을 알면 단서라도 잡을 수 있으련만 시와 제목만으로는 어림잡을 수도 없다.

'야두野頭'를 우리말로 바꾸면 그대로 '들머리'가 된다. 거두리의 유래를 '들판의 시작되는 곳'이라고 보아도 잘못은 없을 듯하지만, '야두野頭'란 지명을 두고 굳이 '거두리擧頭里'란 한자를 택한 것은 들판의 시작보다 춘천이 시작되는 마을이란 뜻을 부여하기 위한 의미가 아니었을까 싶다.

흥미를 유발하기 위해 반희언의 효행을 끌어오는 것도 좋지만, 아울러 본래의 지명 유래를 찾아 가르쳐주는 것도 어른들에게 주어진 책무일 것이다.

---

87  이이, 〈해주 야두촌에 도착하여 지음(到海州野頭村有作)〉, 《율곡전서》, 한국고전종합DB.

# 교대가 들어설 것을 예견했다고? 석사동碩士洞

석사동碩士洞은 춘천 시내 동남쪽 끄트머리에 자리하고 있다. 춘천교육대학교와 강원지방경찰청, 춘천국립박물관, 춘천시립도서관, 호반체육관 등등 여러 기관이 들어서 있다. 이곳을 지나면 곧 동내면 거두리이다.

어떤 자료에는 '벌판에 돌[石]과 모래[沙]가 많다 하여 석사리石沙里라 하였다가 후에 한자만 변경하였다.'는 식의 설명을 한 자료도 있지만, 1757~1765년 경에 편찬된《여지도서》의 碩士里(석사리)가 가장 오랜 표기여서 石沙(석사)로 볼 수는 없다. 이보다 앞선 시기의 문헌에 같은 표기가 확인되지 않는 한, 石沙里(석사리)였다가 훗날 碩士里(석사리), 碩士洞(석사동)으로 바뀌었다는 설명은 명백한 오류이다.

간혹, 박사, 석사라고 할 때의 석사와 한자까지 똑같다 보니, 훗날 춘천교육대학교가 자리할 것을 예견하였다는 설명이 보이기도 하는데, 이 또한 썩 수긍이 되지 않는 설이다.《조선지지자료》석사리碩士里에는 벌말, 이믹골, 퇴숑골, 틧산골, 딋츄나무골 등의 지명이 보이는데 석사碩士와 연결지어 생각해 볼만한 지명은 보이지 않는다.《여지도서》이후 모든 문헌에서 줄곧 석사리碩士里란 표기만 등장하고 있다. 석사石沙란 표기가 쓰인 가장 이른 시기의 문헌은 1913년에 제판된〈조선오만분일지형도〉이다. 석사리碩士里에 속한 소지명 표기로 석사石沙가 처음 등장하고 있다.

지금으로서는 석사리가 왜 석사리碩士里로 표기되었는지는 알 수 없다. 다만 음이 같은 석사碩士와 석사石沙가 같은 말임을 전제로 다소 막연히 추측해 볼 수 있을 뿐이다.

석사碩士와 석사石沙의 한자를 살펴보면, 석사碩士에서 '크다'는 뜻을, 석사石沙에서는 '돌'과 '모래'를 추출해 낼 수 있게 된다. 선비 사士와 모래 사沙, 두 글자의 음이 같다는 점도 특기할만하다. 석사리石沙里란 표기를 믿을 수 있다면, 석사동은 본래 '클[碩] 모래[沙]가 나는 곳', '돌[石]처럼 큰 모래[沙]가 나는 곳'이란 뜻에서 '석사 사碩士沙'였으리란 가정을 해볼 수 있다.

사士는 국사봉國士峰의 선비 사士자가 '불〈붓〉의 말음을 보충하기 위해 쓰인 것처럼 '클[碩]'의 말음 'ㄹ'을 보충하기 위해 사용된 글자로 보인다. 이 글자를 쓸 시기에는 'ㄹ'의 음가가 'ㅅ'에 가까웠기에 사士가 쓰인 것이다. 국사봉國士峰의 국사國士가, 고구려 두 번째 성인 국내성國內城이 불이성不而城으로도 불리는 것으로 보아 '불'을 차자표기 한 글자로 보는 것이다. 남산면 서천리의 옛 지명인 서사천西士川이 '갈~굴'을 차자 표기한 것인 점도 이와 궤를 같이하는 글자로 볼 수 있다. 오랜 세월이 흘러 사士의 쓰임을 인식하지 못하는 시기에 이르게 되었을 때, 모래 사沙와 소릿값이 중복되는 점을 이용해 민간을 중심으로 사沙로 사士를 대체한 표기가 등장한 것으로 보인다.

## 약사원이라서 약방이 많았었다고?

1984년에 간행된《춘주지》약사동의 지명유래에 "한약방들이 길가에 즐비하고, 조선시대에 국영 여관인 약사원이라는 원院이 있었다"고 설명하고 있다. 1970년대까지도 한약방들이 영업을 하고 있었다는 근거까지 제시되다 보니 딱히 부정할 방법은 없다. 약사리고개가 교통의 요충지와 가깝고 시장과 가까우며, 고개여서 토지나 건물의 값은 저렴하다는 점 등에서, 약방들이 자리하기 좋은 입지조건을 갖추고 있었던 것도 이를 뒷받침하는 요소이다.

중앙로 약사고개길 입구

    관리들이나 상인, 기타 여행자들이 용무를 보는데 말을 몰고 꼴을 먹여가면서 다니는 것은 여간 불편한 일이 아니다. 이런 불편을 줄이기 위해 다른 말을 갈아탈 필요가 있는데, 그 역할을 하는 곳을 역驛이라고 한다. 마패馬牌에 그려진 말의 숫자만큼 역驛에서 갈아탈 수 있도록 허가한 것이다. 이와 달리 이들의 숙식을 제공하기 위해 일정 거리마다 설치한 것이 원院이다.

>     藥師院 : 부의 남쪽에 있다. 명으로 주현(州縣)의 예에 따라 관도(官道) 곁에 설치되었는데, 역에 비해 조금은 밀접한 곳이라 관가에서 기보(騎步: 말을 타거나 걸음) 간에 휴게하는 장소로 여겨졌다가 지금은 폐하였다. [88]

    엄황의 《춘천읍지》 역원驛院 조에 총 5곳의 역驛과 4곳의 원院이 기록되어 있다. 보안保安 · 원창原昌 · 안보安保 · 인람仁嵐 · 부창富昌 등은 역驛이요, 약사원藥司院 · 율장원栗長院 · 덕두원德頭院 · 마원馬院은 원院이

---

88　엄황, 《춘주지》(1648).

다. 엄황의 《춘천읍지》에는 역驛만 남고 원院은 모두 없어졌다고 되어 있다. 약사원도 부의 남쪽 5리에 있었는데 지금은 없어졌다고 기록되어 있다. 원院이 없어진 것은 성격이 점차 변질되어 그 역할을 주막에 넘겨진 탓이라고 하는데, 엄황 부사가 부임했던 당시에 이미 원院의 성격이 변질되었음을 알 수 있다.

원문에 사司가 사師로 수정되어 있다. 애초부터 잘못 오기한 것을 수정한 것인지, 아니면 후대에 어떤 이가 베껴쓰다가 잘못 써서 부기附記한 것인지는 분명하지 않다. 《신증동국여지승람》에도 사師로 씌어 있다. 이후에 제작된 읍지에는 《(순조대) 춘천읍지》를 제외하면 모두 약사원藥司院으로 표기되어 있다. 본래 약사藥師이던 것이 어떤 이유로 약사藥司로 바뀌었는데, 별다른 비판없이 관습적으로 써오게 된 것은 아닐까 생각된다.

사헌부司憲府, 사간원司諫院 등의 관청 명칭에서 짐작할 수 있듯이 맡을 사司자는 흔히 사무를 맡아 보는 관청에 쓰인다. 전문가라는 뜻의 스승 사師자가 오늘날 약을 제조해 판매하는 사람이란 뜻의 약사藥師와 구별되는 것이다.

엄황의 《춘주지》 역원驛院 조에 부의 남쪽 5리에 있었는데 지금은 없어졌다고 기록되어 있고, 《신증 동국여지승람》에도 부남쪽 5리에 있다고 되어 있는데, 《여지도서》 《관동지》 《관동읍지》 등에는 모두 남 4리로, 《(순조대) 춘천읍지》에는 남 5리로 되어 있다. '지금은 없어졌다(今無)'는 기록에 따르면 거리계수의 차이는 원 청사院廳舍 터와 마을 사무소 소재지가 서로 달랐던 데서 비롯된 것으로 보인다. 그렇다면 《(순조대) 춘천읍지》의 경우는 단순 오류가 아닌지 의심해 볼 여지가 있다.

역원을 통해서 의료사업을 펼치는 예가 널리 시행된 것 같지는 않다. 조선시대의 지방의료 제도는 지역별로 약재를 구해 진상하는 정도였고, 국가에서 의원을 양성하기보다는 몇몇 가문에서 대대로 의원을 세

습하는 수준에 불과했다. 조선조에도 혜민서나 제중원 같은 백성들을 위한 의료시설 외에 별도의 지방의료 시설이 존재하지 않았던 것으로 보이기 때문이다. 같은 지명이 다른 지역에도 보인다면 정책적으로 역원에서 약재를 취급토록 하였다고 볼 수 있겠지만 그렇지 못한 상황이다. 약사원藥師院이 맞다면 오직 춘천에서만 이런 의료 사업이 시행되었다는 말이 되어서 수긍하기 힘들다.

중국 섬서성 연안시 의천현陝西省延安市宜川縣에 약사원藥司院이라는 지명이 보이는 것 외에 다른 나라에서조차 사례를 찾기 힘들다는 점에서, 그 또한 약사藥師의 오류로 보인다. 약藥을 취급하는 관청이 아닌 사람의 뜻으로 보면 司보다는 師가 적절하다.

조선조 이전에 약사藥師라고 하면 오늘날의 약국의 약사보다는 약사여래불의 의미로 사용되는 것이 일반적이었다. 《고려사》에도 그 전거를 찾을 수 있으니, 현재 경기도 장단군 진서면 전체리에 소재하였다는 천수사天壽寺라는 절이 그것이다.

> 태사(太史)가 아뢰기를, "선조가 창건한 천수사(天壽寺)는 지세(地勢)가 불리하니 약사원(藥師院)을 헐고 그 곳으로 옮기길 청합니다."라고 하였다.《고려사》[89]

원래 이 절에는 약사원藥師院이라는 절이 있었는데, 예종이 약사원 터에 천수사를 옮겨 짓도록 하였고, 1116년에 준공하여 숙종과 명의왕후의 영정을 보관하였다. 이 절이 숙종의 원찰이었기 때문이다. 고려의 패망과 함께 주춧돌만 남게 되었지만, 교통의 요충지였으므로 역원驛院을 만들었던 것이다.

약사여래불은 과거세에 약왕藥王이라는 이름의 보살로 수행하면서 중생의 아픔과 슬픔을 소멸시키기 위한 12가지 대원大願을 세우고, 그

---

89  太史奏, "先朝所創天壽寺地勢不利, 請毁藥師院, 移之.《고려사》〈세가〉 권13.

공덕으로 부처가 되었다. 단순히 중생의 병고를 구제하는 일에 그치지 않고 의복이나 음식 등의 의식주 문제는 물론, 사도나 외도에 빠진 자, 파계자, 범법자 등의 구제에까지 끝없는 중생의 고통을 없애주는 부처로 믿어졌다.

삼국의 전쟁 중 수많은 희생자와 병자를 냈던 상황 속에서 약사여래는 새로운 구원자로 등장했고, 나아가 선덕여왕이 병에 걸려 의약의 효험이 없었을 때 밀본법사密本法師가 여왕의 침전 밖에서 ≪약사경≫을 염송하여 병을 낫게 했다는 것이 알려지면서, 약사신앙이 크게 유포되었다. 이에 그의 이름을 외우고 그의 가호加護를 빌어 모든 재액을 소멸시키고 질병도 낫기를 바라는 풍조가 유행했다.

춘천 약사동의 경우도 본래 약사여래를 모신 사찰이던 곳을 역원驛院으로 용도 전환한 것이라 생각된다. 그리 보면 맡을 사司자 약사원藥司院이 아닌 스승 사師자 약사원藥師院이 맞는 표기가 된다.

## 원당리 무엇이 맞을까? 院堂, 圓塘, 元堂

### 원당院堂, 원당圓塘? 그리고 원당元堂

원당리院堂里란 지명은 《여지도서》 서상면에 북 40리에 있다고 된 기록이 처음이다. 순조대에 편찬된 《춘천읍지》도 마찬가지이다. 《관동지》와 《관동읍지》에는 '북45리'로 기재되어 있다. 엄황의 《수춘지》에는 이와 비교할만한 지명이 보이지 않는다. 일제강점기 읍면 통폐합 이전 자료부터 원당리圓塘里란 표기가 보인다. 통폐합 이후에 이웃 마을인 마평리馬坪里와 통합하면서 두 마을명에서 한 글자씩 따서 원평리圓坪里라 명명하였다. 현재는 사북면 원평리圓坪里가 되었다.

원당리圓塘里란 지명은 이곳에 은둔해 살던 명탄 성규헌1647~1741이란 인물이 대명탄大明灘 가에 못을 만들면서 '원당圓塘'이라 명명한 데서 비롯된다.

성규헌은 본관이 창녕昌寧, 자는 중일仲一이며, 호가 명탄明灘이다. 우암 송시열宋時烈의 문인이다. 1689년(숙종 15) 기사환국 때 유학幼學으로 정도균鄭度均·홍경렴洪景濂 등 여러 선비들을 이끌고 인현왕후仁顯王后 폐위를 반대하는 소를 올렸다가 쫓겨났다. 그의 이름이 세상에 알려진 것도 이 무렵부터이다. 1694년 갑술옥사로 앞서 폐위되었던 인현왕후가 복위되자 선공감 감역繕工監役이 되었으나, 1696년 이현명李顯命의 상소문을 대신 써 주었다 하여 진도에 유배되었다가, 2년 만에 풀려나 평시서 봉사·한성부 참군 등을 지냈다. 1705년 남구만南九萬·유상운柳相運을 구하려던 상소로 인하여 이명준李明俊의 탄핵을 받고 파직되자 수춘산壽春山에 들어갔다. 수춘壽春은 곧 춘천의 별칭으로, 파직된 뒤부터 20여 년간을 이곳에 거주했던 것으로 보인다. 그의 나이 80세가 되어 수직壽職으로 1726년(영조 2) 첨지중추부사 겸 오위장에 임명되자 시국의 당면과제 7조를 건의하였고, 1736년 동지중추부사同知中樞府事에 올랐다.[90]

> 신주(神州 중국)를 오랑캐가 차지한 것이 이미 2백 년이 되었다. 유독 소중화(小中華)인 우리 동방만이 한 조각의 깨끗한 땅으로 남았는데, 학사와 대부들이 평상에 안주하고 옛것에 익숙해져서 다시는 '통분을 참고 원한을 품고서 절박하여 어쩔 수 없어서 한다.[忍痛含冤迫不得已]'는 의리가 있음을 알지 못한다. 내가 들은 바로는, 능히 자신의 한 몸을 가지고 대경대법(大經大法)을 맡아서 혼탁한 세파(世波) 속에 우뚝이 스스로 서서 아홉 번 죽음에 이르러도 후회하지 않을 분으로는, 오직 창녕(昌寧) 성공(成公) 규헌(揆憲)이 계실 분이다.[91]

90  [네이버 지식백과] 성규헌 [成揆憲] (한국민족문화대백과, 한국학중앙연구원).
91  홍직필, 〈명탄 성공 묘갈명 병서 갑진년 明灘成公墓碣銘 幷序○甲辰〉,《매산집》 권35, 한국고전종합DB.

매산梅山 홍직필洪直弼이 쓴 그의 묘갈명은 이렇게 시작한다. '통분을 참고 원한을 품고서 절박하여 어쩔 수 없어서 한다.[忍痛含冤迫不得己]'는 의리가 있음을 알지 못한다는 말은 '오랑캐와 화친하는 것이 비록 원통하나 형세상 어쩔 수 없어서 하는 것'이라는 말이다. 《주자대전朱子大全》권24 〈여진시랑서與陳侍郎書〉에, "자신을 낮추는 말과 후한 예물로 원수 오랑캐에게 화친을 청하여 행여 화친하게 되면 또 군주와 신하가 서로 경하하며 기탄없이 천하에 명하기를 '전날의 자잘한 일들을 내 다 잊었다.'라고 한다. 이렇게 기뻐하면서 다시는 '통분을 참고 원한을 품고서 절박하여 어쩔 수 없어서 한다'는 말을 함으로써 천하의 대방大防: 예법을 보존하는 자가 없다."란 말에서 가져온 것이다.[92] 명나라가 패망하고 오랑캐인 청나라와 화친을 맺은 것에 대한 일종의 자기합리화라 볼 것이다.

김영하의 《수춘지》에 그의 이름이 보인다.

> … 일찍이 금강산에 들어가 '나라의 치욕을 씻고 임금의 은혜에 보답하다 [國恥雪君恩報]'라는 여섯 자(字)를 등에 새겼다. 후에 '경(敬)으로 안을 곧게 하며 의(義)로써 밖을 반듯하게 한다.[敬直內義方外]'라는 여섯 자로 다시 고쳐 새기며 하늘에 맹세하였다. 삼연(三淵) 김창흡(金昌翕)과 도의(道義)로 사귀어 함께 곡운(谷雲)으로 들어가, 대명(大明)에 대한 의리(義理)를 존숭하고 대명탄(大明灘)의 산수를 사랑함으로 인하여 여울 가를 정해서 당(堂)을 짓고 그것으로 자기의 호(號)를 삼았다. 「대명당기(大明堂記)」를 지어, 수양산 중의 은나라 일월(日月)의 의리를 보이려 했다. 당(堂) 앞에 둥근 못을 파놓고, 마을을 원당(圓塘)이라 이름 붙였다. 또 금병산(錦屛山)에 칠성단(七星壇)을 지어 하늘에 기도하였다. 백 년 뒤에 삼연(三淵)과 더불어 춘수영당(春睡影堂)에 배향되었다.[93]

92 顧爲卑辭厚禮, 以乞憐于仇讎之戎狄, 幸而得之, 則又君臣相慶而肆然以令于天下曰: 凡前日之薄物細故, 吾既捐之矣. 欣欣焉無復豪分忍痛含冤迫不得已之言以存天下之防者. 한국고전종합DB 해당 주註에서 재인용.
93 김영하, 《국역 수춘지》, (사)춘천역사문화연구회, 2019.

168

'경직내의방외敬直內義方外'란 경敬으로 마음가짐을 바르게 하고, 의義로 몸가짐을 방정하게 한다는 뜻이요, '국치설군은보國恥雪君恩報'는 나라의 치욕을 설욕하여 임금의 은혜에 보답한다는 말이다. 인조 15년인 1637년 병자호란이 발발했다. 45일 만에 인조는 항복하기로 결정하고, 남한산성에서 나와 삼전도에서 굴욕적인 항복식을 거행했다. 황제를 향하여 세 번 절하고 아홉 번 머리를 조아리는 이른바 삼배구고두례三拜九敲頭禮란 것이었다. 명나라를 상국으로 섬기며 청나라를 오랑캐의 나라라고 여기던 조선의 선비들에겐 치욕적인 일이었고, 일각에선 이를 설욕하는 것을 지상최대의 과제로 여기는 부류들이 생겨났다.

성규헌은 이로부터 10년 뒤에 태어났다. 명나라를 천하의 중심으로 여기고 살던 조선 선비들에게 있어서, 명나라가 북방 오랑캐인 청에 의해 멸망한 것은 강상綱常이 무너지고 정正이 사邪에 의해 전복된 것으로 도저히 용인될 수 없는 일이었다.

> **대명탄(大明灘)** : 부의 북쪽 오십 리에 있으니 모진강(母津江) 상류이다.
> ◇ 성규헌(成揆憲)이 이를 애호하여 탄 위쪽에 자리를 잡고 집을 지었다.

대명탄은 북한강 가에 있던 여울이다. 춘천댐 건설로 인해 지금은 물속에 잠겨 있다. 그에게는 명탄明灘 이외에도 달리 원당圓塘이라는 호도 있었다. 원당리 모진강 가에 둥근 못을 파놓고 한가로운 삶을 즐겼던 데서 명명한 것이다. 모진강은 북한강을 이 지역에서 부르는 이름이다.

그가 못을 둥글게 판 것은 무엇 때문일까? 〈대명당기大明堂記〉에 '대명일월 존주의리 大明日月尊周義理' 8자를 내걸었다는 대목에서 그 이유를 찾을 수 있다. 명明은 명나라를 가리킨다. 대명탄이란 이름도 그가 이 뜻으로 이름한 것으로 보인다. 앞선 인용문에서 '수양산 중의 은나라 일월日月의 의리'라 한 것도 주周나라에 협조하지 않고 수양산에 들어가 살며 절의를 지켰던 백이·숙제의 의리를 따르겠다는 표현이다.

원당圓塘은 '둥근 못'으로써 일월日月을 상징한다. 일월日月은 불변의 떳떳한 도리로서 둥근 하늘을 상징하는 것이다. 연못은 원평리 89-2에 지금도 남아 있다.

> **나막신을 신고 강을 밟고 가고, 배에 올라 참외를 심다** : 옛날 명탄(明灘) 성규헌(成揆憲)이 금병산(錦屛山)에 칠성단(七星壇)을 지었다. 앞 강을 건너는데 나막신을 신고 갔다. 또한 배 가운데 모래를 모아서 참외를 심었더니, 잠깐 사이 참외가 맺히고 익어서 배에 탄 사람들이 모두 먹었다.

김영하의 《수춘지》〈총담叢談〉편에 실린 명탄明灘 성규헌成揆憲, 1647~1741에 대한 대목이다. 성규헌을 도술을 부리는 인물로 묘사하고 있다. 배를 타고 건너가면서 배 안의 모래에 참외를 심어, 배가 건너는 사이 그 참외가 익어 배 안의 사람들이 나눠 먹었다는 대목은 예수님이 약간의 빵과 생선을 가지고 수많은 사람들이 나눠 먹게 했다는 이야기와 맞먹는 수준이다.

이력履歷으로만 보면 인현왕후仁顯王后 폐위를 반대하는 상소를 올렸다는 것 외에 별다른 특징을 찾아볼 수 없다. 그러나 춘천에서도 궁벽진 작은 마을 사람들에게는 범접할 수 없는 큰 인물로 여겨졌을지도 모르겠다. 그런 인물이 도술을 부리는 인물로 묘사되는 과정을 보면 꽤 놀랍기까지 하다. 그가 부렸다는 도술의 사실 여부를 떠나 춘천 사람들의 의식 속에는 명탄이 '정正과 사邪'가 뒤바뀐 시대를 회복시켜 줄 인물로 기대했고, 그 바람이 도술을 부리는 인물로 표출되어 위와 같은 설화를 만들어내었다고 이해해야 할 것이다.

이 내용으로 보면 '원당리'란 지명도 성규헌의 원당圓塘에 연유한 것으로 이해하기 쉽지만, 앞서 살펴본바 《여지도서》 이후 《관동지》, 《관동읍지》 등에 보이는 이 지역의 지명은 원당리圓塘里가 아닌 '원당리院堂里'로 표기되어 있어 좀 더 생각을 요한다. 성규헌이 정확히 언제 원당圓塘을 지었는지는 알 수 없다. 1705년 남구만南九萬·유상운柳相運을 구하려던 상소로 인하여 이명준李明俊의 탄핵을 받고 파직되자 수춘산壽春山에 들어갔다는 기록과 《여지도서》의 간행이 1757~1765년이라는 점만 놓고 보면, 원당리院堂里보다도 앞선 것으로 볼 수 있다. 그러나《여지도서》의 지명이 편찬 당시의 동리명을 반영한 것일 뿐, 이미 그 이전부터 불려오던 것의 반영이란 점에서 보면, 원당院堂 쪽이 다소 앞설 것으로 보인다.

마원馬院: 부 북쪽으로 45리이다. 지금은 없다. (《춘주지》〈역원〉)[94]

《춘주지》에 이 부근에 '마원馬院'이란 지명이 보인다. 원평 마을 서쪽에 신포리로 넘어가는 고개를 '말고개'라 부르는데, 마원馬院과 유래를 같이하는 것으로 보인다. 원당院堂이란 지명도 이 마원馬院에 딸린 원당院堂이 있던 데서 연유한 지명으로 볼 수 있다. 《춘주지》 편찬 때인 1648년 마원馬院인 이미 폐지되고 없는 상태였다면 그에 딸린 원당院堂도 용도를 잃고 이름만 남아 있었을 것으로 보인다. 약 100년 가량 지난 뒤에 명탄 성규헌이 향리로 돌아와 마을명 '원당院堂'을 음상이 같은 '원당圓塘'으로 바꾸면서 새로운 의미를 부여한 것으로 보인다.


## 서면 덕두원리 원당元堂

한편 춘천시 서면 덕두원리에도 '원당'이란 지명이 보인다. 한자를 달리하여 '원당元堂'이라고 쓴다. 의암터널을 지나 의암리 고가 옛 국도와 만나는 지점에 있는 마을이다.

《한국땅이름큰사전》에 수많은 원당이 보이는데, 대체로 '큰 당집'이 있었다거나 '둥근 못'이 있었다는 유래 설명이 대부분이다. 이곳엔 지금도 삼악산 아래 사찰이 여러 곳 있는 데다, 북한강이 지나고 있어 못이 형성되기 어렵지 않다는 점에서 어느 한쪽을 가름하기는 쉽지 않다.

94  馬院 在府北四十五里 今無(엄황, 《춘주지》, 역원).

그런데 원당이란 지명이 대체로 강가에 자리하고 있다는 점으로 미루어 2차분 〈조선지형도〉의 술원酒院과 주원현酒院峴, 매월당의 '춘천10경' 중에 〈말마송원秣馬松院〉의 '송원松院' 등을 술을 파는 원집이 있던 곳으로 해석할 여지도 있을 듯하다. 옛 지리지에 육로陸路를 통행하는 역원은 이미 사라진 것까지도 잘 정리해 놓은 반면, 수로水路 주변의 주막이나 여관에 대해서는 기록이 전무하다시피 한 상황이다. '원당'이란 지명의 유래와 관련해서는 이런 측면에서 재검토가 필요할 것으로 보인다.

## 용재 성현이 지은 〈황정명농정기〉 속 명농정明農亭은 어디인가?

춘주의 진산을 봉악(鳳嶽)이라 하는데, 주(州)의 북쪽 교외에 또 크고 둥글게[穹窿] 솟아올라 길게 뻗어 나간 것이 있으니, 우두산(牛頭山)이라 한다. 춘주에는 두 개의 큰 강이 있다. 하나는 소양강(昭陽江)으로 인제(麟蹄)에서 흘러나와 우두산을 감싸고 돌아 봉의산의 북쪽 발 아래에 부딪쳐서 내려간다. 그리고 다른 하나는 모진강(母津江)인데 낭천(狼川: 화천)에서 흘러나와 우두산의 서쪽을 등지고 소양강으로 흘러든다. <u>두 강물 사이에 우뚝이 홀로 솟구쳐 올라 기괴하게 보이는 산이 옥산(玉山)이다.</u> 내가 일찍이 말고삐를 잡고 그 아래를 지나가면서 숲과 골짜기를 바라보았더니, 큰 집이 많고 날개를 펼친 듯한 정자가 그 곁에 있었다. 내가 역참의 아전들에게 물어보니 "이것은 황씨(黃氏)의 별서(別墅)인데, 지금 남쪽 고을에 수령으로 가 있습니다."라고 하였다. 나는 그 산과 계곡의 경치를 좋아하여 한번 그 산에 올라 사방을 마음껏 둘러보고 싶었으나 그렇게 하지 못하고 가슴에 담아 두었는데 아직까지도 잊혀지지 않는다.

성현成俔, 1439~1504의 문집인 《허백당집》에 실린 〈황정 명농정기黃正明農亭記〉의 일부이다. 황정黃正이란 황윤형黃允亨을 가리킨다. 그가 1486년(성종17)에 제용감 정濟用監正으로 있었기에 직함을 붙여 호칭한 것이다. 제용감은 왕실에서 쓰는 각종 직물·인삼의 진상과 국왕이 내리는 의복 및 염색·직조, 식품 등에 관한 업무를 관장하였다. 이 관청의 가장 높은 자리가 정표으로 정3품 당하관직이다.

성현은 말을 타고 현재 상중도의 상단에 있는 옥산玉山: 고산 아래를 지나다가 황윤형이 지은 정자를 보았다. 명농정明農亭이다. 명농明農이란 말은 만년에 벼슬을 그만두고 전야田野에 은퇴하는 것을 뜻하는 말이다. 낙읍洛邑이 완성되자 주공周公이 성왕成王에게 이르기를 "너는 낙읍에 가서 공경히 할지어다. 나는 농사나 힘쓰련다."[95]라고 한 데서 온 말이다.

정자의 위치를 두고 의견이 갈렸다. 용재 성현이 지나는 길에 '숲과 골짜기[林谷]를 바라본 적이 있는데 큰 집이 많고 날개를 펼친 듯한 정자가 그 곁에 있었다.'[96]고 하였으니, 고산 바로 아래 있었으리라는 설과, 서면 쪽 성재봉에 있었어야 한다는 설, 우두벌판에 있었으리라는 설 등으로 나뉘었다. 서면 쪽 설은 황씨의 분산이나 집성촌이 서면 월송리와 방동리에 있으니 정자도 이 근처에 있어야 한다는 것이었으나, 성재봉을 다 뒤졌지만 주춧돌로 쓰였을 만한 돌덩이 하나 찾지 못했다.

성현의 글로만 보면 당연히 서면 쪽에 있어야 할 것인데, 고산 아래 있어야 한다는 설도 만만치 않다. 사가 서거정徐居正, 1420~1488이 지은 시에 〈황 정黃正 윤형允亨 의 춘천春川 명농정明農亭에 대한 시권詩卷에 제題하다. 성 관찰成觀察 현俔 의 운을 사용하다.〉[97] 제하의 시 6수 중 제1수 두련頭聯에 다음과 같은 구절이 있다.

> 삼면이 오잠이요 두 호수를 끼고 있기에 / 三面鼇岑夾兩湖
> 발 걷으면 푸른 기운이 쟁반에 뚝뚝 듣네 / 捲簾蒼翠滴盤盂[98]

95  汝往敬哉 玆予其明農哉.《서경書經》〈낙고洛誥〉.
96  屹然獨聳而奇怪者曰玉山。余嘗攬轡過其下。而望林谷。多大屋。有亭翼然在其傍。問諸郵吏則曰。此黃氏之墅。
97  제목은 〈題黃正 允亨 春川明農亭詩卷。用成觀察 俔 韻。六首〉이다.
98  서거정《사가집(四佳集)》사가시집 제50권 / 시류(詩類).

오잠鼇岑은 《열자列子》〈탕문湯問〉 편에 발해渤海 동쪽에 금색 자라 15마리가 산을 머리에 이고 있다는 전설에 나오는 신산(神山)을 가리킨다. 여기서는 신령한 산이란 뜻이 된다. 다만 삼면이 오잠이란 말이 무슨 뜻인가? 글의 내용으로는 진산인 봉악鳳嶽, 봉의산이나 옥산玉山, 고산을 가리키는 것으로 보이는데, 왜 3면이라고 했는지가 의문이다.

봉악 즉 봉의산은 3면이 될 수 없다고 보면, 옥산을 가리킨 것으로 해석해야 한다. 옥산의 아래쪽은 벌판이 펼쳐져 있으니 일단 3면이란 해석이 가능하다. 그런데 달리 볼 여지도 있다. 옥산 아래 벌판과, 동쪽 우두벌에서 용산리까지 이어지는 벌판, 서쪽으로 서면 신매리와 서상리 벌판이 옥산을 면하고 있다고 볼 수도 있는 것이다.

小亭孤絶枕平湖 / 작은 정자 고고하게 잔잔한 강 굽어보고
夾岸靑山似覆盂 / 양쪽 언덕 푸른 산은 엎어 놓은 사발 같네[99]

성현의 기문 뒤에 붙인 시 2수 중 첫수의 첫 연이다. 작은 정자 하나가 높이 솟아 평평한 강물을 베고 섰다. 양쪽의 언덕 사이에 낀 청산은 엎어 놓은 바릿대 같다. 흔히 엎어놓은 바릿대[覆鉢] 모양을 하고 있다고 알려진 산이 있다. 신북읍 발산鉢山이다. 그러나 이 발산은 낮고 여우고개가 있는 산줄기에 막혀 보이지 않는다. 따라서 작은 산봉우리의 모습을 표현한 것이라고 보아야 한다. 평평한 호수를 베었다는 싯구도 강가에 놓인 정자에 대한 일반적인 표현이어서 장소를 특정하기에는 도움이 되지 않는다.

《조선지지자료》 서하일작면 상현암리上玄岩里에 '黃江津 황강진'과 ' - 황강골'이 보인다. 마침 황씨의 누를 황黃 자와 같은 한자이다. '황'자는 크다는 뜻으로 쓰이기도 하지만, 황씨의 정자 곁을 흐르는 강으

99 성현, 〈황정명농정기〉, 《허백당문집》 제3권 기(記). 한국고전종합DB.

로 볼 수도 있다. 이 정자 때문에 황강이란 이름과 이 강이 있는 골짜기란 뜻의 '황강골'이란 지명이 등장했다고 보면, 황黃은 곧 황윤형의 정자일 가능성을 배제할 수 없다. 이를 증명하는 내용이 엄황의 《춘주지》〈천석계담泉石溪潭〉에 보인다.

> 방동천은 서하면에 있다. 근원이 수리고개[禿峴] 대삽동竹揷洞에서 나온다. 동쪽으로 흘러 황가정탄黃柯亭灘으로 들어간다. (엄황,《춘주지》)[100]

'수리고개'[禿峴]가 오늘날의 '수레넘이 고개'와 같은 이름인지는 확실치 않다. '대삽동竹揷洞'은 장절공 신숭겸 묘역의 남쪽 골짜기를 가리키는 지명으로 현재도 쓰이고 있다. 북배산 서쪽 골짜기이다. 여기서 발원한 물은 방동1리를 가로질러 서쪽으로 흐르다가 북한강에 합류한다. '황가정탄黃柯亭灘'은 이 합류 지점에 있던 셈이다. 현재의 애니메이션박물관과 강원개발연구원, 창작지원센터의 사이이다. '황가정탄黃柯亭灘'이란 명칭은 '황씨의 정자가 있는 여울'이란 뜻이다. 황가정탄이 명농정이라면 '양쪽 언덕 푸른 산은 엎어 놓은 사발 같네夾岸靑山似覆盂'에서 엎어놓은 사발 같다고 한 것은 장군봉과 그 남쪽 봉우리재로 불리는 산이 된다.

황윤형의 부친 황곤黃坤와 동생 윤리允利의 묘소가 방동리 사래울에 있다. 그 어귀에 상현암리가 있어 사래울을 볼 수 있고, 고산이나 춘천 부내, 서면의 벌판도 모두 조망할 수 있는 것이다. 황곤黃坤에게는 윤원, 윤형, 윤리, 윤정의 네 아들이 있었다. 이중 첫째와 둘째가 문과에 급제하였다. 황씨 집안의 문과급제자 22명 중 6할이 춘천에서 배출되었다. 전남 고창에 살던 이재 황윤석은 춘천에 와서 피란한 적이 있고, 후에 춘천의 묘산인 사래울과 집안 종인들을 만나기 위해 춘천을 방문했다. 그 기록이 《이재유고》 및 《이재난고》에 실려 있다.

100  方洞川 在西下 源出禿峴竹揷洞 東流入于黃柯亭灘. 엄황,《춘주지》,〈천석계담泉石溪潭〉.

# 소곳리所串里와 방곡리, 수동리의 지명 유래

아무리 춘천 토박이라 하더라도 소곳리所串里란 지명을 들어본 이는 많지 않을 것이다. 그도 그럴 것이 이 지명은 창로리倉老里와 더불어《세종실록》〈지리지〉에 언급된 단 두 지명 중의 하나이기 때문이다. 창로리가 도기소陶器所가 있는 마을이라면, 소곳리는 금이 나는 곳이라 소개되어 있다. 약 200년 후 엄황의《춘천읍지》이전의 동리 지명을 알 수 있는 드문 자료이다. 환산하면 18km 정도가 된다. 당시의 춘천부인 강원도청으로부터 42리 즉 18km 떨어진 곳이라면 당림리를 지나 안보리 어디쯤이어야 한다. 그런데 이곳에 소곳리라 불릴만한 곳도, 금이 생산될 만한 장소도 마땅치 않다. 남서쪽을 어림잡아 서쪽이라 기록했다고 보면 현재의 남산면 방곡리 정도를 꼽을 만하다.

소곳所串이 의미하는 바가 무엇일까?《세종실록》을 검색해 보면 황해도와 평안도를 중심으로 몇몇 지명이 검색된다.

> 황해도 기린도 승麒麟道丞의 관할역 16곳 중의 所串驛
> 황해도 황주목 곡산군 所串之驛
> 황해도 황주목 봉산군 所串驛
> 평안도 삭주도호부 봉화 所串
> 평안도 의주목 定寧縣 所串館
> 평안도 의주목 철산군 봉화 所串[101]

소고지역所串之驛에서 '之'자가 '고지'란 음가를 명확히 하기 위한 표기로 본다면, 소所를 음으로 읽을 것인가 뜻으로 읽을 것인가가 문제가 된다. 네이버 한자사전에서는 소곳所串을 '바곳'으로 읽으면서 '송곳'을 자자한 말이라고 하였으며, 〈한국학진흥사업 성과 포털〉의 용어 설명에는 다음과 같은 설명을 덧붙이고 있다.

---

101 《세종실록》.

바곳(所串) : 몸이 네모로 된 길쭉한 송곳. 허리 부분을 접었다 폈다 할 수 있다. 바곳[所串]은 흔히 송곳으로 해독하는데 朴串을 통해 바곳의 표기임을 확인할 수 있다. 즉 所串의 所는 音假字가 아닌 訓假字로 보는 것이 적절하다. 또 所串에 비해 朴串이 여러 의궤 자료에 두루 쓰이는 것으로 보아 朴串이 보편화된 표기로 추정되는데, 이는 박거나 뚫는다는 기물의 기능적 유연성이 작용하여 박이 선택된 것으로 보인다.[102]

소곶所串이 송곳으로 해독된다고 할 때, 중세국어 '솔옷(-옷)'을 주목할 만하다. 송곳과의 비교를 통해 '솔옷(-옷)'은 '솔곳(-곳)'에서 음변하였을 것으로 보인다. 고대 한자음에서는 소所가 '솔'을 반영하기도 한다. 가평군 북면과 남양주시 수동면 사이에 '서리산'으로 불리는 산이 있다. 소의산所衣山이라고도 쓰고 상산霜山이라고도 쓴다. 소의산所衣山은 '솔옷산'을 차자표기한 것이요, 상산霜山은 '서리산'을 표기한 것이다.

《고어사전》에서는 '솔옷(옷)'이 소리쟁이라는 풀을 뜻한다고도 하여 '솔-'의 음가를 방증해준다. 식물 '소리쟁이'가 중세국어 '솔옷~솔옷'에서 변화한 것에서 전부요소인 '소리'를 확인할 수 있다. 충주시 소태면蘇台面은 달리 성태양省台陽으로도 일컬어졌다.[103] 차조기 소蘇자에는 소생하다, 살리다는 의미가 있고, 살필 성省자에도 살피다는 뜻이 있으니, 둘 사이에서 '살'을 얻을 수 있는 것과 비교할 만하다.

소곶所串이 솔곳 내지 소곶으로도 또는 바곳(곳)으로도 읽을 수 있다고 볼 때, 남산면 창촌리 일대에 어떤 지명과 연관지어볼 수 있을까? '바일~방일'이라는 지명이 보인다. 현재의 지명은 방곡리芳谷里이다. 《조선지지자료》에는 상방곡과 하방곡으로 나누고, 하방곡을 다시 상·하로 나누었다. 상방곡리와 하방곡상리·하방곡하리 등이 그것

102  〈한국학진흥사업 성과 포털〉, 한국학중앙연구원.
103  성태양省台陽: 서북쪽으로 처음이 30리, 끝이 50리. 《신증동국여지승람》, 제14권) 충청도 충주목 《대동지지(大東地志)》.

이다. 경계의 출입은 있겠지만 대체로 현재의 창촌리, 방곡리, 강촌리가 이에 대응할 것으로 보인다.

'-일'을 동洞이나 곡谷이란 의미의 '실'에서 초성이 탈락한 것으로 보면, '바'와 소所가 일치한다. 곶串의 음 '곶'을 '골'[谷]으로 인식하였다가, '골'[谷]이 '실'[室]로 대체되고 이것이 다시 '일'로 바뀐 꼴이다. '방'의 종성 'ㅇ'은 '골'의 초성 'ㄱ'이 소멸하는 과정에서 'ㅇ'으로 변한 것으로 설명된다. 이렇게 되면 '바올 〉 방올 〉 방일 〉 방일'로 설명할 수도 있겠다. '바일'은 'ㅣ'모음 역행동화(움라우트)에 의해 '배일'로 음변하기도 하는데, 이 곳 출신 의병장 이소응의 문집인 《습재집》에 '일제를 배척하자'는 의미로 '排日'(배일)로 쓴 예가 있다.

> 춘천부 남쪽 삼십리에 구곡(九曲)의 물이 서쪽으로 나가 동으로 흘러 들어가고 삼악산이 북으로부터 남으로 이어지니, 바로 우리 가족이 세거(世居)해온 땅이다. 삼악산 남쪽으로 둔덕(屯德) 나루가 있고, 나루에서부터 10리나 맑은 여울을 이룬다. 구곡의 남쪽으로 구만이들(驅蠻野)이 있는데 5리나 되는 전평(田坪)을 간직하고 있다. 그 남쪽이 소주현(紹朱峴)인데 이 고개의 북쪽을 통칭(統稱) 바일(排逸村)이라고 한다. 이 땅에 은거하며 산수(山水)를 바라고보 그 이름과 뜻을 구명(究明)한다면 또한 볼 만해 감흥(感興)을 일으키는 데에 일조(一助)하게 된다.[104]

습재 이소응은 1852년 남산면 강촌리에서 태어나, 1895년 을미의병 때 대장에 오르기 이전까지 이곳에서 성장한 인물이다. 기존 지명한자들을 자신의 뜻을 따라 바꾸어 의병장다운 강한 저항 의식을 내뿜고 있다.

한편, 소所를 음으로 읽어 '소곶 〉 소골'의 변화도 상정할 수 있다. 방곡리 남쪽으로 수동리壽同里가 있다. 숯가마가 있어서 수동리라 부르다가 조선 영조 때 장수하여 수직壽職을 받은 낙애 김환 대문에 목숨

104 허준구, [한시로 본 춘천] 강촌이 시작되는 마을 어귀 좌수봉(座首峰), 춘천사람들 승인 2017. 11. 17. 15: 21.

수壽자로 쓰게 되었다고 설명되는데, 숯가마보다는 소곶所串에서 변했다고 설명하는 것이 기존 지명과 연결선상에서 타당한 설일 듯하다.

'所串'(소곶)이 '송곳'으로도 혹은 '소리쟁이'를 차자표기한 것으로 볼 수도 있다고 할 때, 그렇다면 이 지역의 어떤 것이 이런 이름을 붙일 수 있도록 했을까?

춘천에서 국도를 따라 강촌을 향하다 보면 옛 강촌역 뒤쪽으로 뾰족하게 보이는 산봉우리가 있다. 이 봉우리가 송곳처럼 뾰족하다는 뜻에서 명명한 것으로 보인다. 울릉도에도 송곳봉이라는 지명이 있다. 〈조선지형도〉에는 송곳 추[錐]자를 써서 추봉[錐峰]으로 적고 있다. 음운 변화 과정을 요약하면 다음과 같다.

[所串] 솔곳(곶)　　 송곳(곶)[105]
[所串] 소곳(곶)　　 소골[所谷]소골 〉 수골 〉 수동[壽洞][106]
　　　 바곳(곶)　　 바골　 (바올)　 방골 〉 방골 〉 방곡[芳谷][107]
　　　 바곳(곶)　　 바골　 (바올)　 방올 〉 방일 〉 방일
　　　 바실[-室]　　 바일　 바일 〉 배일 〉 배일排日[108]

---

105　송곳(곶) : '솔'을 '松'으로 이해.
106　수동[壽洞] 所→壽: 김환의 장수 의미 추가.
107　방곡[芳谷] 'ㄱ'의 소멸 과정에서 'ㅇ'으로 변화 앞의 말음에 추가 후 谷을 더함.
108　배일(排日): 이소응의 《습재집》.

'매(每)'도 용(龍)을 표기한 글자이다
"대룡산(大龍山)
: 여매압산(汝每押山)"

사방(四方)이 환히 보인다고
사명산(四明山)?

김유정 소설의 무대 금병산의 옛 이름,
살막이산(箭防山, 전방산)

# 산, 고개 이름의 유래

'어머니나루[母津]'와
금성(金城)에서 떠 내려 온
'고산(孤山)'

우두산(牛頭山)의
지명 유래

향로산은 향로를,
노고산은 할미를 닮았는가?

봉의산은
정말 봉황을 닮았을까?

## '매每'도 용龍을 표기한 글자이다 "대룡산大龍山 : 여매압산汝每押山"

대룡산大龍山은 해발 899.2m로 춘천의 동남쪽에 위치한 큰 산이다. 공지천의 수원水源이 여기에 있다. 현대 지리학에선 공지천의 발원지를 이 산의 응봉鷹峰으로 보고 있지만, 고은리古隱里와 곰실熊谷의 유래를 고려하면 이곳을 근원根源으로 생각하지 않았을까 추측된다. 중세적 사고에서는 반드시 거리가 절대적인 기준이 아니라 그곳이 얼마나 신성시되느냐와 같은 다른 요인도 작용한다.

춘천부사를 지낸 송광연의 《범허정집泛虛亭集》과 이현석의 《유재집遊齋集》에 〈대룡산기우제문大龍山祈雨祭文〉이 실려 전한다. 가뭄이 들면 고을 수령이 직접 혹은 다른 이로 하여금 기우제祈雨祭를 지내게 했던 것을 보면, 이 샘물을 공지천의 수원으로 신성시했음을 짐작할 수 있다.

대룡산大龍山의 옛 이름은 여매압산汝每押山이다. 산山과 압押의 대응관계를 고려하면 대大와 여汝의 대응도 쉽게 상정할 수 있다. 압押은 갑岬과 통용되어 산山의 의미를 갖고 있으므로, 여汝에서 '크다'[大]의 의미를 찾아야 한다. 여汝의 뜻 '너'를 대大로 보면 관대寬大하다는 뜻의 우리말 '너그럽다'를 떠올릴 수 있다. 너그럽다의 어원을 '늦추다, 느리다'에 연결시키는 학자도 있지만 인仁, 의義 등의 뜻이 '크다'에 있는 점을 보면 '관寬'에 해당하는 '너그럽다'도 이에서 유래한 말로 볼 수 있다.

문제는 매每와 용龍의 관계이다. 최세진의 《훈몽자회》에 용龍의 우리말이 '미르'였다는 데는 이론의 여지가 없다. 그런데 '미르'의 'ㄹ'이 약화·소멸되면서 이중모음화 되어 '매'가 된 것은 잘 이해하지 못한다. 물[水]이 고구려 지역에서는 '매'로 바뀐 것도 같은 원리로 이해된다. 그렇다면 '대-룡-산'과 '여-매-압'은 각각 대응하는 지명이 된다.

춘천에서 산의 명칭에 용龍자를 쓰는 경우는 두 가지 경우로 나뉜다. 우선, 춘천과 화천의 경계에 있는 용화산龍華山은 불교의 경전에 근거한 지명이다. 미륵彌勒, maitreya, 자씨慈氏, 혹은 자존慈尊으로도 번역되는 아일다阿逸多, ajita는 석가모니불의 교화를 받아 훗날 성불하리라는 수기授記를 받은 뒤, 지금은 도솔천에 올라가 천인天人들을 교화하고 있다고 한다. 석가모니 부처님이 열반에 든 뒤 56억 7천만 년이 지나 인간의 수명이 8만 4천 세가 되면 용화세계가 실현되는데, 이 땅은 유리와 같이 평평하고 깨끗하여 꽃과 향이 뒤덮여 있고, 지혜와 위덕이 갖추어져 안온한 기쁨으로 가득 차 있는 세상이다. 이 아름다운 세상에 아일다가 수범마와 범마월을 부모로 다시 태어나 용화수龍華樹 아래에서 성불하고, 3회에 걸쳐 사체四諦·십이연기十二緣起 등의 법문을 설하여, 석가모니가 구제하지 못한 중생들을 구제한다는 믿음에 근거하고 있다. 이 신앙을 미륵신앙이라 한다. 삼국시대 이후 미래불 신앙으로서 널리 신봉되고 전승되었다. 이 미륵 도량이 있는 산에 용화龍華란 지명이 부여된 것이다.

한편, 산의 모양과 관련해 명명된 곳도 있다. 이 경우는 대체로 옆으로 길게 누운 모습의 산을 지칭하는 것 같다.[109] 대룡산은 춘천에서 이름을 가진 산으로는 가장 긴 모습을 하고 있다. 동쪽으로 명봉에서 시작하여 남쪽 금병산에 이르기까지 춘천의 동남쪽을 길게 둘러 있는 것이다.

여매압산이라고 비교적 이른 시기에 이름을 가졌고, 기우제를 지낼 만큼 신성한 산으로 여겨졌음에도 대룡산 쪽에는 절이 있었다는 이야기가 잘 전해지지 않는다. 가람이 북쪽을 향하게 되는 지리적 요인 때문인지 아니면 다른 요인이 있는지는 알 수 없지만, 미륵과 연결지어 볼 여지가 없다는 점에서 대룡산은 '길게 뻗은 용의 모습'에서 유래한 산으로 볼 수 있다.

---

109 대룡산의 용龍자가 '산이 길게 옆으로 누운 모습'일 거라는 생각은, 다른 글에서 대룡산 너머의 큰 바위 절벽에서 유래했을 가능성도 제시하였다.

## 사방四方이 환히 보인다고 사명산四明山?

춘천시 북산면 추곡리 추곡약수터 어귀에 장수하늘소 발상지란 표석이 세워져 있다. 이외수의 소설 중에 〈장수하늘소〉란 작품이 있다. 영화화되어 TV에서도 방영한 적이 있었다. 그때까지만 해도 춘천시 북산면 추곡리가 배경이란 걸 몰랐다. 이해를 못 하고 보았던 터라 지금은 기억 속에서 거의 지워져 버렸고, 소설의 주인공이 피라미드 모양의 투명 유리관을 보는 등 두어 장면만 어렴풋이 남아 있다.

양구군과의 경계에 자리한 이 마을 뒷산을 사명산이라 부른다. 김영하의 《수춘지》는 다음과 같이 기록하고 있다.

> 사명산(四明山) : 부의 동북쪽 구십 리에 있다. 동부 골짜기가 깊고 그윽하며 봉만(峰巒:뾰족뾰족하게 솟은 산봉우리)이 높이 치솟고 험준하다. 병자(丙子:1636년)의 난 때 사람들이 많이 숨어 피하였다.[110]

추곡리 장수하늘소 발생지 표석

110  김영하, 《국역 수춘지》, (사)춘천역사문화연구회, 2019.

병자호란 때의 피란 기록은 미수 허목의 《기언》에도 실려 있고, 다른 지리지에서도 본 듯하다. 양구국유림관리소의 소개에 따르면, '양구, 화천, 춘천 일대와 멀리 인제군 4개 고을을 조망할 수 있다는 데서 사명산이란 이름이 유래한다.'고 한다. 사명산의 해발고도는 1,198m이다. 춘천~홍천의 가리산(1,050m)보다 약 50m 높으니 사방으로 안 보일 곳이 없기야 하겠지만, 유래치고는 좀 허술한 감이 있다.

사명산四明山은 중국에도 있다. 절강성浙江省 영파시寧波市 지역이다. 대유산大俞山 꼭대기에 사창암四窗岩이란 바위가 있어, 해와 달과 별빛이 돌창을 통과해 지난다고 해서 사명산四明山이라 불린다고 전해진다. 일찍이 시선 이백李白, 유장경劉長卿, 피일휴皮日休 등 당대唐代의 시인들도 노래한 바 있다. 도교의 36동천洞天 72복지福地 중의 제9동천으로 손꼽힌다.

명나라 시인 담약수湛若水, 1466~1560의 〈영파 태수 정위에게 드림 贈寧波鄭太守威〉 시에 다음 내용이 보인다.

名郡是宁波 波宁時亦和
/ 고을 이름하기를 영파(寧波)라 하였으니, 물결 잔잔하고 시절 또한 화평하네
聖人坐明堂 民物無札瘥
/ 성인이 밝은 당에 자리하여 백성과 만물이 질병으로 죽는 일도 없다네
君莫問我言 郡有四明山
/ 그대 내게 묻지 마시게 이 고을엔 사명산이 있다네
四明如我心 四聰斯豁然
/ 사방이 밝은 것 내 마음 같이하고 사방에 소문이 환히 통해
学山以爲明 学海以爲平
/ 산을 배워 밝음으로 삼고 바다를 배워 화평함으로 여기어
平政明照物 潁川鳳凰鳴
/ 화평한 정사 밝혀 사물에까지 비추면 영천 땅에 봉황이 울리라.[111]

111  담약수(湛若水), 〈영파 태수 정위에게 드림(贈寧波鄭太守威)〉 원문은 http://www.baidu.com.

사방의 소문을 환히 듣고 잘 살펴 고요한 파도처럼 평온한 정사를 베푼다면, 태평성대를 알리는 봉황새가 저절로 날아와 울 것이라고 한다. 영파寧波란 고을명과 사명산四明山이란 산 이름에 포함된 한자를 이용하여 태수에게 선정을 베풀어주기를 바라는 마음을 잘 담아낸 작품이다.

이에 비해 양구 사명산에는 이름난 시인 묵객이 다녀간 자취가 별로 남아 있지 않다. 〈홍길동전〉의 저자 허균의 《성소부부고》에 〈대관령〉 시에 겨우 이름이 보일 뿐이다.

> 五日行危棧 / 닷새 동안 아스라한 잔도(棧道)를 타고서야
> 今朝出大關 / 오늘 아침 대관령을 벗어났구려
> 弊廬俄在眼 / 내 집이 어느새 눈에 보이니
> 遠客忽開顔 / 먼 나그네 문득 낯이 풀리네
> 鉅野諸峯底 / 뭇 봉우리 아래 큰 들녘은
> 長天積水間 / 긴 하늘과 쌓인 물 사이에 있구나
> 微茫煙靄外 / 희미하고 아득한 저 내 안개 연기 밖에
> 一點四明山 / 사명산이 한점으로 보이네[112]

대관령을 넘었다면 원주·횡성 쪽일 텐데 거기서 춘천~양구의 사명산이 보인단 말인가? 기상 여건이나 안력이 미치는 범위가 오늘날과 많이 달랐을 테니, 아니라고 고개를 가로 저을 것까진 없을 것이다. 마음의 눈이란 것도 있을 터이니….

중국의 사명산이 네 개의 창이 뚫린 바위, 곧 사창암四窗岩에서 이름한 것과 달리 사명산에는 창窗이라고 일컬을 만한 바위는 하나도 보이지 않는다. 대신 문바위가 보인다. 추곡약수터에서 사명산 정상으로 올라가는 길에 있다. 양 옆에 큰 바위 사이가 문처럼 서 있어서 명명된 것으로 보인다. 창문窗門이라고 하면 문門의 의미도 있으니 그렇다 치더라도, 넉 사四자의 의미는 없다. 지명에서 넉 사四자의 '넉'은 크다, 넓다

---

112  허균, 〈대관령〉, 《성소부부고》, 한국고전종합DB.

는 뜻의 '넓~늘'에 연결된다. 즉, 사명산은 '큰 바위를 가진 산'이란 의미로 이해할 수 있다.

춘천시 동쪽에 '명봉明峰'이란 산도 있다. 대룡산이 북쪽으로 뻗어 내려가다가 다시 뾰족 솟아오른 것이 명봉이다. 명봉은 구봉산까지 이어져 구봉산에서 시작해 명봉과 갑둔이고개를 지나 대룡산까지 코스를 잡는 등산객들이 많다. 춘천에서 보면 명봉 위로 해와 달이 떠오르게 되니 밝을 명明자를 썼으리라 추측하는 것도 이해는 된다. 그러나 이 지명의 유래는 이 산의 꼭대기에 바윗덩이들이 모여 있기 때문에 붙여진 이름으로 보인다. 박朴은 지명에서 흔히 바위를 음차하는 데 사용되고, 단端은 탄吞, 단丹 등과 더불어 마을을 뜻하는 접미사로 쓰이기 때문이다. 홍천 서면 팔봉리 팔봉산 위쪽으로 물굽이를 하나 돌아서면 '왕박산'이란 지명이 보인다. 산 아래 강가에 큰 바위가 자리한 데서 붙여진 지명이다. '바위'란 말은 '박힌 돌'이란 말에서 'ㄱ'이 탈락하면서 생긴 것으로 유추할 수 있다.

서면 석파령 명월길 갈림길

한편, 서면 덕두원리 안쪽에는 '명월리明月里'라 부르는 마을이 있다. '달빛이 밝아'서 이름 지어졌으면 좋겠지만 지금처럼 댐으로 인한 안개에 묻히거나, 공해에 찌들지 않은 옛날에 붙여진 지명이라고 생각하고 보면, 춘천 어디인들 명월리만큼 달빛이 밝지 않은 곳이 있겠는가?

같은 이름의 지명이 화천군 사내면에도 보인다. 20세기 벽두까지만 해도 사내면은 춘천 땅이었다. 엄황의 《춘주지》사탄내면에 '박단리朴端里'라 기록된 곳이 보이는데 여러 지명을 비교해 보면 '명월리明月里'와 유래가 같은 것으로 보인다. 여기서의 박단朴端은 박달朴達과 더불어 박달(-나무)를 뜻하는 것으로 보아야 할 것이다. 서면 명월리에 특별히 이름붙일 만한 바위가 보이지 않는다는 측면에서, 서면 명월리도 '박달나무가 서 있던 동네'란 의미로 풀 수도 있겠다.

북산면 대곡리에 명오지明吾地(乞)로 표기되는 마을이 있다.

| | |
|---|---|
| 명오지(明吾地)【마을】 | [총람&춘주84] 군, 북산, 대곡리 |
| 明吾地(구) 명오지(구) | 《지지조서》북산외면, 岱谷里_대정4 |
| 明吾之里 | [조선지지자료] 북산외 |

소양강 상류 지역으로 역시 바위가 관측되지 않는다는 점에서 '박달나무가 서 있는 뾰족이 튀어나온 곳'이란 뜻으로 풀 수 있겠다. '-오지'는 '고지'에서 'ㄱ'이 탈락한 꼴이다. 화천군 하남면 서오지리의 '-오지'와 유래가 같다.

# 김유정 소설의 무대 금병산의 옛 이름,
## 살막이산箭防山, 전방산

동내면 두름실 마을의 유래가 학의 모가지처럼 길게 뻗어 내려온 산줄기에서 비롯됐다면, 학곡리 뒤 컨에 금병산은 두루미의 몸통에 해당된다. 간혹 바위가 보이긴 하지만 그건 산에 올라가서야 확인할 수 있을 뿐이고, 금병산은 대체로 흙으로 이루어진 토산이다. 동쪽이 학곡리라면 반대쪽인 서쪽은 「봄봄」, 「소낙비」 등으로 유명한 소설가 김유정이 자란 실레 마을[甑里]이다.

> 나의 고향은 저 강원도 산골이다. 춘천(春川)읍에서 한20리가량 산을 끼고 꼬불꼬불 돌아 들어가면 내닫는 조그마한 마을이다. 앞뒤 좌우에 굵직굵직한 산들이 빽 둘러섰고 그속에 묻힌 아늑한 마을이다. 그 산에 묻힌 모양이 마치 옴폭한 떡시루같다하여 동명을 실레라 부른다. 집이라야 대개 쓰러질 듯한 헌초가로 그나마도 50호밖에 못되는 말하자면 아주 빈약한 촌락이다.[113]

김유정에 의해 '금병의숙錦屛義塾'이란 학교가 설립되었다는 기록이 있기 이전, 이 산의 이름이 '금병산'으로 불리었다는 기록은 아직 찾을 수 없다. 1917년경에 간행된 『조선지지자료』에도 이 산은 '전병산展屛山'이거나 '정병산正屛山'으로 나타나기 때문이다. 이 책에서 금병산이라고 한 곳은 사북면 가일리佳日里에 보인다. 그렇다면 예전에는 무슨 이름으로 불렀을까?

금병산錦屛山과 전방산箭防山, 이 산의 이름을 담고 있는 현존하는 가장 오랜 문헌은 춘천부사 엄황이 1648년에 펴낸 《춘주지》이다. 엄황 부사는 총 12개 고을의 수령을 맡으면서 유독 춘천에서만 읍지를 남겼다. 춘천에 대한 특별한 애착이 있었던 데 기인한 것이 아니었을까? 물론 여

113  김유정, 〈五月의 산골작이〉, 《김유정전집》, 현대문학사.

기에는 '이수삼산二水三山, 봉의鳳儀, 요선邀仙, 문소聞韶' 등등 선향仙鄉으로 지목되기에 충분한 자연이나 누각과 더불어, 청평사에 거처했던 이자현과 매월당 김시습의 청절淸節이라는 인물 요소까지도 갖추어져 있었기 때문으로 이해할 수 있다.

엄황의《춘주지》를 비롯한《여지도서》,《관동지》,《관동읍지》등의 문헌자료에는 이 산의 이름이 한결같이 전방산箭防山으로 나타난다. 규장각에서 제공하는 조선 후기에 그려진 옛 지도들을 살펴보면 전방산箭防山이 가장 많은 수를 차지하고 있으면서도 전방산箭方山, 전방산前防山, 전방산前方山이란 표기도 함께 보여 혼란스럽다. 음은 그대로인 채 한자만 한 글자씩 달리해 가고 있는데, 같은 글자에서 부수를 떼어내 단순화해가는 과정을 확인할 수 있다.

한편, 조금 더 시대가 지나면 전병산展屛山, 정병산正屛山, 금병산錦屛山, 금병산金屛山, 진병산陣兵山 등의 여러 표기가 차례로 등장해서 혼란스럽다. 소릿값이 서로 비슷한 모습으로 조금씩 변화하고 한자의 표기도 그러해서 본래 유래가 무엇을 밝히는 게 쉽지 않아 보이기 때문이다. '전병산'에서 전展의 말음 'ㄴ'은 'ㅇ'과 혼용되기 쉽고, 초성 '전'이 구개음화가 반대로 이루어지는 부정회귀 현상을 거치면 'ㄱ'으로 바뀌게 된다. 이상의 혼란스러운 어휘들이 실제로는 하나의 어휘에서 다양한 모습으로 변화했을 수 있는 것이다. 사실 기존 지명의 유래가 망각 되었거나 의도적으로 새로운 의미를 부여하려는 심리가 작용하면서 기존 유래와 무관한 새로운 의미가 생겨나기도 한다. 우두촌에 우거했던 김경직1567~1634은 우두산牛頭山이란 이름이 우아하지 못하다고 여기고, 이를 도道를 근심한다는 뜻의 '憂道(우도)'로 고치고 자신의 호도 우정憂亭으로 삼았던 것이 그 하나의 사례이다.

전방산箭防山은 살 전箭에 막을 방防이므로 그대로 한글화하면 '살막이'가 된다. '살막이'라는 지명은 전국에 수두룩하다. 전통적 어로 방식의 하나로서, 살막이는 강과 바다에서 방식에 차이가 있다. 강과 하천에서는 대체로 물살이 빠른 여울에 나뭇살을 엮어 물고기를 잡는 것이고, 바다에서는 나무살을 발[簾]처럼 줄지어 세워놓고 조수간만의 차를 이용해 물고기를 잡는 방법 또는 그 도구를 가리킨다. 나무 대신 돌을 이용하면 독살[石箭], 대나무를 이용하면 죽방렴竹防簾이 된다. 지명에서 '살막이'라고 할 때는 그 방식의 어로를 자주 행하던 하천에 붙여진 이름이 된다. '살'은 가늘고 긴 나무로, 흔히 '창살, 문살'이라고 할 때의 그것과 같다. 이 어로법은 이미 《삼국사기》〈고구려본기〉에도 '어량魚梁'이란 용어가 등장할 정도로 일반화되어 있었던 것으로 보인다.

> 《삼국사기》의 〈고구려본기〉에 '강이나 해안에 발을 설치하여 고기를 잡는 어량(魚梁)이 있었는데, 이는 통일신라시대까지 성행했다'라는 기록이 나오는 것으로 보아 삼국시대에도 행해진 어로 방식이었음을 알 수 있다. 고려시대에 주요 어로 방식으로 등장한 방렴(防簾)과 비슷한 형태였던 어량과 관련된 기록은 왕조실록이나 지리서에서 많이 볼 수 있다. 1775년(영조 51) 편찬된 《역어류해보》에는 어량을 한글로 '어살'이라고 풀이하고 있다. 방렴은 경상도를 중심으로 발달하였고, 함경도와 강원도 일부 지방에서도 설치되었다고 전해진다.[114]

살막이를 한자화한 전방箭防은 『조선왕조실록』에 몇몇 기사가 보인다. 용어로만 보면 아주 다른 의미로 사용되고 있음을 알 수 있다.

> ① 예조에서 계하기를, "사대부의 무덤 앞에 전방(箭防)을 만들어 배열하는 것이 옳은지 아니한지를 정부 육조와 더불어 의논했는데, 장구한 계책이 아니요, 실로 무익한 것이오니, 마땅히 만들어 배열하지 말도록 하소서." 하니, 그대로 따랐다.
>
> ② 선지(宣旨)하기를, "여러 날 동안 큰비가 내리니, 반드시 수재(水災)가 있을 것이다. 수문(水門)의 전방(箭防)을 속히 걷어치워 수도(水道)를 통하

114  [네이버 지식백과] 남해 지족해협 죽방렴 [南海只族海峽竹防簾] (두산백과).

게 하고, 순찰하는 관원과 병조(兵曹)에서는 밤새도록 순시하여, 사람을 죽는 데 이르게 하지 말라." 하였다.

③ 세종 오례 설빙(設氷)는 1척 5촌이다. 평상 위에 빙 둘러 난간을 붙이는 데, 높이는 1척이나 된다. 안에는 대그물[竹網]을 붙여서 옷으로 하여금 밖으로 향하여 습기(濕氣)를 받지 않도록 한다. 또 잔방(棧防)을【향명(鄕名)】으로는 전방(箭防)이라 한다.

④ 철전방패(鐵箭防牌) 철전을 막아 내는 과녁을 말한다.《홍재전서(弘齋全書)》권176〈일득록(日得錄) 훈어(訓語)3〉에 "과녁이 큰 것을 싫어하여 과녁을 작게 하니, 장혁(掌革)은 작기가 손바닥만 한 것이고, 편포(片布)와 편혁(片革)은 베로 만든 과녁으로 아주 작은 것이고, 적(的)은 곧 철전(鐵箭)을 막아 내는 것이다. 또 이보다 작은 것이 있으니 곤(棍), 접선(摺扇), 단선(團扇)이다." 하였다.[115]

①은 사대부의 무덤 앞에 창을 부챗살 모양으로 배열한 것을 가리키는데, 부정한 것의 접근을 막는 장치에서 비롯되어 신분상의 위엄을 나타내기 위한 의례적 장치로 쓰인 것으로 이해되며, ②는 수문水門에 토사土砂가 흘러내리는 것을 막기 위해 줄지어 세워놓은 목책木柵을 말한다. ③은 여름에 시신의 부패 속도를 늦추고 시신을 보존하기 위해 만든 난간[잔방棧防]을 가리키며, ④는 글자 그대로 화살을 막는[箭防]다는 뜻으로 사용되었다.

종합하면 '창문이나 연鳶, 부채, 바퀴 따위의 뼈대가 되는 부분'을 살이라고 하는데, 대체로 긴 나무를 발을 엮은 듯 듬성듬성 늘어놓은 모양이라는 공통점이 있다. 쓰임은 각기 다르지만 공통분모가 있는 셈이다. 춘천 시내에서 금병산을 바라보면 나무 말뚝[살]을 잇달아 꽂아 놓은 듯 산줄기들이 대체로 세로로 뻗어 내린 모습을 하고 있다.

---

115 《조선왕조실록》에서 발췌.

앞서 이 마을 출신 소설가인 김유정의 수필을 인용했지만, '마을의 모양이 옴팍한 시루 같다' 하여 '증리甑里'라 이름하였다는 것은 어디까지나 김유정의 견해이거나 김유정이 동네 노인들에게 전해 들은 이야기에 불과하다. 이 당시까지만 해도 국어학은 물론 지명학에 대한 이해 자체도 초보적인 수준이었으므로, 지명 유래에 대한 체계적 원리적 접근을 기대할 수 없던 시절의 설명이다.

> **팔미계(八味溪)** : 부의 남쪽에 있다. 대룡산에서 발원하여 원창관(原昌館) 신남역(新南驛) 의암역(衣岩驛)을 지나 신연강 하류로 들어간다. 굽이굽이마다 가절(佳絶:이를 데 없이 아름다움)한 곳이 많지만 오직 팔미리가 더욱 훌륭하여 동천(洞天)이 그윽하고 외지며 수구(水口)가 절묘(絶妙)한데, 산수가 얌전하고 정숙하며 시내의 돌들이 가절하니 냇물의 물고기가 살지고 숲의 새들도 즐거워한다. 진종우(陳鍾禹)가 그것을 얻어 산수를 애호할 줄 알아 스스로 물고기 잡고 땔나무 하기를 즐기며 빈객들을 좋아하였는데, 맏아들 진손(陳孫)에게 시가 있어 말하기를,
>
> 시냇가 띠집은 청산을 등지고 있으니 / 溪邊茅屋背靑山
> 산 외지고 시내는 맑아 별세계라네 / 山僻溪淸別界間
> 그 가운데 주인 마음 절로 즐거우니 / 中有主人心自樂
> 거문고 서책 둔 책상 하나 백년토록 한가롭네 / 琴書一榻百年間[116]

팔미리의 풍광이 일대에서 가장 아름답다는 데 동의할 사람이 몇이나 될까? '동천洞天이 그윽하고 외지며 수구水口가 절묘絶妙한데, 산수가 얌전하고 정숙하며 시내의 돌들이 가절하니…'라는 구절에 주목해 생각해보더라도 가장 훌륭하다고까지 평가할 수 있을 정도인지는 의문이다. 지명에 대한 이런 류의 설명들은 수십 년 전 선인들의 견해를 들을 수 있던 시절이란 점에서는 유용하지만 종종 방해가 되기도 한다. 선인들의 이해를 무조건 부정하는 태도도 옳지 않지만, 맹목적으로 추종하는 것도 바람직한 태도는 아닐 것이다. 이 말은 금병산을 비롯 주

116  김영하, 《국역 수춘지》, (사)춘천역사문화연구회, 2019.

변의 지명을 종합해 살펴보면 김유정의 설명과는 다른 설명이 가능해지기 때문이다.

증리甑里는 글자 그대로 '시루마을'이란 뜻이며, 팔미八味라고 하면 '여덟 가지 맛 좋은 음식이 있는 마을'이란 뜻이 된다. 오늘날은 경춘국도와 춘천 외곽도로가 이 마을 한복판을 관통하면서 교통이 편리한 마을이 되었지만, 옛날에는 포구를 끼고 있는 것도 아니요, 역원驛院이나 대로를 끼고 있는 것도 아니어서 별난 음식으로 사람들의 구미를 일으킬 만한 입지가 아니다. 맥국貊國의 근거지였다는 신북읍 바리미 곧 발산鉢山과 소릿값이 비슷하다는 점에서 그리 의심해 볼 여지가 있지만, 흔한 글자를 놓아두고 그와 아주 다르면서도 의미를 찾기 어려운 글자인 '발미跋尾'를 선택해 썼다는 점은 못내 의심을 떨치기 어렵다.

시루[甑] 바닥의 구멍을 막는 기구를 흔히 '시루밑'이라고 한다. 사실 요즘 어르신들은 시루밑 대신 생무를 얇게 썰어 칼집을 몇 곳에 낸 뒤 시루 구멍을 막는 방법을 쓰다 보니, 웬만한 부잣집에서 자란 사람이 아니라면 다소 생소하게 느낄 지도 모른다. '시루밑'은 한자어로 증렴甑簾 혹은 증본甑本이라고 부르는데, 이 글자로 보아 두 어휘는 모두 '시루발'을 한자화한 것일 개연성이 있다. 렴簾의 뜻이 '발'인데다가, 증본甑本의 본本도 발鉢, 발鉢의 경우에서처럼 '발'로 실현되는 것이 이를 방증한다. 한편, 신북읍 산천리山泉里는 산본리山本里와 천구리泉丘里에서 한 글자씩 따서 붙인 지명이다. 여기서의 산본리山本里에 해당하는 우리말로 '새미'가 쓰이고 있어. 본래 '산 밑'에서 변한 말임을 알 수 있으니 '시루밑'과도 통한다. 죽방렴竹防簾은 발[簾,本]과 밑~막[防]의 의미를 포함한 글자이기도 하다.

살막이 모양의 금병산의 모습과 '시루밑~시루발'의 소릿값이 비슷하다면 이 말과 증리甑里의 증甑자가 별개의 유래가 아닐 수 있다는 점도 의심해 볼 여지가 충분하다. 앞서 전방산을 우리말로 바꾸면 '살막이'

193

가 된다고 말한 바 있다. 여기서의 '살막이'는 시루를 막는다는 뜻의 '시루막이' 혹은 '시루발이'와 소릿값이 서로 비슷하다. 금錦의 오늘날 훈은 '비단'이어서 아무 상관 없을 것 같지만 비단에 해당하는 영어 'silk'가 동양에서 건너간 말임을 염두에 두면 생각이 달라진다. 오늘날 옷감을 짜는 데 쓰이는 실[絲]이 아주 오랜 옛날 어느 시기에 금錦에 해당하는 훈訓으로 쓰였을 것이란 추측이 가능하기 때문이다. 이 경우 금병錦屛은 '실막이'로 재구할 수 있다.

금병산金屛山은 '쇠막산'을 표기한 것으로 이해할 수 있다. '살'의 'ㄹ'이 약화되면 단모음이던 'ㅏ'가 대개 이중모음으로 바뀐다. 사라진 'ㄹ'의 음가에 대한 보상심리가 작용하기 때문이다. '살' 내지 '실'이 '쇠'로 바뀔 근거가 생긴 것이다.

증렴甑簾을 '시루발~시루막(밑)'로 읽고, 금병산錦屛山을 '실-막이', 금병산金屛山을 '쇠-막이'로 재구하는 것은 증리甑里의 이웃 마을인 발미跋尾가 발[簾]이나 발[本]을 표기하기 위해 한자를 빌어 쓴 것임을 추정케 하

춘천 시내 쪽에서 바라 본 금병산 모습

는 근거가 되기에 충분하다. 발미跋尾는 곧 발[簾(本)]-뫼[山]로 볼 수 있는 것이다. 발미跋尾의 발跋이 거센소리로 바뀌면서 '팔미'로 소리 나고, 이 것이 팔미八味라는 뜻의 근사하지만 실질적으로 아무런 의미가 없는 공 허한 지명으로 바뀌게 된 결과를 초래하고 만 것이다.

이로 보면 증리甑里와 팔미리[발미는 본래 하나의 마을이었다가 어 떤 필요에 의해 두 마을로 나뉘어진 예에 해당한다. '시루-발-미[山]'에 서 분화된 지명으로 '시루발미'는 곧 전방산箭防山·금병산錦屏山과 같은 뜻이다.

전방산에서 살[箭]이 화살이란 뜻이므로 막는다는 뜻의 방防이 쓰였다 면, 금병산은 비단병풍[錦屏]이나, 금사로 수놓은 병풍[金屏], 펼쳐놓은 병 풍[展屏]의 의미를 지닌 지명으로 볼 수 있고, 진병산陣兵山은 병사들이 진을 쳤다는 의미를 덧씌운 셈이 되었지만, 실제로는 이 모두가 우리말 '살막이'에서 유래된 지명인 것이다.

## '어머니나루母津'와 금성金城에서 떠 내려 온 '고산孤山'

> 산수(汕水)는 또 마령(馬嶺) 남쪽을 지나 모진(茅津)이 되고, 인람역(仁嵐 驛) 문암서원(文巖書院)을 지나 소아탄(小兒灘)이 되고, 춘천부(春川附) 서 쪽 10리에 이르러 백로주(白鷺洲)가 된다.
> 모진(茅津)은 모진(牟津), 혹은 모진(母津)으로 불리는데, 춘천부 북쪽 40리에 있다.[117]

다산 정약용은 〈산행일기〉에서 위와 같이 설명해 놓았다. 마령馬嶺은 오늘날의 말고개로, 사북면 원평리에서 신포리를 넘는 고개이다. 원평

117 《다산시문집》 권22. 〈산수심원기〉.

리는 원당과 마평에서 한 글자씩 따서 붙인 지명이다. 모진茅津은 모진牟
津, 혹은 모진母津으로도 표기되어 일정하지 않다. 읍지에 따르면 춘천부
로부터 북쪽 40리 거리에 모진이 있다고 한다. 후대에 만들어진 모진교
는 인람리에서 원당리를 이어주는 다리이어서 비교된다. 다른 자료에
는 42리로 기록된 곳도 있다.

오늘날 북한강으로 불리는 이 강은 이름이 많다. 춘천 땅에 들어서만
도 모진강母津江, 장양강長楊江, 자양강紫陽江, 낭강狼江, 남강男江, 북강北江,
서강西江, 신연강新淵江, 신연강新延江, 신영강新迎江 등이 그것이다. 금강錦
江과 황강黃江도 보인다.

> **금강(錦江)** : 일명 서강(西江)이라 하고 부의 서쪽 십 리에 있으니, 곧 자양
> 강 하류이며 서면으로 통하는 진이다.[118]

금강錦江은 금산 앞을 흐르는 강이란 뜻으로 볼 수 있다. 김영하의《수
춘지》에는 금산錦山도 보인다.

> **금산(錦山)** : 부의 서쪽 십 리 금강(錦江) 가에 있다. 굽어보노라면 춘천부나
> 춘성군이 다 눈앞에 있다. 낮 경치라면 비행기가 공중을 가로지르고 차나 말
> 들이 종횡으로 오가며, 밤 경치라면 만 호(戶)의 전등 불빛이 하늘을 밝히고
> 별들의 세계를 이루니 그 형승은 춘주의 제일이다.[119]

금산錦山이 구체적으로 어떤 산을 말하는지는 확실치 않다. 위치상 장
군봉將軍峯 쪽의 두 봉우리 혹은, 금錦이 '실'을 훈차한 글자로 보면 희다
[白]는 뜻이 되어 현암리 백운동을 가리키는 말일 수도 있다.

황강黃江은 애매하여 몇 가지 해석이 가능하다. 우선 큰 강이란 뜻으
로 볼 수 있으며, 이 지역에 세거한 황씨의 정자 앞을 흐르는 강이란 뜻

118  김영하, 《국역 수춘지》, (사)춘천역사문화연구회, 2019.
119  김영하, 위와 같은 곳.

에서 명명된 것으로 볼 수도 있다. 《조선지지자료》 서하일작면 현암리에 '黃江津황강진', 엄황의 《춘천읍지》 천석泉石조에 '황가정탄黃家亭灘'이란 지명에 힘입은 추정이다.

모진강母津江이면 '어머니 나루 강'이란 말인데 왜 여강女江이 아닌 남강男江일까? 남강男江은 인제에서 양구를 지나 흘러온 소양강昭陽江을 여강女江이라 부르는 데 대한 명칭이며, 서강西江도 소양강을 동강東江이라 부르는 데 대한 상대적 명칭이다. 북강北江은 북쪽에서 흘러온다는 뜻에서 명명된 것이다. 남녀를 나눈 기준이 어디에 있는지는 명확하지 않다.

신연강新淵江은 소양강과 북한강이 만나 새로 못을 이루었다는 뜻에서 붙은 명칭이다. 송광연宋光淵의 〈신연강 기우제문新淵江祈雨祭文〉에 따르면, 명산에서 발원한 물이 천여 리를 흘러 내려오다 비로소 이곳에서 합쳐진다고 하여 신성시하였다. 이 때문에 비가 오지 않을 때 기우제를 지내는 장소로 선택되었던 것이다.

구신연강(舊新延江) : 부의 서쪽 십 리에 있어 두 강물이 옷깃처럼 합해지는 곳이니, 곧 경성(京城)으로 통하는 옛 큰길(舊大道)의 나루이다. ◇ 조선시대에 신임 관리의 신연(新延)을 여기서 하였고 구관(舊官)이 전송을 받은 곳도 여기였다. 전송하거나 맞이할 때면 반드시 아전(衙典) 육방(六房), 병대(兵隊) 삼백, 악공(樂工)과 기반(妓班), 군노(軍奴)와 사령(使令)들이 총출동하니, 고각(鼓角) 소리가 땅을 뒤흔들고 율려(律呂)가 바람에 날리며 정기(旌旗)가 하늘을 가리고 용사(龍蛇:용과 뱀)가 해를 진동시키는 듯하다. 이런 점에서 오백년 동안 승평(昇平:나라가 태평함)하던 모습을 볼 수가 있다.

◇ 김영하의 시이다.
파릇한 풀 깨끗한 모래밭엔 연무 기운 보이지 않고 / 靑草明沙不見煙
비껴 부는 바람에 종일토록 농선(農船)을 매어놓았네 / 斜風盡日繫農船
신연강이 고요하고 쓸쓸하여 이제는 저와 같은데 / 新延寂寞今如許
돌이켜 태평스럽던 지난 오백년을 떠올려보네 / 回憶昇平五百年

신연강(新延江) : 부의 서쪽 이십 리에 있다. ◇ 흐름 중간에 홍예철교(虹霓鐵橋)가 있고, 오른편이 삼산(三山)이고 왼편이 문암(門岩)이라 춘주의 인후(咽喉:목구멍)가 되어 서울로 가는 국도(國道)와 통하며 그 형승을 일러 소금강(小金剛)이라 한다.

◇ 김영하의 시이다.
문암(門巖)의 형승이 금강산과 흡사하니 / 門巖形勝似金剛
천부(天府)로 가는 인후라 만 길 높이로 빛을 발하네 / 天府咽喉萬丈光
이를 알고 삼산도 이제 여기에 있으니 / 知是三山今在此
무지개다리는 사람을 깃옷 입은 신선으로 바꿔놓는 듯하네 / 虹橋人化羽衣裳[120]

그런데 《수춘지》에는 구신연강과, 신연강 두 곳이 보인다. 신연강이 중도 아래쪽에 형성된 곳을 언급한 지역으로 본다면, 구신연강은 어디인가? 송광연의 언급대로 명산에서 발원한 두 줄기의 물이 천여 리를 달려와 비로소 합쳐지는 곳으로 해석한다면 구신연강은 금산리 앞쪽으로 볼 수 있다. '눈늪'이라 불리던 곳으로 보이는데, 지금처럼 소양강물이 봉의산 앞에서 남쪽으로 꺾인 것이 아니라 이 부근까지 갔던 것으로 보인다. 그렇다면 옛길은 현암리에서 신연강, 중진中津을 건너는 행로가 아니라, 덕두원에서 수레넘이고개를 넘어 방동리로 온 다음 금산리 눈늪에서 배를 타고 춘천부로 오는 길을 택했을 것으로 보인다. 1920년 일제가 서하면에서 신북면을 잇는 배다리[船橋]를 추진했던 경로도 출발점은 이곳이 될 것으로 본다.

장양강長楊江은 이 강이 장양현長楊縣에서 흘러온다는 뜻에서 붙인 명칭이다. 장양長楊은 강원도 회양군淮陽郡 장양면長楊面 지역에 있었던 현縣으로, 본래 고구려의 대양관군大楊管郡이었는데, 신라 경덕왕景德王 때 대양군大楊郡으로 고쳤고, 고려 초에 장양현으로 개칭하여 회양부淮陽府에 붙였다고 한다. 이말이 바뀌어 자양강紫陽江이 되었다.

120  김영하, 《국역 수춘지》, (사)춘천역사문화연구회, 2019.

**자양강(紫陽江)** : 부의 서쪽 십여 리에 있으며 일명 장양강(長楊江), 낭강(狼江), 북강(北江), 남강(男江)이라 한다. 웅탄(雄灘)이 있다. 매년 여름 장마가 드는 달이면 그 불어난 물이 반드시 소양강을 이기고 난 뒤에야 비가 그치니, 이 또한 남자가 강건하고 여자가 유약하다는 이치인가 싶다. ◇ 수원은 금강산에서 나오고 회양(淮陽) 양구 화천 등 여러 군의 뭇 흐름들을 합치며 와서 자양강을 이루고, 봉대(鳳臺) 아래 노주(鷺洲) 위에서 소양강과 합하여 신연강이 되며 북한강(北漢江)으로 흘러 들어간다.

◇ 홍재화의 시이다.
단군의 옛 나라 천년의 땅이요 / 檀君古國千年地
버드나무 긴 강에 모래톱이 십 리라네 / 楊子長江十里洲[121]

낭강狼江도 같은 뜻에서 명명되었다. 춘천의 북쪽에 인접한 군이 화천華川인데, 화천의 옛 이름이 낭천狼川이기 때문이다.

누가 어미 부여잡고 이 나루에서 부르짖었기에, / 誰把慈親號此津
아침엔 남쪽 저녁엔 북쪽에서 자식같이 찾아오는가 / 朝南暮北子來人
바라건대 장차 이 강물 단 젖이 되어, / 願將此水爲甘乳
천하 백성들의 이별한 어미 두루 보양하기를[122] / 普養離親天下民

운곡 원천석의 《운곡행록耘谷行錄》에 〈모진母津〉 시의 둘째 수이다. 물은 흔히 은택恩澤에 비유된다. 만물이 잘 자라도록 흡족한 비를 내려주며, 어느 한 곳에 치우치지 않고 공평하기 때문이다. 법 법法자의 부수가 물 수水인 것도 이런 의미를 부여한 것이다. 운곡의 시처럼 자식과 어머니가 이 나루에서 헤어졌다거나, 떠나간 자식을 기다리던 어머니의 모습이 떠오를 법한데, 이 지역에 이런 설화는 전해지지 않는다. 그렇다면 어째서 이런 이름이 붙은 것일까?

121 김영하, 《국역 수춘지》, (사)춘천역사문화연구회, 2019.
122 원천석, 〈모진(母津)〉, 《운곡행록(耘谷行錄)》

모진강(母津江) : 부의 북쪽 사십여 리에 있으니, 곧 자양강의 상류이며 북관대도(北關大道)로 통하는 진(津:나루)이다.[123]

모진강의 모래가 쌓여 강 가운데 모래톱을 형성하게 되면서 몇 개의 섬을 형성하였다. 고슴도치섬으로도 불리는 위도蝟島와 고구마섬, 상중도와 하중도가 그것이다. 본래부터 섬이었던 것은 아니었다. 홍수 때만 물에 잠기던 땅이 의암댐이 건설되면서 섬이 된 것으로 보인다. 고산이 생긴 것에 대해서는 전래되어오는 설화가 있다.

### 잉어가 말을 하고 용이 노하며 옥산이 생기고 고산이 솟아나다

도포(道浦) 가에 옛날에 우(禹), 양(梁) 두 성씨가 많이 살았던 까닭에 지금도 여전히 우량리(禹梁里)라 부른다. 지금 신매리(新梅里) 부락 고산 밑에 큰 못이 있었다. 못에는 송아지를 삼킨 물고기가 있었다. 하루는 우옹(禹翁)이 커다란 잉어를 잡아 매달아 놓았다. 이웃 노인이 가보니, 잉어가 눈물을 떨구며 큰 소리로 "우가야 우가야(禹哥也禹哥也)" 하며 울부짖는 것이었다. 노인이 놓아주길 권하였으나 우옹이 듣지 않았다. 이날 밤 노인의 꿈에 한 노인이 와서 고하기를, '내일 반드시 물바다로 변해 솟구쳐 넘칠 것이니, 새벽에 집을 버리고 다른 곳으로 가라.'고 하였다. 노인이 그 뜻을 알렸으나. 마을 사람들 모두 믿지 않아, 노인의 집안만 옥산포(玉山浦)로 이사하였다. 한낮이 조금 지나자 한 점의 먹구름이 서쪽 하늘에서 일어나더니 짧은 순간에 갑자기 폭우(暴雨)를 만들어 상전벽해가 되었다. 도포(道浦)는 갈라져서 고산(孤山)이 나오고 자양강(紫陽江) 서쪽은 성재봉(惺齋峰) 앞과 통하여 아래로 흘러가 소양강과 봉황대(鳳臺) 서쪽에서 만나면서 신연강이 되고, 고산이 특출나게 되었다. (후략) [124]

해발 98.6m에 불과한 고산孤山은 꽤 다양한 이름들을 갖고 있다. 상산대象山臺, 부래산浮來山, 봉추대鳳雛臺 등이 그것이다. 간혹 봉리대鳳離臺라 쓴 곳도 보이는데, 새끼 추雛자의 오기이다.

123  김영하, 《국역 수춘지》, (사)춘천역사문화연구회, 2019.
124  김영하, 위와 같은 곳.

고산孤山은 이 산이 외따로 떨어져 있다는 뜻에서, 부래산浮來山은 금성金城에서 떠내려왔다는 뜻에서 명명되었으며, 봉추대鳳雛臺는 봉황鳳凰이 각각 암수의 명칭인 점과 관련된다. 봉의산鳳儀山이 숫산, 봉황대鳳凰臺가 암산으로 암수가 되니, 둘 사이에 생긴 새끼 산이 필요했던 것이다.

상산대象山臺의 유래에 대해서는 잘 알려져 있지 않다. 황해도 곡산군谷山郡의 별호가 상산象山이기는 하지만, 춘천의 섬과 연결짓기는 어렵다. 중국으로 눈을 돌려보면, 호북성[湖北省] 형문[荊門]에 위치한 산으로, 본래 몽산蒙山, 176m으로 불렀다는 산이 있다. 중국 송宋나라 육구연陸九淵의 호號가 상산象山이다. 그는 주자朱熹가 심心을 성性과 정情, 도심道心과 인심人心, 천리天理와 인욕人慾으로 구별한 데 반대하고, 우주는 이理로 충만한 것이며 인간에 있어서는 '그 마음이 곧 이[心卽理]'라고 주장하였다. 그의 심즉리설은 왕양명王陽明이 실천에 중점을 두는 심학心學, 즉 지행합일설知行合一說로 계승되었다. 조선 후기 그를 추종하는 양명학이 일각에서 유행하기는 했으나, 주자학 일변도의 조선 사회에서 공개적으로 주장하기는 어려웠다고 보면, 이를 드러내놓고 산의 명칭으로 삼았다는 것은 상상하기 어려운 일이다.

한편, 노래자老萊子가 은거하던 장소안 노래산장老萊山庄도 이곳에 자리하고 있다. 도가道家를 창시한 사람으로 조선 선비들이 도가道家에 기운 이들이 적지 않았고, 춘천에도 은자隱者를 자처하는 이들이 더러 있으니 좀 더 설득력이 있을 듯하다.

여기서 부래산浮來山 설화에 주목할 필요가 있다. 옛 지리지들을 살펴보면 금성金城에서 떠내려왔다는 설화가 전해진다. 엄황의 《춘주지》(1648)에서부터 김영하의 《수춘지》(1953)에 이르기까지 대동소이한 기사가 실려 있다.

> 고산대(孤山臺) 부 서북쪽 10리 큰 들판 가운데 강기슭에 있다. 바위 봉우리가 우뚝 솟아 활달하다. 위에는 10여 명이 앉을 수 있다. 눈 아래 큰

벌판은 둘레가 30여 리이다. 소양(昭陽) 장양(長楊) 문암(文巖) 우산(牛山) 봉산(鳳山) 봉대(鳳臺) 노주(鷺洲)가 한눈에 들어와 막힘이 없다. 언전(諺傳)에 한 산 조각이 금성(金城)에서 떠 내려와서 금성의 관리가 타관으로부터 세금을 거두길 여러 해, 근처에 사는 백성들이 괴롭게 여겼다. 한 일곱 살 아이가 힐난하여 말하기를, "타향에서 세금을 걷어가는 힘으로 산을 옮겨 되가져 가시오."하니, 세금을 거두는 사람이 말문이 막혀 돌아갔다고 한다.

이항복(李恒福) 상공이 소양강을 지날 때 사인(士人) 이경해(李京垓)와 더불어 배를 함께 탔는데, 이산을 가리키며 묻기를, "무슨 산입니까?"하니, 대답하기를, "이 산은 부래산입니다. 춘천사람들이 매우 가난하였는데, 이 산이 온 뒤에 생활 형편이 조금 편안해졌다고 합니다."라고 하였다.

상공(相公)이 웃으면서 시를 지어 주었다.

만년의 계획은 소양강 아래에서 / 晚計昭陽下
그대와 함께 낚시질하며 늙는 것 / 同君老一竿
가난하게 살까 근심하지 말게 / 勿憂生死薄
저절로 떠내려온 산도 있으니[125] / 自有浮來山

멀쩡한 바위산이 떠내려올 리는 만무하다. 강 가운데 외따로 형성된 바위나 봉우리에는 이런 줄거리를 가진 설화가 여러 지역에 보인다. 같은 이야기라도 좀 더 흥미롭게 전달해 관광 상품화하려는 스토리텔링이 주목받다 보니, 이 이야기 또한 좋은 이야깃거리를 제공한다. 더구나 매월당 김시습을 비롯하여 춘천을 방문하는 많은 선비들이 이 산에 대한 시문을 남겼다.

다만 하필이면 왜 금성金城인지, 또 왜 일곱 살 박이 아이이어야 하는지, 왜 어머니강[母津江]이어야 하는지 등의 의문점에 대해서는 관심을 갖는 이가 드물다. 모진강의 상류에 금성金城 고을만 있는 것은 아닌데, 하필이면 멀리 떨어진 금성을 꼬집어 언급했다면 거기에는 어떤 이유

125  김영하, 《국역 수춘지기》, (사)춘천역사문화연구회, 2019.

가 있을 법하다. 일곱 살 박이 아이도 그렇다. 왜 여섯 살이나 여덟 살은 안 되고 일곱 살이어야만 한 것인지에 대한 납득할만한 설명이 필요한 것이다.

답은 《삼국사기》〈지리지〉에서 찾을 수 있다. 《삼국사기》〈지지리〉권35와 37에 다음과 같은 기록이 보인다.

> 익성군(益城郡)은 본래 고구려(高句麗)의 모성군(母城郡)이다. 경덕왕(景德王)이 개명하였다. 지금의 금성군(金城郡)이다. (〈권 35〉)[126]
> 모성(母城)은 한편으로 야차홀(也次忽)이라고도 부른다. (〈권 37〉)[127]

본래 고구려의 모성군母城郡으로, 야차홀也次忽이라고도 부르던 것을 경덕왕이 익성군益城郡으로 고쳤고, 고려조에 들어서는 금성군金城郡이 되었다는 것이다. 공통적으로 들어가는 성城이나 군郡 등을 제외하고 보면, 모母와 야차也次가 익益과 금金에 서로서로 대응하고 있다는 것이다. 이 글자들 간의 연관 관계를 증명할 수 있다면 모진강母津江과 금성군金城郡의 유래에 대한 의문을 풀 수 있게 되는 것이다.

모母가 어떻게 야차也次와 같은 말이 될 수 있는가? 선뜻 이해되지 않겠지만 이 관계를 파악할 수 있는 단서가 있다. 고려가요 〈사모곡思母曲〉에 다음 구절이 보인다.

> 호미도 날히언마라난 낫가티 들리도 업스니이다
> 아바님도 어이어신마라난 어마님가티 괴시리 업스니이다[128]

호미도 날이 있지만 낫처럼 잘 들 리 없듯이 아버지도 어버이이시지만 어머님처럼 사랑해줄 분도 없다는 뜻이다. 여기서 어버이를 뜻하는

---

126  益城郡 本高句麗 母城郡 景德王改名 今金城郡.《삼국사기》〈지리지〉.
127  母城 一云 也次忽.《삼국사기》〈지리지〉.
128  〈사모곡(思母曲)〉.

'어이'는 중세국어에 '어싀'에서 반치음 'ㅿ'이 소멸된 말이다. 'ㅿ'은 'ㅅ'이 소멸되는 과정에서 나타난 과도기적 어형이다. 같은 예로 무[蘿]가 있다. 지금은 표준어가 '무'이지만 필자의 학창 시절 때만 해도 '무우'가 표준어였다. 이 말의 중세국어는 '무수'이며, 방언에서 '무시'라는 말이 보이는 것으로 보아 그 이전에는 '무수'였음을 증명해준다. 'ㅅ 〉ㅿ 〉 ø'의 변화과정을 겪은 것이다. 이를 통해 '어시 〉 어싀 〉 어이'로의 변화를 추측할 수 있다. 고구려 지명의 '也次(야차)'는 '어시'에 대한 고구려 음가를 반영한 것으로 보인다. 본래 '어머니'의 의미로 사용되던 '어시'가 〈사모곡〉 시기에 와서는 '어버이' 즉, 아버지와 어머니를 통틀어 지칭하는 용어로 전이되었음을 알 수 있다. 현대국어의 '어른', '어린이'도 '어시'와 동원어同源語이다.

금성金城의 금金이 '어시[母]'와 어떻게 연결되는가? 알타이어계의 여러 어휘를 살펴보자.

> 몽골어  alt алт [알트]
> 터키어  alt Altın [알틴]
> 우즈베크어  olt oltin [올틴]
> 일본어  kane がね [가네][129]

일본어를 제외한 모든 어휘는 유사한 형태를 띠고 있다. 이 어휘는 《삼국사기》〈지리지〉의 지명자료에 보이는 '구리'와 관련있어 보인다. 'l'은 'n'과 조음 위치가 같기 때문에 더러 혼용된다는 점을 고려하면, 한일어 간에는 상당한 유사성이 관측된다. 'l'이 's'와도 자주 도치된다는 점에서, 알타이어계의 여러 어휘들은 '구리'와 '가네'의 'k'이 탈락된 어휘일 수도 있다. 알타이어란 말도 알타이산맥에서 나온 말이다. 알타이는 황금이란 뜻이니 위에 인용한 말들과 어원을 같이 한다.

129  이상 모두 [네이버 사전] 해당 언어 사전에서 인용함.

다음은 益(익)이다. 경덕왕이 고친 이 지명은 신라식의 이름으로 바꾼 것이 된다. 益(익)은 엇[母], 알[金]과는 무관해 보인다. 그런데 益(익)을 성부聲部로 하는 한자를 살펴보자. 무게의 단위로 쓰이는 鎰(일)과 넘치다는 뜻의 溢(일)의 음은 모두 '일'이다. '익~일'이 본래 '읽'에서 분화된 것인지, 'ㄱ'과 'ㄹ'이 넘나들 수 있는 관계에 있었던 것인지는 차치하고, '일'이 母(모)와 金(금)의 '엇', '알'과 연관되었다는 점을 짐작할 수 있게 해주는 대목이다. 益(익)을 '일'로도 읽을 수 있다면 '일곱 살 박이'의 '일'과도 무관하지 않아 보인다. '一七歲(일칠세)'를 '십칠 세'로 해석할 수도 있지만, '한 일곱 살 박이'로 보아야 하는 이유가 여기에 있다. 또 열일곱살 짜리를 누가 아이라고 보겠는가?

정리해 보면 상류인 금성金城에서 흘러오는 강물이므로 모강母江으로 부르고 이곳에 놓인 나루여서 모진母津 내지 모진강母津江이 되며, 이 때문에 '일곱 살 박이 아이'가 등장한 것이다. '어머니'라고 하면 누구나 가슴을 울리는 어떤 감정이 떠오르는데, 무드 없이 금성 고을에서 흘러오는 강물이란 의미라니 조금 실망할 법도 하다. 그러나 사실이 그러하다면 어쩌겠는가? 지명유래는 유래대로 알리고 '어머니강'으로 부를 다른 이유를 찾으면 될 일이다.

## 우두산牛頭山의 지명 유래

춘천이 우수주牛首州가 된 것은 기록상 선덕왕 6년 서기 637년의 일이다. 이후 673년 문무왕 13년에 수약주首若州를 설치했고, 경덕왕대에 이르러 삭주朔州로 고쳤다고 한다.[130]

---

130 《삼국사기》 권 35.

지금 춘천 소양강 가에 '우두산'이라 불리는 작은 산이 있다. 우두주 란 지명이 이 산에서 유래한 것으로 보는 데는 큰 이견이 없다. 우두牛 頭나 우수牛首를 그대로 풀이하면 '쇠머리'가 된다. 쇠머리를 닮아서 유 래되었다는 식의 유래설이 등장하는 이유가 여기에 있다.

전국에 '우두산'이란 지명은 꽤 많다. 한글학회,《한국땅이름큰사전》 (1992)에 따르면, 우두가 15곳, 우두산 20곳, 우두봉이 3곳, 우두악 1곳 이며, 우산이 58곳, 우산동이 5곳, 우산리가 19곳 등이다. 오래전에 '바 이두'를 통해 중국의 '우두산'을 검색해본 결과 600곳이 넘었던 것으로 기억한다. 땅의 크기에 비하면 오히려 우리나라 쪽이 더 많은 축에 속 한다.

전 세계의 산을 모두 뒤져보면 그중에 혹 소머리 형상을 한 산을 몇 개 찾을 수 있을지 모르지만, 그 많은 산이 모두 소머리 형상을 하고 있 다고 믿기는 어렵다.

춘천에서는 하늘에서 천우天牛가 내려와 소양강 물을 마시는 형국이 라는 설이 거론되기도 하고, 단군 시대부터 하늘에 천제를 지냈다는 설 도 제시되지만, 그 경우라면《삼국사기》나《고려사》등의 사서에 산신 에게 제사지내는 곳의 목록에 포함되어 있었어야 할 것인데 찾아볼 수 없다. 해발 234.1m에 불과한 양산 용담동의 우불산은 경남 4대 명산으 로 불리는 데 비해, 우두산은 춘천을 대표하는 산으로 손꼽히기는 하지 만, 그렇게 중요시되지도 큰 숭배의 대상으로 여겨지지도 않았던 것으 로 보인다. 그런 점에서 쇠머리를 닮았다고 하는 점이 대체 왜 숭배의 대상이 되어야 하는지를 설명할 수 없다는 점에서 의아하다. 더구나 대 부분의 우두산이 물가에 자리한 것만도 아니어서, 물을 마시는 형국이 라는 말은 성립하기 어렵다.

흙산이거나 바위산이기만 한 것도 아니요, 높은 산이거나 야산만 있 는 것도 아니다. 몇 가지로라도 분류할 수 있으면 유래에 접근하기 위한

춘천시 우두동 우두산

단서로 삼을 수 있을 텐데, 도저히 공통점을 찾을 수 없다.

> 우수주(牛首州) 수(首)를 두(頭)로 쓰기도 한다. 수차약(首次若)이라고도 하
> 고 오근내(烏根乃)라고도 한다.(《삼국사기》). [131]

    춘천의 경우 우수주 혹은 우두주로 불리던 것이 뒤에 수약주, 수차약
으로 바뀌고 오근내를 거쳐 삭주가 되었다. 고려시대 내내 춘주로 불리
다가 춘천이라는 지명으로 불리게 된 것은 조선 태종 13년 서기 1413년
에 이르러서의 일이다.

    《삼국사기 지리지》 지명들의 음운 대응 관계에 따라 우수주牛首州와
수약주首若州, 수차약首次若, 오근내烏根乃, 朔州 등의 지명이 소[牛]와 관련있
을 거라 볼 수도 있다. 그러나 많은 지명 중에 소를 뜻하는 알타이어 계
통의 지명이 유독 춘천에만 존재한다는 설명이 되어서 설득력이 부족

---

131    牛首州 首一作頭, 一云首次若, 一云烏根乃.《삼국사기》 권 37.

하다. 한두 개도 아니고 수백 개에 달하는 지명 중에서 오직 춘천에만 소[牛] 관련 지명이 남아 있다는 것이 성립할 수 있겠는가?

우두산은 큰 고을마다 한두 곳씩 있는 모양이다. 이토록 소를 중시하게 된 것은 언제, 어떤 이유에서일까?

인류가 채집, 수렵 경제에서 벗어나 많은 수확량을 확보할 수 있게 된 것은 농경이 시작된 시점부터라 할 수 있다. 그것도 더 폭발적인 증가하게 된 것은 가축의 힘을 빌어 농사짓기 시작하면서부터 일 것이다. 동북아시아에서 소의 영향력은 절대적이다. 사람의 힘으로만 할 수 있었던 것보다 훨씬 넓은 범위에 농사를 지을 수 있었다. 땅을 깊이 갈 수 있었을 테니, 뿌리내림 등 벼의 생육이나, 가뭄이나 장마, 병해에 견디는 힘에 있어서도 이전보다 훨씬 유리했을 것이기 때문이다.

중국 고대 신화 속 인물인 염제신농씨炎帝神農氏는 농사짓는 법을 전파시키고 약재를 만드는 법을 가르쳐 주는 등 인간의 생계유지와 질병 치료에 획기적인 발전을 가져다 준 인물로 평가된다. 똑똑한 인물의 상징으로 인식되어 《삼국사기》 강수열전에 태종무열왕이 우두牛頭이던 이름을 '강수선생强首先生'으로 이름지어 주었을 정도이다. 우두牛頭란 이름은 그의 머리에 딱딱한 검정사마귀[贅子]가 있었던 데서 붙여진 것이다.

염제신농씨의 모습이 바로 '사람의 몸에 소의 머리[人身牛頭]'라 기록되어 있다. 어떤 자료에는 '인신용두人身龍頭'였다고도 설명된다. 전국에 우두산뿐만 아니라 용두산도 많이 존재한다. Daum 카카오 지도에서 찾아보니 25곳의 용두산이 검색되었다. 그중에는 실제로 용의 머리를 닮아서 이름 붙여진 곳이 없으리란 법은 없지만, 많은 부분 염제신농씨와 관련되어 있을 것이다. 용龍은 수신水神으로 농사農事를 관장하는 것으로 믿어졌기 때문이다. 농사 농農자의 별진辰자에 용의 의미가 있다.

그렇다면 우두산은 소의 머리를 닮았다거나, 물을 마시는 형국이라거나, 소가 누워있는 형국이라거나 하는 것이 아니라, 농신을 모시는 제단이 있었던 산에서 명명된 것으로 보는 것이 더 적절할 것이다.

## 향로산은 향로를, 노고산은 할머를 닮았는가?

### 향로산, 갈매울

춘천시 온의동 경춘선을 따라 매 2일, 7일마다 풍물시장이 열린다. 본래 약사동 약사천 자리에 있던 것을 약사천을 덮었던 것을 걷어내고 옛 물길을 되살리면서 그 자리에 있던 풍물시장을 이곳으로 옮긴 것이다.

풍물시장 입구의 안내판에 본래 '갈매울'이라 부르던 곳이라 설명해 놓았다. 《춘주지》에는 '갈마곡葛馬谷', 《여지도서》에 '갈마곡리渴馬谷里'란 지명이 보인다. 남쪽 8리 거리에 있다고 한다. '갈마'의 표기는 '갈마葛麻'와 '갈마渴馬'가 일반적이다. '갈마葛麻'에는 '칡과 삼이 많아서'란 유래가, '갈마渴馬'에는 풍수지리상 목마른 말이 물을 마시는 형국이라는 '갈마음수형渴馬飮水形'의 지형이라는 유래가 등장한다. 《춘주지》의 '갈마葛馬'는 이를 한 글자씩 섞어 놓은 모양이다. 칡과 삼이 많았는지는 알 길이 없고 갈마음수형의 형국이 있는지는 확인할 수 없다.

이곳 뒤편에 향로산이 있다. 춘천부의 남쪽에 자리한 탓에 옛 문헌에는 안산案山이 된다고 설명하고 있다. 김영하의 《수춘지》에는 다음과 같이 기록되어 있다.

향로산(香爐山) : 부의 남쪽 십 리에 있으며, 부의 바로 맞은편인 안산[案山]이 된다. 산 모습이 수려하고 숲의 광채가 정채(精彩)롭다.

◇ 우인(雨人) 김병륙(金炳陸)[132]의 시이다.
동구의 붉은 놀에 햇발이 비끼는데 / 洞口丹霞日脚斜
자주빛 연기 나는 곳에 인가가 있네 / 紫烟生處有人家
물흐름 따라가다 혹시 고기잡는 사내 오나 싶은데 / 隨流或恐漁郎至
보리 심은 청산에 꽃은 심지 않았네 / 種麥靑山不種花

　향로香爐의 어떤 모습을 닮아서 이런 이름이 붙게 되었을까? 정상부가 기다랗게 평평한 모습 때문인가? 아무리 생각해보아도 잘 떠오르지 않는다. Daum 카카오 지도 서비스에서 '향로산'과 '향로봉'을 검색해 보았다.

- 향로산 산 경남 밀양시 단장면 구천리 산 1
- 향로산/향로봉 산 전북특별자치도 무주군 무주읍 읍내리
- 향로봉 지명 경기 연천군 연천읍 부곡리
- 향로봉 산봉우리 강원특별자치도 원주시 행구동 산 104-1
- 향로봉 산봉우리 경기 남양주시 별내면 청학리
- 향로봉 산봉우리 서울 종로구 구기동
- 향로봉 산봉우리 강원특별자치도 고성군 수동면 상원리
- 향로봉 산봉우리 충북 충주시 소태면 복탄리 산 86-1
- 향로봉 산봉우리 인천 옹진군 영흥면 내리
- 향로봉 산봉우리 경북 포항시 북구 죽장면 하옥리 산 224-1
- 향로봉 산봉우리 경북 안동시 일직면 원리 산 89-1
- 향로봉 산봉우리 충남 보령시 미산면 용수리 산 57
- 향로봉 산봉우리 경남 밀양시 단장면 고례리 산 214-1
- 향로봉 산봉우리 경남 고성군 하이면 와룡리 산 78

---

132　김병륙(金炳陸) : 1830년생. 안동김씨로 1857년 과거를 거쳐 승지, 안변부사 등과 1869-1871년간 춘천부사를 지냈다. 이때 춘천의 김준종(金駿鍾) 등과 교유하였다고 한다. 아래 '춘천부선생(春川府先生)' 및 '명망(名望)'의 김준종 조항 참조. 그의 재임시에 만든 것으로 추정되는 『춘천부읍지(春川府邑誌)』(국립중앙도서관 소장)의 '산천' 항목 '향로산' 조항에는 18세기 『여지도서』부터 있었던 말을 따라 "읍기의 안산이 된다. 전방산에서 와서 봉황대의 주맥이 된다[爲邑基案山 自箭防山來 爲鳳凰臺主脈]"는 언급이 있다.

- 향로봉 산봉우리 전남 장성군 서삼면 대덕리 산 115
- 향로봉 산봉우리 광주 동구 운림동 산 54
- 향로봉 산봉우리 광주 북구 화암동 산 263
- 향로봉 산봉우리 전남 영암군 영암읍 회문리 산 26-1
- 향로봉 산봉우리 전남 고흥군 포두면 차동리
- 적상산 향로봉 산봉우리 전북특별자치도 무주군 적상면 사천리 산 144
- 두륜산 향로봉 산봉우리 전남 해남군 삼산면 구림리 산 24-1

　향로산이 2곳, 향로봉이 20곳인데, 두 지명이 같이 쓰인 곳이 있어, 총 21곳의 향로봉(산)이 검색되었다. 등고선을 살펴보니 이들 중 춘천 향로산의 모양을 갖춘 곳은 한 곳도 보이지 않는다. 그렇다고 다른 형태로 향로의 모양을 갖춘 것도 아니다. 결국 향로봉(산)이 향로를 닮아서 명명된 것은 아니란 말이다.

　산은 보는 각도에 따라서 달리 보인다. 산의 명칭도 어느 쪽에서 보는 모습을 보고 이름 붙이느냐에 따라 다른 이름을 갖게 된다. 춘천 사북면의 용화산이 춘천 쪽에서 보면 거대한 바위 절벽이 먼저 눈에 띄는 데 비해 화천군 하남면이나 간동면 쪽에서는 바위를 찾아보기 어렵다. 사인암산이란 지명은 이 거대한 바위에서 유래했다. 사인암산이란 명칭이 춘천 쪽의 지리지에서만 발견되는 것은 그 때문이다. 우리가 흔히 쓰는 용화산이란 지명은 불교적 입장에서 명명한 것이다. 그렇다면 향로산도 이런 이름을 부여받은 방향이 있을 것이다.

　춘천 시내 쪽에서 바라보는 향로산의 모습과 달리 삼천동 자라우 마을 쪽에서 바라보는 향로산의 모습은 뾰족한 삼각형이다. 흡사 삿갓 모양을 빼닮았다.

　삿갓 모양의 산봉우리가 향로香爐와는 무슨 관련이 있단 말인가? 향로는 본래 '갈~가로'를 표기하기 위한 차자표기이다. '향로'에서 '로'는 앞 음절의 말음 'ㄹ'을 보충하기 위해 사용된 글자이며, 'ㅇ'자는 발음되지 않았을 것으로 보인다. '갈~가로'의 'ㄹ'은 고대 시기에는 'ㅅ'에 가까웠

향로산(삼천동 자라우 마을에서 바라본 모습)

다. 즉 향로란 말은 '갓[冠]'이란 우리말을 표기하기 위해 끌어왔을 뿐, 실제 향로란 기구와는 아무런 관련이 없는 것이다. 위에 검색된 향로봉(산)도 이와 같은 뜻에서 유래한 지명으로 이해된다.

### 홍천 서면 모곡리, 암산과 숫산?

독립협회를 창립하고 한성신문 사장으로도 활동한 한서翰西 남궁억南宮檍, 1863~1939 선생의 고향이 모곡리이다. 출생지는 서울이지만 선대가 대대로 살아온 곳이 모곡리인 것이다. 1918년 건강 악화로 서면 보리울[牟谷]로 낙향하여, 1919년 9월 모곡학교牟谷學校를 설립한 뒤 무궁화를 전국에 보급하기 위해 노력하였다. 1933년 11월 기독교 계열 독립운동 비밀결사인 십자당十字黨을 조직, 활동하다 일본 경찰에 붙잡혀 8개월간 투옥되었다. 노령이 참작되어 석방되었으나 고문의 여독으로 사망하였다. 선생이 올라 기도하던 유리봉 아래 묘소가 있다. 현 한서초등학교 뒷산이다. 부근에 한서 남궁억 선생 기념관도 건립하였다. 지금은 돌아가신 당숙이 1970년대 면장을 하시면서 묘역 사업을 주도하였는데, 생전에 계실 때 부탁을 받고 대신 시를 지어드린 적이 있다.

翰西 先生을 追慕하며

눈덮힌 널미재 허위허위 넘으실 제
생 눈 헤쳐 가며 그른 길 바로잡아
발자국 곧게 남겨 이정표(里程標) 세우셨네

국난(國難)의 질곡(桎梏) 속에 어린 학동(學童) 깨치시며
삼천리(三千里) 이 강산(江山)에 겨레나무 심은 뜻은
일편단심(一片丹心) 민족자존(民族自存) 온 누리에 무궁(無窮)하길

욕(辱)된 역사(歷史) 멍에지고 끓는 의분(義奮) 삭여내며
유리봉 찬 바위에 무릎 꿇고 비는 정성(精誠)
높고 큰 그 정신(精神) 가슴깊이 새기오리

모곡 삼거리를 중심으로 이쪽저쪽에 '암산', '숫산'으로 불리는 봉우리가 있다. 당숙과 친구분이 주고받으신 대화 중에 이 말을 들었을 때는 무슨 의미인지 몰라 그런가 보다 하고 듣고 넘겼다. 초등학교 5학년이던가, 그 무렵에 모곡리와 반곡을 오가는 버스가 운행되었다. 6학년 점심시간에 짬을 내어 그 버스를 타고 처음 묘역을 참배했다. 나중에 들어보니 선친께선 6·25동란으로 진학을 못 하다가 한서중학교에 입학해 1년 만에 졸업하셨단다. 이 얘기는 공부를 게을리하던 우리 형제들에게 어머니께서 하신 말씀인데, 5남매 중 가장 공부머리가 떨어지는 나만 대학에 들어갔다. 버스는 채 몇 년을 채우지 못한 채 운행을 포기하고 말았다. 개야리에서 두미리를 오가는 험한 고갯길 때문에 더는 운행을 계속할 수 없었던 모양이다. 강 쪽은 천 길 아래 낭떠러지였다. 처음 길을 낼 때 불도저가 강으로 굴러떨어지면서 기사가 사망했다. 이

일은 우리 마을의 큰 뉴스거리였고, 그 뒤로 그 자리는 '도자 구른 데'라는 지명을 낳기까지 했다. 안 그래도 고소공포증이 있던 나는 그 길을 지날 때면 매번 산 쪽으로 붙어서 걸어 다녔다.

　암수 두 산은 주위에선 보기 드물게 바위로 뒤덮힌 뾰족산이다. 일제강점기 자료인 2,3차분 〈조선오만분일지형도〉 및 《조선지지자료》에 '노고산老姑山' 및 '수산壽山'이란 명칭이 보인다. 노고산과 수산, 암산과 숫산이란 지명을 비교해 보면 이 지명의 유래가 어찌 탄생하게 되었는지를 유추할 수 있다.

　'노고老姑'란 우리말로 '할미'를 뜻하는 한자어이다. 이를 할머니 산으로 인식하게 되면서 자연 할아버지 산도 필요해졌다. 음양이 맞아야 하지 않겠는가! 그래서 붙여진 이름이 '숫산'이다. 모곡 삼거리에서 마곡, 길곡 방향에 솟은 산이다. 3차분 〈조선오만분일지형도〉에는 한자로 '壽山'으로 표기되어 있다.

　'노고산老姑山' 즉, '할미산'이란 말은 본래 할머니를 뜻하는 말 아니라

모곡리 할미산(노고산) 중방대리 쪽에서 본 모습

모곡리 할미산(노고산) 한덕리 쪽에서 본 모습

'갓뫼 〉 갈뫼'란 말에서 나온 것이다. 삿갓처럼 뾰족한 산의 모습에서
명명된 것인데, '갈뫼'의 초성 'ㄱ'이 약화되면서 '할뫼 〉 할매'가 된 것
이다. 이를 한자화하면서 같은 뜻의 '노고老姑'를 가져다 표기한 것이 암
수[雌雄]의 오해를 낳은 것이다.


## 봉의산은 정말 봉황을 닮았을까?

봉의산은 춘천의 진산鎭山이다. 진산이란 고을의 뒤켠에서 보위해주
는 역할을 하는 산이란 뜻이다. 《고려사》에 춘천의 별호로 봉산鳳山이
란 이름이 등장하는데, 이 산의 이름을 따서 고을의 이름으로 삼은 것
으로 보인다. 해발 300.5m 정도로 높지 않은 산이지만 사위에 큰 산들
이 에워싼 가운데 주변에 낮은 구릉과 벌판 사이에 우뚝 솟은 모습으

로 자리하고 있다.

《서경書經》〈익직益稷〉편에 "소소구성 봉황래의簫韶九成鳳凰來儀" 즉, "순임금의 음악인 소韶가 아홉 장이 연주되니 봉황이 와서 춤을 추었다."는 말에서 鳳과 儀, 두 글자를 뽑아 이름붙인 것이다. 다른 지역에도 봉산, 봉황산 등 같은 유래로 보이는 지명들이 더러 있다. 문제는 '봉산, 또는 봉황산이란 이름이 붙기 전 이 산의 이름은 무엇이었을까?' 또, '그것이 봉황과는 어떤 관련이 있어 산의 이름, 고을의 이름으로 명명된 것일까?' 등등의 의문들이다.

관련 학계에서는 이 산에 있는 봉의산성이 신라 문무왕 13년(A.D. 673년)에 쌓았다는 '주양성 일명 질암성走壤城 一名 迭巖城'이라고 보기도 한다. 주양성을 수약주에 쌓았다고 하였는데, 일찍이 백제 온조왕이 위례에 도읍한 뒤 마한왕에게 사신을 보내 영토를 천명하면서 '동쪽 끝은 주양東極走壤'이라고 한 대목에서도 동명同名의 지명이 확인된다.

백제 온조왕의 수도인 위례에서 남한강과 북한강이 만나는 양수리까지의 거리는 직선거리로 약 16km 밖에 되지 않고, 적이 물길을 따라 공격해 온다고 보면 이 이하로 국경을 삼아서는 도저히 방어를 할 수 없다.

수약주의 관할은 남한강 쪽으로는 용문, 지평부터이고 북한강 쪽으로는 오늘날과 동일하다. 가평을 제외하면 딱히 '주양성'을 쌓을 만한 장소가 보이지 않는데, 가평은 당시 우수주 땅이 아니었으므로 주양성이 될 수 없다. 지평에 용문산을 포함한다면 함왕산성 정도가 대상이 될 수 있겠지만 위례성을 방어하기 위해 구태여 용문산까지 올라가 방어해야 할 필요성은 보이지 않는다. 용문산의 옛 이름은 미지산彌智山이었다. 이것이 주양성이라면 미지산성彌智山城이라고 부를 수도 있었을 터, 주양성走壤城이란 이름을 붙였을 까닭도 없는 데다 두 지명 사이에서는 아무런 연관성을 찾을 수도 없다는 점에서 역시 부정된다.

결국 삼악산성이 아니면 봉의산성이 그 대상이 될 수밖에 없을 터인데, 기존 조사보고서에서 발굴 유물에 대한 연대측정 결과 삼악산성은 후삼국~고려 이후일 수밖에 없다고 하는 데 비해, 봉의산성에서는 7C 무렵의 유물들이 확인된다는 보고가 있으니, 봉의산이 좀 더 유력해지는 것이다.

그런데 봉의산이란 이름이 이 당시에도 있었다면 당연히 '봉의산성'이라 했어야 마땅한 일인데, 주양성走壤城, 질암성迭巖城이라고 산성山城이란 표현을 쓰지 않은 점도 걸린다. 산에 성을 쌓아두고 산성山城이라 하지 않는다는 게 말이 되는가? 질암迭巖이라면 迭(질)이란 바위[巖]를 보고 명명한 것일 터, 봉의산에 춘천을 대표할만한 바위가 있었던가 하는 의문이 생긴다.

소양정 부근에 범바위라고 불리는 바위가 있기는 했다. 이 바위는 후평동과 소양로를 연결하는 도로를 건설하면서 파괴해 버렸다. 소문에 따르면 한국전쟁 당시 북한군이 이 바위를 탱크로 오인하고 쉬 공격하지 못했다는 이야기가 전해지기도 하는데, 실물을 본 적이 없는 데다, 확인할 도리도 없는 터라 뭐라 할 말이 없다. 그 정도라면 산의 명칭이 되기에 부족함이 없어 보이기는 한다. 문제는 소양정을 노래한 수많은 시 중에서 이 바위를 언급한 곳은 한 군데도 없을 정도로 존재 자체가 미미하였다는 사실이다. 어쨌든 '범'[虎]과 봉황鳳凰과의 연관성을 밝혀내는 것도 난해한 일이다.

주양성, 질암성과 봉의산은 어떤 관계가 있는가?《삼국사기》〈지리지〉 등 고대국어 기록을 살펴보면 'ㅅ, ㅈ, ㅊ,…' 계열의 한자음이 혼재되어 쓰이는 것을 볼 수 있다. 이는 한자문화권에서도 자주 나타나는 현상이다. '주양성 일명 질암성走壤城 一名 迭巖城'에서 달릴 走(주)와 疾(질)의 관계도 그러하거니와, 疾(질)과 그 성부인 失(실)의 경우도 그렇다.

이는 춘천을 지칭하는 다른 이름 수약주首若州, 수차약首次若, 삭주朔州 등과의 비교에서 '실~시락'을 재구할 수 있는 것과 맥을 같이 한다. 그 지명 유래의 대상물은 국사봉 아래 백돌[白石]에 있다. 흰(또는 붉은) 돌 속에 태양이 들어 있다는 고대인의 사고에 기초한 것이다. 태양을 어떤 관점에서 인식하느냐에 따라서 '붉-/밝-'계통, '실~시라'계통, '갈~가리' 계통 등의 차이가 발생한다.

'붉-/밝-'계통에는 국사봉과 더불어 성산, 성산, 우미산 등의 지명이 있고, '실~시라'계통에는 주양, 질암, 수약주, 수차약, 삭주 등의 지명이 있다고 본 것이다. 그리고 이에 더해 '갈~가리'계통으로 분류할 수 있는 것이 있다.[133] '갈~가리'는 홍천~춘천의 가리산加里山, 평창~정선의 가리왕산加里旺山, 홍천 남면~양평 청운면의 갈기산葛基山 등등의 지명에서 그 예를 찾아볼 수 있다. 이를 고대국어로 재구하자면 '갓~가시' 정도로 표기할 수 있다. 여기서 초성 'ㄱ'이 소멸한 것이 '앗~아시'이다.

> 今只曰 새, 或曰 新羅古語云 아시새, 卽어시새, 鳳爲羽族之長 如君如
> 父 故曰어시, 今猶呼父曰 어시, 或 어ᄉᆡ … (황윤석, 〈화음방언자의해〉)[134]

봉황鳳凰의 중세국어는 '아시새'이다. '갈~가리' 계통의 '아사~아자~아차,…'와 봉황鳳凰의 고어 '아시'가 만나는 지점이 바로 여기이다.

'아시' 어원을 같이하는 어휘를 탐색해보면, '아ᅀᆞ, 아차, 아찬, 아침,…' 다양한 어형과 의미를 가진 어휘들이 검색된다. 고조선의 수도인 아사달阿斯達과 조선朝鮮이란 국호에서 볼 수 있고, 《삼국사기》〈지리지〉

---

133  고대국어에서 중세국어로 넘어오는 과정에서 종성의 'ㄷ, ㅅ, ㅈ, ㅊ,…' 등의 음은 'ㄹ'로 변화하는 과정을 경험한다. 한자의 경우 100%라고 해도 무방할 정도로 변화를 겪었으니, 15C국어에서 '이영보래식 표기'가 이를 증명해준다. '이영보래'란 'ㆆ'으로 'ㄹ'음가를 보충한다는 뜻으로, 당시 중국한자음이 'ㄷ, ㅅ, ㅈ, ㅊ,…'에 가깝게 발음되고 있었던 데 비해 한국한자음은 'ㄹ'로 변화되어 있었기에, 이를 중국식 발음에 가깝게 표기하기 위해 'ㄹ' 뒤에 'ㆆ'을 더해 'ㄷ, ㅅ, ㅈ, ㅊ,…'에 가까운 발음을 하도록 만든 표시이다.
134  황윤석, 〈華音方言字義解〉, 《이재유고》 권25. 한국고전종합DB.

에는 전라도 압해군의 옛 지명 아차산현阿次山縣, 압해군壓(押)海郡 등의 변화 과정도 확인된다. 서울 광진구와 경기도 구리시에 걸쳐 있는 아차산峨嵯山, 阿且山, 阿旦, …과, 충북 괴산군 청천면의 아차峨嵯, 정선군 북면의 아차동牙次洞이란 지명도 보인다. 춘천에도 신북읍 유포리에 아침못이라는 지명이 있다. 엄황의《춘주지》에 아차지阿次池로, 후에는 조연朝淵으로도 기록되어 있다.

후행 요소에 따라 어형은 다소 차이가 있지만 '아'에 대한 차자표기는 대체로 '阿(아), 峨(아), 牙(아)' 정도로 정리된다. 阿는 형성문자로 可가 성부이며, 峨는 我가 성부이다. 牙는 어금니 송곳니를 뜻하는 글자인데, 오행상 木에 속하는 'ㄱ,ㅋ,ㄲ,ㅇ'이 이에 해당된다.

阿의 음은 '아'이지만, 성부를 구성하는 可가 포함된 한자들의 음이 '가, 하, 아' 등으로 나타나는 것으로 보아 '가'의 약화과정에서 '가 〉하 〉아'로 변화되었고, 글자가 만들어질 당시부터 얼마 동안은 '가'로 발음되었을 것으로 본다.

峨의 성부 我는 훈이 '나', 음이 '아'이다. 상고음이 ⟨ŋa⟩인 것으로 보아, 우리 말에는 초성에 /ŋ-/이 올 수 없다는 제약에 따라 한편으로는 '나', 다른 한편으로는 '아'로 변하였을 것으로 본다. 我를 현재는 '나아'로 새기지만, '나'와 '아' 모두 'ŋa'에서 나온 말인 셈이다.

'ŋ-'을 반영하고 있는 대표적인 한자가 '魚'(어)이다. 물고기를 나타내는 한자어와 한글음을 비교해 보면 공통적인 차이를 발견할 수 있다. 鮒魚(부어):붕어, 沙魚(사어):상어, 葦魚(위어):웅어, … 한자는 각각 '부어, 사어, 위어'인데, 우리말은 '붕어, 상어, 웅어' 등으로 /ŋ/이 덧붙는 현상이 발생한 것이다. 이는 魚의 상고음이 '어'가 아닌 ⟨ŋə⟩인 것을 설명해주는 좋은 자료이다. 우리말에 /ŋ/이 초성에 올 수 없었기에 앞 음절의 말음으로 올려붙인 것이다.

대체로 무성음 /k/가 약화되는 과정에서 유성음 /g/가 되는데, 우리

말에서 /k/와 /g/는 발음도 청음도 구분하기 힘든 글자이다. 일본어에서도 마찬가지여서 무성음 か[ka]가 약화되는 과정에서 유성음 が[ga]로 발음되고 있으나, [ŋa]로 실현되는 경우도 어렵지 않게 볼 수 있다.

일례로 '큰 밭'과 '넓은 밭'과의 사이에 의미상의 차이가 있는가? 위의 변화 과정에서 생각해 보면 '큰~클'이 거센소리되기 현상을 겪기 이전 꼴인 '근~글'에서 초성 'k 〉 g'로 약화되면서 /ŋ-/의 시기가 있었고, 이것이 '넓-'의 어형을 낳는 결과를 초래한 것으로 설명할 수 있다. 'ㄱ'과 'ㄴ'의 사이에 엄청난 차이가 있을 것으로 보이지만 실제로는 하나의 과정으로 설명할 수 있는 것이다.

/k,g/와 /ŋ/는 모두 연구개에서 소리가 나며 훈민정음의 표현대로 하면 '엄소리'에 해당되는 말이다. 이렇게 보면 可, 我, 牙 등의 한자들은 서로 매우 밀접한 관계를 갖는 글자들인 것이다.

한편, 국어가 영어 'Bus'를 받아들이는 과정에서도 비슷한 상황이 벌어졌다. 이때는 유성음 /b/의 발음이 어렵자 '버스'가 아닌 '뻐스'로 된 소리로 발음함으로써 이 문제를 해결했다. 이 현상은 지금도 진행형이다.

국사봉國士峰 및 성산星山, 성산城山, 우미산尤美山, 무릉武陵, 퇴계退溪 등의 이칭들이 일관되게 가리키고 있는 그 대상물은 앞서 언급했다시피 백석白石이다. 백석은 퇴계동 국사봉 아래 백석골 어귀에 서 있는 흰 빛깔의 규암 덩이이다. 흔히 차돌이라 부른다. 이 돌은 춘천의 옛 명칭 주양走壤・질암迭巖의 대상이며, 수약주・수차약・오근내란 지명의 대상이기도 하다.

봉의산성을 주양산성, 질암산성이라 하지 못한 이유가 여기에 있다. 주양, 질암의 대상은 국사봉에 있는 백돌이지 봉의산에 있는 것이 아니었으므로 봉산성이나 아시산성이라 할 수 없었고, 산성은 국사봉이 아니라 봉의산에 쌓은 것이므로 주양산성 또는 질암산성이라 이름할 수 없었던 것으로 이해된다.

백돌은 춘천의 시원부터 오늘날까지 함께 해온 것으로 볼 수 있다. 본래 모습은 훨씬 크고 웅장했을 것으로 보이지만, 대부분 파괴되거나 땅속에 묻혀버렸고, 남아 있던 부분마저 온전한 모습을 잃은 채 시민들의 머릿속에서도 잊혀져 가고 있다.

춘천의 시원을 함께하고, 작금의 고을명의 유래가 된 대상물 백돌, 춘천다움을 표방하고 새로운 스토리텔링을 구상한다고 할 때, 이것을 빼놓고 다른 무엇을 말할 수 있겠는가? 경기도 고양시 백석공원과 그에 대한 흰돌문화축제 행사가 그 좋은 사례로 삼을 수 있을 것이다. 하물며 춘천은 일개 동이 아닌 강원도의 수부 도시가 아니던가!

# 제2편

# 심화

생각거리 지명들
광명사상에서 유래된 지명

청명사란 명칭은 언제,
누구로부터 시작되었을까?

오봉산 이름 바꾸기

오봉산은 과연 아무 근거도 없이
지어진 지명일까?

오봉산 이름을
굳이 바꿔야 한다면….

# 생각거리 지명들

송광연 부사가 말한 법화산은
어디인가?

지리지마다 다른 거리계수,
무슨 까닭인가?

온조왕이 낙랑 우두산성을 치려다가
대설을 만난 곳이 남산면 방하리인가?

이태백이 노래한
삼산이수(三山二水)

'춘천다움'이란

지명으로 맥국의 존재를
증명할 수 있는가?

## 청평사란 명칭은 언제, 누구로부터 시작되었을까?

세간에 청평사란 명칭의 시작은 보우普雨, 1509~1565가 1555년 청평사에 와서 고친 것으로 알려져 있지만, 이는 사실이 아니다. 이보다 앞선 매월당 김시습金時習, 1435~1493의 시에도 동명의 시가 보일 뿐 아니라, 여말 선초의 인물인 원천석元天錫, 1300~?의 시에도 등장하고 있기 때문이다.

산의 명칭으로서의 '청평'은 일찍이 이자현이 이 산에 은거하면서 도둑이 없어지고 범과 이리가 사라지게 되면서부터 이름 붙여졌다고 한다. 이자현이 오기 전 이 산의 이름은 경운산慶雲山이었고, 지금은 이 산을 오봉산五峯山이라 부른다. 보우普雨, 1515~1565가 청평사를 대대적으로 중창하고 붙인 이름은 '경운산만수성청평선사慶雲山萬壽聖清平禪寺'였다.

보우가 아니라면 청평사란 명칭은 대체 언제부터, 누구에 의해 쓰이기 시작한 것일까?

청평사 전경

서기 973년(고려 광종 24) 영현永玹 선사가 창건한 백암선원白巖禪院에서 유래한다. 이후 문종 22년 서기 1068년 춘주도감창사로 왔던 이의李顗가 보현원普賢院으로 개칭하였고, 1089년 희이자 이자현이 아버지 이의李顗가 명명했던 보현원을 고쳐 '문수원'으로 바꾸었다. 이 명칭은 원 인종元仁宗, 1285~1320의 부인 달마실리達麻實里가 태정 4년 불경과 만금의 돈을 시주한 1327년까지도 유지되었다. 익재 이제현李齊賢, 1287~1367이 지은 비문이 '청평산문수원시장경비淸平山文殊院施藏經碑'이기 때문이다. 이 비문의 전면 글씨는 행촌 이암의 솜씨이고, 뒷면은 승 성징性澄의 글씨이다. 1327년(충숙왕 14) 원나라 황제 진종晉宗의 비 달마실리가 불경·재물을 시주한 것을 왕명을 받아 청평사 회전문 앞마당 동편에 장경비를 세우게 된다. 신위申緯의 《경수당전고警修堂全藁》에는 조선 순조 때 신명준申命準이 여러 조각이 난 채로 쓰러져 파묻혀 있던 다섯 조각을 발견하였다는 기록이 전한다. 탁본한 것이 현전하고 있으며, 글은 익재 이제현이 문집에도 실려 전한다.

그렇다면 청평사란 절의 명칭의 시작은 1328년 이후 원천석이 다녀간 시점까지의 사이 어느 때에 해당된다. 원천석의 몰년은 확실치 않으

청평사 경운루 안쪽

청평사 경운루

나 태종 이방원이 1400년 등극해 스승을 찾아 치악산을 방문하는 것으로 미루어 원천석의 나이 80세가 되는 1419년 무렵보다 더 늦추기 어렵다. 원천석의 춘천 방문은 《운곡행록》을 살펴보건대 두 차례 정도 되었을 것으로 보인다. 원천석이 청평사에 은거한 일은 없으므로 대상이 되기 어렵다면, 개연성이 엿보이는 인물은 서너 명으로 압축된다.

우선 행촌 이암李嵒, 1297~1364은 익재 이제현보다 10살 어리다. 13살에 이미 명필이란 칭호를 얻었으며 이해 문과에도 합격했다. 소문을 들은 원 인종은 1311년 15살의 행촌에게 연화경 10본을 써 바치게 하였다고 한다. 여러 벼슬을 역임하던 그는 57세부터 62세까지(1353~1358) 청평산에 머무른다. 그가 청평사로 명칭을 바꾸었다면 이 시기일 것인데, 주지가 아닌 은거자로서 또한, 몸소 문수원비를 썼던 입장에서 사찰의 명칭까지 바꿨다고 하기에는 무리가 따른다.

다음으로 고려 말 환암幻庵 보우普愚, 1301~1382가 있다. 북한산 태고사에 목은 이색이 쓴 〈태고사 원증국사 탑명圓證國師塔銘〉이 있다. 원증국사는 보우의 시호이다. 이에 따르면 병신년(1356) 3월에 왕이 국사를 청하여 봉은사奉恩寺에서 설법하게 하였다. (중략) 광명사廣明寺에 머무

청평사 소맷돌

르며 지내다가 이듬해에 자리를 사양하였으나 공민왕이 윤허하지 않자 밤중에 달아나버렸다. 국사의 뜻을 꺾을 수 없음을 안 공민왕은 법복과 인장印章을 모두 국사에게 돌려보냈다. 그가 청평산에 머문 시기는 그가 광명사를 떠난 시점부터 양산사陽山寺에 주지가 될 때까지의 기간 중에 있을 것으로 보인다. 1356~1362년 가을 사이이다. 그가 머문 곳은 청평산 칠성암七星庵으로 알려져 있다. 칠성암이란 명칭으로 보아, 산신각처럼 불교가 토속신앙과 습합하는 과정에서 만들어진 암자로, 정통 가람에 딸린 암자는 아니다. 이는 그가 주지의 신분으로 이곳에 머문 것이 아니란 추정을 해볼 수 있는 방증이다. 역시 청평사로 이름을 바꿀 만한 권한을 가진 사람은 아니었으리란 추측이 가능케 하는 대목이다.

태고사의 〈원증국사탑명〉과 양평 용문산 아래 사나사의 〈원증국사석종비명〉 두 곳 모두에 보우의 문도 혼수混脩, 1320~1392의 이름이 새겨져 있다. 양촌 권근이 찬한 그의 비명 〈유명 조선국 보각국사비명 병서普覺國師碑銘幷序〉에 따르면, 임금이 그에게 노국대장공주(공민왕비)의 원찰인 광암사光巖寺의 주지를 맡아 달라고 청하였다. 병으로 사양하였으나 허락을 얻지 못한 채 3년을 머물다가 거듭 물러가기를 청하였으나 끝내 허락이 내리지 않았다. 이에 그는 야밤에 원주 백운암白雲菴으로 도망쳐 버린다. 이후부터 용문龍門·청평淸平·치악산雉岳山 등을 두루 다니면서 다시는 주지가 되지 않기로 맹세하였다고 한다. 밤중에 도망쳐 버렸다는 내용은 스승인 태고 보우와 유사한데 시기가 다르다. 그가 용문·청평·치악을 옮겨 다닌 시기는 1380~1382. 2. 경이다. 주지가 되지 않기로 맹세했다는 점을 염두에 두면 청평사에 머문 시기 그에게는 기존의 문수원이란 명칭을 청평사로 개칭할 만한 권한이 없었을 것으로 보인다.

1367년(공민왕 16)에 청평산 복희암에서 2년 동안 머물렀던 나옹화상 혜근도 들 수 있다. 목은 이색李穡의 《목은집》에 실린 그의 탑명 〈보제존자시선각탑명 병서普濟尊者謚禪覺塔銘幷序〉에 '주 청평사住淸平寺'란 구절이 보인다. 흔히 이 구절을 '청평사에서 주석하였다.'고 해석하는데 이 말이 앞서 거론한 이들처럼 단순히 '머물렀다'는 뜻인지, '주지로 있었다'는 뜻인지는 가름하기 어렵다. 주지로 있었다면 청평사 명칭 변경의 주인공이 되기에 앞의 세 사람보다는 좀 더 무게를 둘 수 수 있지 않을까?

이들 4인의 생몰년을 비교해 보면 행촌 이암이 1297년, 보우가 1301년이며, 혼수와 나옹화상이 1320으로 동갑이어서 모두 같은 시기를 살았던 인물들이다. '청평사'란 표현을 쓴 원천석의 생년도 1330년으로 혼수와 나옹보다 불과 10년 어릴 뿐이다. 원천석의 졸년은 미상인데, 제자 태종이 즉위한 1400년 이미 70세의 고령인 점에 비추어 그의 청평사 방문 시기를 이보다 늦추기도 어려울 듯하다.

머문 시기로 보면 행촌 이암이 1353~1358년으로 다소 앞서고, 보우普愚가 1356~1362년 사이의 어느 때이며, 나옹화상[혜근惠勤]도 1367~1368년 사이에 해당한다. 혼수混脩는 1380~1382.2. 기간에 다녀갔다. 대략 30년 동안의 어느 시기에 이 네 사람 중 한 명에 의해 '청평사'라 명명되었을 것인데, 불교에 문외한인 처지라 아직 언제, 누구라고 증거 삼을 만한 근거를 뚜렷이 제시하지 못하고 두루뭉술하게 추정할 수밖에 없는 것이 못내 아쉽다.

다음은 나옹화상의 가송에 실린 〈시행촌 이시중 암示杏村李侍中嵓〉이란 시의 전문이다. 행촌 이암과 직접 교류한 것으로 보이지는 않지만, 시의 내용을 보면 서로의 존재를 잘 알고 있었을 것으로 보인다.

> 비가 붉은 복사꽃 씻어내니 오묘한 이치 베풀고 / 雨洗紅桃宣妙理
> 바람이 흰 배꽃에 부니 현묘한 종지를 떨쳐내네 / 風吹梨白振玄宗
> 세상에선 일제히 서쪽에서 온 뜻 거론하건만 / 塵塵齊唱西來意
> 어느 곳에서 수고로이 조사옹을 찾는가[135] / 何處勞勞覓祖翁

135  나옹화상, 〈시행촌 이시중 암(示杏村李侍中嵓)〉, 《나옹화상 가송집》.

# 오봉산 이름 바꾸기

이대주 시의원은 최근 열린 5분발언에서 "오봉산은 고려시대까지만 해도 '청평산'으로 불렸고 일제시대 때는 '경운산'으로 불렸지만 오봉산이라는 명칭의 근거는 찾을 수 없다"며 "그저 다섯개의 봉우리라는 뜻이 전부인 오봉산을 청평산으로 변경해 천년의 역사를 되살려야 한다"고 주장했다.춘천시는 관련 사료들을 조사한 결과 역사적으로 청평산과 경운산으로 불렸다는 사실은 확인이 됐으나 오봉산의 유래에 대해서는 구체적인 자료를 찾지 못했다. 춘천시 관계자는 "오봉산은 1961년 4월22일 고시된 지명으로 유래가 기록돼 있지 않다"며 "당시 약 8만건이 고시되다 보니 심도 있는 검토가 이뤄지기 힘들었을 것으로 보인다"고 했다.[136]

지금까지 수십 년 간 사용해 오던 오봉산을 버리고 청평산으로 바꿔야 한다는 주장이 한 시의회에서 제기되더니, 급기야 춘천시에서 이를 추진한 계획이라는 보도도 등장했다.

높이는 777.9m로, 소양강댐 건너 청평사 뒤에 솟은 비로봉, 보현봉, 문수봉, 관음봉, 나한봉의 다섯 봉우리를 말한다. 옛 이름은 경운산이었고 오봉산, 경운산, 청평산으로도 부르다 등산객에게 알려지면서 오봉산이 되었다. 기차와 배를 타고 가는 철도산행지, 산과 호수를 동시에 즐길 수 있는 호반산행지로 알려져 있다.[137]

오봉산은 춘천시 북산면 청평리에 있는 산이다. 고려시대 김부철의 기문에 따르면 본래 이름은 경운산이었는데, 이자현이 예종의 부름도 사양하고 이곳에 은거해 살자, 호랑이와 이리가 물러가고 도둑들도 자취를 감추어, 고을이 청렴淸廉하고 평안平安해졌으므로, 이름을 바꾸어 청평산으로 불렀다는 것이다. 어떤 이유에서인지 지금은 오봉산으로 더 잘 알려져 있다.

임금에게 대를 이어 딸을 시집보내 귀족이 된 인주(인천)이씨 가문의

---

136  출처 : 강원도민일보(http://www.kado.net).
137  [네이버 지식백과] 오봉산[五峰山] (두산백과).

인물로, 자신이 원한다면 얼마든지 훗날 출세가 보장되는 삶을 택할 수 있었지만, 이를 버리고 춘천에서도 수십 리나 떨어진 산속에서 은거하는 삶을 택한 것이다.

출세를 마다하고 고향으로 돌아와 자연 속에서 삶을 누리려는 경향이 얼마나 널리 퍼져 있었는지는, 일찍이 당송팔대가 중의 한 사람인 한유韓愈의 〈송이원귀반곡서送李愿歸盤谷序〉라는 글이 문장의 모범으로 읽혔을 뿐만 아니라, 전국에 '반곡'이라는 지명을 탄생시키게 했다는 데서도 짐작할 수 있다. 한유가 반곡으로 돌아가는 친구 이원에게 써준 글이다.

이른바 대장부라고 하는 사람들은 재능을 발휘해 천자를 보좌하고, 밖에 나설 때는 깃발을 꽂고 군사들과 수행원이 늘어서서 '물럿거라' 하고 크게 외치고, 집에서는 총애를 다투는 미녀들과 함께한다. 하지만 친구 이원은 가난하게 산야에 살면서, 자연을 즐기고 나물을 캐고 물고기들을 낚아 먹고 근심없이 사는 삶을 택했다. 부귀영화는 운명이어서 마음대로 얻어질 것이 아닌 어쩔 수 없는 선택임을 밝혔다.

《장자莊子》 지락至樂 편에, 원거爰居라는 이름의 새가 노나라 교외에 날아와 앉자, 임금이 그 새를 정중히 모셔다가 종묘宗廟에서 환영연을 베풀면서, 순舜 임금의 소악韶樂을 연주하고 소·양·돼지고기의 요리로 대접하였다. 그 새는 눈이 부시고 근심과 슬픔이 교차하여 고기 한 점도 먹지 못하고 술 한 잔도 마시지 못한 채 3일 만에 죽고 말았다고 한다.

《장자莊子》 추수秋水 편에는, 장자莊子와 그의 친구 혜자惠子가 호수濠水의 다리 위에서 노닐 때, 장자가 말하기를 "피라미가 나와서 조용히 노니, 이것이 물고기의 즐거움일세.[儵魚出游從容 是魚樂也]"라고 하자, 혜자가 말하기를 "자네는 물고기가 아닌데 물고기의 즐거움을 어떻게 알겠는가.[子非魚 安知魚之樂也]"라고 하며 서로 이야기를 나누었다고 한다.

이자현이, "새가 지닌 본성 대로 새를 길러서 종고鐘鼓의 근심을 면하게 해주시고, 고기를 보고 고기를 알아서 강해江海의 즐거움을 이루게 하소서."[138]라고 한 말은 위《장자莊子》의 글을 인용해, 자연과 더불어 살고픈 자신의 본성을 버리지 않게 해달라는 뜻에서 한 말이다.

부귀영화를 버리고 자연 속에 청렴한 삶을 영위하는 이자현의 삶을 흠모하여, 춘천을 찾는 사람이면 반드시 청평산을 찾는 것을 상례로 여겼다. 퇴계 이황조차 재해어사로 파견되어 수해를 입은 상황을 파악하는 임무를 띤 와중이어서 청평산을 들르지는 못했으나, 그 아쉬운 마음을 담아 사관이 폄하했던 이자현의 삶을 옹호하는 글을 쓴 바 있다.

청평산이든 오봉산이든 아니면 경운산이든 사실 난 별 관심이 없다. 한편으로는 현대인의 삶이 이자현처럼 자연에 돌아가 몸을 보전하며 사는 것을 추구하기를 권해야 하는 것도 아닌데, 애써 산이름까지 바꿔가면서 이를 추진해야 할까 싶기도 하고, 한편으론 시정부에서 바꾸자는데 딱히 반대해야 하는 이유도 없는 마당에 무슨 말을 덧붙일까 하는 마음이다.

> 1970년대에 이 고장의 산악인들이 산에 다섯 봉우리가 줄지어 서 있다고 하여 오봉산(五峯山)으로 부르게 되었는데, 우리나라의 어떤 지도나 문헌들을 다 찾아보아도 모두 청평산이라고 나온다. [139]

그러나 오봉선이 정말 아무런 근거 없이 70년대 산악인들에 의해 붙여졌다는 주장에 대해서는 좀더 살펴볼 필요가 있어 보인다. 일각에서 오봉산의 다섯 봉우리에 대해 '비로봉, 보현봉, 문수봉, 관음봉, 나한봉'

---

138   余觀資玄辭就徵表 有曰 以鳥養鳥 庶免鐘鼓之憂 觀魚知魚 ⁽ᵇ⁾遂江海之樂.
139   신정일, 〈오봉산이 아닌 청평산〉, 《신정일의 새로 쓰는 택리지 8 : 강원도》.

의 명칭을 부여한 것이, '70년대', '산악인들'에 의해 붙여진 것인지 여부에 대해서는 알 길이 없으나, 그리 오래지 않은 어느 시기에 붙여진 명칭으로 보인다는 데 대해서는 동의한다. 다만 '오봉산'이란 명칭까지 그리 되었다는 것에는 동의할 수 없다.

오봉산五峰山이란 이름이 등장하는 최고最古 문헌은 2차분 〈조선지형도: 양구 도엽〉이다. 해발 787m로 부용산(해발 872m)의 서쪽에 표기되어 있다. 제판연도는 1913년이다.

> 청평산 清平山 加山美里
> 가리산 加尼山 加山美里[140]

이어, 1917년판 〈조선지지자료: 강원도편〉에는 '청평산'이 '가산미리加山美里'에 소재하고 있는 것으로 나온다. 가산미리加山美里의 '더할 가[加]'자는 지명에서 흔히 '덤~덧'을 훈차한 한자로 쓰인다. 美가 '성미[星山], 우미[尤美] 등의 예에서 볼 수 있듯이 '뫼~미[山]'을 차자표기한 글자라는 것을 고려하면, 가산미리加山美里는 '닷[五:加] 산[峰:山] 미[山:美]'로 이해할 여지가 충분하다.

다만, 그것이 '다섯 봉우리의 산'이란 뜻인지, 아니면 돌 위에 다른 돌이 얹혀있는 형태의 '덤바위'를 차자표기한 것인지는 좀더 살펴볼 여지가 있다.

〈조선지지자료〉에 청평산과 함께 보이는 '가리산加尼山(가니산)'은 언문과 한자 사이에 괴리가 있다. 한글로는 '리'인데, 한자로는 '尼(니)'여서 서로 맞지 않는 것이다. '니'를 부드럽게 발음하기 위해 '리'로 바꾸어 불렀거나, 본래 '尾(미)'였던 것을 모양이 비슷해서 혼동을 일으킨 것으로 볼 여지도 있다. 청평산과 함께 등장한다

---

140 《조선지지자료》, 〈강원도편〉.

청평사 가는 길

면 기존에 알려진 봉우리의 다른 이름이거나, 그밖에 또다른 봉우리의 이름일 가능성도 있다.

　기록상으로만 보면 경운산이나 청평산이란 명칭이 오봉산에 앞서는 것은 부인할 수 없는 사실이다. 그러나 '오봉산'보다 더 오래된 명칭으로 보이는 '가산미리'란 명칭이 있었다면, 좀 다른 생각도 가능할 듯하다. 가령, 선비를 비롯한 식자층에서는 '청평산'을, 그렇지 못한 평민 집단에서는 오봉산이란 명칭을 더 널리 사용한 것으로 볼 수도 있지 않을까?

　한편, 조선조 서종화1700~1748와 박장원1712~1671이 청평산을 유람하고 쓴 글에 '경운봉, 향로봉, 부용봉'의 이름이 등장한다. 본래 다섯 봉우리이던 것을 두 사람이 자신들의 필요에 의해 나머지 두 봉우리를 언급하지 않은 것은 아닌지도 모를 일이다.

# 오봉산은 과연 아무 근거도 없이 지어진 지명일까?

얼마 전 오봉산의 이름을 되돌려 청평산으로 바꾸자는 논의가 이루어진 바 있다. 그때 필자는 흔히 일컬어지는 것처럼 1970년대 산악인들에 의해 붙여진 것이 아니라, 일제강점기의 조선지형도에도 보이는 지명임을 적시한 바 있다. 《조선지지자료》의 '평산:淸平山(청평산)'과 '가리산:加尼山(가니산)' 및 이들 지명의 소재지인 '加山美里(가산미리)'도 이와 무관하지 않을 것으로 보아, 그보다 훨씬 이전에 명명되었으리라 추측한 바 있다. 이글은 앞글에 이어 실제로 언제, 어떻게, 누구에 의해 오봉산이란 명칭이 등장하게 되었을까를 추적해본 것이다.

현재 오봉산의 각각의 명칭은 1봉 나한봉, 2봉 관음봉, 3봉 문수봉, 4봉 보현봉, 5봉 비로봉으로 불린다. 이 명칭은 조선시대 문인들의 유산기에 보이는 다섯 봉우리의 명칭과 사뭇 다르다. 유산기 중에서 청평산 봉우리의 이름을 비교적 자세히 언급한 것은 서종화의 〈청평산기〉이다. 이를 통해 봉우리의 명칭을 따라가 본다.

서종화의 표현대로 진락공 이자현이 예불시 목욕하던 터에서 동쪽으로 봉우리를 오르고 골짜기를 넘어 몇 리를 가서 견성암에 이르렀다. 이어 스님들의 기도처인 천단天壇을 지나 소요대逍遙臺에 도착한다. 소요대 북쪽에 부용봉芙蓉峯이 있고 입암立巖과 귀암龜巖을 지나면 그 북쪽에 향로봉香爐峯이 있는데, 높이가 부용과 같다. 그 서북쪽으로 경운봉慶雲峰이 있으며 경운봉 아래 혈암穴巖을 지나 올라가면 봉우리 꼭대기[峰頭]에 이르는데, 앞의 두 봉우리에 비해 가장 높다고 쓰고 있다. 근래 청평사를 소개하는 글에서 최고봉이 제5봉 비로봉이라고 하고 있으며, 1~4봉은 그 서쪽으로 벌여 있다. 동에서 서로 5, 4, 3, 2, 1봉의 순이다. 그렇다면 위에서 언급한 부용봉, 향로봉, 경운봉은 다섯 봉우리 중에 하나도 포함되지 않는 것이다.

이로써 생각해보면 60~70년대 산악인들이 명명한 것이 오늘날의 다섯 봉우리의 이름일 수는 있어도 오봉산은 아니며, 우리 선인들이 유산기에서 언급한 다섯 봉우리와 적어도 세 봉우리와는 별개임을 알 수 있다. 아쉽게도 남은 두 봉우리의 이름은 다른 유산기에서도 찾아보기 어렵다.

희이자 이자현이 입적入寂한 이후 약 200년이 지난 시점에 청평사 문수원에는 불서佛書 한 벌과 더불어 만금萬金의 돈이 도착한다. 원나라 태정황후 달마실리[答里麻失里]가 고려 국왕을 통해 청평사 문수원에서 황태자皇太子의 황자皇子의 복을 빌게 하라는 것이었다. 매년 황태자와 황자의 생신날 경經을 열독閱讀하고 음식을 대접할 것이며, 이 글을 돌에 새겨 영구히 전하라고 덧붙였다. 다음은 익제 이제현이 지은 〈유원 고려국 청평산 문수사 시장경비有元高麗國淸平山文殊寺施藏經碑〉의 일부이다.

> (전략)
> 황후가 가상하게 여기어 봉안할 땅을 선택하여 말하기를 / 天后尒嘉 載謀之地
> 삼한은 선을 즐겨하고 신의가 두터우며 / 日維三韓 樂善敦義
> 지금의 임금은 우리의 외손이니 / 維時維王 我出我甥
> 기원하고 다스려 상국에 보답할 그의 정성을 믿는다 / 祝釐報上 允也其誠
> 그 나라 동쪽에 청평산 문수사가 있으니 / 于國之東 之山之寺
> 길이 험하고 먼 것을 꺼리지 말고 우체를 통하여 싣고 가서 시주하라 하시고 / 毋憚阻脩 置郵往施
> 내탕의 돈을 내주어 중들의 먹을 길을 열어 주게 하였네 / 發緡內帑 俾轉食輪
> 오래도록 계속하여 지킬 수 있도록 국왕과 신하에게 맡기어 부탁하네 / 可繼以守 諉王曁臣
> (중략)
> 제잠의 돌이 닳아 없어질 때까지 접해에 물이 말라 먼지가 날릴 때까지 / 鯷岺石爛 鰈海塵飛

공과 덕이 모여서 이 비석은 어지러지지도 넘어지지도 않으리라.[141] / 維功
德聚 不騫不墮

　여기서 한 가지 의문이 생긴다. 원 태정황후 달마실리는 춘천의 청평
사를 어떻게 알고 불경을 보낼 장소로 선택했을까? 춘천에 어떤 연고가
있지 않고는 나이 어린 여인의 신분으로 춘천에서도 외곽에 자리한 청
평사를 알기는 쉽지 않을 테니 말이다.

　달마실리는 고려인 김심金深의 딸이다. 달마실리의 본관은 광주光州이
다. 빛 광자 광주는 전라도 광주를 말한다. 관향貫鄕이 춘천과는 너무 먼
거리에 있어 서로 연결짓기는 곤란하다. 아버지 김심의 묘지명墓誌銘에
따르면 그의 묘소는 봉국산奉國山 동쪽 자락이라고 한다. 봉국산은 지금
의 평안남도 용강군으로 비정되고 있으니, 이 집안의 묘산이 있었다고
추정할 도리도 없다.

　흥미로운 점은 춘천의 칠전동에 광산김씨 광성군 김정金淵의 묘역이
있다는 것이다. 이 묘역은 문중에서도 오랫동안 실전되었다가 조선조
에 춘천에 수령으로 온 이가 찾아내면서부터 세상에 다시 알려지게 된
것이다. 키는 작고 네모진 모양의 돌에 선으로 문양을 새긴 문인석이
눈에 띈다.

　조종운의《씨족원류》에 따르면 김정의 아버지 김영리金榮利와 달마실
리는 12촌간이다. 광성군 김정에게는 13촌 고모가 되는 것이다. 김영리
의 6대조 김수영金銖永과 달마실리의 6대조가 동일 인물이다. 광산김문
에서는 김영리의 증조 김련金璉을 중조 1세로 양간공파라고 칭하고, 달
마실리의 조부 김주정金周鼎을 중조 1세로 문숙공파로 칭하고 있다. 양
간공 김련과 그 아들 사원士元, 손자 진禛의 묘는 실전되어, 현 논산 연산

141 《동문선》 제118권, 한국고전번역원, 남만성 역, 1969.

고정리 숭덕사에서 합사하고 있다고 하고, 그 선대는 전남 광주 쪽에 별도로 모셔져 있다. 조부나 증조부까지는 몰라도 13촌 사이라면 관련 있다고 보기도 반대로 무관하다고 보기도 애매한 촌수이다.

달마실리가 원 인종의 편비偏妃가 된 것은 1309년(충선왕 복위 1)의 일이다. 그에 앞서 아버지 김심이 1307년 18명의 동녀童女를 대동하고 원나라에 들어간다. 인종과의 혼인 시점을 비교해 볼 때 달마실리는 그 동녀 열여덟 명 중의 일원이었을 것으로 짐작된다. 달마실리의 행적과 관련해《고려사》권33 및《고려사절요》권23에 주목할만한 대목이 보인다.

> 원의 태후가 오대산에 행차하자 왕이 호종하다. (《고려사》, 《고려사절요》)[142]

1309년 3월 원 황제의 사신으로 황후가 직접 찾아왔다는 것도 이례적인 일인데, 콕 집어 오대산을 행차했다는 것도 특기할 만한 일이다.

중국 대주代州, 현재는 山西省 忻州市 소재에도 평창과 같은 이름의 오대산이 있다. 중국 4대 불교 명산 중의 하나로 동대東臺, 남대南臺, 중대中臺, 서대西臺, 북대北臺 등 다섯 봉우리가 주봉으로 꼽힌다. 각기 별도의 명칭도 갖고 있어서 동대는 망해봉望海峰, 남대는 금수봉錦繡峰, 중대는 취암봉翠岩峰, 서대는 괘월봉挂月峰, 북대는 협두봉協斗峰 등이 그것이다.

여기서 불교에서 오대산이 갖는 의미를 살펴볼 필요가 있다.

> 代州(대주) 동남에 있는 오대산은 옛날부터 신선이 사는 곳이라 했다. 산은 사방 1백 리요, 극히 높은 바위들이 우뚝우뚝 솟아 있다. 5대 위에는 다른 초목은 나지 않고 오직 松柏(송백)만이 우거져 있다. 경전에서 "문수보살이 5백 仙人(선인)을 데리고 淸凉雪山(청량설산)에 살고 있다."고 밝혔는데, 그것이 곧 이산이다. 이 산은 극히 추워서 눈이 많으므로 이름을 淸凉(청량)이라 한 것이다. 그러므로 도를 구하는 사람이 이 산에 많이 노닐어 남은 자취와 신령스런 굴이 눈에 많이 뜨인다.

142  元太后幸五臺山. 王暠從.《고려사》〈世家〉 33, 《고려사절요》, 권23.

그 5대 가운데 中臺(중대)가 제일 높지만 모두가 꼭대기까지 7백 리이며, 바라보면 손바닥을 칠 것만 같다. (중략) 太華(태화)라는 큰 샘물은 거울처럼 맑아 두 부도를 옆에 끼고 있으며, 그 가운데에는 문수사리의 像(상)이 있다. 거기가는 사람은 날마다 종소리를 듣고 향캐를 맡으며, 神僧(신승)과 상서로운 징조를 가끔 만난다.(《代州 五臺山의 大孚聖寺》)[143]

오대산은 문수보살이 거처하는 곳이다. 지혜의 화신으로 불교에서는 문수보살이 곧 부처님이라고 여기고 있다. 중국의 오대산은 태항산맥의 북단에 있으며 오대산은 태항산맥의 주봉이라고 한다. 달리 청량산淸凉山, 자부산紫府山, 영취봉靈鷲峰 등으로도 불리지만, 그밖에 이루 다 열거하기 어려울 만큼 많은 작은 봉우리들이 딸려 있다.

신라의 자장율사590~658는 문수보살의 진신을 보기 위해 당나라로 건너간다. 문수보살이 산다는 청량산淸凉山으로 들어가 7일간의 기도 끝에 꿈에 4구의 게를 받았으나 범어라 이해할 수 없었다. 이튿날 아침 한 중이 와서 범어를 풀어주고 자기의 가사 등의 물건을 건네며, '그대의 본국의 동북방 명주 경계에 오대산이 있는데 일만의 문수보살이 항상 그곳에 머물러 있으니 그대는 가서 뵙도록 하시오.'하고 일러 주었다.[144] 귀국 후 7년을 헤맨 끝에 중국 산서성 오대산과 같이 동, 서, 남, 북, 중대를 갖춘 산을 발견한다.

신라의 淨神太子(정신태자) 寶叱徒(보질도)는 아우 孝明太子(효명태자)와 함께 … 형제 두 사람은 부처님에게 예배하고 염불하면서 행실을 닦고, 東·西·南·北·中央의 다섯 臺(대)에 나가서 공경하고 예배했다. 푸른빛 방위인 동쪽 臺의 滿月形(만월형)으로 된 산에는 觀音菩薩(관음보살)의 眞身(진신) 一만이 항상 있고, 붉은빛 방위인 남쪽 臺의 麒麟山(기린산)에는 八大菩薩(팔대보살)을 우두머리로 한 一만 地藏菩薩(지장보살)이 항상 있고, 흰빛 방위인 서쪽 臺의 長嶺山(장령산)에는 無量壽如來(무량수여래)를 우두머리

---

143  〈代州 五臺山의 大孚聖寺〉, 《法苑珠林》 권39, 동국대 불교학술원 〈불교문화유산 아카이브〉에서 재인용.

144  일연 저, 이민수 역, 〈臺山五萬眞身〉, 《삼국유사》 권3, 을유문화사, 1994(신장판 초판 21쇄; 초판년도 1983), 272~273쪽.

로 한 一만 大勢至菩薩(대세지보살)이 항상 있고, 검은빛 방위인 북쪽 臺의
相王山(상왕산)에는 釋迦如來(석가여래)를 우두머리로 한 五백 大阿羅漢
(대아라한)이 항상 있고, 누른빛 방위인 중앙 臺의 風爐山(풍로산)은 또 地
爐山(지로산)이라고도 하는데, 여기에는 毘盧遮那(비로자나)를 우두머리로
한 一만 文殊菩薩(문수보살)이 항상 있다. … 두 太子는 함께 예배하고, 날
마다 이른 아침이면 골짜기의 물을 길어다가 차를 달여서 一만 眞身(진신)
의 文殊菩薩(문수보살)에게 공양했다.145

1309년 황후 달마실리는 이 평창 오대산에 행차한다. 인종과 혼인한
바로 그 해였다. 그 뒤 1327년에는 청평사에 불경과 만금의 돈을 시주
하기도 하였다. 이 두 일은 예사로 보아 넘길 일이 아니다. 문수보살이
거처하는 오대산에 행차했을 때, 아니 그 이전 오대산으로 행차하기로
결정했을 때, 이미 춘천 청평산 문수원이 희이자 이자현이 문수보살을
두 차례 목격한 뒤에 중창한 사찰이란 사실도 인지했을 것이다. 《화엄
경》에 보이는 청량설산淸凉雪山과 청평산淸平山의 淸자를 동일시했을 수
도 있다. 청평사 동쪽 계곡을 냉장골이라 부르는 것도 청량설산淸凉雪
山의 의미에 부합하기 때문이다.

그렇다면 황태자와 그의 황자가 문수보살의 보우하심을 입기를 바
라는 마음에서, 기존의 청평산에 문수보살이 거처하는 오대산의 의미
를 부여하려고 한 것은 아닐까? 대臺자만 봉峰자로 바꾸어 '오대산의 분
신', '작은 오대산' 정도의 의미를 부여하려 했던 것으로 추측할 수 있
다. 근거는 미약하지만, 앞서 언급한 칠전동의 광성군 김정 묘와의 관
련성도, 이 무렵 그의 선대가 황후와 국왕이 관심을 두고 있는 지역에
서 일정한 영향력을 누리기 위해 자진 입향했거나, 황후가 내린 명령이
올바로 시행되는지를 감시하기 위한 목적으로 파견되었을 가능성도 상
정해 볼 수 있겠다.

145   일연 저, 이민수 역, 〈溟洲五臺山寶叱徒太子傳記〉, 《삼국유사》 권3, 을유문화사, 1994(신장판 초판 21쇄;
        초판년도 1983), 280~281쪽.

청평산은 이자현의 은거와 함께 명명되었기 때문에 명확한 근거가 있지만 이건 모두 추정일 뿐이지 않은가? 하고 핀잔을 한 대도 딱히 반박할 말은 없지만, 적어도 아무런 근거가 없다고 무시해버릴 일만도 아닐 듯하다.

## 오봉산 이름은 굳이 바꿔야 한다면….

오봉산이 세간에 알려지기 시작한 것은 1973년 10월 준공과 때를 같이 한다. 당시는 무슨 뜻인지도 잘 모른 채 소양강댐이라고 하면 '동양 최대의 사력댐砂礫-'이란 말을 공식처럼 입에 달고 살았더랬다. 1973.11.15.일자 경향신문 〈등산코너〉에 "지난여름 발굴된 강원도 춘성군 신북면 소재 오봉산 코스가 소양강댐 관광과 더불어 최근 대인기"라며 소개를 하고 있다. 오봉산의 명칭이 산악인들에 의해 정해졌으리라는 설은 여기에 기반한 것으로 보인다. 그러나 일제강점기 〈조선오만분일지형도〉(2차분) '양구'도엽에 '五峰山'이란 지명이 확인되므로 이 설은 쉽게 부정된다.

> 2차분 조선지형도: 五峰山(787), 芙蓉山(872) (이상 양구도엽), 背後嶺(594), 淸平寺, 淸平洞(이상 도지가 도엽)
> 3차분 조선지형도: 慶雲山(779.0), 芙蓉山(882.2), 背後嶺, 淸平寺, 九聲瀑, 淸平洞(이상 내평리 도엽)

2차분에 표기되었던 오봉산이 왜 경운산으로 변경되었는지는 확인하기 어렵다. 2차분의 오류를 3차분에서 정정했다고 생각할 수 있지만, 2차분 지도에는 아무 표기가 없던 국사봉의 경우 3차분 지도에서 현재의 안마산의 위치에 잘못 표기된 것으로 보아 오류의 정정이 아닌 새로운 오류가 생성되기도 하였다는 점에서 그대로 믿기는 어렵다.

한편, 비슷한 시기 만들어진《조선지지자료》에는 오봉산이란 명칭이 직접 등장하지는 않지만, 청평산과 가리산의 그 소재지로서 '加山美里(가산미리)'란 지명이 보인다.

| | | | | |
|---|---|---|---|---|
| 북산면 | 산명 | 청평산 | 淸平山 | 加山美里 |
| 북산면 | 산명 | 가리산 | 加尼山 | 加山美里[146] |

오봉산을 우리말로 표현하면 '다섯-뫼'가 된다. '다섯'이 모음교체가 되면 '더삿'이 되고, 이것이 '미(뫼, 山)'와 결합하면 'ㅁ'의 영향으로 'ㅅ'이 'ㄴ'으로 동화되어 '더산-미'가 된다. 즉, 加山美里는 '더:加-산:山-미:美-리里'를 그대로 한자로 바꾼 셈이 된다. '加尼山'도 비슷한 방식으로 더(덧):加-니/리:尼-뫼[山]로 형태소 분석할 수 있다. 오봉산의 명칭까지는 일제강점기에 어찌어찌 바꾸어 놓았다고 할지라도, '가산미리'라는 소재 지명까지 새로 만들어낼 수는 없었을 터, 경운산이나 청평산까지는 아니더라도 '오봉산'이란 명칭이 오래전부터 불리어졌으리란 가정은 충분히 설득력이 있다.

여기에 태정 4년(1327) 원 태후 달마실리가 청평사를 콕 집어 불서 한 벌과 만금의 돈을 시주하게 한 대목은 예사로 보이지 않는다. 달마실리는 고려 사람으로 광산인 김심金深의 딸이다.《고려사》권33에 따르면 1309년 원 진종과 혼인하고 바로 그 해 달마실리가 몸소 사신으로 고려를 찾아 오대산에 행차하였는데, 국왕이 호종했다는 기록이 보인다. 당시는 충선왕이 복위한 원년이다. 이 행차는 1327년 달마실리가 청평산 문수원에 시주한 것과 무관하지 않을 것으로 보인다. 달마실리는 이때 황태자와 황자의 안녕을 기원해달라는 부탁을 한다.

146 《조선지지자료》, 〈강원도편〉.

달마실리가 원 진종과 혼인하기 수년 전부터 원나라에서는 숫처녀[童女]를 요구한다. 조선으로 말하면 금혼령을 내리고 혼인할 나이가 된 처녀의 단자를 올리라는 것에 비교할 수 있겠다. 달마실리의 아버지 김심이 1307년 18명의 동녀를 대동하고 원에 들어갔다는 기사가 보이는 것으로 미루어, 달마실리도 이때 원에 들어간 동녀의 일원일 것으로 추측된다.

하고많은 곳 중에 왜 하필 산이며, 또 그 중에서도 왜 하필 오대산이어야 했을까? 평창의 오대산은 신라 자장율사와 관련된 지명이다. 자장율사는 불경에 청량설산淸凉雪山이 문수보살이 거처하는 곳이란 기록에 따라 문수보살을 알현하고자 바다를 건너 당에 들어간다. 7일 간의 기도 끝에 4구의 게를 받지만 범어梵語라 이해할 수 없었다. 이튿날 한 스님이 찾아와 게를 풀이해주고는 '그대 나라 북동쪽에도 여기와 똑같은 오대산이 있을 테니 거기 가서 문수보살을 알현'하라는 말을 듣는다. 이에 고려로 와 7년 만에 오대산을 발견하고 월정사 터에 초막을 짓고 기도를 하였다. 월정사 창건이 자장율사에서 비롯되었다는 것은 여기에 근원한다.

문수보살은 지혜의 보살로 불가에서는 부처님이 곧 문수보살일 것으로 이해하고 있다. 오대산은 곧 청량설산이며 문수보살이 거처하는 곳이란 믿음이 팽배하였고, 달마실리가 오대산을 찾은 것도 이런 관점에서 이해해야 한다. 어떤 이유로 오대산이 아닌 춘천 청평산 문수원에 시주를 하였는지는 알 수 없지만, 오대산을 행차한 것과 연계해 생각하면 이때부터 청평산이 '오대산의 분신' 내지 '작은 오대산'이란 관념이 형성되었을 것으로 보는 것은 큰 무리가 아니다.

전국에 오봉산이란 명칭의 산은 여러 곳에 존재한다. 그런데 유래는 같지 않다. 유교적 성격의 오봉산은 다섯 봉우리가 줄지어 선 모습을 의미하는데, 옛 그림 중에 〈일월오악(봉)도〉라 불리는 산을 상상하면

된다. 이는 목금수화토의 오행을 상징하는 모습이다. 반면 불교적 측면에서는 문수보살이 거처하는 장소로서 일명 청량산으로도 불린다. 중대中臺를 중심으로 동서남북의 네 봉우리를 갖춘 모습이어야 한다.

청평산이 오대산의 아류, 내지 작은 오대산의 의미로 오봉산이란 명칭을 담고 있다면, 문수보살이 거처하는 오대산처럼 중대를 중심으로 동서남북의 네 봉우리가 각 방향에 있어야 한다는 말이다. 이런 관점에서 춘천의 오봉산에 적용해보면 어떨까? 앞글에서 서종화의 행로를 다시 살펴보자.

서종화의 표현대로 '진락공 이자현이 예불시 목욕하던 터'에서 동쪽으로 봉우리를 오르고 골짜기를 넘어 몇 리를 가서 견성암에 이르렀다. 이어 스님들의 기도처인 천단天壇을 지나 소요대逍遙臺에 도착한다. 소요대 북쪽에 부용봉芙蓉峯이 있고 입암立巖과 귀암龜巖을 지나면 그 북쪽에 향로봉香爐峯이 있는데, 높이가 부용과 같다. 그 서북쪽으로 경운봉慶雲峰이 있으며 경운봉 아래 혈암穴巖을 지나 올라가면 봉우리 꼭대기[峰頭]에 이르는데, 앞의 두 봉우리에 비해 가장 높다고 쓰고 있다.

서종화의 행로는 남에서 북으로 향하는데, 부용봉, 향로봉, 경운봉의 순이다. 즉 향로봉이 중대요, 부용봉이 남대이며, 경운봉은 북대가 된다. 그렇다면 중대인 향로봉을 기준으로 동대와 서대를 찾아보면 되는 것이다. 지도상에서 살펴보면 정동쪽으로는 부용봉이 보이고, 반대쪽인 정서쪽에는 1봉이 전망된다.

현재 오봉산의 각각의 명칭은 1봉 나한봉, 2봉 관음봉, 3봉 문수봉, 4봉 보현봉, 5봉 비로봉으로 불린다. 고쳐야 할 것은 오봉산을 청평산으로 고칠 것이 아니라, 각 봉의 명칭을 제대로 확인하는 과정을 우선해야 할 것으로 본다.

# 송광연 부사가 말한 법화산은 어디인가?

신북읍 발산리 북쪽에 '삼한골'이란 골짜기가 있다. 옛 지도에는 '삼회동三檜洞'으로 표기된 곳도 보인다.

송광연은 1668년 병을 핑계로 춘천부사를 사직하고, 울적한 마음을 위로받기 위해 고탄에 있던 출옹 이주의 옛터와 나송산의 용연龍淵을 들렀다가 양통고개를 넘어 맥국 고도貊國古都를 둘러본 뒤, 삼한동으로 향한다. 이 골짜기에 있던 삼한사三韓寺, 대곡사大谷寺, 법화사法華寺라는 큰 절터를 돌아보는 행로였다.

> 무릇 경운(慶雲)의 한 줄기가 두루 달려(周馳) 법화산(法華山)이 되어 남쪽으로 내려간 것이 이 용화(龍華)이고, 서쪽으로 내려간 것이 나송(蘿松)이다. 경운(慶雲)의 한 이름은 곧 청평산(淸平山)인데, 진락공(眞樂公: 이자현)을 얻어 동국(東國)에 이름을 떨쳤다. 나송산(蘿松山)의 별지(別支)가 곧 고란산(古蘭山)이다.[147]

이 대목은 관심있는 학자들 사이에 논란을 일으켰다. 요즈음 쓰이는 산의 이름과 윗글 사이에 괴리가 있어 보이기 때문이었다. 경운산이 청평산(오봉산)인 것은 의심할 바 없지만, 현재의 용화산은 경운산의 서북쪽에 있고, 남쪽으로는 마적산밖에 없는 데다 이제까지 없던 법화산까지 등장한 것이다. 이글의 법화산과 고성리 소재 법화사지의 연관성도 있는 것인가? 이렇다 보니 송광연이 이곳을 다녀온 뒤에 기억을 떠올려 〈삼한동기〉라는 글을 짓다 보니 혼동을 일으킨 것은 아닌가 하는 생각도 있었다.

> 율목기계(栗木基溪) 북중면(北中面)에 있다. 용화산(龍華山)에서 발원한다. 남쪽으로 흘러 여우고개여울[狐峴灘]로 들어간다.[148]

---

147  송광연, 〈삼한동기〉, 《범허정집》 권7.
148  엄황, 《춘주지》.

엄황의 《춘주지》의 기록이다. 율목기계는 오늘날의 율문천을 가리킨다. 발산리 삼한골에서 나와 서남류하며 산천리와 율문리의 여우고개를 지난 뒤, 소양강에 유입되는 물줄기이다. 율문리栗文里는 율대리栗垈里와 문정文廷을 합친 지명으로, 옛 지명인 율목기栗木基가 둘로 나뉘면서 탄생한 지명이다. 고대국어에서 목木과 문文은 '글~그루'로 재구할 수 있으며, 정廷을 정庭에서 부수가 생략된 표기로 보면, 이들 지명은 '밤[栗] 나무[木,文] 터[基, 垈, 庭(廷)]'으로 치환이 가능한 것이다. 이 물줄기가 용화산龍華山에서 발원한다고 했으니 삼한골의 북쪽에 용화산이 있어야 한다. 송광연의 착각으로 치부해 버릴 수만은 없는 대목이다.

엄황의 《춘주지》에서는 오늘날의 용화산을 사인암산舍人巖山으로 표기하고 있다.

**사인암성(舍人巖城)** : 부(府) 북쪽 70리에 있다. 산세가 아주 절험한데 한쪽 면에 고성(古城)이 있다.

**고탄계(古呑溪)** : 북내면(北內面)에 있다. 사인암산(舍人岩山)에서 발원한다. 서쪽으로 흘러 모진강(母津江) 하류(下流)로 들어간다.[149]

고성古城이 있다는 것이나, 고탄계가 서류하여 모진강母津江에 흘러든다는 점에서도 확인할 수 있다.

이 문제는 용화산의 의미를 살펴보면 어렵지 않게 해결된다. 용화와 법화는 모두 불교용어이다. **미륵**彌勒, maitreya, **자씨**慈氏, 혹은 **자존**慈尊으로도 번역되는 **아일다**阿逸多, ajita는 석가모니불의 교화를 받아 훗날 성불하리라는 수기授記를 받은 뒤, 지금은 도솔천에 올라가 천인天人들을 교화하고 있다고 한다.

149  엄황, 《춘주지》.

석가모니 부처님이 열반에 든 뒤 56억 7천만 년이 지나 인간의 수명이 8만 4천 세가 되면 용화세계가 실현되는데, 이 땅은 유리와 같이 평평하고 깨끗하여 꽃과 향이 뒤덮여 있고, 지혜와 위덕이 갖추어져 안온한 기쁨으로 가득차 있는 세상이다. 이 아름다운 세상에 아일다가 수범마와 범마월을 부모로 다시 태어나 **용화수**龍華樹아래에서 성불하고, 3회에 걸쳐 사체四諦 · 십이연기十二緣起 등의 법문을 설하여, 석가모니가 구제하지 못한 중생들을 구제한다는 믿음에 근거하고 있다.[150]

이 신앙을 미륵신앙이라 한다. 삼국시대 이후 미래불 신앙으로서 널리 신봉되고 전승되었다. 이 미륵 도량이 있는 산에 용화龍華란 지명이 부여된 것이다. 국보 62호 금산사의 경우 1층은 **대자보전**大慈寶殿, 2층은 **용화지회**龍華之會, 3층은 **미륵전**彌勒殿으로 편액되어 있다. 아일다가 용화수 아래에서 성불하고 미륵불이 되는 과정을 건축을 통해 구현한 것이다.

이 내용이 실린 경전이 바로 법화경이다. 제목은 조금씩 다르지만 연꽃이 진흙 속에서도 예쁜 꽃을 피워내듯이 속세에서도 불법을 이룩해낸다는 묘법연화경妙法蓮華經을 줄여서 일컫는 말이다. 따라서 용화는 미륵도량을 말하며, 법화는 미륵의 불법을 말한다. 그 관념적 불법의 구체적 실현체가 미륵인 것이다.

송광연이 말한 법화산法華山은 실제 산이 아니라 불법佛法의 교화教化가 뻗어나간 줄기로서의 관념적 산이란 말이 된다. 미륵불을 모시는 불사佛舍가 청평사淸平寺가 있는 경운산에서 시작하여 한 줄기는 남쪽으로 가서 용화산이 되고, 다른 한 줄기는 서쪽으로 가서 나송산이 되었다는 말이다. 법화산이 실제 산이 아니라 불교의 법맥을 가리키는 말이라면 앞서 송광연이 용화산을 경운산의 남쪽 줄기로 이해했던 것은 당

---

150  한국민족문화대백과 "미륵불"에서 발췌.

시 미륵사찰의 존재와 관련된다. 용화산을 미륵도량의 집합소로 인식했기 때문에 삼한골 주변의 산을 용화산으로 인식할 수 있었던 것이다.

송광연은 삼한동 어귀에 대곡사와 법화사가 있었다고 하였으니, 일제강점기《조선고적자료》에 '법화사가 용화산 서북쪽에 있다'는 기록이나, 현재 법화사지로 추정되는 것과는 상충되어 같은 곳으로는 볼 수 없다.

한편, 사전이나 한국고전종합DB에서 나송蘿松이란 어휘를 검색하면 한 단어로는 검색되지 않는다. 나송산이라고 하면 글자 그대로 '겨우살이 소나무의 산'이란 의미가 되어, '소나무에 기생하는 겨우살이가 많은 산'이거나 '겨우살이와 소나무가 많은 산'이란 뜻으로밖에 달리 이해할 여지가 없게 된다.

그런데 나송蘿松을 앞뒤 순서를 바꾸어 송라松蘿라고 읽으면 '소나무에 기생하는 겨우살이'가 된다. 송라는 우리가 흔히 알고 있는 겨우살이와는 달리 줄기가 가늘고 흔치 않은 덩굴식물이다. 이에 더해 송라를 독음을 달리하여 '송락松蘿'이라고 읽으면 다른 어휘가 검색된다. 승려들이 평소에 납의衲衣를 입을 때 머리에 쓰는 갓의 일종으로, 소나무 겨우살이를 엮어 만든 모자를 말한다.

> 송라립(松蘿笠)이라고도 한다. 소나무 겨우살이, 즉 소나무에 기생하는 지의류(地衣類)인 송라로 짚주저리 비슷하게 엮는데, 위는 촘촘히 엮고 아래는 15cm쯤 엮지 않고 그대로 둔다. 위는 뾰족한 삼각형이나 정수리 부분은 뚫려 있다. 기본형상은 상고시대의 고유관모인 변(弁)과 비슷하다.[151]

한자가 동일한 것으로 보아서나 송라립松蘿笠이라고도 칭하는 것으로 보아, 송라와 송락은 본래 같은 말이던 것이 후대 어느 시기에 이르러 의미 분화에 따라 독음을 달리 한 것으로 보인다. 송락은 송라를 엮어 원뿔형으로 고깔을 만든 것으로 중들이 납의衲衣 차림에 평소에 자

151 [네이버 지식백과] 송낙 (한국민족문화대백과, 한국학중앙연구원).

주 쓰는 모자이다. 즉, 산의 모양이 고깔모양을 하고 있다는 말이다. 송광연이 언급한 나송산羅松山을 송라산松蘿山 내지 송락산松蘿山으로 이해할 수도 있어 보인다.

송광연이 언급한 나송산과 달리 조선후기 화천(낭천) 지도에서 보이는 나송산은 명칭은 같지만, 대상은 다른 산으로 보인다.

> 나송산은 동쪽15리에 있다.[152]

경운산 자체가 화천과의 경계에 위치하고 있으므로 거리상 화천에서 23리~25리에 있어야 하고, 방향도 경운산이 화천의 남쪽에 위치하고 있으므로 거기서 서쪽으로 뻗어 나갔다면 동향이 될 수 없기 때문이다. 거리계수의 오차야 빈번한 일이지만 방향까지 상이한 방향으로 잘못 인식했다고 보는 것은 무리가 있다.

조선후기 지도에 보이는 나송산의 실제 대상은 고깔 모양이라는 산의 형태에 주목해 보면 현재의 수풀무산이 아닐까 생각되고, 고산자 김정호의 〈대동지지〉에 동쪽 15리에 있다는 기록이나 고지도 상 북한강에 가까이에 그려진 점에 주목하면 용화산 북쪽 줄기에 있는 매봉산(661m)이나 간동면 도송리와 방천리 경계에 자리한 병풍산을 가리키는 것으로도 추정된다.

훨씬 이른 시기의 기록인 《세종실록》 〈지리지〉에서 '용화산석성龍華山石城'이란 구절이 보이는 점과, 고지도에서 용화산과 별개로 사인암산, 나송산이 표기된 점을 염두에 두고 보면, 송광연의 인식에는 무언가 착각이나 혼동 내지 어떤 의도가 개입된 느낌이다. 그렇지 않다면 삼한동 주변 세 절터를 법화의 화신인 용화로 보았듯이 나송산 즉, 현재의 용화산의 법맥을 설명하기 위한 의도적 설정일 개연성이 엿보인

---

152 《대동지지》 [낭천], (羅松山 東十五里).

다. 그 때문에 불교적 색채가 짙은 명칭인 송라松蘿 혹은 나송羅松이 필요했던 것은 아닐까?

羅松山 [족_海吳,춘천공] 重有
松蘿山, 陽道里(양통리) [족_청송심씨] 慶之配 전주이씨,진천송씨

홍미로운 것은 해주오씨와 청송심씨 족보에 송광연이 일컬은 '나송산蘿松山'과 유사한 '나송산羅松山'은 물론, '송라산松蘿山'이란 지명도 보인다는 것이다. 나송산과 이것이 도치된 송라산이 혼용되었다면, 송라산이란 지명에서 이것이 도치된 나송산이 탄생했을 가능성도 배제할 수 없다.

나송산, 혹은 송라산은 옛 지리지에서는 사인암산舍人巖山으로 기록되어 있는 산이다. 특히나 더 가까운 화천 쪽의 문헌에는 보이지 않고 춘천 쪽의 문헌에만 보인다. 이는 이 산의 모습이 화천 쪽에서 보면 흙산으로, 춘천 쪽에서 보면 바위산으로 이루어져 있어 각기 다른 산으로 인식한 때문으로 이해된다.

사인암산을 '사린암이'로 부를 수 있다면, 송라산의 '솔라뫼'에 가까워진다. 아직 확언하기는 어렵지만, 등산객들에 의해 '새남산'이나 '새남바위'로 잘못 전해지듯이, 송광연의 시대를 전후해서 '솔라뫼'로도 불리다가 '나송산'으로 도치된 것이 아닐까?

## 지리지마다 다른 거리계수, 무슨 까닭인가?

45리, 60리, 70리, 100리, 111리.

이렇게 일정하지 않은 거리계수, 심지어 두 배 이상의 거리 편차까지 보인다면 같은 산이라고 할 수 있을까?

춘천시 사북면과 화천군 하남면, 간동면 경계에 위치한 용화산은 달리 사인암산이라고도 불렸다. 《세종실록》〈지리지〉강원도 춘천도호부에 용화산석성龍華山石城이 부 북쪽 70리 거리에 있다는 기록부터 역사에 처음 등장하는 용화산은 《신증 동국여지승람》에는 북 111리로, 엄황 부사의 《춘주지》(1648)에는 용화산이 북 100리, 사인암성이 북 70리라고, 수치로만 보아서는 다른 산으로 간주할 수밖에 없도록 기술하고 있다.

> **용화산** : 청평산에서 와서 우두산의 주맥이 된다. 부 북쪽 100 리에 있다.
> 위에 사인암舍人嵓이 있는데, … 우사인禹舍人이 와서 놀았다 하여 이름
> 이 붙여졌다.[153]

순조대 《춘천읍지》에 용화산에 사인암이 있다고 하였고 주변에 성城이라고는 이곳밖에 없으므로, 두 산은 같은 산일 수밖에 없다. 지리산처럼 여러 시군에 걸쳐 있는 큰 산도 아니어서 읽는 이로 하여금 의아하게 만든다. 《대동지지》에는 용화산이 북 60리, 사인암산이 북 45리라고 하여, 가장 짧은 거리계수도 등장한다. 45리는 킬로미터(km)로 환산하면 18km 정도이고, 111리는 44km 남짓에 달하니, 2.5배가 넘는다.

대체 이런 차이는 왜 어떻게 발생하게 되었을까? 용화산은 춘천, 화천 지리지에 모두 등장하는 데 비해 사인암산이란 명칭은 화천 쪽 지리지에서는 찾을 수 없고, 오직 춘천 쪽의 지리지에서만 확인된다. 그밖에는 〈대동여지도〉, 〈대동방여전도〉, 〈동여도〉 등의 전국단위 지도에서나 찾을 수 있다.

153   순조대 《춘천읍지》, 《춘천지리지》, 춘천시·춘천문화원, 1997.

춘천에서 용화산을 바라보면 거대한 암벽이 보인다. 이 거대한 암벽을 가리켜 사인암이라 불렀던 것으로 보인다. 앞서 순조대 《춘천읍지》에 우사인禹舍人이 와서 놀았다 하여 이름이 붙여졌다는 대목에서 볼 수 있듯이 사인암舍人岩은 단양 8경 중의 하나와 똑같은 이름이다. 우사인禹舍人이란 고려말 사인舍人 벼슬을 지낸 우탁禹倬을 가리킨다. 주역에도 조예가 깊었지만 시조에도 능했다. 〈탄로가嘆老歌〉 2수가 유명하다.

> 춘산春山에 눈녹인 부룸 건듯 불고 간듸 업다
> 져근덧 비러다가 마리우희 불니고져
> 귀밋틔 히묵은 서리롤 녹여볼가 후노라
>
> 흔손에 막디 잡고 또 흔 손에 가싀 쥐고
> 늙눈길 가싀로 막고 오눈 백발白髮 막디로 치려터니
> 백발이 제 몬져 알고 즈럼길로 오더라[154]

나이 50줄이 넘어가면서 내 귀밑머리에도 흰머리가 찾아왔다. 나이와 함께 세월도 빨라진다는 말이 요즘처럼 실감나는 때도 없었다. 젊어서는 무던히 읽고 지나가던 이 시조가 한 구절 한 구절 눈에 들어온다.

단양 사인암에는 우탁이 주역을 연구하던 곳이라 일컬어지는 유적이라도 남아 있다지만, 춘천에는 우탁을 지목할 만한 하등의 근거가 없다. 사인암은 춘천, 단양뿐만 아니라 장흥, 성주, 진안, 임실 등지에도 있다. 이들 지역에서는 우탁이 아닌 다른 인물들의 이야기가 전해진다는 점에서도 춘천의 사인암이 우탁과 무관한 지명으로 보는 이유이다.

용화산은 춘천 쪽에서 보면 사인암을 위시해 수많은 암릉으로 이루어진 전형적인 골산骨山인데 비해, 화천 쪽에서 보면 바위 하나 보이지 않는 육산肉山이다. 춘천과 화천 쪽에서 바라보는 이 산의 확연히 다른 모습은 중세 이전 사람들에게 각기 다른 산으로 인식되었던 것으로 보인다.

고탄계古呑溪 : 북내면에 있다. 사인암산에서 발원한다. 서쪽으로 흘러 모진강(母津江: 북한강) 하류로 들어간다.

율목기계栗木基溪 : 북중면에 있다. 용화산에서 발원한다. 남쪽으로 흘러 여우고개여울[狐峴灘]로 들어간다.[155]

고탄계를 설명할 때는 사인암산으로, 율목기계를 설명할 때는 용화산이라고 표기한 데서, 두 산을 각기 다른 산으로 인식했다는 것을 알 수 있다. 엄황이 편찬한 것으로 알려진 《수춘지》의 편자는 출암선생 최홍기라는 것이 밝혀졌다. 최홍기가 얼마나 기여했는지는 확언할 수 없

용화산 사인암

155　엄황, 《춘주지》(1648),〈천석계담〉.

지만, 이 집안은 누대로 춘천에 세거하고 있고, 최홍기의 거처도 이 산과 멀지 않은 곳에 있었으므로 용화산과 사인암산이 같은 산이란 것을 인지하지 못했을 리 없는데도 이러한 기록을 남긴 것은 혼란이 생각보다 뿌리깊다는 방증이다.

이런 혼란을 가중시킨 데는 산의 모습에 더해 명칭의 차이도 한몫했던 것으로 보인다. 사인암은 거대한 바위의 표면이 '마름질한' 것처럼 매끄러운 절리節理 갖고 있어서 명명된 지명이다.

《용비어천가 주해》에 '舍音洞(사음동) 마름 쑬'이란 표기에 비추어, 사인舍人도 *마른~*마린 정도로 재구할 수 있다. *마른~*마린이란 말은 현대국어의 '마름질하다'는 말과 같은 말이다. 깎아지른 바위 절벽이 마치 조물주가 마름[裁斷]해 놓은 것 같다 해서 붙여진 말인데, 이를 한자

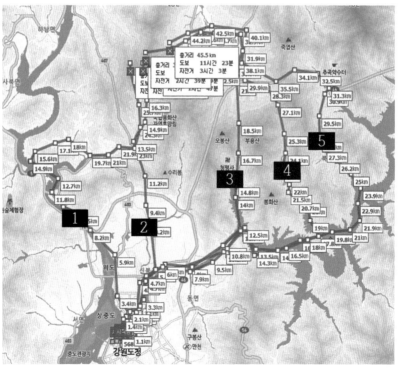

용화산 접근로와 거리계수(이구영, 춘천 용화산(일명 사인암산)의 지명유래考, 춘주문화 제33호 2018. 142쪽.)

를 빌어 표기하는 과정에서 벼슬명인 사인舍人을 끌어다 쓴 것이다. 벼슬명과는 아무런 관련이 없는 말인데도 사인舍人이란 표기 때문에 주변에서 사인 벼슬을 지내고 낙향한 인물을 찾아 유래로 삼게 되면서 본래의 유래와는 한층 더 멀어지고 말았다.

이에 비해 용화산은 불교에서 유래한 지명이다. 성품이 자애로운 탓에 불경에서 자씨慈氏, 자존慈尊 등으로 번역되는 인물이 있다. 석가모니 부처님보다 먼저 불교에 귀의했지만 깨달음이 늦었던 아일다란 인물이다. 아일다는 지금은 수미산에 올라가 선인들을 교화시키고 있다고 한다. 석가모니 열반에 든 뒤 56억 7천만 년, 인간의 수명으로 8만 4천 세가 지난 뒤에 이 땅에 용화세계가 펼쳐지는데, 그리되면 이 땅은 유리와 같이 평평하고 깨끗하며 꽃과 향이 뒤덮여, 지혜智慧와 위덕威德이 갖추어져 안온한 기쁨으로 가득 찬 세상이 된다. 이때 아일다가 다시 태어나 용화수 아래서 성불하고 3회에 걸쳐 사체四諦, 십이연기十二緣起 등의 법문을 설하여, 석가모니 부처님이 미처 구제하지 못한 나머지 중생들을 교화할 인물이라고 전해진다. 이 분이 바로 미륵 부처님이다. 이 신앙은 미래 구세주로서의 미륵불이 세상을 구원해 줄 것이라는 신앙으로 삼국시대 이후 널리 신봉되고 전승되었다. 이 미륵을 모시는 미륵 도량의 사찰이 있는 산이 용화산인 것이다.

춘천과 화천 경계에 있다보니 용화산은 다양한 경로로 접근이 가능하다. 신북읍 발산리에서 양통고개를 넘는 최단 거리와, 북한강을 거슬러 오르는 길, 청평사 곁의 배치고개를 넘는 길, 북산면 부귀리나 오항리 쪽으로 해서 간동면으로 가는 길 등이다.

발산리를 지나 북쪽으로 양통고개를 넘어 용화산 아래까지 포털 지도에서 대략적으로 거리를 재어 보면 얼추 45리에 달한다. 북한강을 거슬러 인람리를 거쳐 고성리로 향하는 길과 북산면 청평사 쪽으로 접근하는 길을 계산하면 약 60~70리가 나오고, 소양강을 거슬러 북산면 부귀리나 오항리 쪽으로 접근하면 100리, 110리의 거리가 나온다. 이 거리가 여러 지리지 상의 거리계수와 일치하는 것으로 보아, 거리계수의 차이는 접근로의 차이에 따른 것으로 보인다.

지리지에 나타나는 거리계수의 차이는 확연히 다른 남북면의 모습, 유래를 달리하는 두 개의 이름, 접근로의 차이 등이 어울리면서 초래된 것이다.


## 온조왕이 낙랑 우두산성을 치려다가 대설을 만난 곳이 남산면 방하리인가?

《삼국사기》〈백제본기〉 온조왕 조에 왕이 낙랑의 우두산성을 치려고 출정하였다가 '구곡臼谷'이란 곳에서 대설을 만나 실행하지 못하고 돌아왔다는 기사가 실려 있다.

> [온조왕 18년(B.C. 1)] 11월에 왕이 낙랑의 우두산성(牛頭山城)을 습격
> 하려고 구곡(臼谷)에 이르렀으나, 큰 눈을 만나 이내 돌아왔다. (十一月, 王
> 欲襲樂浪牛頭山城, 至臼谷, 遇大雪乃還.《삼국사기》〈백제본기〉)[156]

정약용의 『강역고疆域考』「낙랑별고樂浪別考」 및 《다산시문집》〈산행일기〉 등에서 臼谷(구곡)을 '방아올方阿兀'로 읽으면서, 방하리가 온조왕이 회군한 구곡臼谷 마을일 것이라는 견해가 나타났다. 천관우(1976)는 가평 구곡역(현 남양주 화도읍 구암리) 부근일 것으로 보았고, 이무상(2007)은 강촌리 문배마을을 지목한 바 있다.[157]

---

156  《삼국사기》〈백제본기〉, 한국사데이터베이스, 국사편찬위원회.

157  천관우, 〈삼국의 국가형성〉(하), 《한국학보》 3, 일지사, 118쪽, 한국사데이터베이스 《삼국사기》 해당 주)
     에서 재인용.

구臼의 훈은 '절구'이다. 우리가 흔히 상상하는 디딜방아가 아니라 달에서 토끼가 찧고 있다는 것을 가리킨다. 디딜방아의 경우에는 한자어로는 주로 방아 대碓자가 쓰이고, 방아 적磡이나 저기杵機 등의 어사도 보인다. 차자표기로는 방하方下 방아方牙 등이 쓰였다. 지명에서 '방하~방아'의 차자표기로 의심해볼 수 있는 지명으로는 방애산防崖山, 방애곡芳崖谷, 방하점防河店, 방아실坊我室, 용대곡舂埣谷, 수용곡水舂谷 등의 지명이 보인다.

'방아'의 중세국어는 '방하'이다. '방하'는 '다듬잇돌'이란 뜻으로도 쓰인다. '절구'란 말이 엄연히 쓰이고 있는데, 다산은 굳이 왜 이것을 '방아'로 바꾸어 인식했는지는 모르겠다. 둘다 곡식을 찧는 도구란 점에서 혼용할 수 있으리라 생각한 모양이다.

지명에서 '절구'와 관련한 지명을 찾아보기는 쉽지 않다.[158] 아주 가난한 집이 아니면 대개 집집마다 하나씩은 갖고 있었기 때문에 절구가 있어서 명명된 지명을 찾기 어려운 것일지도 모른다. 절구란 기구는 굵기가 적당한 통나무를 잘라 움푹하게 구멍을 파내기만 하면 되므로 만들기 어렵지 않다. 굵기가 적당한 나무 한 그루만 있으면 여러 개의 절구를 만들 수 있기 때문에 몇 집에서 어울려서 만들 수도 있는 물건이다.

《한국땅이름큰사전》(1997)에서도 한 손에 꼽을 만큼 드물다.[159] 백담

---

158  절구골이라 불리는 지명은 꽤 드물다. 포털에서 검색해 보면 아래 몇 곳 정도만 검색될 뿐이다.
 • 평양시 순안구역 안흥리 절구골: 평양시 순안구역 안흥리 아래삼리마을 아래쪽에 있는 골짜기. 지난날 이 고장사람들은 가을이면 큰 돌절구로 낟알을 찧어서 지주와 관가에 바쳤는데 그 절구가 지금도 그대로 남아 있다. 조선향토대백과.
 • 경상북도 영양군 일월면 용화리 절구골.
 • 충북 단양군 적성면 상원곡리.
 • 전남 나주시 공산면 남창리.
159  • 절구 【마을】 전남-나주-다시-죽산- →절구실.
 • 절-구 【마을】 강원-양구-양구-상무룡- 상무룡리와 하무룡리를 통틀어 이르는 말.
 • 절구-골 【골】 강원-영월-서-광천- 절구지와 신천리 사이에 있는 골짜기.
 • 절구-실 [저구, 절구] 【마을】 전남-나주-다시-죽산- 산두 서쪽 너머에 있는 마을. 상산제를 지냈음.

사 중창 설화에도 춘천 근처에서 절구를 딸군 장소로서 '절구골'이란 지명이 있었다고 하는데, 춘천에서 '절구골'이란 지명은 찾아보기 어렵다. 다만 화천에 있는 절에서 인제 백담사로 옮아가는 중간 지역이라 했으므로, 백제 온조왕이 우두산성을 공격하려고 오는 행로에서는 벗어난 지명이 된다.

절구골이란 지명 자체가 드문 만큼 방아로 바뀐 것을 뒷받침해줄 자료도 찾기 힘들다. 남산면 방하리가 '절구'의 어떤 모습을 간직하고 있는지 여부를 통해 증명할 수밖에 없다. '절구'에 초점을 맞추므로 다른 지역에 보이는 '방아다리를 닮아서'란 유래는 제외한다.

우선 생각해 볼 수 있는 것이 이 마을에 절구를 찧던 곳이 있었던 데서 유래했다고 보는 것이다. 소량의 곡식을 찧을 수 있는 절구는 어느 마을이든 심지어 집집마다 하나씩은 갖고 있게 마련이다. 심지어 웬만큼 규모 있는 농사를 짓는 부잣집에서는 집안에 디딜방아를 설치해 놓기까지 했다. 절구가 드물던 시절에 이곳에 절구가 있었다고 보기에도 어려운 것이, 방하리는 북한강 줄기를 따라서 길게 형성되어 있고, 널찍한 동네를 찾기 힘들다. 본 마을이라 할 수 있는 곳도 그리 넓지 않은 것이다. 고대 시기라고 하면 더더욱 사람들이 많이 거주했으리라 보기도 어렵다. 그렇다고 남산면이나 남면의 이웃 마을에서 이곳까지 방아를 찧기 위해 산을 넘어 올 리 없고, 강 건너 가평에서 배를 타고 와서 방아를 찧어갈 일도 없다고 보면, 절구가 있어서 이름을 얻었다는 해석에는 무리가 따른다.

다음으로 마을의 형상이 방아 또는 절구를 닮았는가 여부이다. 방아나 절구의 형상을 닮았다고 한다면, 위와 아래는 넓고 가운데가 잘록한 모양의 절구나, 절구공이의 모습이 연상된다. 그게 아니면 방아확 같이 움푹한 지형을 상상할 수 있을 터인데, 방하리 지형을 아무리 살펴보아도 이런 모습은 발견되지 않는다. 혹 산세가 절구 구臼자의 형상을 하고 있지는 않을까도 생각해 보았지만, 그런 모습도 찾아보기 어렵기는 마찬가지다.

옛 지도에는 방하산리方下山里라는 지명이 보인다.[160] '방하'라는 지명이 가리키는 대상이 곡식을 찧는 '방아'가 아니라 산의 이름에서 비롯된 것일 개연성을 의심케 하는 대목이다. 방하리 마을 안쪽에 이 지역에서 보기 드문 큰 바위덩이가 있다. 새덕산 아래쪽이다.

홍천군 서면 팔봉리에 '왕박산'이라 불리는 곳이 있다. 팔봉산에서 강을 따라 거슬러 올라가면 '괴계槐溪'마을 아래 강가에 커다란 바위가 보인다. 이 바위를 '왕바위'라 부르고, 바위가 있는 뒷산을 '왕박산'이라 부르는 것이다. 방언에서 '바위'는 '바구, 방구, 바구독, 돌방구, 방구돌, 방쿠, 방퀴, 설덕, 파구, 파우, 팡퀴' 등으로도 나타난다.[161] '바위'의 어원을 '박혀 있는 것'이란 데서 찾을 수 있는 근거이자, /ㅇ/과, /ㄱ/ 음가의 존재도 확인할 수 있는 자료들이다.

'바위~박이'의 음가가 '방하'와 비슷해지는 과정을 설명하려면 좀 복잡한 설명이 필요하다. '박-이'의 결합에서 'ㄱ'이 'k〉h〉g'로 약해지면서 한편으로는 소멸하여 /ø/이 되고, 다른 한편으로는 /g/ 단계에서 'ㅇ'[ŋ]으로 변한다. '방하'의 '방-'의 종성은 'ㅇ'[ŋ]의 영향이고, '-하'는 /h/음의 반영으로 본다.

| (박-이) | 바기~바구 | 바귀 | 〉파퀴 | 〉바퀴 |
| | | | 〉바귀 | 〉바위 |
| | | | 〉바해 | 〉방하 |
| | 방애 | 〉방애 | | 〉방퀴 |

'바위'가 '방하'와 음상이 유사해지는 과정

160 〈조선지도〉(규 16030), 〈청구도〉, 〈청구요람〉, 〈조선팔도지도〉 등에 '방하산(리)'가 보인다.
161 최학근, 《증보 한국방언사전》, 명문당, 1990.에서 선택 발췌.

절구[臼]의 존재 여부와 상관없이 '바위'에서 '방하'로의 변화를 설명할 수 있는 것이다. 그렇다면 방하리 지명은 새덕산 아래 바위에서 유래했을 개연성이 있다.

다산의 설說대로 방하리~방아올이 '구곡臼谷'이 아니라면 온조왕이 대설大雪을 만나 돌아갔다는 '절구골[臼谷]'은 어디인가?

위 인용문의 한국사사료연구소의 《삼국사기》 해당 주에는, 이와 달리 경기도 가평지역의 '구곡역仇谷驛'으로 보는 천관우의 시각도 소개하고 있다.[162] 구곡역은 현재 남양주시 화도읍 구암리 지역으로 비정되며, 조선시대에는 경기도 양주에 속했던 지역이다. 그런데 구곡역의 한자는 '仇谷驛'이어서 절구 구臼와는 다르다. 이곳이 맞다면 온조왕대에는 '臼谷'이라고 쓰다가 어느 시기에 이르러 '구곡仇谷'으로 바뀌었다고 보아야 할 것이다. 중요한 것은 이 일대에 '방아[臼]'와 연관지울 대상이 존재하는가 여부이다.

절구 모양 지형_구곡 추정지

절구 모양 지형 금남저수지 부근(조선지형도 3차분)

162    千寬宇, 1976, 〈三韓의 國家形成(下)〉, 《韓國學報》 3, 一志社, 118쪽. 한국사사료연구소의 《삼국사기》 해당 주에서 재인용.

옛 구곡역 부근에서 절구 모양을 의심할만한 지형이 보인다. 화도읍 답내리와 금남리에 걸쳐 있는 산이다. 46번 도로 신경춘로 금남1교와 2교 사이에서 월산천이 돌아나간다. 그 모양이 양 옆은 넓고 가운데가 잘록해 마치 절구의 모습을 연상시킨다. 대성리 유원지 남쪽으로 위쪽은 인촌 김성수 선생의 묘소가 있는 곳이고, 아래쪽은 금남저수지로 현재는 낚시터로 이용되고 있다.

북한강 수계에서 이 정도로 '절구'에 가까운 지형은 발견되지 않는다는 점에서 구곡臼谷이란 지명은 여기서 유래한 것이고, 온조왕이 대설을 만나 회군한 곳도 이 부근일 것이라 생각한다.


## 이태백이 노래한 삼산이수三山二水

춘천을 다녀간 문인들이 빼놓지 않고 언급한 것 중에 '삼산이수三山二水'란 말이 있다. 이 말은 본래 흔히 이태백이라 불리는 이백의 〈등금릉봉황대登金陵鳳凰臺〉 제하의 7언 율시에서 비롯되었다. 제목을 풀이하면 〈금릉 땅에 있는 봉황대란 누정에 올라〉란 뜻이 된다. 전문을 소개하면 다음과 같다.

**登金陵鳳凰臺 / 금릉의 봉황대에 올라**

李白(이백)

봉황대 가에 봉황이 놀더니 / 鳳凰台上鳳凰游
봉황 떠난 빈 대엔 강물만 흐르네 / 凤去臺空江自流
오나라 궁궐의 화초는 길에 메워지고 / 呉宮花草埋幽徑
진나라 때의 의관들은 옛 무덤을 이루었네 / 晋代衣冠成古丘
삼산은 청천 밖에 반쯤 잠기었고 / 三山半落青天外
두 물줄기는 백로주에 반이 갈라졌네 / 二水中分白鷺洲
모두 뜬 구름이 해를 가리고 있어 / 總爲浮雲能蔽日

밑줄 친 '三山半落靑天外 二水中分白鷺洲'(삼산반락청천외 이수중분백로주)의 각 첫머리 삼산三山과 이수二水가 있다. 삼산이 푸른 하늘 밖에 반쯤 잠기어 있고 두 물줄기는 백로가 내려앉은 모래톱을 사이에 두고 갈라져 흐른다. 중국 금릉 지역의 봉황대를 노래한 시인데, 금릉은 오늘날의 강소성江蘇省 남경南京 지역을 가리키는 말이다. 삼산은 호국산護國山을 가리킨다고 한다. 남경南京 서남쪽 판교진板橋鎭 삼산촌三山村 양자강[長江] 변에 있다. 세 봉우리가 나란히 이어져 서 있기 때문에 삼산이란 이름으로 불린다. 호국산이란 명칭은 소강왕小康王이 도피를 위해 이 산에 올랐을 때 돌연히 큰 안개가 일어났던 까닭에 붙여진 이름이라고 한다. 이수二水는 오늘날 양쯔강이라 불리는 장강長江의 복판에 백로가 내려앉는 삼각주가 형성되었기 때문에 한 말이다.[163]

춘천은 인제로부터 흘러온 소양강과 화천으로부터 흘러온 모진강(북한강)이 시의 서부에서 합류하여 서남류하며 삼악산 아래 협곡으로 흘러내려 가는 강에 연에 자리해 있다. 소양강과 모진강의 두 물줄기가 오랜 세월 상류의 토사를 날라다 두 강에 쌓아놓으면서 커다란 삼각주가 형성되었다. 옛 문인들을 이백의 시를 떠올리며 이 삼각주를 백로주白鷺洲라 일컬었다. 이곳에 상촌 신흠이 유배되어 와 있었다. 신흠은 〈맥록貊錄〉에서 '홍료도紅蓼島'라고 표현하였다. 료蓼는 여뀌를 뜻한다. 《조선지지자료》 부내면에 '엽귀섬'이란 지명이 보이는 걸 보면 이때까지도 홍료도라는 명칭이 명맥을 유지하고 있었던 듯하다.

당시 섬의 범위가 어디까지였었는지는 확인할 수 없다. 김시습의《매월

---

163　三山 : 護國山, 位于南京西南, 以有三峰得名. ; 二水 : 白鷺洲, 位于长江之中, 分江面为二. 三山二水: 在线汉语字典 ; 護國山: 古时, 小康王被追, 逃至此山时山上突起大雾, 小康王才避过一难, 后山被封为护国山.

당집》에는 추림楸林이란 지명이 보이고, 엄황의《춘주지》〈누대정사樓臺亭榭〉 조에는 추림수백사정楸林樹白沙汀이라는 명칭도 보인다. 추림수楸林樹란 명칭으로 보면 현재의 삼천동 일대까지도 아우르는 지명이었을 것이다. 의암댐으로 인해 지금은 다섯 개의 섬이 형성되어 있다. 위로부터 고슴도치섬[蝟島], 고구마섬, 상중도, 하중도, 붕어섬 등이다. 김영하의《수춘지》에서 소양강과 모진강이 합류하는 곳을 가리키는 신연강을 신구新舊로 구분하고 있는 것으로 보아, 물줄기와 모래톱의 형태가 현재와는 많이 달랐을 것임은 분명해 보인다.

삼산三山의 대상인 삼악산이 언제부터 '삼악'이란 이름으로 불리게 되었는지는 알 수 없다. 지금은 제1봉인 용화산과, 청운봉, 강선봉의 세 봉우리를 손꼽아 삼악산이라 부르는 것으로 알려져 있다. 옛 기록에는 산의 명칭보다 주로 석파령席破嶺이라고 표기되어 있다. 글자의 뜻에 얽매어 신구 부사가 교대를 할 때 자리를 하나만 가져와 찢어 앉았다는 이야기가 구전되고 있지만, '석'은 삼三의 우리말이고 고개나 바위를 가리키는 고대국어에 '巴衣(파의)'가 있는 것으로 미루어보면, 삼악산의 '三岳(삼악)'과 석파령의 '席破(석파)'는 같은 말이었을 것으로 보인다. 석席과 삼三이란 글자가 어떤 이유로 이 산의 명칭에 붙게 되었는지는 아직 확언하기 어렵다. 산 아래쪽에서 보면 3개의 봉우리로 이루어진 산이라고 불리는 것을 이해하기 어려운 모습이기 때문이다.

일제강점기의 문인들 사이에서는 삼학산三鶴山이란 이름도 등장한다. 채록 시기가 늦을 뿐 삼학산三鶴山도 고대로부터 시작된 표기로 볼 수 있다면, 삼三의 또 다른 우리말 '실'로 이해할 수도 있다. 이때 삼학三鶴은 '시락'을 차자 표기한 것으로, '시락'은 일본어 'しら~しろい[白]'에서 알 수 있듯이 '희다'[白]는 뜻이 된다. 화악산華嶽山을 달리 백작산白作山으로 부르거나 수락산水落山, 금학산金鶴山, 백학산白鶴山 등의 이름도 이와 궤를 같이하는 것으로 보인다. '흰 바위 산'을 뜻하던 말이, 흰[白]을 '석~

실'로 차자표기하면서 3개의 봉우리를 가진 산이라고 와전되었고, 이를 이태백의 '삼산이수'와 연결지어 3개의 봉우리를 만들어낸 결과가 아닐까? 본래의 유래야 어찌 되었든 三山이라 할 때의 삼산은 별개의 세 산을 가리키는 말이 아니라, 세 봉우리로 이루어진 삼악산을 가리키는 것으로 이해된다.

저 동방의 시선詩仙 이태백李太白의 詩句를 연상케 하는 산수를 가지고 있어 오가는 문인들 사이에 회자되는 것은 춘천인에게 자부심을 돋우는 일임에 틀림 없다. 그런 까닭에 국내 곳곳에 봉황대란 이름의 지명이 전하는 것이다. 그런데 이 구절을 이렇게만 해석하는 것은 본질적인 다른 한 측면을 놓치고 있다고 본다. 사람들은 삼산이수를 이야기할 때 시선詩仙으로 일컬어지는 이태백의 시구라는 데만 주목할 뿐, 왜 이태백이 삼산과 이수를 언급하고 있는 지에 대해서는 따로 설명하지 않는다.

산山은 양陽이고 수水는 음陰이다. 산은 멈추어 있는 것이요 물은 흘러가는 것이니 정靜과 동動이요, 산은 건조하고 물은 다습하니 음양의 대립 관계가 성립하는 것이다. 한편, 《주역》에서 3은 양陽이고 2는 음陰의 숫자이다. 효爻가 3개가 모여 하나의 괘卦를 이루고, 음효와 양효가 서로 결합하여 8괘가 나온다. 이 8괘가 상하로 짝을 이루면 주역 64괘가 되는 것이다. 그러니 삼산과 이수는 양과 양, 음과 음이 각기 자신의 성질을 간직한 채 서로 조화로운 세계가 봉황대 앞에서 펼쳐지고 있다는 것을 언급한 것이다. 태극, 음양, 하늘과 땅, 남과 여, 성과 속, 흑과 백, … 등등의 대립적 성질이 춘천 땅 안에서 서로 조화를 이루며 공존하고 있는 형국에 주목해야 한다는 말이다. 춘천의 특성 즉, 춘천다움을 구현하자면서 이를 도외시하고 달리 어디서 무엇을 찾을 것인가? 소양강과 모진강도 남강, 여강 등으로도 불리고, 봉의산과 봉황대가 암수를 이루어 새끼 봉황인 봉추대(고산)라는 지명까지 낳은 것은 음양 관계를 염두에 둔 것이라 할 것이다.

> 우리나라는 산과 바다에 끼어 있으니, 군(郡)과 읍(邑)을 두어 다스리는 곳마다 산수의 승경(勝景)을 간직하지 않은 곳이 없다. 영동(嶺東)과 영서(嶺西)의 여러 고을은 더욱이 그 아름답기가 다른 도(道)에 비해 으뜸으로 일컬어진다. 그 가운데서도 수춘주(壽春州 춘천)는 가장 뛰어난 곳으로 유명하다.[164]

현대인의 안목에서 윗글에 동의할 이는 많지 않을 것이다. 금강·설악과 경포·영랑 등 빼어난 동해 주변의 풍광과 누정을 제쳐두고 춘천이 관동에서도 춘천이 가장 빼어난 승경을 가지고 있다는 데 어떻게 수긍하겠는가? 그러나 이런 주장을 하는 이는 동주 이민구 뿐만이 아니어서 일찍이 황호黃㦿란 이는 춘천부사로 부임하는 엄황을 전송하면서 춘천은 산수굴山水窟이며, 명승으로 동방에 이름을 떨쳤다고 한 바 있다.

> 춘천은 곧 (경치가 빼어난) 산수굴이자 명승(名勝)으로 우리 동방에 이름을 떨쳤다.[165]

단순히 글을 읽는 상대가 듣기 좋게 한 말로 해석하는 것도 불가능한 일은 아니지만, 앞에서 언급한바 '삼산이수'가 가진 특성을 염두에 두면, 문소각이 산과 물을 동시에 완상할 수 있는 자리에 지었다거나, 소양정을 춘천의 좋은 풍광으로 인식했던 측면으로 볼 때, 이 말은 좀 더 곱씹어 볼 대목이 있다고 본다.

고을의 산수를 언급할 때 '삼산이수'를 내세우는 지방은 여러 곳에 있지만, 그렇다고 해서 춘천이 다른 지역과 구별되는 특징을 이야기할 때 이것을 빼놓고 이야기한다는 것은 춘천이 지닌 핵심적 특성 중의 하나를 놓치고 있는 것이다.

164  이민구, 〈문소각기聞韶閣記〉, 《동주집》 문집 제3권.
165  황호黃㦿, 〈춘천수령 엄황을 전송하는 글 送春川倅嚴愰序〉, 《漫浪集》 卷8. 한국고전종합DB.

# '춘천다움'이란

1995년 지방자치제의 본격적인 시행 이후 약 30년 동안 지역사와 지역 문화에 대한 관심은 한층 고조되었다. 최근에는 여러 지자체에서 다른 지역과 구별되는 우리 지역만의 특성은 무엇인가? 다른 지역과 차별되는 색다른 문화상품을 통해 관광 수요를 불러일으킬 수는 없을까? 에 대한 고민을 하고 있는 듯하다. 춘천의 지명유래를 찾겠다고도 하고, 가리산 한천자 전설이나 우두산 소슬묘, 봉의산 등의 풍수전설이나 퇴계 이황이나 효자 반희언의 이야기에 주목하는 것도 이 흐름과 궤를 같이 한다.

그런데 필자의 소견으로는 여기서 우리가 간과하고 있는 측면이 있는 듯하다. 춘천이란 고을이 다른 지역과 90%가 같고 10%가 다르다고 가정할 때, 다른 10%만이 춘천의 특징이 아니라 90%가 같은 것도 춘천의 특징이라는 점을 간과해서는 안 된다. 10%의 다름은 90%의 공통점이 있기 때문에 의미를 갖는 것이다.

이런 관점에서 춘천의 특성이라 부를 만한 것으로는 어떤 것들이 있을까?

- 서울과 한 시간 거리의 교통망을 가진 도시,
- 호수가에 형성된 호반의 도시,
- 분지로 이루어진 도시,
- 인구 30만 전후의 도시,
- 도청소재지인 도시,
- …

이상에 열거한 특징을 가진 도시가 춘천만의 특성인 것은 아니다. 그러나 이상에서 열거한 특성을 모두 갖춘 도시를 찾기도 쉽지 않을 것이다. 이 점은 지명에서도 똑같이 적용할 수 있다. 다른 지역에는 없는 춘천만의 지명, 찾아보면 무언가 나오긴 하겠지만 그것만이 춘천 지명의 특징이라고 하게 되면 더 큰 본질적 측면을 놓쳐버리는 결과를 초래한다는 것이다. 다른 곳에는 없고 오직 춘천에만 있는 것을 찾는 데만 몰두할 것이 아니라, 다른 지역도 갖고 있는 특성이라 할지라도 그것들이 모여 춘천이란 도시가 가진 특성을 드러낼 수 있다면, 그에 초점을 맞추어야 한다는 말이다.

필자는 이런 관점에서 춘천의 지명이 갖고 있는 특성과, 지명에 담겨진 춘천인의 사유 구조 등을 살펴본 바 있다. 위에서 언급했다시피 이런 지명이 춘천만의 고유한 특성이라기보다 다른 지역에서도 갖고 있지만 그런 여러 특성들이 결합된 모습에서 춘천 지명의 특성과, 춘천인의 사유구조에 접근해 본 것이다. 이글은 그 서론과 결론 부분만 따온 것이다. 본문은 아래 제목의 글들이다.

- 이태백이 노래한 삼산이수三山二水
- 《여지도서》 소재 강원도 지명의 한자 빈도 비교 연구 (연구 논문)
- 춘천 고을의 옛 명칭들과 국사봉
- 봉의산은 정말 봉황을 닮았을까?
- 춘천의 봉황鳳凰 관련 지명들
- 춘천의 문화적 자산으로서의 이자현과 청평사, 그리고 오봉산

삼산이수가 의미하는 음양론으로 시작해 《여지도서》의 면面 명칭에 사용된 한자의 빈도수를 비교해 춘천의 특성을 살폈으며, 국사봉 아래 흰돌[白石]이 주양에서 춘천에 이르기까지 춘천 고을을 뜻하는 지명들이 가리키는 대상물이라는 점, 아울러 이것이 봉의산의 유래가 되기도 하였다는 점도 확인했다. 아울러 청평사가 있는 오봉산의 유래에 대해서도 살펴보았다. 오봉산은 고려인 출신 원 태정황후 달마실리가 평창 오대산을 다녀간 뒤, 춘천 청평산(오봉산)에 불서와 일만 금을 시주한 시기부터 '다섯 뫼'로 불린 것으로 추정했다.

국사봉과 백돌, 삼산이수나 봉의(봉황)산, 오봉산 등의 지명은 다른 지역에서도 꽤 많이 확인할 수 있지만, 주양·우수주·수약주·수차약·삭주·춘주·춘천 등등의 지명이나 청평사는 춘천에서만 확인할 수 있는 지명이다. 《여지도서》의 면리面里 명칭에 있어서도 다른 지역과 같은 글자를 사용하면서도 빈도수에서 많은 차이를 드러내는 경우도 확인할 수 있었고, 다른 지역에서 사용되지만 춘천에서는 적거나 아예 없는 글자들도 다수 있어 춘천만의 특성을 확인할 수 있었다.

삼산이수로 대표되는 음양·태극의 관계는 모진강(북한강)과 소양강을 남강과 여강으로도 부르는 것에서, 《여지도서》의 면面 명칭에서 내외, 상하를 구분하는 것에서도 연관지어 생각할 수 있다. 청평사 대웅전의 소맷돌에도 태극 문양이 남아 있다. 대룡산과 용화산이 2룡龍이라면, 봉의산·봉황대·봉추대는 3봉鳳이 되어 삼산이수와 비교할 만하며, 《여지도서》 면 명칭의 동·서·남·북·중 등 5방의 사용은 오봉산의 그것과 상통한다. 이 음양·오행은 뒤에 《수춘지》의 저자 김영하가 200~300명의 고을 선비들과 고종황제의 국상 때 망제望祭를 지내면서, 국사봉을 중심으로 여덟 고을[8方]의 이장들과 함께 아홉 그루의 소나무를 심은 것에도 연결된다. 동서남북과 네 간방間方은 주역의 8괘에 해당하고, 중앙에 있는 자신까지 더하면 9궁宮이 되어 절망적인 나라의 상황에서 자신들의 행위로 후천개벽이 이루어지기를 갈구하는 뜻을 심은 것으로 이해된다.

무엇보다도 백돌은 광명적백光明赤白 즉, 흰 돌 속에 태양이 들어 있다는 믿음의 반영으로 해석된다. 의도하지는 못했겠지만 그들이 망제의 장소로 국사봉을 택한 곳이 춘천 고지명의 시원이기도 하다는 점은 오래 기억해 둘만 하다. 궁색해지면 변해야 하고, 변하면 통한다(窮則變 變則通)는 말이 있다. 주역을 흔히 종시지학終始之學이라 칭하는데, 이들이 심은 아홉 그루의 소나무가 오늘날 우리 민족과 나라의 번영에도 밑거름이 된 것은 아닐까?

문화는 하루아침에 이루어지는 것이 아니다. 오랜 기간 밑거름을 주고 길러 축적되었을 때 비로소 문화라 일컬을 수 있다. 춘천다움도 일종의 문화이다. 춘천 고을이 다른 고을과 비교해서 같고 다른 본성을 깊이 있게 이해하고, 그 즐거움을 향유하는 데서 찾을 수 있을 것이다. 기초적인 연구의 기반 위에서 실용적인 길을 찾을 수 있는 것이다. 100년 후를 내다 보고 도시를 설계하는 노력이 필요하다.

'중도식 토기'란 명칭이 학술용어로 사용되고 있는 모양이다. 그러나 정작 중도로 들어가는 춘천대교나, 기타 건축물·조형물에서조차 '중도식 토기' 또는 여타 춘천의 이미지를 담은 모습이 활용된 것을 보지 못했다. 중도가 아니더라도 춘천의 특징을 도안으로 한 건축물이나 교량, 가로등, 벤치, 보도블록 등 춘천의 이미지를 활용한 도안이 나올 법도 한데, 과문한 탓인지 그런 의미를 담아 디자인에 활용했다는 소식을 들은 바 없다.

시에서는 기존 전설이나 설화를 채록하여 스토리텔링 하겠노라 선언하기는 했으나, 자라우 마을엔 자라바위가 없고, 스무숲에는 스무나무가 없다. 마을의 유래를 찾았으면 마을 어귀나 자투리땅을 이용 마을의 유래 상징물이나 안내판을 세울 법도 하고, 그를 이용한 단순화된 도안을 마련해 도로 표지판이나 길 안내판에 활용한다면, 글자를 쓰는 것보다 훨씬 더 직감적으로 인지가 가능해 이해하기도 기억하기도 쉬울 텐데, 그런 모습도 보이지 않는다. 기초적인 연구가 부실한 탓이다.

소양8교 건설이 결정되었다고 한다. 소양5교나 7교에서도 그렇듯 또다시 의미없이 숫자만 붙여서 이름을 지을 거냐고 탓하는 이들이 분명 있을 것이다. 앞서 살펴본 바 면面 명칭에서 보듯 지명을 붙이는 목적은 옛 지명을 되살려 쓰는 데만 있는 것이 아니다. 무엇보다도 현대인들이 단번에 의미를 이해하고 기억할 수 있어야 한다.

소양 1교나 2교가 소양강과 무슨 연관이 있는가? 다리의 모습에 소양의 의미가 담겨 있는가? 1교와 2교를 구분할 수 있는가? '소양8교'로 이름 붙이더라도 교량의 디자인에 '8'자를 활용한 상징을 담아 설계한다면 양쪽 동네의 이름에서 한 글자씩 따서 이름붙이는 것보다도 즉각적으로 이해할 수 있어 편리할 것이다. 작금의 지명 명명 방식은 대상물과 명칭 간의 연관성을 찾기 어렵다. 연결성이 없으니 기억하기 어렵고 외지인들이 방문하더라도 즉각적으로 이해하지 못하는 지명만 양산할 뿐이다. 옛날에 사라진 지명을 되살려 현재 사용하는 일이 불필요하다는 것이 아니라, 옛날 선조들이 어떤 관점에서 우리 땅을 이해하고 어떻게 이름을 붙여나갔는지를 이해함으로써 새로운 이름을 부여하는 데 활용도를 높일 수 있다는 말을 하고 싶은 것이다.

## 지명으로 맥국의 존재를 증명할 수 있는가?

춘천 맥국설은 가탐의 《고금군국지》를 시초로 수많은 문헌에서 언급하고 있는 반면, 고고학적 유물은 발견되지 않거나 논란 중에 있어 존재 자체에 대한 의문을 품는 학자들도 있는 형편이다. 맥국이 어떤 종족으로 이루어졌는지, 맥국이란 나라가 언제 존재했었는지, 정확한 위치는 어디인지 등등 꼬리에 꼬리를 무는 의문은 풀릴 줄을 모른다. 중국 사서에 무수히 등장하는 맥과, 우리 사서에서 깊이 있는 고증 없이 답습해 온 맥이란 용어가 혼란스럽게 섞여 있는 실정이고 보면, 그 어려움은 짐작하고도 남을 만하다.

개중에는 지명을 통해 맥국의 존재를 증명하거나 방증하려는 시도도 있었다. 필자도 비록 역사학 자체에 대해서는 문외한이지만 지명학적인 측면에서 몇 편의 글을 써 본 적이 있다.

결론부터 말하면 지명을 통해서 맥국의 존재를 증명하는 것은 불가능하며, 현재까지 맥국과 관련된 지명이라고 일컬어지는 것들은 대체로 지명유래를 모르고 지어낸 낭설에 불과하다는 것이다.

예를 들자면, 조선 후기 송광연 부사가 맥국의 도읍지[貊都]를 조상弔喪했다고 했을 때의 맥도貊都는 현재 알려진 바, 신북읍 일대가 아니라 용화산성을 가리키는 것으로 보아야 한다. 그런데 이를 신북읍 일대의 맥국 도읍지로 이해하면서, 송광연 부사의 행로는 물론 산의 위치까지도 꼬여 버리는 결과를 빚고 말았다.

옷바위衣巖는 적국의 군사들이 옷을 넣어 전투의 의사가 없다는 뜻을 내보였다는 대목에서 유래되었다고 설명되지만, 의암衣巖은 가장 이른 시기의 문헌인 《춘주지》(1648)에 칠암漆巖으로 표기되고 있어 다른 해석을 요구한다. 고대국어에서의 옷~옻은 중세국어로 오면서 '올'로 수렴된다. 정선군 읍 귤암리에도 의암衣巖이라는 지명이 있는데, 개울을 가로질러 폭이 좁고 길이가 긴 모양의 바위를 가리킨다. 이는 옷감을 짜는 실의 '한 가닥'을 뜻하는 '올'로 읽어야 한다.

신북읍 발산리의 바리뫼[鉢山]는 글자 그대로 주발을 엎어놓은 모양의 산이란 뜻으로 보더라도 아무런 무리가 없고, 왕뒤~왕대는 '큰 터'라 읽을 수도 있다.

마적산磨作山·馬跡山은 마적馬賊이 넘어온 산에서 명명되었다기보다는 말발굽 모양의 바위가 있다거나, 옛날 청평사를 가기 위해 반드시 지나야 했다는 낭떠러지 길의 굴에서 명명되었을 개연성도 있다.

가리산加里山이나 가리왕산加里旺山은 가리加里라는 이름을 가진 왕王 때문에 붙여진 이름이 아니라, 중왕산, 옥갑산, 백석산, 청옥산 등과 유래가 연결되는 말로서, 여기서의 임금왕王자는 '큰'[大, 高, 廣]의 의미로 보아야 한다. 가리加里는 화·중·갑花(華)中甲 등과 함께 차자되어 광·명·

271

적·백광明赤白의 의미를 갖는 말이다. 아차峨嵯나 아차阿次에서 차嵯와 아阿는 加에서 초성 'ㄱ'이 소멸된 꼴이며, 차嵯와 차次는 뒤에 'ㄹ'로 변화된다. 실제로 두 말은 어원이 같은 것이다.

횡성의 어답산御踏山은 왕이 지나간 자취란 뜻에서 명명된 이름이 아니며, 병지방兵之坊은 진한의 태기왕의 아들이 박혁거세에게 쫓겨 가다가 진을 쳤던 장소란 말도 그대로 믿기 어렵다. 어답御踏은 근방의 오상대五相臺란 지명과 더불어 횡성의 옛지명 어사매於斯買와 같은 유래로 읽어야 하며, 병지방의 유래는 아직 확실치 않지만 병기를 만들던 공방이 있었거나, 토지를 구획하면서 兵자에 해당하는 지역이었던 탓에 붙은 지명일지도 모른다.

횡성군 갑천면의 갑천甲川은 태기왕泰岐王이 피묻은 갑옷을 벗은 장소라고 알려져 있지만, 태기泰岐는 다른 이름인 덕고德高와 같은 말로, 여기서의 泰는 德과, 岐는 高와 같은 말이다. 태기산과 덕고산의 구조는 가리왕산의 그것과 같다. 갑천甲川은 어사매於斯買, 횡천橫川, 중금中金, 화전花田 등의 지명과 더불어 횡성읍 옥동리 소재 국사봉에서 유래한 지명으로 이해해야 할 것이다.

혹자들은 지명을 통해 맥국의 존재를 찾을 수 있다고 여기고 실제 그러한 논문이 학계에 보고된 바도 있는 줄 안다. 그러나 필자의 고찰에 의거하면 지명을 통해 맥국의 존재를 규명하기란 사막에서 신기루를 쫓아다니는 것만큼이나 허황된 일이다. 설화 그 자체로서 연구대상으로 삼겠다면 별문제겠지만 역사적 사실로 단정하고 이를 학술적으로 규명하려 한다면 사상누각이 되고 말 것이란 말이다.

입에서 입으로 전해져 내려오는 것을 구전口傳이라고 한다. 나무나 돌에 새겨 전해지는 글보다 입에서 입으로 칭송되는 구비口碑가 훨씬 더 오래 지속된다는 믿음이 있다. 사람들의 입에서 입으로 전해지는 유래담이나 설화에 무게를 싣는 이유이다.

정체조차 불투명한 맥국 시대의 전쟁 상황이 어떻게 불과 수십년 전 한국전쟁 상황을 설명하는 것처럼 생생하게 재현될 수 있겠는가? 설화는 설화대로 입에서 입으로 전해지면서 새롭게 재해석되고 없던 내용이 추가되거나, 있던 내용이 사라지기도 한다. 맹신하기 전에 여러 상황을 고려해 실체적 진실과 뒤에 윤색된 내용을 비판적으로 가려 읽어야 할 것이다.

# 광명사상에서 유래된 지명

# 성산역城山驛을 아시나요? 남춘천역의 옛 이름

여덟시에 써난『쑤레나』四호 렬차는 二百六十명이나 되는 초대객을 실엇고 잠시 동을 씌여 여덟시 三十五분에 써나는 三호 렬차에는 대야(大野)정무총감을 비롯하야 귀빈다수를 태우고 찻머리에 나붓기는 일장기도 빗나게 고대하는 강원도를 향하야 력사적 감격의 처녀 출발을 하엿다.[166]

매일신보 1939.07.23. (국립중앙도서관)

〈취적성 우렁차게 감격실코 초출발〉이란 제목의 매일신보毎日申報 1939-07-23 기사는 경춘선 열차의 감격스런 첫 출발을 이렇게 기록하고 있다. 1939년 7월 22일 춘천역에서 경춘철도의 개통식을 거행한 이튿날인 23일 오전 8시 정각 초대객 260명을 태운 첫 경춘선 열차가 성동역을 출발했다. 1936년 5월부터 2년 남짓한 기간과, 1,490만 원圓, 260만 명이나 되는 인력이 들어간 총연장 93.5km의 대공사로, 여러 차례의 물자난과 험난한 공사 구간 문제를 다 이겨내고 거둔 성과였다. 초대객 260명이란 숫자는 소요 인력 260만 명을 염두에 둔 인원으로 보인다.

---

166 〈吹笛聲우렁차게 感激실코初出發〉毎日申報 1939.07.23, 국립중앙도서관 제공.

하루 6회를 왕복하는 첫 영업 개시는 1939년 7월 24일이었다. 첫날 승객 2,400명에 대한 수입 1,767원圓, 화물은 142t에 555원圓으로, 승객·화물 합계 수익은 2,322원圓이었다. 이후 승객과 화물은 급격히 증가하여 다음 달에는 여객 수입 21,885인에 16,522원圓 화물 수입 1,321톤에 6,087원圓, 잡수입 350원圓으로 합계 22,959원圓에 달했고(〈경춘철도업황〉 每日申報, 1939.08.24.), 5개월도 지나지 않은 시점에 이미 2량의 증차가 이루어졌고, 2량 더 증배할 예정이라는(〈경춘철도 차량증배〉 每日申報 1939.12.8.) 기사가 났다.

남춘천역도 같은 날 영업을 시작했다. 그런데 이 당시 남춘천역의 명칭은 성산역城山驛이었다. 1941년 6월 15일 역명을 변경한다. 내륙 도시라 읍성이 없는 춘천에 왜 성城자를 붙인 것일까? 또 채 2년도 채 되지 않은 시점에 굳이 왜 남춘천역으로 바꾸어야 했을까?

춘천에는 성城이라고 해봐야 삼악산성, 용화산성, 우두산성, 봉의산성 등 네 곳뿐이다. 남춘천역이 봉의산성의 남쪽에 있기는 하지만 춘천역이 오히려 더 가까운 위치에 있다. 역명 변경의 표면적인 이유는 '춘천읍春川邑의 발전發展에 순응順應하기 위爲하야'[167]이었다.

남춘천역은 춘천역과 불과 2km밖에 안 떨어진 곳에 있다. 이 자리에 역사를 짓는 행위 자체가 춘천읍의 발전을 염두에 둔 것일 테고, 그렇다면 이름을 성산역에서 남춘천역으로 바꾼다고 해서 무슨 발전이 더 있겠는가? 생각해보면 이건 교체 사유가 되지 않는다.

《강원도지》에는 성산역城山驛과 더불어 서산역西山驛이란 표기가 보이고, 김영하의 《수춘지》 〈산천〉 국사봉 조에는 같은 음의 한자가 다른 성산역星山驛이 보인다. '온의 성산의 남쪽에 봉우리가 있으니 국사이다.' 溫義星山之陽 有峰曰國士; 최운경 기라고 한 대목과, '성산 제일 높은 봉우리에

167 〈南春川驛이라 城山驛을 改稱〉 每日申報 1941.06.18.

서 북향하여'拱北星山第上峰; 홍재화 시라고 한 대목이 그것이다. 성星자는 같지만 최운경의 기문에는 성산의 남쪽에 국사봉이 있다고 하여 두 산을 다른 산으로 보았다면, 홍재화의 시에는 성산의 제일 높은 봉우리를 국사봉이라고 하여, 같은 산으로 보고 있다. 명칭이나 위치 모두 일치하지 않고 있는 것이다.

그렇다면 성산역城山驛이라 불린 이후 글자에 대한 이견이 제기되면서 논란이 일었고, 이를 무마시키기 위한 대안으로 등장한 것이 전혀 별개의 명칭인 남춘천역南春川驛이 아니었을까?

필자는 기존 논문에서 국사國士는 고구려의 두 번째 성인 국내성國內城이 달리 불내성不耐城, 혹은 위나암성尉那巖城으로도 불린다는 점에 근거해 '불'로 재구한 바 있다. 성星은 훈차로 '별'을 반영한 글자이다. 속초시 장사동에 국사봉이 있는데, 고성군 토성면 성천리星川里와 접해 있다. 여기서도 國:星의 대응관계를 확인할 수 있다.

성星자가 맞다면 성산역城山驛과 서산역西山驛은 잘못된 표기일까? 그렇지는 않다. '불'의 초성 'ㅂ'이 약화되는 과정에서 '홀'이 등장한다. 고구려 지명에서 성城을 뜻하는 '홀忽'이 그것이다. '홀'의 초성 'ㅎ'마저 탈락하고 모음이 교체되면 '울'이 된다. 이를 반영한 지명이 울릉도鬱陵島와 설악산의 울산바위蔚山巖이다. 곳에 따라 명鳴자로 차자 표기한 곳도 있다. '울'의 종성 'ㄹ'이 탈락하게 되면 보상심리가 작용하여 '위'로 바뀌는데, 이것이 국내성의 이칭 위나암성尉那巖城이다. '위'가 단모음화된 것이 '우'이다. 춘천 국사봉의 이칭 우미산尤美山이며, 국내성의 북쪽 산의 명칭이 우산禹山이고, 울릉도의 다른 명칭이 우릉亐陵이다. 울릉도를 달리 무릉武陵이라고도 부르는데, 춘천 국사봉 아래 퇴계退溪 곧 무릉계武陵溪가 있어 두 지명의 유래가 같다는 것을 방증해 준다.

성산역城山驛이나 성산역星山驛은 '불 〉 홀 〉 울 〉 위 〉 우'로의 음운 변화 과정의 각 일단을 반영하고 있는 글자일 뿐 잘못된 표기라고 볼 수는 없다. 이 시기 사람들은 이런 내막을 알지 못했을 터, 서로 자기 표기가 옳다고 논쟁이 되었을 것이 자명하다.

서산역西山驛은 성산역에서 'ㅇ'이 탈락한 경우에 속하는데, 어른들이 양양襄陽을 간혹 '야양'이라고 칭하는 것이나 평양平壤을 피양이라 발음하는 것과 같은 맥락에서 이해할 수 있다. 동음 내지 유사음이 연달아 나오는 것을 꺼리면서 하나를 탈락시킨 꼴이다.

## 퇴계동 '우머나리'의 지명 유래

퇴계동 롯데슈퍼 부근에 '미나리길'이란 도로명이 보인다. 약 200m 남짓 되는 비교적 짧은 길이다. 11번길이 딸려 있다. 미나리라는 말에 익숙하다 보니, '우미나리'를 '우[上]+미나리[水芹菜]'로 분석한 모양이다. 지난해 말 발간된《춘천지명사전》에서도 마찬가지 분석을 해놓았다.

> ○ 우미나리
> [별칭] 우미곡(우미곡)
> [형태] 골짜기
> [위치] 안마산
> [유래] 『조선지지자료』에 '상퇴계리' 소재 골짜기 이름으로 '尤美谷(우미나리)'가 등재되어 있다. 『춘천의 지명유래』에 "안화산에 있는 골짜기, 안화산은 그리 높지 않은 산이지만 크고 작은 여러 개의 골짜기를 만들고 있다."라 소개되어 있다.
> [어원풀이] '우[上]+미나리[水芹菜]'로 분석된다. 남부초등학교 오른편에 예전에 '미나리골'이 있어, 현재 도로지명으로 '미나리길'로 명명되었다. '미나리골' 위에 있는 골짜기란 의미이다. 별칭 우미곡(尤美谷)의 '尤美'는 음차자(音借字)이다.[168]

168 《춘천지명사전|상》 춘천시내·신북읍, 춘천문화원 춘천학연구소, 2022. 181~182쪽.

퇴계동 '미나리길'

국사봉 자락에 묘소를 쓴 전주이씨 세종대왕 제4자 임영대군파 족보
에는 이정영李廷榮의 묘소가 "춘천 남내 우미나리 오좌 春川南內于芹洞午坐"
에 있다고 되어 있다. 여기에도 미나리 근芹자가 들어 있으니 미나리가
많아서 명명되었다고 보는 것도 이해는 간다.

그런데 다른 자료들을 살펴보면 사정이 좀 달라진다. 춘천박씨 박운
호朴雲虎의 묘 비문에는, "묘는 춘천시 퇴계동의 우미산 선영하 유좌"에
있다고 씌어 있고, 풍양조씨자효회에서 펴낸《춘천 풍양조씨 회양공파
조사보고서》(1997, 107쪽)에는 조운갑趙雲甲1764~1817의 묘소가 '우미천
건좌尤美川乾坐'로 되어 있다.

'우미산尤美山, 우미천尤美川'의 표기에서 볼 수 있듯이 '미나리'라는 의
미는 찾을 수 없다. 이 지명은 일찍이 엄황의《춘주지》에 첨부된〈춘천
읍지〉에 '우민아리雨民牙里'라는 이름으로 실려 있다. 더이상 미나리와
결부시키기 어려운 이유이다. 우미나리에서 '나리'는 '내[川]'의 옛말이
다. 'ㄹ'이 소멸하면서 모음충돌을 회피하기 위해 축약되어 '내'로 바뀐

것이다. 즉, '나리'는 골짜기의 이름이 아니라 내[川]란 뜻인 것이다. 물론 뒤에 마을의 이름으로 전용된 것으로 보인다.

흥미로운 것은 춘천의 우미천尤美川과 한자까지 똑같은 글자를 쓴 지명이 보인다는 것이다. 경기도 구리시 아천동이 그곳이다. 아천동峨川洞은 아차리峨嵯里와 우미천尤美川에서 한 글자 씩 따서 붙인 지명이다. 이곳의 우미천은 우미천牛眉川으로도 표기된다. 워커힐호텔이 있는 아차산의 아래가 된다. 우미牛尾는 충남 공주시 반포면 마암리에도 보이고, 대전 유성구 반석동에도 있다. 두 곳 모두에 우산雨傘이란 지명도 함께 나타난다.

| 尤美 | 牛尾 | 雨傘 | 소재지 |
|---|---|---|---|
| 尤美川(-山) | | | 춘천시 퇴계동 |
| 尤美川 | 牛尾川 | | 경기 구리시 아천동 |
| | 牛尾 | 雨傘 | 공주 반포 마암리 |
| | 牛尾洞 | 雨傘 | 대전 유성 반석동 |

이상의 지명들에서 경기도 구리시 아천동의 경우를 제외하면 모두 산봉우리를 가리키는 명칭이다. 춘천의 경우 우미천尤美川은 앞서 보았듯이 川, 山의 의미를 모두 가지고 있다. 산의 훈 뫼가 '몰 〉 모리 〉 뫼'의 변화를 거쳤기 때문이다. 뫼는 '미~매~미' 등으로도 실현된다. 여기서의 美(미), 尾(미), 傘(산)은 모두 山(산)을 가리키는 접미사라는 것을 알 수 있다.

'우산'이라고 하면 쉽게 떠오르는 지명이 있다. 울릉도의 옛 지명이 '우산국于山國'이었다는 걸 기억하는가? '우미'는 없지만 '우릉于陵, 우릉芋陵, 우릉亏陵' 등등의 표기가 보인다. 이밖에도 우릉羽陵이나 류산流山 등의 표기도 있다.

더욱 눈여겨볼 것은 이곳에 춘천과 똑같은 지명인 '무릉武陵'이 보인다는 것이다.

울릉도(鬱陵島)는 현 정동(正東)쪽 해중(海中)에 있다. 신라시대에는 우산국(于山國)이라 불렀다. 무릉(武陵)이라고도 하고 우릉(羽陵)이라고도 한다. … 어떤 설에 우산(于山) 무릉(武陵)은 본래 두 섬이다. 서로 거리가 멀지 않아 날이 청명하면 바라 볼 수 있다. 《고려사》 권58 지리지)[169]

우산(于山) 무릉(武陵) 두 섬이 현 정동쪽 해중(海中)에 있다. 두 섬의 거리가 멀지 않아 청명한 날이면 바라 볼 수 있다. 신라시대에는 우산국(于山國)이라 불렀다. 일운 울릉도(鬱陵島)라 부른다.《세종실록》 권153, 지리지)[170]

한편, 위 인용문에서 울릉도鬱陵島의 옛 이름인 무릉武陵과 우산于山에 대하여 《고려사》에서는 무릉武陵과 우릉羽陵 두 개의 지명이 있다고 하다가, 어떤 설에 '본래 두 섬이라고 하며 서로 거리가 멀지 않아 날이 청명하면 바라볼 수 있다'면서, 유보적인 입장을 취하더니, 《세종실록》〈지리지〉부터는 두 개의 섬으로 고착된다. 이러한 현상은 오늘날까지도 지속되고 있다.

| 시대 | 음가 | 우- | 울- | 무- | 죽- |
|---|---|---|---|---|---|
| 신라 | | 于山國, 亏陵島 | 鬱陵島 | | |
| 고려 | | 于山國, 于陵島, 羽陵島, 芋陵島 | 蔚陵島 | | |
| 조선 | 태종 | 流山國 | | 武陵島 | |
| | 태종, 세종 | 于山 | | 武陵 | |
| | 세종, 세조, 성종 | 牛山 | | 茂陵 武陵島 茂陵 | |
| | 명종, 숙종 이후 | | 鬱陵島 | 鬱島 | 竹島 |
| 대한제국(고종) | | | 鬱島 | | |

울릉도 독도 시대별 유형별 명칭 비교 (조강봉(2008) 〈울릉도·독도의 지명연구〉, 《지명학》 14, 221쪽 참조.)

공통부분인 산山, 릉陵, 도島 등 제외하면 울릉도 지명에서는 '울鬱, 울蔚, 우于, 우芋, 우羽, 류流' 등의 지명과 '무武, 무茂' 등의 지명이 사용되

---

169  《고려사》 권58 〈지리지〉. 한국사데이터베이스, 국사편찬위원회.
170  《세종실록》 권153, 〈지리지〉. 한국사데이터베이스, 국사편찬위원회.

고 있다는 것을 알 수 있다.

이제 더이상 미나리골이 있어서 유래됐다는 설은 의미가 없게 되었다. 이것이 우미산이나 우미천에 사용된 '우'자의 유래에 대해 제고되어져야만 할 이유이다.

## 국사봉國士峰의 지명 유래

우미산, 우미천은 곧 국사봉이다. 앞서 언급한 박운호, 이정영, 조운갑의 묘소가 모두 국사봉 자락에 자리하고 있기 때문이다.

국사봉은 퇴계동과 정족리 사이에 솟은 해발 203.8m의 야산이다. 지금은 한자로 '國士峰(국사봉)'이라 쓰지만, 1913년 씌어진 것으로 보이는 《조선지지자료》에는 國土峰(국사봉), 國仕峰(국사봉)으로 달리 표기되어 있다. 3차분 조선지형도(1918)에는 國史峰(국사봉)이란 표기도 보인다.

그런데 위치가 현재의 국사봉이 아닌 안마산이다. 다른 기록에 성미가 안화산 아래 있는 마을이라고 된 것으로 보아, 안마산과 국사봉을 서로 혼동한 것으로 보인다.

| 남부내면 | 산명 國仕峰山 | 구슈봉산 | 下漆田里所在 |
|---|---|---|---|
| 남내일작면 | 봉명 國土峰 | 국사봉 | 鼎足里所在 |
| 동내면 | 산명 鞍靴山 | 안화산 | 豆音谷里所在 |
| 남내일작면 | 리명 鞍馬山 | 안아산 | 古靑里所在[171] |

이상 《조선지지자료》의 기록을 보면 국사봉은 하칠전리와 정족리에 있어 현재와 같고, 안마산(안화산)도 오늘날의 학곡리인 두음곡리와,

171  《조선지지자료》〈강원도편〉.

국사봉 (가운데 아래 부분)

지금의 정족2리 지역인 고청리에 있는 것으로 되어 있다. 그렇다면 3
차분 지형도에서 두 산을 뒤바꿔 놓았고, 후대의《한국지명총람》및
《한국땅이름큰사전》에서 이 오류를 답습하면서, 2022년 판《춘천지명
사전》에서도《춘천의 지명유래》를 인용하여 '안화산에 있는 마을. 남
춘천역에서 남춘천초등학교 어간이 되는 지역'이라고만 하여 바로잡
지 못하고 말았다.

　다시 본론으로 들어가서 그렇다면 국사봉은 나라를 대표할 만한 스승
이나 성직자로서의 국사國師가 있었기 때문에 이름 붙여진 것인가? 전국
의 지명을 조사해보면 '國土(국사), 國史(국사), 國仕(국사), 國守(국수),
菊秀(국수)' 등등 같은 유래로 보이는 지명만 100여 개가 훨씬 넘는다.

　여기서 우리는 고구려의 두 번째 수도로 알려진 국내성國內城을 주목
할 필요가 있다. 달리 불내성不耐(而)城, 위나암성尉那嚴城이란 명칭도 보
인다. 흥미롭게도 이곳에도 우산禹山이란 지명이 보인다. 한자는 다르
지만 음이 우리가 주목하는 것과 일치한다.

국사봉 망제탑

고구려에서 갈라져 나온 백제 온조왕의 수도가 위례성慰禮城이다. 앞서 '우미천'이란 지명이 있던 아차산과 한강을 사이에 두고 있을 뿐이다. 우리나라에 위례성慰禮城이란 지명은 하나가 더 있다. 천안 북쪽 성거산의 위례성慰禮城이 그것이다. 국사봉과 위례성 우미천과의 관계를 살펴보면 다음과 같다.

| 國 | 尉/慰 | 雨/尤/牛… | 소재지 |
|---|---|---|---|
| 국내성 | 위나암성 | 우산 | 고구려 집안현 |
| 국사봉 | 위례성 | | 천안 성거산 |
| | 위례성 | 우미천 | 구리시 아천동 |
| 국사봉 | | 우미, 우산 | 공주 반포면 마암리 |
| | | 우미동, 우산봉 | 대전 유성구 반석동 |

나라 국國자와 울릉도의 울鬱과 울蔚, 고구려와 백제의 울尉, 위慰 및 우雨, 우尤, 우牛… 등등으로 실현되는 지명어소들을 밀접한 연관성이 있다는 것을 짐작할 수 있다.

다시 고구려 국내성을 주목해보자. 내內와 내耐(而), 나那가 땅壤을 의미한다는 것은 익히 잘 알려진 사실이다. 앞서 언급했다시피 국내성은 불내성不耐城으로도 불렸다. 나라 국國자의 당시 훈訓이 '불'이었다는 것이다. 울릉도의 이칭인 울릉蔚陵의 울蔚에서 부수를 떼어내면 위尉가 된다. '불 〉울 〉위 〉우'로의 변화 과정을 추론할 수 있는 것이다.

문제는 '불'이 의미하는 것이 무엇인가? 하는 것이다. 다시 춘천 지명으로 돌아와서, 1939년 경춘선 철도 개통 당시 남춘천역의 첫 역명은 성산역城山驛이었다. 지금도 퇴계동 남부초등학교 뒤에 '성미노인정'이란 현판이 남아있다. 김영하의 《수춘지》(1953)국사봉 조에는 고종황제의 국상 때 춘천 선비들이 모여 망제望祭를 지내고 쓴 시문이 실려 있다. 그 중에 성산星山이란 지명이 두 차례 등장한다. 하나는 '온의 성산의 남쪽에 봉우리가 있어 국사라 하는데'로 시작하는 최운경의 기문, 다른 하나는 '성산 제일 높은 봉우리에서 북향하고 拱北星山第上峰'로 시작하는 홍재화의 시이다. 온의동과 국사봉 사이에 산이라고는 찾기 어렵다. 국사봉이 곧 성산이어야 한다는 말이다.

이를 뒷받침해줄 만한 지명이 속초시 장사동에 있는 국사봉이다. 국사봉 정상이 고성군 토성면 성천리와의 경계가 된다. 이 성천리도 춘천의 성산과 같은 별 성星자인 것이다.

여기서 우리는 흥미로운 지명을 발견할 수 있다. 춘천 국사봉 아래 백석동이 있다. 일찍이 엄황 부사의 《춘주지》에 딸린 〈춘천읍지〉 방리 조에도 백돌白乭이란 지명이 기록되어 있다. 구리시 아천동에서도 백돌[一橋, 漢橋, 大橋]이 있으며, 천안 상거산 근처에는 백석동白石洞이 있다. 대전시 유성구 반석동에도 백산白山이란 지명이 보인다.

퇴계동 국사봉 백석(예전 모습)　　　　퇴계동 국사봉 백돌 2 (예전 모습)

　흰돌과 국國의 차자로서의 불不, 별을 뜻하는 성星 자를 통해 우리
는 붉-[赤], 밝-[明]의 관계를 유추할 수 있다. 붉-과 밝-의 대상은 당연
히 태양太陽이다.

　지금은 여러 조각으로 동강난 채, 볼품없이 서 있을 뿐이지만, 백석
동 골짜기의 백돌은 아직도 해[太陽]를 품은 모습으로 흰빛을 발산하고
있다. 필자는 이 지명이 곧 춘천 지명에 봄 춘春자가 유래이자, 옛 지명
인 주양走壤, 질암성迭巖城, 수차약首次若, 수약주首若州, 삭주朔州의 유래라
고 생각한다.

　"해를 품은 돌, 돌을 품은 춘천", 이것이야말로 애써 없는 이야기를 지
어내기 위해 애쓰지 않더라도, 춘천의 역사를 대표할만한 스토리가 되
지 않겠는가?

# 고성 토성면 성천리星川里와 국사봉

고성군 토성면 성천리, 성천리星川里에는 왜 별 성星자가 씌었을까? '별[星]'로 이루어진 내[川]'이라면 은하수를 떠올리기 마련이다. 고려 후기 사람인 이조년李兆年, 1269~1343의 시에는 은한銀漢으로 표현했다.

이화(梨花)에 월백(月白)하고 은한(銀漢)이 삼경(三更)인제
일지춘심(一枝春心)을 자규(子規)야 알랴마는
다정(多情)도 병(病)인 양 하여 잠 못 들어 하노라

은銀은 희고 밝은 빛을 의미하며, 한漢은 곧 강江이다. 서울의 한강은 이 두 글자를 쓴다. 하河라고 하면 황하黃河를, 강江이라고 하면 양자강揚子江을 뜻하지만, 우리나라에서는 대체로 큰 강이란 의미로 쓰이기 때문에, 은하銀河나 은한銀漢은 같은 말이 된다.

가끔 하늘의 무수한 별을 볼 때마다 선사시대 사람들은 무슨 생각을 했을까 하는 궁금증을 갖는다. 일찍이 고대인들은 하늘과 자신이 살고 있는 땅을 동일시하여, 하늘에도 은한銀漢이라는 강이 있듯이 우리 땅에 흐르는 강을 한강漢江이라 명명했다. 별자리를 살펴보면 하늘에도 궁궐을 비롯해 귀족이나 평민들의 명칭도 보인다. 심지어 수레, 감옥이니 하는 이름들도 있다. 성천리에도 하천이 관류하고 있기는 하지만 도시의 중심에서 벗어난 마을이어서, 이 때문에 명명되었다고 보기는 어렵다.

속초시 장사동과 고성군 토성면 성천리 경계에 국사봉(83.6m)이 있다. 속초동해학교의 뒷산으로 산 전체가 흰 빛깔의 바위로 이루어져 있다. 국도 7호선 상에서 250m 남짓 거리밖에 떨어져 있지 않은 산이다.

국사-봉(國師峰)[국수봉, 문필봉][산] 토성면(土城面) 용촌리(龍村里)와 장천리(章川里) 경계에 있는 산. 높이 84m. 봉우리가 붓끝같이 수려함.[172]

172 《한국지명총람》〈강원도편〉, 1967.

성천-리(星川里)[수자벌, 수자평】[리] 본래 간성군 토성면의 지역으로서,
용촌천(龍村川) 가 벌판에 있으므로, 수자벌, 또는 수자평이라 하였는데,
1916년 행정구역 폐합 때, 성천리라 함.[173]

국사봉의 표기가 《조선지지자료》와는 다른 점이 눈에 띈다. 국사國
師라고 하면 나라의 스승이라고 할 분으로, 주로 불교에서 쓰던 말이
라면, 국사國祠라고 하면 나라에서 제사를 지내는 사당이란 뜻이 된다.

| 星川里 | 슈자벌 | |
|---|---|---|
| 國祠峰山 | 국슈봉산 | 沙村里[174] |

일단 국사國師, 국사國祠 등 표기체계가 일정하지 않다는 점에서 다른
어떤 말을 차자표기한 것으로 볼 여지가 있다. 《삼국사기》〈지리지〉에
고구려 두 번째 도성인 국내성國內城의 이칭異稱이 눈에 띈다. 국내성은
달리 불이성不而城이라고도 불린다. 而(이)의 상고음은 '내'이다. 견딜
내耐자의 음이 이를 방증한다. 땅을 뜻하는 '내~나'를 차자 표기한 것
이다.

國(국)이 '불'이라는 점은 우리에게 시사하는 바가 있다. 우리말에서
같은 입술소리인 'ㅂ'과 'ㅁ'은 서로 잘 바뀐다. '바닥'과 '마당', '바탕'은
어원이 같으며, '머리'와 '바리'도 어원이 같다. 시골에서는 마소를 셀
때 '한 바리, 두 바리' 식으로 세기 때문이다. 이를 'm:p 대응' 또는 '순
음 교차'라고 한다. 국사 즉 불내의 '불'과 무릉의 '무'가 무관하지 않
을 수 있는 것이다.

정치적으로 불안정한 건국 초기에는 가까운 곳에 산성을 쌓아 위급
시에 대비하였다. 도읍에 자리한 도성이 국내성이라면, 산성의 이름을
위나암성尉那巖城이라고 한다. 도성의 북쪽에는 禹山(우산)이라고 불리

173 《한국지명총람》〈강원도편〉, 1967.
174 《조선지지자료》〈강원도〉.

는 산이 있다.

　언어는 발달 과정에서 시대적으로나 지역적으로 다양한 변화를 경험한다. 그 변화를 담는 과정에서 다양한 차자 표기를 낳았는데, 국내성과 더불어 울릉도의 지명도 서로 비교할 만하다. 울릉도鬱陵島는 일찍이 우산국于山國으로 불리었으며, 우릉羽陵, 무릉武陵 등 다양한 이칭을 갖고 있다.

　'불'에서 초성이 탈락하면 '울'이 된다. '울'에서 종성 'ㄹ'이 약화되면 '위'가 되며, '위'가 단모음화 하면 '우'가 된다. '불'은 '밝'과 어원을 같이 한다. 이 때문에 불암산이나 백白자가 포함된 산 등에서 무수히 예를 찾을 수 있다. '울'은 울릉에서, '위'는 위나암성에 보이고, '우'는 국내성의 우산禹山, 울릉도의 옛지명 우산국 등에서 확인된다.

　관련하여 흥미로운 지명이 춘천의 국사봉이다. 국사봉은 해발 200m 남짓에 불과한 야산으로 별다른 특징이 없는데 비해, 무릉武陵, 우미산尤美山 등의 이칭을 갖고 있다. 더구나 성천리의 별 성星자가 포함된 성산星山이란 명칭도 보이는 점은 특기할 만하다. 현재 남춘천역의 옛 이름이 성산역이었으나, 어떤 이유에서 채 1년도 되지 않아 현재의 명칭으로 바뀌었다.

　국사봉이 국내성처럼 '불'을 차자 표기한 것으로 간주할 때, 성산星山의 산星의 훈 '별'은 '불'과 음운적으로 유사하다는 점이 주목된다. 성천리와 속초시 장사동의 경계에 위치한 국사봉(해발 98m)이 전체가 흰 빛깔이 나는 바위로 이루어져 있는 것처럼, 춘천의 국사봉 아래에는 우리가 흔히 '차돌'이라 부르는 거대한 바위 덩어리가 있다. 수 차례 부서지고 떨어져 나가 현재는 초라한 모습으로 남아 있지만, 본래의 모습은 꽤 웅장했을 것으로 추정된다. 이 흰 색깔을 뜻하는 고대어인 '불'로 표기한 것이 고구려 불이성不而城의 '불[不]'이며, '별[星]'인 것이다. 흰 빛깔의 바위와 관련해 국내성의 경우에는 아직 확인하지 못했지만, 울릉도에는 송곳봉이라 불리는 봉우리가 눈에 띈다.

현대국어에서 종성이 'ㄹ'인 어휘들은 고대국어에서는 대개 'ㅅ'에 가깝게 발음되었다. 이를 반영한 글자가 성천리의 경우에는 사師.祠로, 춘천 국사봉의 경우에는 사土.仕.史 등으로 다양하게 표기되는 결과를 낳았다.

국사봉이 '불-뫼'를 차자표기 한 것이라면, 성천리星川里에서 천川이란 글자는 어울리지 않는다. '뫼[山]'의 음이 변화하면서 물을 뜻하는 '물~매'와 혼동한 결과일 것이다.

## 퇴계동 '퇴退'자의 의미

퇴계退溪의 퇴退는 '물러날 퇴'자이다. 세간에 '무린개'를 한자화하면서 퇴계退溪라고 표기하였다는 설과 함께, 효자 반희언의 어머니에 대한 효성에 탄복해 홍수가 물러나게 하였다는 전설이 뒤따른다.

춘천에 퇴退자를 쓰는 지명으로 서면 서상리의 퇴골[退洞]도 있다. 퇴계退溪의 표기는 후부 요소의 차이만 있을 뿐 변화가 없는데 비해, 퇴골은 퇴곡退谷 퇴동退洞과 더불어, 황윤석의 《이재난고》와 김영하의 《수춘지》에는 퇴로동退老洞으로도 표기되었다.

퇴골의 유래는 기묘사화에 희생된 정암 조광조를 옹호했다는 이유로 배척되었다가 얼마 뒤 다시 등용되어 공조판서에 오른 윤세호란 분이 벼슬에서 물러나[退] 기거한 마을[谷]이란 데서 유래했다고 설명된다. 윤세호는 파평윤씨로 1503년(연산군 9)에 별시 문과에 급제하여 전라도 관찰사로 내려가던 중의 언행으로 탄핵되었다가 오래지 않아 다시 등용어 공조판서까지 오른 인물이다. 뒤에 공간공恭簡公이란 시호가 내려졌다. 그의 졸년은 알려져 있지 않다. 《대동야승》에 그에 대한 간략한 전傳이 보인다. 경기도 고양시 지도면 예매화리에서 월송리 수정마을에 묘를 이장한 윤금손의 4촌 동생이다. 퇴골방죽을 윤세호가 쌓았다는 이야기가 전하는 걸 보면, 그의 은거 시기는 전라감사에서 배척되었을 때보다 공조판서까지 지낸 뒤 물러난 때로 추정된다. 퇴골의 경우와 마찬가지로 퇴退자가 들어가는 지명에는 주로 어떤 인물이 향리로 물러나 지냈다는 식의 유래가 붙는다. 그러나 대체로 실제 유래와는 무관해 보인다.

퇴골은 화악산의 동쪽 자락에 해당한다. 앞에서 황윤석과 김영하의 표기에서 '퇴로退老'를 들었다. 그런데 밀양시 부북면에도 똑같은 이름의 화악산이 보이고 그 아래 '퇴로리退老里'란 마을이 존재하고 있다. 굳이 풀자면 '늙어서 (벼슬에서) 물러난' 사람이란 뜻이 되겠지만, 여기서 늙을 로老자는 퇴退의 뜻 '물-'의 'ㄹ'의 음가를 보충하기 위해 쓰인 글자일 뿐 한자의 뜻과는 무관하다. 화악산을 달리 광악산光岳山이라고도 부른다. 옛 기록에 영평인(포천)들은 이 산을 가리켜 백작산白作山이라고도 한다고 되어 있다. 華(화):光(광):白(백)은 모두 빛과 관련된 말이다.

그렇다면 퇴로退老 즉 '무로'는 무엇을 표기하기 위한 글자일까? 춘천시 북산면에 물로리란 마을이 있다. 옛 기록에는 무로곡無老谷으로 표기되어 있다. 무로無老라고 하면 '늙은이가 없다'는 뜻이 되어 상서롭지 못하다고 여겨, 뒤에 '늙지 말라'는 뜻의 '물로勿老'로 고친 것으로 보인다. 퇴골과 퇴로리가 화악산華岳山 아래 있는 것처럼 물로리는 가리산 아래에 있다. 가리산은 홍천의 고호古號인 화산현花山縣의 화산花山을 가리키는 말이다. 현재의 읍치가 아닌 화촌면 삼정포 일대에 읍치가 있었던 시절의 읍호邑號일 것이다. 華(화)와 花(화)는 통용된다.

화산 즉 가리산의 북쪽에는 소양강昭陽江이 있다. 한자로 밝을 소昭자에 불화(灬)를 더하면 비칠 조照자가 된다. 가리산 아래 물로리 이웃 마을이 조교리照橋里이다. 조교리는 조탄照呑 마을과 삽교插橋 마을에서 한 글자씩 따서 붙인 지명이다. 물로리의 다른 쪽에는 품안리와 품걸리가 있다. 여기서의 품品자의 뜻이 '가지, 무리'이다. '가지'는 '가디'가 구개음화를 거친 것이고, '가리'는 숟가락이라고 할 때의 '숟', 밥 한 술이라고 할 때의 '술'처럼 'ㄷ'과 'ㄹ'이 넘나드는 것과 같은 음운변화이다. 학교문법에서 이를 호전互轉 현상이라고 배운 바 있다. '무리'는 자체로 '무로'와 유사하다. '花:昭陽:照:무리'의 대응 관계에서 마찬가지로 빛과 관련된 지명이란 것을 알 수 있다.

빛 광光자를 쓰는 전남 광양光陽의 옛 지명은 본래 백제 마로현馬老縣이었다가 경덕왕때 희양현晞陽縣으로 바뀐 뒤 고려시대에 오늘날과 같은 이름을 얻는다. 전라도 광주光州의 옛 지명은 무진주武珍州였다. 여기서의 무진武珍을 학자들은 '무돌'이라고 재구한다.

빛의 의미를 가진 말로 '물-'에 연결시킬 수 있는 어휘로는 무엇이 있을까? 우선 사진이나 옷감 등등의 색이 바래는 것을 '물이 바래다', '물이 나가다'는 표현을 쓴다. 고대어에서는 빛과 색이 뚜렷이 구분되지 않고 쓰이다가 후대에 이르러 갈라졌다고 보는 것이 일반적이다. '햇볕에 빨래가 마르다'고 할 때의 '마르-'도 이와 어원을 같이하며, '햇무리, 달무리'라고 할 때의 '무리'도 마찬가지이다. '물-'을 차자 표기한 퇴(로)退(老)는 무로無老, 물로勿老, 마로馬老, 무진武珍 등등과 더불어 빛[光明]을 의미하는 말인 것이다.

퇴계동에 빛[光明]과 연관지을 수 있는 대상은 무엇이 있을까? 국사봉 아래 백석동白石洞이란 마을이 있다. 엄황의 《춘주지》(1648)에는 백돌白乭로 표기하고 있다. 지금은 마을 사람들조차도 이 돌을 별로 중요시하지 않고 있는 듯하지만, 수년간의 연구 결과 필자는 춘천의 시원始原이 여기에서 비롯되었다는 결론을 도출했다.

백돌을 숭배하는 것은 태양숭배와 관련한 원시 신앙의 산물로 보고 있다. 아마도 이 바윗덩이 속에 태양이 깃들어 있다는 생각에서 자신들을 보우保佑해 주리라 믿었던 것일게다. 태양은 보는 관점에 따라 달리 인식·명명되었다. 색깔로 보면 '붉다, 희다'가 될 것이요, 빛으로 보면 '밝다'가 된다. '가리加里' 계통의 지명과 '날'[日] 계통의 지명도 보인다.

국사봉國士峰의 '국사國士'는 '붉다'의 '불-'을 표기한 것이다. 고구려의 국내성國內城을 달리 불내성不耐城, 위나암성尉那巖城이라고 하는 것이 이를 방증한다. '불'에서 초성이 소멸한 것이 '홀'이다. 홀忽은 고구려 지명에서 흔히 성城의 의미로 쓰인다. '홀'의 'ㅎ'이 약화되면 '울/홀'이, 여기서 'ㄹ'이 소멸하게 되면 '위'가 된다. '위'가 단모음화되면 '우/오'가 되는 것이다. 즉, '불 〉 홀 〉 울 〉 위 〉 우'의 단계를 거치면서 변화한 것이다. 학자들은 아주 오랜 옛날에는 '물-/무로-'도 '불'과 같은 뜻으로 쓰이다가, 후대 어느 시기에 빛깔[色]의 의미로 분화되었을 것으로 이해하고 있다.

옛 우산국이 있었다고 하는 울릉도는 달리 무릉, 우릉이라고도 부른다. 춘천의 국사봉을 달리 무릉이라고도 하고, 우미산이라고도 부른다. 성산星山, 성산城山이란 지명도 있다. 위의 변화과정과 비교하면, '별/불-[星/不] 〉 홀[城] 〉 울[鬱陵島] 〉 위[尉那巖城] 〉 우-[于山國,尤美山]'로 변화하는 계통과, '물[退] 〉 무[武,茂]'로 변화하는 계통으로 정리할 수 있다. 즉 퇴계의 퇴[退]는 이 '물-'을 차자표기 한 것이요, 무릉계武陵溪의 '무'[武]도 같은 맥락에서 차자 표기하였다는 것을 알 수 있다. 현대 중국어에서는 '무 〉 우'로의 변화도 관측된다.[175]

신라의 이사부가 우산국을 정벌한 것이 512년 6월의 일이다. 이미 약 1500년 전의 일이다. 변화 과정의 제일 마지막에 있는 '우'가 이미 1500년 전에 완성된 셈이다. 국내성에 우산禹山이란 산이 있다. 고구려가 국

175 코로나19의 진원지로 알려졌던 '우한'의 한자가 바로 '무한武漢'이다.

내성에 도읍하고 위나암성을 쌓은 것이 A.D. 3년 10월의 일이니 이로 부터 계산하면 무려 2000년 전에 완성된 셈이 된다. 춘천의 국사봉을 우미산이라 부르는 것 또한 그 정도 전의 일이 될 것이요, 제일 앞 단계 인 별[星]이나 홀[城]은 그로부터도 수백 년 또는 수천 년 전의 지명이 되 는 것이다. 최소한 단군 시대 이전에 이 산의 지명이 명명되었다는 것 을 추정할 수 있는 대목이다. 앞서 춘천의 시원이 여기에 있다는 표현 이 조금도 과장된 표현이 아니란 것을 알 수 있는 것이다.

태양숭배의 산물인 백돌白乭에서 시작해서 백돌이 있는 산이란 뜻으 로 국사봉, 우미산(-나리), 성산星山, 성산城山, 무릉武陵 등의 지명이 생겨 났고, 무릉 아래를 흐르는 물이란 뜻이 무릉계武陵溪, 우미산 아래를 흐 르는 물이란 뜻으로 우미나리[尤美川]이란 지명이 생겼다. 무릉계나 우미 나리는 같은 냇물을 가리키는 다른 이름이다.

무릉의 '물-~무르-'를 표기하기 위해 쓰인 한자가 물러날 퇴退자이 며, 'ㄹ'음을 보충하기 위해 덧붙여진 것이 늙을 로老인 것이다. 이 무 릉계 곧 퇴계退溪를 동명으로 삼은 것이 바로 오늘날의 퇴계동이 되는 것이다.

백제 온조왕 때 마한에 사신을 보내 사방 영토를 천명하면서 동쪽 끝 은 주양[東極走壤]이라 한 바 있다. 여기서의 주양走壤이란 지명이 여기에 서 유래했으며, 후대 지명인 수약주首若州, 수차약首次若, 삭주朔州 등의 지 명도 여기서 유래한 것으로 본다. 춘주春州와 춘천春川 또한 삭주朔州에서 나온 지명이므로 모두 같은 유래가 되는 것이다.

'퇴계退溪'란 지명의 유래를 16C~17C 인물인 퇴계 이황이나 효자 반희 언에 연결시키는 것은 수천 년 전의 춘천 지명의 역사를 불과 5~6세기 전으로 후퇴시키는 일이다. 매년 3.1절, 광복절만 되면 일제가 왜곡한 우리 역사를 바로잡겠다고 목청 높여 소리치는 것보다, 우리 스스로의 역사를 되돌아보며 이해하려는 노력이 필요할 것으로 본다.

# 무릉계武陵溪의 지명유래

무릉武陵은 도연명의 〈도화원기〉로 유명해졌다. 도연명의 생몰연대는 A.D. 365(352?)~427년이고, 〈도화원기〉에서 언급한 '동진 태원 연간東晋太元年間'은 효무제의 연호로 A.D. 376~396년이다.

그러나 무릉武陵이 지명으로 사용되기 시작한 것은 B.C. 이전인 한고조 시기(劉邦 재위: B.C. 202~B.C.195)로 거슬러 올라간다. 호남성[湖南省] 서포현 남쪽에 있다고 하는데, 이 또한 현縣을 설치한 시기일 뿐이어서 무릉이란 지명이 처음 사용된 것은 이보다도 훨씬 이전일 가능성이 높다. 요는 우리는 무릉을 도원과 더불어 동양적 이상향으로 여기고 있지만, 〈도화원기〉 속 무릉이란 지명조차 도연명이 기존 지명을 끌어다 사용한 것이라는 말이다.

원래가 이상향이 아니라면 대체 무릉이란 지명에 무슨 뜻이 담겨 있을까?

춘천시 퇴계동의 유래가 된 무릉은 달리 우미나리 혹은, 우미천尤美川으로도 불린다. '나리'는 뒤에 'ㄹ'이 약화되면서 오늘날의 '내[川]'가 되었다. 경기 구리시 아천동峨川洞은 아차리峨嵯里와 우미천尤美川에서 한 글자씩 따서 명명한 것이다.

두 곳 모두에 백석, 백돌이란 지명이 보인다. 아천동에는 백돌이 一橋, 漢橋, 白橋 등으로 표기되고 있어 혼란을 주고 있지만, 지금도 아차산 아래 백돌신학대학이란 지명으로 그 명맥을 유지하고 있다. 이밖에도 충북 괴산 청천면 무릉리에 아차실과 무릉이, 평창 대화면 대화리에는 아차와 백석산이란 지명이 있다.

| 무릉 | 아차 | 백돌 | 소재지 |
|------|------|------|--------|
| 무릉 |  | 백돌, 백석동 | 춘천시 퇴계동 |
|  | 아차산 | 백돌 | 경기 구리시 아천동 |
| 무릉 | 아차실 |  | 충북 괴산 청천 무릉리 |
|  | 아차 | 백석산 | 평창 대화 대화리 |

국사봉 편에서 '불〉(홀)〉'울〉위〉'우'로의 변화 과정을 언급한 바 있다. 무릉은 '불'의 'ㅂ'이 'ㅁ'으로 변화한 사례이다. 코로나 바이러스의 발생지로 지적받던 '우한[Wuhan]'의 한자표기도 무한武漢이다. 어느 한두 개의 지명만으로는 이해할 수 없지만, 위의 표처럼 상호 비교해 보면 지명의 유래를 찾아낼 수도 있다.

'아차'는 '크다'는 뜻으로 이해 되어지고 있다. 그러나 우미나리와 국사봉의 유래를 통해 살펴보았듯이, 이 지명들은 모두 '흰 돌'과 관련이 있으며, 고대인들은 '흰 돌'은 '해[太陽]'를 품은 돌로 인식하고 있었다는 것을 알 수 있다.

흔히 우리는 '마당'이라는 말을 쓰지만 판소리계에서는 '바탕'이란 용어를 사용한다. 'ㅁ'과 'ㅂ', 예사소리와 거센소리의 차이는 있지만 둘의 어원은 같다. 옛날에 시골에서 마소를 셀 때는 '한 바리, 두 바리…' 식으로 세었다. '바리'는 곧 '마리'이다. 이렇게 'ㅁ'과 'ㅂ'이 서로 뒤바뀌는 현상이, 몽골어와 우리말, 일본어에서 적지 않게 나타난다. 특히

퇴계동 무릉공원의 무릉마을 조형물

우리말에서는 예로 든 사례와 같이 두 용어가 모두 쓰인다는 걸 어렵지 않게 발견할 수 있다. 이것을 흔히 m:p대응이라고도 하며, 학자에 따라 '순음교차'라고 일컫는 사람도 있다. 순음은 입술소리를 말한다. 대개 조음위치가 같거나 유사할 경우 서로 간의 교체가 이루어진다.

춘천에서는 퇴계의 유래에 대해 효자 반희언의 효성에 감동해 홍수가 뒤로 물러났다거나, 하천의 방향이 북쪽으로 흐른다는 식의 터무니없는 유래를 퍼뜨리면서, 본래 '무린개'라고 부르던 것을 한자로 차자 표기하는 과정에서 '무릉계' 혹은 '퇴계'라고 불렀다고 설명하고 있다.

그러나 실제로는 '무릉武陵'이 더 오랜 표현이다. '해를 품은 흰 돌이 있는 산'이란 뜻에서 '무릉'이, '무릉의 아래를 흐르는 내'라는 뜻에서 '무릉계'가 된 것이다. 중요한 것은 이 '무릉武陵'조차도 우리말을 한자화한 것이라는 점이다.

## 무릉도원武陵桃源은 본래 우리말이다

무릉도원은 동양적 이상향의 상징적 의미로 사용된다. 우리나라에도 무릉리, 도원리라는 지명이 곳곳에 분포되어 있으며, 괴산군 청천면과 영월군 무릉도원면에는 무릉리와 도원리가 함께 보인다. 수주면이었던 것을 무릉도원면으로 바꾸었을 정도로 이 지명에 호감을 느끼는 모양이다.

이 지명이 유명해지게 된 계기는 도연명의 〈도화원기〉를 통해서이다. 사람들은 흔히 도연명의 〈도화원기〉 속 이상향을 사모하여 무릉리, 도원리 등의 지명을 쓴 것으로 이해하고 있다. 실상은 그렇지 않다. 도연명이 태어나기 수백 년 전 이미 무릉이란 지명은 존재했다.

한고조 유방의 재위 연도가 B.C. 202~B.C. 195.이니, 도연명(A.D. 365~427)보다 얼추 600년 전에 나타난 것이 된다. 무릉도원은 도연명이 만들어낸 것이라기보다 기존에 있던 지명을 도연명이 끌어다 쓴 셈이 되는 것이다. 도연명은 무릉의 어떤 모습에 이끌려서 〈도화원기〉에 끌어다 쓴 것일까?

춘천시 퇴계동은 무릉계가 변한 무린개를 차자 표기한 것이다. 퇴계이황의 어머니가 춘천박씨인 것에 기초해 조선후기 춘천 사림에서는 춘천을 퇴계의 외관으로 인식하는 경향이 있었고, 효자 반희언의 효심에 탄복해 홍수가 물러나 무린개라 부르던 것을 퇴계退溪라고 표기했다는 유래담이 전해지기도 하지만 모두 근거없는 낭설일 뿐이다.

퇴계는 곧 무릉의 아래를 흐르는 냇물이란 뜻이다. 그 대상이 되는 무릉武陵은 오늘날의 국사봉이다. 국사봉은 國士, 國仕, 國史 등 자료에 따라 다양하게 표기된다. 해발 200m 남짓의 볼품없는 이산의 이름이 이뿐만이 아니다. 우미산尤美山·성산星山·성산城山 등의 표기까지 보이는 것이다. 1648년 부사 엄황에 의해 편찬된 《춘주지》에는 우민아리雨民牙里라는 지명이 보인다. 춘천의 세거씨족 중 하나인 풍양조씨 족보에 우미천尤美川이란 지명과 닮아 있다. 내[川]는 '나리'가 변한 말이기 때문이다.

경기도 구리시 아차산 아래 지역인 아천동은 아차리峨嵯里와 우미천尤美川에서 한 글자 씩 따서 명명한 지명이다. 춘천의 지명과 한자까지 똑같다는 점에서 특기할만하다. 요즘은 우미천을 주로 牛尾川으로 표기한다. 일제강점기에 간행된 〈조선지형도〉에는 尤美川로 표기되어 있다. 무릉武陵, 국사봉國士峰, 우미尤美, 성산星山 등을 비교해 보면 美는 곧 뫼[山]를 뜻한다는 것을 알 수 있다. 우미를 우산으로 읽으면 울릉도에 있었다는 우산국于山國의 于山과 같아진다. 《고려사》에 울릉도를 달리 武陵이라 불렀다는 기록도 남아 있다.

국사國士는 고구려 국내성國內城을 달리 불내성不耐城, 위나암성尉那巖城이라 부르는 것에서 國에 해당하는 고구려 당시의 어형으로 '불'을 재구하였다. 춘천의 국사봉을 달리 성산星山으로 부르는 것이 이를 방증한다. 성산星山을 우리말로 바꾸면 '별뫼'가 되니, 국사봉은 곧 '불뫼'가 되는 것이다. '위'는 '울'에서 'ㄹ'이 소멸하는 과정에서 나타난 어형이다.

國士(국사), 武(무), 鬱(울), 尤(우), 尉(위), 星(성) 등의 글자들은 모두 '붉-/밝-'과 그것이 음변한 것을 표기하기 위한 것이다. 태양의 광명光明을 숭배하는 사상의 발로이다. 경기도 구리시 아천동에는 一橋(일교), 漢橋(한교), 大橋(대교) 등으로 달리 표기되는 지명이 보인다. 춘천의 우미천이 백돌白乭, 백석(암)白石(岩)이라 불리는 차돌바위에서 유래한 것과 견주어 생각해 보면, 흰돌[白石]을 차자표기 하는 과정에서 돌[石]을 다리[橋]로 잘못 표기하면서 본의에서 벗어난 것으로 이해된다.

여기서 문제가 되는 것은 곧 무릉武陵의 무武와 '붉-/밝-'의 관계이다. 國士, 武, 鬱, 尤, 尉, 星이 모두 '불〉울〉위〉우'를 표기하기 위한 글자로 '광명光明'을 뜻한다면 '무武'는 무슨 말인가?

옷이나 사진이 탈색되는 것을 가리켜 우리는 '물이 바래다', '물이 나가다', '물이 빠졌다' 등등의 표현을 쓴다. 여기서의 물은 色을 뜻하는 말이다. '불'이 태양의 빛[光明]을 가리키는 표현인 데 비해, '물'은 '색깔'을 가리키는 것을 알 수 있다. 두 지명어소가 함께 쓰였다는 점에서 애초부터 두 말이 달랐다기보다는, 처음에는 같은 뜻으로 쓰이다가 후대에 의미분화를 일으키면서 오늘날의 뜻으로 바뀌었다고 보는 것이 적절해 보인다.

국사, 무릉, 울산, 우미, 우릉, 위례 등등으로 표기되는 지역들에는 모두 흰 돌이 자리하고 있다. 국사봉만 해도 남한에 100여곳이 넘고, 무릉이나, 우산, 백석(암)산 등등 동계의 지명들을 더하면 200곳이 훨씬 넘는 숫자이다. 무릉武陵으로 표기되는 '물~무'는 '흰' 혹은 '붉-/밝-' 등을 차자 표기한 지명들과 더불어 '흰 돌 속에는 태양이 들어 있다.'는 믿음이 기저基底에 깔려 있다는 것을 뜻한다.

다른 한자도 많을 텐데 무武나 무茂를 고집스럽게 쓴 것은 당시의 이 한자의 음가로 '물'의 소리값을 적절히 반영하는 한자로 보았기 때문일 것이다.

무릉武陵이 원래 우리말로 빛[色]을 의미하는 말의 차자표기라면 도원桃源은 어떠한가? 위키백과에서 '도원리'로 검색하면 다음과 같은 지명들이 검색된다. 3차분 〈조선지형도〉를 중심으로 도원리 및 주변 지명들을 검색한 결과, 다음과 같은 지명어소들의 존재를 확인할 수 있었다.

| 도원리桃源里 | 주변 비교 지명 |
|---|---|
| 양평군 청운면 도원리 | 葛基山, 不動山, 今勿山 |
| 고성군 토성면 도원리 | 文岩津, 雲峰山, 三星里, 橋岩里 |
| 영월군 무릉도원면 도원리 | |
| 괴산군 청천면 도원리 | 무릉리, 아차치 |
| 보은군 내북면 도원리 | 국사봉 |
| 청주시 상당구 문의면 도원리 | |
| 청주시 청원구 내수읍 도원리 | 光岩里, 花中里, 隱谷里, 細橋里, 石花里 |
| 당진시 송악읍 도원리 | 可樂里, 송악산, 光垈里, 中興里, 草垈里, 작은국사봉(盤村里) |
| 천안시 동남구 병천면 도원리 | 鵲城山, 明星里, 鳴巖里, 花山里 |
| 의성군 봉양면 도원리 | 花田洞, 武德 |

위의 표에서 光이나 明, 星, 武 등등의 빛과 관련된 어소들이나, 花, 鳴, 아차, 갈, 검 등 빛과 관련된 어소들을 차자 표기한 것으로 재구할 수 있는 지명들이 다수 보이는 걸 알 수 있다.

양평군 청운면 도원리에는 풍류산風流山이라 불리는 해발 465.2m의 산이 있다. 뾰족한 정상부에 거대한 암릉이 형성된 이 산 아래 마을은

〈조선지형도〉에 부동釜洞(2차분), 혹은 야산리冶山里(3차분)로 되어 있다. 야冶는 '(쇠를) 불리다'는 의미로 사용되지만, 지명에서는 주로 쇠를 불리기 위해 사용되는 '풀무'를 가리킨다. '풀무'는 '불무'가 거센소리를 겪은 어형으로, '붉-(밝-) + 뫼'를 표기하기 위해 쓴 글자이다.

여기서 조선후기 고지도나 읍지 등의 문헌자료 속에 보이는 '부동산不動山'을 주목할 필요가 있다. 산이란 본시 움직이지 못하는 것이거늘 어찌 '부동不動'이라 표기한 것일까? '부동不動'은 자료에 따라 '부등산釜登山'으로 표기된 곳도 있다.

홍천과 횡성의 경계에 자리한 금물산今勿山에서 뻗어나온 줄기가 남서쪽으로 도원리桃源里를 가로지르며 아랫눈썹 모양으로 돌다가 솟은 것이 성지봉聖智峰이다. 성지봉에서 발원해 풍류산 앞에서 꺾여 나간 하천을 신은천新恩川, 전곡천田谷川, 흑천黑川이라 한다. 흑천은 발원지의 산 이름을 따서 붙인 이름일 것으로 생각된다.

옛 문헌들에서는 이 물줄기의 발원지를 부동산不動山이라고 적고 있다. 《신증동국여지승람》에서는 전곡천田谷川의 근원이 부동산이라고 했고, 《대동지지》양근 편에서는 신은천新恩川이 부동산不動山에서 발원한다고 되어 있으며, 같은 곳의 지평 편에서는 '부동산不動山 및 신당치神堂峙'를 언급하고 있다. 신당치神堂峙는 홍천군 남면 유목정리와 양평군 청운면 삼성리 사이에 있는 고개를 가리킨다. 물의 근원은 홍천군 남면 유목정리와 양평군 청운면 신론리 사이에 자리한 갈기산에서 발원한다. 갈기산은 성지봉과 마찬가지로 금물산에서 뻗어나온 줄기가 북쪽 홍천군 남면 시동리를 따라 윗눈썹 모양으로 뻗어 시루봉을 이룬 뒤, 풍류산에서 그친다. 갈기산에 의해 신당치와 부동산이 갈리는 것이다. 신론리는 갈기산과 풍류산에 의해 각각 유목정리 및 도원리와 경계를 이룬다. 〈대동여지도〉에서는 홍천군 동면 오음산에서 뻗어나온 줄기로 인식하고 있다.

풍류산風流山과 야산冶山, 부동산不動山이 서로 닮아 있듯이, 부동釜洞과 부등산釜登山의 부釜자의 훈은 '가마'로, 이산의 원줄기인 금물산今勿山의 이름과 닮아 있다. 풍류산風流山이 곧 야산冶山이요, 야산冶山이 곧 부동산不動山이자 釜登山이며, 다른 한편 부등산釜登山은 곧 금물산今勿山이 된다.

경기도 양평군의 동부에 위치한 청운면 신론리 성지봉(聖地峰)에서 발원하여 군의 중앙부를 따라 남서부로 흐르다가 개군면 앙덕리에서 남한강과 합류하는 하천이다. 냇물 바닥의 돌이 검은 색이여서 물빛이 검게 보이는 까닭에 붙여진 이름이라고 전한다.···176

부동산不動山에서 발원한다는 거문내[黑川]가 현재 성지봉聖智峰이라면 不動山과 聖智峰 또한 유래를 같이하는 지명이라야 한다. 성지봉聖智峰 아래 성재동聖才洞도 마찬가지다. 성인 성聖자의 고대국어 형태가 어떠한지는 고증하기 어렵다. 그런데 성군聖君에 반대되는 말이 혼주昏主라는 데서 유추해볼 수 있을 듯하다. 어두울 혼昏의 반대는 '밝다'이다. '밝-'과 '붉-'은 어원이 같다.

지혜 지智자의 의미도 이와 같다. 다만 본래부터 이 글자가 사용되었던 것은 아닌 것 같다. 지智의 고대음은 '디'이다. 현재는 구개음화를 거쳐 '지'로 발음하는 것이다. 부동산의 '동', 부등산의 '등'처럼 앞글자의 말음을 보충하기 위해 사용된 글자로 보인다. 용문산의 옛 이름이 미지산彌智山인 것도 이를 방증한다. 용龍의 우리말은 최세진의 《훈몽자회訓蒙字會》에 '미르룡'이라 기록되어 있다. 지혜 지智자가 미르의 'ㄹ'음을 보충하고 있는 것을 알 수 있다. 성재동聖才洞의 재주 재才자는 지智의 훈 중에 재주, 재능의 의미가 있는 데서 비롯된 것이다.

176 〈한국지명유래집 중부편〉 흑천[黑川].

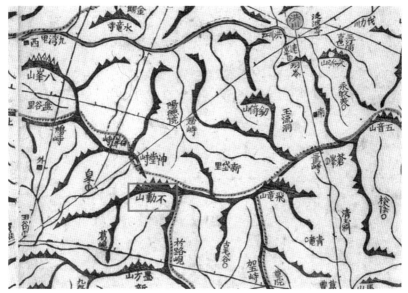

〈대동여지도〉의 홍천~지평 부동산 부분 (규장각한국학연구원)

    횡성 국사봉 근처엔 홍도산紅桃山이란 지명이 있고, 순천 서면 대구리에는 도목桃木이 있다. 영월 무릉도원면이나, 괴산 청천면에 무릉리와 도원리가 함께 보이는 것은 물론이다.

    그렇다면 성지봉, 성재동이 자리한 도원리桃源里도 '불'을 표기하기 위한 차자표기로 볼 수 있지 않을까? '붉-'의 음상이 복숭아의 '복'과 유사하기 때문이다. 지명에서 '봇골'이 '복골'로 실현되거나, 돌[石]이 방언에서 '돗-, 독-' 등등으로 변음하는 것이 이를 방증한다.

    '불-' 계통의 지명들 가까이에 복숭아 도桃자가 들어간 지명이 자리한다는 것은 이 말이 본래 '불'을 표기하기 위한 지명이었을 개연성이 있음을 시사한다.

# 울릉도의 지명 유래

《고려사》와 《세종실록》에 각각 '무릉武陵과 우릉羽陵', '무릉武陵과 우산于山'이란 지명에 대한 기사가 실려 있다. 《고려사》가 문종 원년인 서기 1451년 편찬되었다면, 《세종실록》은 1454년(단종 2)에 필사본이 완성된 것으로 알려져 있다.

> 울릉도(鬱陵島)는 현 정동(正東)쪽 해중(海中)에 있다. 신라시대에는 우산국(于山國)이라 불렸다. 무릉(武陵)이라고도 하고 우릉(羽陵)이라고도 한다. … 어떤 설에 우산(于山) 무릉(武陵)은 본래 두 섬이다. 서로 거리가 멀지 않아 날이 청명하면 바라 볼 수 있다. (《고려사》 권58 지리지)[177]

> 우산(于山) 무릉(武陵) 두 섬이 현 정동쪽 해중(海中)에 있다. 두 섬의 거리가 멀지 않아 청명한 날이면 바라 볼 수 있다. 신라시대에는 우산국(于山國)이라 불렸다. 일운 울릉도(鬱陵島)라 부른다. (《세종실록》 권153, 지리지)[178]

불과 3년의 차이밖에 나지 않지만 내용 상 차이가 보인다. 《고려사》〈지리지〉에서는 '울릉도를 무릉이라고도 하고 우릉이라고도 하는데, 어떤 설에는 우산과 무릉은 본래 두 섬이라고 한다.'고 함으로써 다소 유보적인 입장을 취했던 것이, 《세종실록지리지》에 이르러서는 아예 다른 섬으로 확정시켜 놓은 것이다.

무릉이 국사봉이나 울릉도 계통의 '불'이 m:p대응의 결과로 형성된 '물뫼'를 차자 표기한 것이라면, 울릉, 우릉, 무릉 등의 지명은 표기는 다르지만 모두 동일한 유래이며, 그 지칭 대상도 같을 수밖에 없다. 춘천의 경우 국사봉, 성산, 우미산, 무릉, 퇴계가 하나의 산인 것이 이를 증명한다. 어형은 다르지만 모두 흰돌[白石]을 가리키며, 이 돌 속에

177 《고려사》 권58 〈지리지〉지리지, 한국사데이터베이스, 국사편찬위원회.
178 《세종실록》 권153, 〈지리지〉지리지, 한국사데이터베이스, 국사편찬위원회.

해가 숨겨져 있다는 사상이 깔려 있다는 점에서는 같다. 무武, 무茂는 '물'[色]을 차자표기한 것이다. 중세국어에서 염색집을 가리켜 '믌집'으로 쓴 바 있다. 현대국어에서도 옷의 색깔이 탈색된 것을 가리켜 '물이 바래다' 혹은 '물이 나가다'라고 표현하는 것을 볼 수 있다.

'울'을 태양을 품고 있는 흰 바위라는 뜻의 '불'[光明赤白]에서 초성 'ㅂ'이 소멸한 어휘라고 볼 때, '울'이 가리키는 대상물은 무엇일까? 즉 무엇을 하얗다고 본 것일까? 눈에 띄는 것은 요즘 송곳봉이라 부르는 봉우리이다. 언제부터 송곳봉이라 불렀는지는 알 수 없지만, 송곳의 중세국어가 '솔옷~솔옺'이고 이는 '솔곳~솔곶'에서 비롯된 말이고 보면, 송곳처럼 뾰족하기도 한 것과 더불어, '솔'이 '희다[白]'의 고대국어 '실-'과도 음이 비슷하다는 점도 이 이름을 명명하는 데 일조했으리라 본다.

## 설악산 울산바위의 지명 유래

미시령 너머 설악산 울산바위에 울蔚자가 들어 있다. 울릉도의 '울릉鬱陵'이나 울산바위의 '울산蔚山'은 한자는 다르지만 같은 유래를 가진 말이다. '울릉도鬱陵島'를 '울산도蔚山島'라고 한 기록도 보인다.

전설에 따르면, 조물주가 금강산金剛山을 만들 때 경남 울산蔚山 지방의 이 바위도 금강산으로 찾아가다가 늦어서 여기에 자리 잡게 되어 울산바위라 한다는 전설이 전해지기도 한다. 울산바위[蔚山巖]와 경남 울산蔚山의 한자표기가 동일한 데서 빚어진 이야기일 뿐이다.

『신증동국여지승람』「양양도호부」에 '이산離山'과 울산蔚山이 보이고, 「간성군」 산천 조에는 '천후산天吼山'이 보인다. 『여지도서』「양양도호부」에는 천후天吼, 『관동읍지』「간성」 산수 조에는 천후天吼이다.

『조선지도』 등 다른 고지도에는 모두 천후산天吼山으로 기록했는데, 『해동지도』와 『광여도』에는 천고산天叩山으로 표기되었다. 『조선지지자료』에는 간성군 토성면에는 '울산암蔚山巖'이, 양양군 도문면에는 천후산과 천후치란 기록도 보인다.

| 蔚山巖 土城面 | 城南里 (간성) |
|---|---|
| 天吼山 호우지 | 道門面 土旺城里 (양양) |
| 天吼峙 ᄒ물지 | 道門面 土旺城里 (양양)[179] |

이산離山은 울타리산이란 뜻이다. 울타리는 그냥 '울'이라고도 한다. 한자의 뜻을 새겨 그대로 울타리로 해석한 것은 차자표기를 모르는 사람들의 해석이다. 풀이름 울蔚자와 울 후吼의 훈을 고려하면, 훈訓인 '울'의 소리값을 차자한 것으로 보아야 한다.

천후天吼는 '하늘이 운다.'는 뜻이지만, '힌+울+산'으로 풀 수도 있다. '힌'은 '희다[白]'의 의미로 쓰인 것인데, '하늘'과 음이 비슷한 탓에 오해가 발생한 듯하다. 의미상 태양을 가리키는 말이라는 점에서 '울'과 중복된다. 고叩는 두드린다는 뜻이어서 다소 어울리지 않는 것으로 보아, 천후天吼의 잘못으로 보아야 할 것이다. 도표화해 보면 이해하기가 용이하다.

| | 한[白] | 울[光明赤白] | 뫼[山] | 바위 |
|---|---|---|---|---|
| 울산암 蔚山巖 | | 울[蔚] | 山 | 巖 |
| 이산 離山 | | 울[離] | 山 | |
| 천후산 天吼山(叩) | 한[天:白] | 울[吼] | 뫼[山] | |

울산암蔚山巖은 우리말의 구조상 울암산蔚巖山이어야 맞다. 울산암이 된 것은 애초에 울(암)산으로 불리던 것에, 바위의 의미를 추가시킨 데서 나

179 《조선지지자료》〈강원도편〉.

타난 어형으로 해석할 수 있다. 전국에 '울바위'란 지명이 산재해 있는데, 이 또한 같은 유래를 가진 지명이다. 흔히 명암鳴巖으로 표기된다.

울산바위가 무엇이 하얗단 말인가? 의문을 던질 사람도 있을 것이다. 민족에 따라 사람에 따라 희다는 범주가 똑같지는 않겠으나, '불' 계통의 어휘에 광명적백光明赤白의 뜻이 들어 있다는 점을 염두에 두어야 한다. '赤과 白이 같은 색이라고 할 수 있느냐, 없느냐?'의 문제는 민족 또는 언어권의 집단적 인식의 문제이지, 현대과학적 잣대로 가름할 수 있는 사안이 아니다.

## '소양강 지명, 가리산에서 유래했다!'

소양강昭陽江이란 지명이 언제부터 불리었는지는 알 수 없다. 《고려사》와 《세종실록》〈지리지〉부터 등장한다. 대룡산을 여매압산汝每押山이라 부르는 것처럼, 옛 우리말을 옮긴 것으로 보이지도 않는 명백한 한자 지명이다.

흥미로운 점은 소昭 아래 부수 연화발[灬]을 더하면 비출 조照 자가 된다는 것이다. 소양강의 상류에 조탄照呑이란 지명이 있다. 탄呑은 지명 뒤에 붙는 접미사이고, 소昭와 조照는 햇빛이 비쳐 밝아진다는 뜻에서 상통한다. 현재의 북산면 조교리 지역으로서, 조탄照呑과 삽교插橋에서 한 글자씩 따서 명명한 것이다.

조교리 이웃 마을이 현재의 물로리勿老里이다. 예전에는 무로곡無老谷이라 불렀다. 《삼국사기》 지리지에 따르면 전남 광양光陽의 옛 지명이 백제 마로현馬老縣이었다가, 경덕왕 때 희양현晞陽縣으로 바뀌었다. 희晞자는 '마르다, 말리다'는 뜻이고, 광光은 '빛'으로 새기는 글자이다.

두촌면 천치리에서 바라본 가리산 암봉

백제 마로馬老는 '마르-'를 한자를 빌어 쓴 표기인 것이다. 소양昭陽과 조탄照呑의 의미를 염두에 두면 '무로~물로'도 이 '마르'를 한자를 빌어다 썼다는 것을 알 수 있다. 이 말은 오늘날 '마르다' 외에 옷감이나 사진 등이 탈색된 것을 가리켜, '물이 나가다', '물이 빠지다'라고 할 때도 쓴다.

홍천군 두촌면과의 경계에 가리산加里山이 보인다. 두촌斗村은 예전에는 '말촌末村'이라고 썼다. 말 두斗자이니, 무로곡~물로리의 '물'과도 닮아 있다. 가리加里란 말은 현재 사어死語가 되어 더 이상 쓰이지 않는다. 차자 표기할 때는 화花, 화華로도 표기된다. 홍천의 별호가 화산현花山縣이고, 홍천을 동에서 서로 관류하는 강의 이름이 화양강華陽江이다.

昭陽:물-:말-:加里:華,花의 관계는 춘천시와 화천군, 가평군, 포천군 경계에 자리한 화악산에서도 찾을 수 있다. 화악산은 華嶽山으로 쓰는데, 달리 광악산光岳山이란 이름도 있다. 춘천 서면 서상리에 퇴골[退谷]이란 동네가 있다. 김영하의 《수춘지》(1953)에는 '퇴로곡退老谷'으로 표기되어 있다. 물러날 퇴退자이므로 그대로 '물로곡'이 된다. 가리산 아래 물로리~무로곡과 같아지는 것이다. 밝을 소昭 대신 빛 광光 자가 사용되었을 뿐이다.

옛 문헌을 찾아보면 가리산 부근에 중전산中田山이란 지명이 보인다. 어떤 기록에는 가리산보다 30리 북쪽에 있다고 하고, 다른 기록에는 가리산과 대룡산 사이에 있는 것으로 쓰여 있다. 북쪽에 있다는 중전산에서 발원한 물은 북으로 흘러 소양강으로 흘러든다고 하고, 남서쪽 대룡산과 사이에 있는 중전산은 남으로 흘러 홍천강에 흘러든다고 적고 있다. 지금도 Daum이나 Naver 등 포털사이트에서 제공하는 지도에 중밭골[中田]이란 지명이 보인다.

어떤 산이 가리산의 북쪽과 남서쪽에 동시에 존재할 수 있는가? 현대인의 시각에서 보면 근대 이전 지리학이 발달하기 전의 미숙한 지리관에서 비롯된 오류라고 치부해버릴 일이지만, 이 문제는 고대국어를 알면 간단히 해결될 일이다.

가운데 중中의 고대국어는 '갑'이다. 추석을 가리켜 중추절中秋節이라고 하는데,《삼국사기》에 이를 '가배절嘉俳節'로 기록하고 있다. '가배'가 중세국어에서 '가뵈', 현대국어에서 '가위'로 변했다. 그래서 추석을

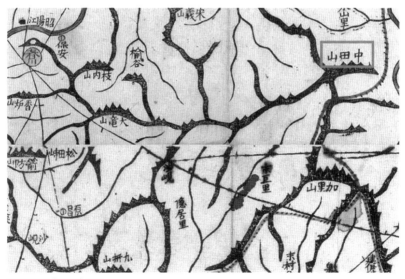

대동여지도 〈중전산〉 부분

여지도서 〈중전산〉 부분

'한가위'라고 하는 것이 이것이다. 《표준국어대사전》에 따르면 '제주도에서 팔월 한가위에 행하던 민속놀이'를 가리켜 '조리희照里戲'라고 한단다. 중中과 조照, 가리加里 사이에 밀접한 관계가 있다는 방증이다. 밭전田 자는 바위의 고대국어를 차자 표기한 것으로 보인다.

중中이란 '중분中分'으로 (가운데를) '가르다'는 뜻이다. 한가위가 가을 석 달의 한가운데 있기 때문이다. 가리加里는 '가르다'의 어간 '갈-'에 명사화 접미사 '이'가 결합된 꼴이다. 중전산이 곧 가리산인 것이다.[180]

유래를 같이하는 지명이 표기가 달라지면서, 아예 다른 산으로 인식하게 되는 현상이 나타난 것이다. 가리산과 중전산이 그 과정에서 실체를 잃고 말았다면 아예 다른 산으로 변모한 예도 보인다. 정선~평창의 가리왕산이 그것이다. 가리왕산加里旺山 왕旺은 본래 왕王자였다. 일제에 의해 바뀌었다가 본래의 글자를 되찾아가는 모양이다. 가리왕산의 서

180   이남덕, 〈가운데 어원고〉, 《한국어어원연구(Ⅰ)》, 이화여대출판부, 1985. 참고.

쪽에 중왕산中旺(王)山이 있다. 가리加里와 중中이 서로 대응하고 있는 것으로 보아 본래 같은 산을 가리키는 지명이었던 것을 알 수 있는데, 현재는 아예 다른 봉우리의 명칭으로 바뀌어 쓰이고 있다.

해발 1,051m의 가리산 정상부에 세 개의 바위 봉우리가 솟아 있다. 대부분 흙으로 이루어진 산의 제일 윗 봉우리에 자리한 이 바위가 햇빛을 받아 밝게 빛나는 모습, 이것이 바로 소양昭陽이요, 가리加里요, 중전中田인 것이다. 정선~평창의 가리왕산 쪽에는 중왕산에 몇몇 바위덩이가 머리를 내밀고 있는 것이 확인된다. 그러나 주위에 백암산이나 청옥산 등 같은 유래를 가진 지명이 보이는 것으로 보아, 구체적인 대상을 지목하기에는 아직 이르다. 한편 화악산에서는 촛대바위를 그 유래의 대상물로 거론할 수 있다.

## 하루아침에 생긴 못 아침못, 조연朝淵 아자지阿次池

춘천시 신북읍 유포리에 '아침못'이라 불리는 저수지가 있다. 이 못에는 다음과 같은 전설이 전해진다. 먼 옛날 이 못이 있던 자리에 고래등 같은 기와집이 있었는데, 어느 날 한 스님이 찾아와 염불을 외며 시주를 청했다. 욕심쟁이 주인 영감이 문을 열어주지 않다가, 계속되는 염불 소리에 화를 내며 구정물과 쇠똥을 끼얹었다. 그런데 갑자기 스님이 사라지더니 장대비가 퍼붓기 시작했다. 빠져나올 틈도 없이 기와집은 잠겨버렸고, 다음 날 아침 큰 못이 생겨났다는 것이다.

전설의 줄거리는 우리나라 전역에 널리 퍼져 있는 이야기와 별반 다르지 않다. 요는 '하루아침에 갑자기 못이 생겨났으므로' 마을 사람들이 '아침못'이라고 불렀다는 것이다. 조연朝淵이란 지명에 대해 나올 법한 가장 편리한 유래담이다.

엄황의 《춘주지》에는 조연朝淵이 아닌 아차지阿次池이다. 아차지阿次池는 '북 25리에 있다. 연꽃이 무성했으나 중도에 폐기되었다. 병술년 봄 다시 헤아려 수축하여 백성들이 많은 이익을 보았다.'고 쓰여 있다. 퇴곡방축退谷防築, 동현지銅峴池, 수정지水精池, 압곡지鴨谷池, 사라곡지思羅谷池, 독사곡지蠹沙谷池, 장애벌언長崖伐堰, 견연犬淵, 유포지柳浦池, 아동리지衙洞里池, 도정지陶井池 등 열두 곳과 함께 보인다.

《여지도서》에는 조연언朝淵堰으로[181], 《관동지》에는 조연지朝淵池로 표기되어 있다. 《조선지지자료》〈강원도편〉 춘천조에 다음과 같은 대목이 보인다.

| 北中面 堤名 | 朝淵堤 | 앗치못언막이 | 上柳浦里 所在[182] |

《삼국유사》에 따르면 단군 왕검이 세운 나라 조선朝鮮과 그 땅인 아사달阿斯達이 보인다. 《고려사》에서는 아사달阿思達, 아질달阿叱達로 표기되었다. 《계림유사》 고려방언에 아참阿慘이란 말도 보인다. '아침'의 중세국어가 '아ᅀᆞ'이며, 아침 조朝에 해당하는 일본어가 'あさ[a-sa]'란 점에서 이들 지명은 모두 어원을 같이하는 것으로 보인다.

고대 지명에서 종성이 's'는 'ㅅ'으로만 쓰이지 않았다. 발화 상황에 따라 'ㄷ'이나, 'ㅈ', 'ㄴ', 'ㄹ' 등으로 곧잘 바뀌어 나타나는 것이다. 모음에 있어서는 변화가 더욱 심해 아예 무시해도 좋을 정도이다. 'a-sa'의 음가와 견주어 볼 수 있는 지명으로 '아차산'을 들 수 있다. '-tsa-'는 '-sa-'와 통용되는 관계에 있다.

> 압해군(壓海郡)【압(壓)은 압(押)으로도 적는다.】은 본래 백제(百濟)의 아차산군(阿次山郡)으로, 신라(新羅) 경덕왕(景德王) 때 지금 이름으로 고쳤다.

181  在縣北距二十五里 周圍一千一百四尺 深三尺五寸.
182  《조선지지자료》〈강원도편〉.

(하략) 壓海郡【壓一作押】本百濟 阿次山郡, 新羅 景德王, 改今名. … [183]

阿次山(아차산) : 押海(압해) : 壓海(압해)의 관계에서 山[뫼]은 海[매]
와 대응되고, 阿次(아차)는 押(압), 壓(압)에 대응되는 것을 볼 수 있다.
押(압)과 壓(압)이 대응되는 현상은 阿次아차의 음가를 'asa~atsa'에 고
집해선 안 된다는 것을 알 수 있다.

> 峨嵯洞, 峨嵯峙 아침치, 峨嵯峙酒幕 (영월 좌변면)
> 牙次洞 아창골 (정선 북면 北坪里字)
> 阿次狀, 阿次坪 아침실들 (울진 근남면 상천전동)[184]

《조선지지자료》〈강원도편〉의 다른 곳에 이에 견주어 볼 수 있는 지
명들이 보인다. 위 인용문을 살펴보면 '아차'가 '아침', '아창'으로도 실
현되는 것을 볼 수 있다.

한편, 서울 광진구와 경기 구리시에 걸쳐 아차산이라 불리는 산이 있
다. 이곳에 아차산성阿且山城이 있는데 달리 아차산성峨嵯山城으로도 쓴
다. 두 지명이 'a-tsa'의 음가를 그대로 담고 있는 반면, 다른 명칭으로 아
단阿旦도 보인다. 심지어 旦의 훈은 '아침'이기까지 해서 아침못[朝淵]과
밀접한 관련이 있음을 알 수 있다. 旦은 阿且의 且와 글꼴이 비슷한 데
착안해 의미를 살리기 위해 의도적으로 바꿔 쓴 글자로 볼 수도 있다.

> 子春縣자춘현, 本高句麗 乙阿旦縣을아단현 景德王玟名[185] 今永春縣영춘
> 현. (권 35)[186]
> 乙阿旦(且)[187]縣을아단(차)현 (권 37)[188]

183 《고려사》, 한국사데이터베이스, 국사편찬위원회.
184 《조선지지자료》〈강원도편〉.
185 한국사데이터베이스의 해당 주에 '玟名: 校勘 055 정덕본에는 玟名으로 되어 있으나, 을해 목활자본에는 改名으로 되어 있다. 문맥상 改名이 옳다.'고 되어 있다.
186 《삼국사기》, 한국사데이터베이스, 국사편찬위원회.
187 한국사데이터베이스의 해당 주에 '乙阿且: 校勘 030縣 정덕본에는 且로 되어 있으나, 《고려사》에는 旦으로 되어 있다.'고 되어 있다.
188 《삼국사기》, 한국사데이터베이스, 국사편찬위원회.

'아차~아단'은 소릿값은 달라 보이지만 '아차'가 아침을 뜻하고, '아단'은 그 뜻을 보충하기 위해 아침 단**을 덧붙인 것일 뿐이어서 차자표기의 한 방편에 지나지 않는다는 것을 알 수 있다.

그렇다면 '아차~아단'은 '아침'과 동일시해도 되는 것인가? 그렇지는 않다. 《춘천지명사전》(2022)에서는 이를 '작다'는 뜻의 '아지'에서 어원을 찾았다.

> [어원풀이] '아침[朝]+못[淵]+지[池]'로 분석된다. 고유어지명인 '아차지'에서 '아차'는 '작다'는 의미를 지닌 고대어 '앛'의 변형이라 할 수 있다. 따라서 '아침못'은 '작은 못' 정도의 의미로 풀이된다.[189]

이러한 해석의 근거는 같은 곳의 [유래]에서 찾을 수 있다. '원래 자연적으로 만들어진 조그마한 못이었는데, 식량증산을 목적으로 1945년 확장공사를 시작하여 1949년 완공된 대규모 인공저수지로 변모하였다.'[190]는 데서 '작다'는 의미를 끌어온 것이다. 어원적으로는 '어리다', '아기', '아들', '아우(〈아수〈아수)', '아주머니[앛+머니]', '-아지', '아촌아들'[姪], '아히' 등의 어휘에 힘입은 듯하다.

서울 광진구의 '아차산'과 전라도 압해군 지역의 '아차산군'은 광명光明 사상과 관련된 지명으로 보인다. 그런데 신북읍의 '아침못'은 광명光明과 연결 지우기에는 적합하지 않다. 주변의 다른 지명이나 대상물이 이를 뒷받침해주지 못하기 때문이다. 필자는 '작다'와 정반대의 '크다'는 뜻을 제시하고자 한다.

《여지도서》〈제언〉 조에 춘천의 저수지[堤堰]에 대해 설명해 놓았다. 《춘주지》의 열두 곳에 비해 5곳이나 줄어든 7곳이다.

189  《춘천지명사전》 권상, 춘천문화원, 2022~2023.
190  상게서.

朝淵堰조연언: 在縣北距二十五里 周圍一千一百四尺 深三尺五寸
水精堰수정언: 在縣西距十五里 周圍九百十五尺二寸 深二尺
犬淵堰견연언: 在縣南距五里 周圍八百八十尺 深三尺五寸
衙洞堰아동언: 在縣南距一里 周圍九百六十六尺 深二尺
柳浦堰유포언: 在縣南距二十五里 周圍一千二百四十尺 深二尺
陶井堰도정언: 在縣北距二十里 周圍九百七十二尺四寸 深二尺五村[191]

조연언朝淵堰은 둘레가 1,104척이며 깊이는 3척 5촌이라 되어 있다. 《여지도서》 편찬 시기의 못의 크기와 이 지명이 생길 때를 동시에 비교하는 것은 마땅치 않지만, 못이란 것이 한 번 쌓아놓으면 무너지는 둑을 다시 쌓고 바닥의 흙을 걷어내는 정도일 뿐 크게 바꾸지 않게 된다. 화전을 일구거나 산골짜기에 축조한 것이라면 몰라도, 유포리·천전리 일대의 좋은 논밭을 경작하기 위해 쌓은 못이라면 고을 수령의 입장에서도 관심을 둘 만한 곳이다. 못의 관리에 철저를 기했을 것이란 말이다.

'아차지'가 삼국시대 이전 농경이 활발히 이루어지기 시작했을 때 쌓은 것이라고 가정할 경우, 조선조에도 손꼽힐 정도의 못이라면 매우 큰 못으로 여겨질 수밖에 없다.

한편, 《삼국사기》〈지리지〉에는 '아차'와 달리 '야차也次'라는 지명도 보인다.

益城郡익성현 本 高句麗 母城郡모성군 景德王 改名 今 金城郡금성군(권35)
母城郡모성군 一云 也次忽야차홀 (권 37)[192]

모성군, 익성군으로도 불렸던 금성군은 현재 북한 지역인 김화군 일대이다. 성城과 홀忽이 대응 관계에 있다는 것은 주지의 사실이다. 따라서 어미 모母가 곧 야차也次와 대응 관계가 성립하는 것으로 보면, 야차也

191 《여지도서》〈제언〉.
192 《삼국사기》〈지리지〉.

츳는 어버이를 뜻하는 중세국어 '엇'에 견줄 수 있다. '엇'은 '어싀 〉 어이'로 약화되었다. 고려가요 〈사모곡思母曲〉에 '아바님도 어이어신마라난'이란 구절의 '어이'가 이에 해당된다. 여기서 '엇'은 어버이라는 뜻으로 사용되었지만 고구려어에서는 어미 母의 뜻으로 사용되었음을 알 수 있다.

'엄-, 엇( 〉 엄 〉 어이)'은 크다는 뜻이다. '어른', '얼', '알', '아시새'[鳳], '어싀', '어질다'[仁,賢] 등에서 그 용례를 찾을 수 있다.


## 아차산의 지명 유래

서울 광진구 아차산에는 아차산과 관련해 조선 명종 때의 인물로 점술에 능했던 홍계관洪繼寬과 관련한 일화가 전해진다. 요점은 이렇다.

마루 밑으로 쥐 한 마리가 지나가는 것을 본 임금이 점술에 능하다는 홍계관에게 방금 마루 밑으로 지나간 쥐가 모두 몇 마리인지를 점치도록 명했다. 홍계관이, '모두 세 마리이옵니다.'라고 답했다. 터무니없는 소리라고 여긴 임금은 그를 사형시키도록 명했다. 잠시 뒤 쥐의 배를 갈라보았더니 뱃속에 새끼 두 마리가 들어 있었다. 뒤늦게 이를 알고 형 집행 중지를 명했으나, 이미 사형 집행이 이루어진 뒤였다. 소식을 들은 임금이 '아차!'하고 탄식한 것을 계기로 이곳이 아차고개로 불리게되었고, 산 이름도 아차산이 되었다는 것이다.

충북 보은 내북면 아곡리에도 아차산이란 지명이 보인다. 내용은 다르지만 '아차'를 감탄사로 해석하는 것은 마찬가지다.

> … 아차산 밑이 되므로 아차실, 아치실 또는 아곡이라 한데서 명칭이 생겼다. … 아치실은 소룡골 안쪽에 마을이 있었는데 임진왜란 때 왜군이 모든 마을을 습격할 때 마을 앞에 숲이 울창하여 잘 보이지 않으므로 그냥 지

나간 후 뒤늦게 지나친 것을 알고 아차 빠뜨렸다고 후회한 뒤부터 부르게 된 것이 변하여 붙은 이름이다.…[193]

다른 지명 설화들이 황당무계한 내용을 포함하고 있는 데 비해, 위의 내용에는 그런 모습은 찾아볼 수 없다.

그러나 '아차'란 지명은 이곳 말고도 여러 곳에 있다. 강원 춘천 신북 읍 유포리에는 아침못[朝淵]이란 저수지가 있다. 엄황의 《춘주지》에는 이곳이 '아차지阿次池'로 표기되어 있다.

강원 영월 무릉도원면 주천리 82번 지방도 부근에 '아차치峨嵯峙'란 지 명이 보인다. Daum 카카오 제공 지도에는 '아침치골'로 표기되어 있 다. 두 곳 모두에서 '아차'란 말이 '아침'과 함께 쓰이고 있는 것으로 보 아, 감탄사로서의 '아차'는 유래와 관련이 없어 보인다.

흥미로운 것은 영월 주천리 이웃한 마을이 무릉리란 점이다. 필자는 〈퇴계동(무린개)의 지명유래〉(미발표 논문)라는 논문을 통해 춘천의 국사봉과 무릉이 같은 유래를 가진 말이란 점을 규명한 바 있다.

충북 괴산 청천 무릉리에서도 峨嵯(아차), 峨揷(아삽), 嵯洞(차동) 등 의 지명을 확인할 수 있다. 영월과 괴산에는 도원리란 마을도 이웃하고 있다. 이는 '아차'와 무릉, 국사가 밀접한 관련이 있다는 것을 방증한다. 다음 표를 보면 확연히 드러난다.

| | 아차 | 국사 | 白 | 武 | 尤,牛 | 光明 |
|---|---|---|---|---|---|---|
| 경기 광주 남종 금사 | 峨嵯 | 국사 | | | | 光,花,明 |
| 전남 신안 압해면 | 阿次 | 국사 | 白鶴 | | | 日 |
| 강원 평창 대화 대화 | 峨嵯 | | 白石 | | | 發 |
| 경기 구리 아천동 | 峨嵯 | | 白橋 | | 우미 | (風納,慰禮) |
| 충북 괴산 청천 무릉 | 峨嵯 | | | 무릉도원 | | |
| 영월 무릉도원 무릉(주천) | 峨嵯 | | | 무릉도원 | | |
| 강원 춘천 퇴계동 | - | 국사 | 白石 | | 우미 | 星 |

193 [네이버 지식백과] 두산백과 두피디아 충북 보은 내북 '아곡리'.

아차峨嵯와 아차阿次는 표기만 다를 뿐 같은 것을 차자표기한 것으로 보인다. 서울 광진구~경기 구리의 아차산도 표기가 일정하지 않기론 마찬가지여서 한자가 다른 것은 거론할 필요가 없다.

표를 통해 아차란 지명이 있는 곳에는 국사나 백돌, 무릉, 우미란 지명들이 함께 보이는 것을 확인할 수 있다. 그밖에 빛과 관련된 다른 지명어소들도 보인다.

앞서 언급한 논문에서 필자는, 고구려 두 번째 성인 국내성國內城을 달리 위나암성尉那巖城, 불내성不耐城 등으로 부른다는 점, 춘천의 국사봉을 무릉武陵, 우미尤美, 성산星山으로도 부른다는 점, 울릉도鬱陵島를 우산于山, 우릉羽陵, 무릉武陵 등으로 부른다는 점 등에 근거해 국사國士를 '불'로 재구한 바 있다. '불'은 광명적백光明赤白을 아우르는 의미범주를 지니고 있으며, 이것이 음운변화를 일으키면서 '불 〉 (홀) 〉 울 〉 위 〉 우'로 변모하였고, '불'의 초성이 'ㅁ'으로 교체되면서 '물〉무'가 되었다는 것을 확인했다. '불:國星發, 홀:城, 울:鬱蔚鳴, 위:慰尉, 우:尤于禹亐, 무(물):武茂'의 대응 관계가 성립하는 것이다.

모두 광명光明 즉 빛이나 빛과 관련된 어휘들이거나 그것을 음훈차 표기한 것들이다. 흰 돌(붉-/밝-) 속에는 해[太陽]가 들어 있다 내지 해의 산물이라는 믿음에서 비롯된 것으로, 이 믿음은 우리 민족의 거주지에 따라 널리 분포되어 있다.

문제는 '아차'이다. 다른 것들이 불/물이거나, 거기서 음운 변화한 모양이라면 '아차'는 생판 다른 어형을 하고 있는 것이다.

'아차阿次'란 말은 이미 《삼국사기》부터 등장하는 오랜 지명이다.

> 압해군壓海郡은 본래 백제百濟 아차산현阿次山縣이다. 경덕왕景德王이 이름을 고쳤다. 지금도 그대로 부른다.(壓海郡, 本 百濟阿次山縣, 景德王改名. 今因之.(권 36)[194]

---

194 《삼국사기》〈지리지〉.

본래 백제 아차산현阿次山峴이던 것을 경덕왕이 압해군壓海郡으로 바꾸었고, 삼국사기를 지을 당시인 고려조에서도 그대로 따라 부른다는 내용이다. 압해는 현재 전남 신안군 압해면 일대를 가리킨다.

지금은 阿次(아차)을 '아차'라고 읽지만 삼국시대 또는 그 이전에는 '가차'로 발음했을 개연성이 있다. 압해군 기사 바로 뒤에 갈도현碣島縣이 본래 백제의 아로현阿老縣이었다는 대목이 있는데, 碣(갈)과 阿老(아로)의 대응에서 '갈〉알'의 음운변화를 간취할 수 있기 때문이다. 그런 점에서 압해壓海를 달리 압해押海로도 쓴다는 점을 주목할 만하다. 押 또한 현대 한자음은 '압'이지만 고대 한자음은 '갑~갑'에 가까웠다.[195] 성부聲部가 갑甲인 것도 이를 방증한다.

필자는 〈중전산의 정체에 대한 연구〉(미발표 논문) 제하의 논문에서 가리산加里山은 중전산中田山과 같은 말이며, 가리와 중의 관계는 '가리:갑'으로 재구할 수 있다는 것을 적시한 바 있다. 中은 가운데를 가르다[中分]는 뜻이다.[196] 甲(갑)과 加里(가리)가 같고 壓(압)과 押(압)이 같다면, 아차의 본래 어형은 '가차'이었을 수도 있음을 시사한다. 阿次池(아차지):朝淵(조연):아침(〈아츰〈아춤)의 관계까지 고려하면 접미사에 따라 다양한 어형의 재구도 가능해 보인다.

가리加里는 광명적백光明赤白의 의미를 지닌 어휘로, 國士(국사)·武陵(무릉)·牛尾(우미)·星山(성산) 등과 비교할 수 있는 지명이다. 대부분 흙으로 이루어진 산의 정상부에 세 개의 암봉이 햇빛을 받아 빛나는 모습이 곧 '가리'이다. 물론 이 계통의 어휘를 모두 광명적백의 범주에 넣을 수만은 없다. 아지, 아수, 아기 등이나, 어싀[父母]의 경우처럼 대소大小 내지 노소老小를 뜻하는 경우도 있기 때문이다. 그 판단은 주변에

---

195  漢字古今音資料庫 xiaoxue.iis.sinica.edu.tw 상고음 참조.
196  이남덕, 〈가운데 어원고〉, 《한국어어원연구 (1)》. 이화여대출판부, 1985. 참조.

빛과 관련한 지명어소들이 같이 분포하는지 여부로 판단할 수 있겠다.

해당 지역 시군의 설명에 따르면 압해壓海를 바다를 누른다는 식으로 한자의 뜻에 얽매여 풀이하지만, 해海 또한 고대국어이므로 오늘날처럼 바다의 뜻으로만 한정시킬 수 없다. 바다가 없는 내륙도시 춘천의 별호가 광해주光海州이며, 역시 내륙 도시인 홍천과 원주 등에도 해삼대海三垈, 해기곡海基谷 등의 해海자가 쓰이고 있기 때문이다. 해海는 '물~믹'로 산을 의미하는 '몰~뫼'를 차자 표기한 것으로 보아야 한다. 홍천이나 화천의 내 천川자도 하천의 의미가 아닌 뫼[山]를 가리키는 글자인 것도 같은 맥락이다.

그렇다면 홍천~춘천의 가리산처럼 빛과 관련된 대상물은 무엇일까? 서울 광진구~경기 구리시의 아차산은 대상이 명확하지만 아차산현의 아차산은 어디인지 모른다. 壓(압), 押(압)이 加里(가리), 中(중)과 대응한다는 점을 염두에 두고 보면, 인근 목포木浦의 유달산을 주목할 필요가 있다. 목포는 북쪽으로 무안군과 신안군과 인접해 있으며 동쪽으로는 나주평야로 진입하기 위한 관문이기도 하다. 유달산의 '유'자는 다양한 한자표기로 기록된 바 있으며, 지금은 주로 유儒, 유諭 등의 글자가 사용되는 듯하다. 그러나 압해壓海·압해押海, 아차阿次와의 관계를 염두에 두면 본래는 鍮(유)이었을 것으로 보인다. 놋쇠를 뜻하는 鍮(유)는 '구리~가리'를 표기하기 위한 글자이며, 뜻은 역시 광명적백光明赤白이다.

목포木浦의 목木의 뜻은 '나무'이다. 중세국어에서는 '남ㄱ'으로 나타난다. 그런데 고대국어에서는 '글'로도 재구할 수 있다.

高木根 一云 達乙斬 (권 37)
赤木 一云 沙非斤乙 (권 37)
其買 一云 林川 (권 37)[197]

197 《삼국사기》〈지리지〉, 한국사데이터베이스, 국사편찬위원회.

이때는 斤乙, 乙, 其 등과 대응된다. 유달산의 구리[鍮]와 같은 말이 되는 것이다. 목포를 나무가 많았다거나, 나주평야로 들어가기 위한 길목 등으로 해석하는 것은 넌센스일 뿐이다.

현재의 행정구역상 군현의 명칭은 다르지만, 목포와 신안군 압해면은 모두 암릉으로 이루어진 유달산에서 유래한 지명이란 것을 알 수 있다.

## 동극 주양東極走壤, 질암성迭巖城

문무왕이 쌓았다는 주양성 질암성이 곧 오늘날의 봉의산성이라면, 왜 '주양산성', '질암산성'이 아닌 '주양성', '질암성'인가?

> **웅천책을 세우자마한이 항의하다( 6년 07월(음) )**
> 24년(6) 가을 7월에 왕이 웅천책(熊川柵)을 세우자 마한왕이 사신을 보내 나무라며 다음과 같이 말하였다.
> "왕이 처음 강을 건너왔을 때 발을 디딜 만한 곳도 없었는데, 내가 동북쪽 100리의 땅을 떼어주어 편히 살게 하였으니 왕을 대우함이 후하지 않았다고 할 수 없다. 마땅히 이에 보답할 생각을 해야 할 터인데, 이제 나라가 완성되고 백성들이 모여들자 '나와 대적할 자가 없다'고 하면서 성과 연못을 크게 설치하여 우리의 강역을 침범하니, 어찌 의리에 합당하다고 할 수 있는가?" 왕이 부끄러워하여 마침내 목책을 헐어버렸다.[198]

백제 시조인 온조왕 세력이 처음 한강 유역에 자리 잡을 때, 그 땅을 지배하던 마한과 별다른 충돌이 없었던 것으로 보인다. 온조왕은 하남 위례성에 정착해 나라를 세우고 안정이 되자, 도읍을 하북河北으로 옮기고 마한 왕에게 사신을 보내 이 사실을 알리고, 동서남북 강역疆域을 선포한다.

---

198 《삼국사기》, 권 제23.

(온조왕) 13년(B.C. 6) ⋯ 가을 7월, 한산(漢山) 아래에 목책을 세우고 위례성의 민가를 옮겼다. 8월, 마한에 사신을 보내어 도읍을 옮긴 것을 알렸다. 드디어 경계를 그어 국경을 정하였으니, 북으로는 패하(浿河), 남으로는 웅천(熊川), 서쪽으로는 대해(大海), 동쪽으로는 주양(走壤)에 이르렀다.9월, 성과 궁궐을 세웠다.[199]

동쪽 경계로 삼은 주양走壤에 대해 이병도와 정구복은 춘천으로 간주하고 있으며,이병도, 1986, 120쪽; 정구복 외, 2012, 239쪽. 정구복(2012)에서는 주양走壤과 유사한 지명으로 지내촌소枝內村所 내지 지내산枝內山을 꼽고 있다. 走와 枝의 초성이 같고, 內가 땅을 뜻하는 '내'[壤]와 비교할 수 있다는 점에 근거해 추정한 것으로 보인다.

그런데 문무왕 13년(A.D. 673) 국원성 등 여러 성을 쌓을 때 주양성走壤城이란 명칭이 보이고, 주양성을 일명 질암성迭嚴城이라고도 부른 것으로 되어 있다. 走와 迭이 대응하고 있으니 迭과 枝도 대응 관계에 있는 것으로 보아야 할 것인데, 음차로 보나 훈차로 보나 연결이 용이하지 않다. 더구나 춘천에는 산성의 성지城址만 확인될 뿐 평지성의 존재는 확인되지 않고 있다. 주양走壤이 춘천은 맞는 것인가? 의문부터 제기해야 할 판이다.

처음 국호를 십제十濟로 삼았다가 백제百濟로 바꾸게 되는데, 건널 제濟의 의미에 '나루'가 포함되어 있는 것으로 보아, 한강 일대의 수상·해상 무역권을 장악하면서 성장한 것으로 보인다. 지금까지의 발굴 성과에 힘입어 풍납토성 일대가 위례성의 중심지였을 것으로 보면, 북한강과 남한강이 만나는 곳까지는 직선거리 불과 13km, 강줄기를 따라 계산해 보아도 20km 가량밖에 되지 않는다. 30리~50리 바깥에 적을 두고, 강역을 선언한다는 것은 무언가 자연스럽지 못하다. 남한강 일대

---

199 《삼국사기》 권 제23.

라면 수로가 막히더라도 충청도 일대까지 육로를 이용한 물자 이송이 가능하겠지만, 북한강 유역의 고을들은 산에 막혀 물자 이송이 불가능 해지기 때문이다. 백제 온조왕의 입장에서 양수리까지 점유하게 되면 북한강 일대 남양주, 가평은 물론 적어도 춘천까지의 물자 이동도 장악하게 되는 셈이다. 이런 측면에서 생각해 보면, 우리 사학계에서 '동극주양'을 후대의 사실을 마치 온조왕 대의 일인 양 견강부회했다는 식의 이해야말로 지나친 억측이다.

### 국원성 등 여러 성을 쌓다
9월에 국원성(國原城) 옛날의 완장성(亂長城)이다. 북형산성(北兄山城), 소문성(召文城), 이산성(耳山城), 수약주(首若州)의 주양성(走壤城){또는 질암성(迭巖城)이라고도 하였다.}, 달함군(達含郡)의 주잠성(主岑城), 거열주(居烈州)의 만흥사산성(萬興寺山城), 삽량주(歃良州)의 골쟁현성(骨爭峴城)을 쌓았다.[200]

문무왕 13년 수약주首若州 주양성走壤城, 일명 질암성迭巖城을 축성築城했 다는 기사를 근거로 삼으면 주양성은 수약주 땅이어야 한다. 수약주는 강원도 영서지방을 중심으로 남으로는 경북 영주와 안동의 각 일부, 충북 제천과 단양의 각 일부와, 함경도 원산 일대까지 포함하는 범위이다. 한강을 중심으로는 오늘날의 경기도 가평과 양평의 일부인 지평을 포함하고 있다. 수약주首若州의 주양성走壤城 일명 질암성迭巖城은 어디이며, 무슨 뜻에서 명명된 지명인가?

일명 '질암성迭巖城'이라 한 것으로 보아 지명의 유래는 바위에서 비롯된 것으로 보인다. 迭은 巖을 수식하는 말이며, 주양走壤의 走와도 대응되는 말이다. 走와 迭의 대응에서 '달-'[走]과 '딜'[迭]을 재구하면 고구려말 '달'이 山·高·大 정도의 의미를 추출할 수 있다. 가평과

200 《삼국사기》 권7.

의 경계에 월두봉月頭峰이 있어 '달'[月]과 연결이 가능하지만, 가평에 훨씬 가깝고 뾰족이 솟은 모습 이외에 달리 지명 유래로 주목해 볼 만한 것이 없다.

김영하의 《수춘지》(1953)에는 '오음슬포五音瑟浦'란 지명이 보인다. 오음五音은 '다름~달음'으로 재구할 수 있는 것이다. 다산 정약용의 〈산행일기〉에 교탄橋灘이란 지명과 더불어 춘천의 명물이던 문암門巖과 연결지어 볼 수 있다. 《삼국사기》의 기록에 門을 가야말로 '돌'로 재구할 수 있기 때문이다. 문암이 특별해 보이기는 하지만 고대인들의 관점에서 신령한 것으로 여기고 숭배할 만한 것은 아니어서, 그것이 춘천 고을을 대표하는 지명으로 삼았다고 보기에는 결함이 있다.

走를 훈차로 '갈-'로 보고, 迭의 뜻 '갈마들다'에서 '갈-'을 추출해 보면 어떨까? 화악산이나 가리산의 '갈~곳'으로 재구하는 것이다. 화악산은 명물인 촛대바위, 가리산은 정상부에 자리한 암봉巖峰이 있는 데다, 주변 지명들 중에도 여기서 유래한 것으로 보이는 지명들을 허다하게 찾을 수 있어 긍정적인 반면, 走가 주로 '닫~달-'로 재구되고, 둘다 다른 지역과의 경계에 있으며 이미 그 지역의 고을명으로 사용되었다는 점 등에서 보면 개연성이 떨어진다.

결론부터 말하자면 퇴계동 국사봉 아래 백돌白乭이 그 대상으로 볼 수 있을 것으로 본다. 走와 迭의 초성을 'ㅅ'으로 보면 '수~실'로의 재구가 가능하고, '희다[白]'와 연결이 가능하기 때문이다. 迭의 현대 한자음은 '질'이지만 형성문자로서 失의 음가는 '실' 외에도 '질, 일' 등으로 실현된다. 走의 음도 '주[走], 도[徒]'로 'ㅅ'이 보이지 않지만, 일본어로 음독하면 'そう[소우]'이다. 이 두 글자가 아니더라도 고대 한자음에서 'ㅅ~ㅈ~ㅊ~ㄷ' 등의 음운 변화는 어렵지 않게 찾을 수 있다.

엄황의 《춘천읍지》 남부내면에 백돌白乭이란 지명이 보인다. 현재의 국사봉 서쪽 아래 백석돌이란 작은 마을이 있다. 국사봉은 산의 모습은 어디서나 볼 수 있을 만큼 뚜렷한 볼거리가 없이 흔해 빠진 모습인 것에 비해, 다양한 이름을 갖고 있다는 것이다. 국사봉 외에도 우미산尤美山, 무릉武陵, 성미[星山] 등이 그것이다.

국사봉은 가장 일반적인 명칭으로, 고종황제의 국상 때 망제를 지낸 데서 국사봉이라 불린 것으로 알려져 있지만, 그보다 앞선 시기에 간행된 《조선지지자료》 및 〈조선지형도〉 등에서 확인된다. 3차분 〈조선지형도〉

퇴계동 백돌의 현재 모습

에는 국사봉國史峰이란 명칭으로 현재의 안마산 자리에 표기되어 있다.

우미산尤美山은 김영하의 《수춘지》(1953) 및 춘천박씨 묘비명에 보인다. 관련하여 풍양조씨 족보에는 우미천尤美川이란 지명이 보인다. 엄황의 《춘주지》(1648)에 '우민아리雨民牙里'로 기록된 지명과 같은 지명이다.

무릉武陵은 '무린개'로 불리다가 퇴계退溪로 차자 표기 되었다. 춘천 효자 반희언의 효성에 감복하여 복숭아 밭을 덮었던 홍수가 물러났기 때문에 퇴계退溪라는 지명이 생겼다는 설화가 있지만, 조선후기 옛 지도에 무릉협武陵峽으로 표기되어 있는 점을 간과한 오류이다. 그런 식이라면 골짜기[峽]가 물러났다고 해야 할 판이다.

성미[星山]는 김영하의 《수춘지》 기록이다. 이 지명이 《강원도지》에는 '서산西山, 성산城山'으로 표기되었다. 남춘천역의 첫 이름이 성산역城山驛이었다가 이듬해 현재의 이름으로 바뀌었다. 채 2년도 못 가서 '시구역의 확장을 위해서'라는 다소 모호한 이유로 바뀐 데는, 한자 표기상의 논란이 일었던 까닭으로 추정된다.

흥미로운 것은 서울 아차산에도 같은 이름의 지명이 보인다는 것이다. 구리시 아천동인데 아차리와 우미천에서 한 글자씩 따서 지은 지명이다. 이곳에서는 우미천尤美川과 함께 우미천牛尾川으로도 표기되기도 하였다. 이 마을에 '漢橋, 一橋, 大橋' 등 다양한 표기를 가진 지명이 있다. 일관된 橋자로 인해 이곳에 '큰 다리[橋]'가 있어 유래한 지명으로 추측하기 쉽지만, 부근에 '백돌'과 관련한 지명이 있어 춘천에서와 마찬가지로 '백돌'에서 유래한 지명임을 알 수 있다. 한성 백제의 위례성慰禮城과 같은 지명은 충청남도 천안시에서도 확인할 수 있다. 상호간의 거리가 다소 멀긴 하지만 천안시에도 위례성과 국사봉, 백석동이란 지명이 보인다.

한편, 울릉도鬱陵島의 옛 지명 무릉武陵, 우산국于山國은 춘천의 무릉武陵, 우미尤美를 비교할 수 있다. 울릉도의 최고봉이 성인봉聖人峰인데 천안 위례성이 있는 산이 성거산聖居山으로, 두 지명 모두에 성聖자가 포함된 점도 비교할 만하다.

위례성은 고구려 국내성國內城의 이칭인 위나암성尉那巖城에 비교할 수 있다. 고구려 국내성의 다른 말이 불내不耐인 것으로 보아 국사봉의 國士:(仕,史)도 '불'로 재구할 수 있다. 이 '불~별[星]'이 약화되면서 '울 〉 위 〉 우[尤]'로 음변하였고, 다른 한편 순음끼리 초성이 교체되어 '물 〉 무[武]'로 바뀐 것이 무릉武陵이다. 이 무릉의 변음이 '무린개'로 나타나고, 이를 한자로 차자표기한 것이 바로 퇴계退溪가 된 것이다.

| | Proto- | Variation | 비고 |
|---|---|---|---|
| 물-系 | 물 | 무-[武], 무린개 | |
| 불-系 | 불~별 | 불-[國, 不], 별[星] | 고구려 국내성 |
| | 울 | 울-[鬱, 蔚] | 울릉도 |
| | 위 | 위-[慰禮, 尉那] | 한성백제 위례성, 고구려 위나암성(국내성) |
| | 우 | 우-[尤, 牛, 于, 禹 …] | 춘천, 한성백제, 울릉도, 고구려 |
| | 오 | 오근-[烏根] | 烏根乃는 '붉-은'에서 초성이 탈락한 꼴로, 根은 'ㄱ'음가를 반영한 것. |

이상 '불-' 계통의 지명과 달리, 白에 해당하는 우리말로 '희다'가 있다. 구개음화되면 초성이 'ㅅ'으로 변한다. 공사 중임을 알리는 안내판의 말미에 쓰는 '주인 백'에 흰 백[白]자가 쓰이는데, 白의 훈 '숣-'에서도 '실~살'로 재구할 수 있는 여지가 있다. 白은 일본어로 훈독하면 'しら·しろ·しろいsira·siro·siroi'가 된다는 점도 이와 어원을 같이하는 말이다. 횡성군에도 국사봉이 보이는데, 현 횡성읍 옥동리에 실아동實我洞이란 지명이 있어 이를 방증한다. 실아동과 인접한 갑천면 중금리에 차돌을 채취하던 광산이 있었다는 점에서 국사봉의 유래와 관련지을 수 있다.

주양走壤의 朱와 질암迭巖의 질迭은 국사봉 아래 백돌을 가리키는 말로 '실-'로 재구할 수 있는 지명이다. 주양산성走壤山城, 질암산성迭巖山城이라 하지 않고 주양성走壤城, 질암성迭巖城이라 칭할 수밖에 없었던 이유가 바로 여기에 있다.

1993년 정비복원을 위한 정밀지표조사가 이루어져 18개소의 건물지가 지표에서 확인되었으며, 이후 2004년 체계적인 정비 방안 및 향후 조사계획 수립을 위한 산성내 일부 건물지 발굴조사가 강원문화재연구소에 의해 시행되었다. 조사결과, 화재로 인해 일시에 폐기된 3개소의 건물지가 확인되었고, 6세기 후반 또는 7세기 초엽에 해당하는 신라 토기를 비롯해 나말여초~고려 중기의 기와류, '西面(서면)'·'面官(면관)'·'面造(면조)'·'官草(관초)' 등의 글자가 새겨진 명문기와, 토기류, 자기류, 금속류, 중국 송나라 동전 등 다수의 유물이 출토되었다. 특히 2호 건물지에서 출토된 6세기 후반경의 신라 토기들은 봉의산성의 최초 조영 시기가 통일기 이전으로 올라갈 수 있는 고고학적 근거를 제공하고 있다는 점에서 주목되고 있다. 발굴조사에서 출토된 탄화목을 방사성탄소연대 측정한 결과 $1240 \pm 60$BP부터 $840 \pm 40$BP까지 연대치가 다양하게 나왔다.

봉의산성 복원 구간

　봉의산성은 『삼국사기』에 기록된 673년(문무왕 13) 수약주首若州, 지금의 춘천 주양성走壤城 축성 기사를 근거로, 주양성의 실체로 지목되고 있으며, 신라의 춘천지역 진출 시기에 일시적인 군사적 거점으로 활용되다 통일기에는 삭주朔州, 지금의 춘천의 중심 치소성으로 운영되었을 가능성을 시사해 주고 있다.

　사학계에서는 봉의산성을 주양성의 대상지로 비정하고 있다. 실제 성城은 봉의산에 있는데 명칭은 봉의산이 아닌 국사봉의 옛 명칭 走(주)와 迭巖(질암)에서 따왔기 때문이다. 산성이 국사봉에 있지 않았기 때문에 주산성 내지 질암산성이라 부를 수 없었고, 같은 이유로 주양산성走壤山城, 질암산성迭巖山城이라 부를 수 없었던 것이다.

　춘천의 옛 지명 수차약首次若과 수약首若도 여기서 비롯된 것으로 보인다. 走와 迭의 재구음 '실-'에 접미사가 첨가되면서 '시라 〉 시락'의 변화를 거친 것뿐이다. 수차약首次若과 수약首若은 각각 '슐-악'[首次若]과

'슈-악'[首若]으로 재구할 수 있다.[201]

경덕왕 대에 변경된 삭주朔州도 이와 유래를 같이하는 말이다. 흔히 수약주首若州가 축약되어 삭朔이 된 것이라 주장하기도 하지만, 두 지명은 변화의 계통이 다르다. 삭朔의 훈은 '初하루'이다. 중세국어에서는 '初ᄒᆞᄅᆞ'이다. 朔의 첫소리가 'ㅅ'인 것으로 미루어 'ᄒᆞᄅᆞ'의 고대국어는 '슬'로 재구할 수 있어 '숣'[白]과 같아진다.

| | Proto- | Variation | 비고 |
|---|---|---|---|
| 실- 系 | 실-[白] | 시라(しら) | 일본어 |
| | | 실락, 술락[首次若] | 首의 중세한자음이 '슈'임. |
| | | 시락, 수락[首若] | 〃 |
| | 살-[白] | 살[朔]~사라 | 하루[朔] 〈 사라 |
| | | 삵 | |
| | | 삭 | |
| | 설-[白] | 설-[雪] | 설악산, 설암/백설(홍천 석화산) |

국사봉이 이렇게 다양한 명칭을 갖고 있다는 점은, 이 지명이 명명될 시기에는 춘천 지역 여타의 어느 산보다도 중요시 혹은 신성시되었다는 것을 시사하며, 따라서 춘천 고을의 명칭이 되었다고 보기에 부족함이 없다고 본다.

## 춘천의 고지명들은 어디서 유래 했는가?

### 〈1〉

춘천의 고지명 유래를 '소'[牛]에서 찾게 만드는 핵심 근거는 '牛首州{首 一作 頭}'에 있다. 주양走壤, 질암迭巖, 오근내烏斤(根)乃, 수차약首次若, 수

201  이상 [네이버 지식백과] 춘천봉의산성 [春川鳳儀山城] (한국민족문화대백과, 한국학중앙연구원) 참조.

약주首若州, 삭주朔州, 춘주春州, 광해光海, 춘주春川 등의 고지명[202] 중 소[牛]가 들어간 지명은 이것밖에 없기 때문이다.

전국에 '소[牛]'자가 들어간 지명은 매우 많다. 《한국땅이름큰사전》에서 해당 지명을 검색해 보면, 우두 15, 우두산 20, 우두봉 3, 우두악 1, 우산리 19, 우산 58 등이 검색된다. 이를 모두 합치면 116곳, 중복을 감안하더라도 족히 100곳은 되어 보인다. 여기에는 북한 지역의 지명은 빠져 있으므로 그쪽까지 합치면 약 200곳에 달하게 된다. 수년 전 중국 포털사이트 '바이두'에서 검색해본 결과 600곳 이상이 검색되었다. 춘천의 옛 지명이 '소[牛]'와 어원을 같이 한다면, 이 중 몇몇 지명은 우리나라 전역, 중국 전역에 걸쳐서도 어렵지 않게 확인되어야 할 것이다. 신라 · 가야 계통의 말이라면 경상도 지역을 중심으로 전라도 서부 지역까지, 통일신라의 영향을 고려하면 100%에 가까운 곳이 '소[牛]' 관련 지명의 대상지가 되는 셈이므로, 남한 전역이 그에 해당할 것이고, 고구려 계통의 말들은 북한 지역과 만주벌판 등 고구려의 영향력이 미쳤던 곳에서도 역시 상당수의 관련지명이 확인되어야 할 터인데, 사정은 그렇지 못하다.

춘천의 '우수주'나 그와 관련한 지명이 등장하는 시기는 A.D. 2~3C 무렵이다. 삼국이 국가의 규모를 갖추고 세력이 성장하게 되면서 서로의 영토를 차지하여 더 많은 식량을 확보하려는 정복전쟁이 고조되기 시작하는 시기와도 일치한다. 신석기시대부터 시작된 농경도 발전을 거듭하여, 소의 힘을 빌어 농사를 짓게 되면서 수확량도 눈에 띄게 늘어나게 된다. 백성의 식량이나 전쟁을 위한 군량 확보를 위해서도 이 시기 식량의 확보는 절대가치였을 것으로 보인다.

중국의 염제신농씨는 '사람의 몸에 소의 머리[人身牛頭]'라고 한다. 자료에 따라 '사람의 몸에 용의 머리[人身龍頭]'라고 쓰여진 곳도 있다. 염제신농씨로 대표되는 농사의 신을 제향하는 제단이 있는 장소로서의 '우두산'의 존재는 비단 한반도뿐만 아니라 만주벌판이나 중국대륙에도 각 고을마다 존재할 수밖에 없다. 필자가 생각하는 우두산의 유래는 신농씨나 신농씨로 대표되는 농신, 농사법을 가르쳐주고, 농경의 커다란 발전에 기여한 사람들을 제향하는 공간이었던 데서 유래되었다는 것이다.

그리 보지 않으면 한반도나 중국 전역에 걸쳐 퍼져 있는 우두산과, 춘천의 옛 지명들을 모두 소[牛]와 관련짓거나, 반대로 우두산이 있는 다른 지역에서 춘천의 여러 고지명에 견줄 수 있는 지명이 보이지 않는 문제도 자연스럽게 해결된다.

'주양성走壤城을 질암성迭巖城이라고도 한다.'는 《삼국사기》 문무왕13년 기사가 있다. 주走가 소[牛]의 뜻이라면 주양성走壤城이 곧 우두산牛頭山이어야 할 것인데, 현재 우리 사학계에서 추정하는 주양성은 봉의산성으로 비정하고 있다. 유물에 대한 방사성탄소연대측정 결과 6C말에서 7C초에 해당된다는 것이다.

우두산은 우두벌 동쪽 소양강 가에 있고, 봉의산은 그보다 약 3km 남쪽에 자리하고 있다. 소양강 남안南岸이다. 전통적인 지리관에서도 두 산은 비교되지 않는다. 《산경표》에 따르면 우두산은 사명산에서 청평산을 거쳐 수리봉으로 이어지는 맥이라면, 봉의산은 가리산에서 대룡산을 거쳐 명봉에서 서쪽을 향한 맥이 봉의산에 와서 멈춘 것으로 본다.

일명 '질암迭巖'이라 한 것으로 보아 그 유래의 대상물은 바위[巖]이어야 한다는 점에서도 우두산은 그 대상이 되기 어렵다. 우두산에 바위라고 하면 소양강에 연한 바위 절벽밖에는 없는데, 이 바위 절벽과 '소'

의 연관성을 찾기는 어렵기 때문이다. 봉의산도 마찬가지다. 겉보기와 달리 봉의산은 수많은 바위들로 이루어져 있지만 한 고을의 유래로 삼을 만큼 눈에 띄는 바위는 보이지 않는다. 범바위라 불리는 큰 바위가 있었다고 하는데 소양로~후평동 도로 확장을 하면서 파괴되었다고 한다. 옛 소양정의 바로 뒤여서 보지 못했을 리 없는데 소양정을 읊은 수많은 시문에서도 이를 언급한 글을 찾지 못할 정도로 존재가 미미하다. 뒤에 김윤겸의 그림에서나 확인될 뿐인데, 그 모습조차 소를 연상시키지는 않는다. 이 점에서 필자는 춘천의 여러 지명을 '소[牛]'에서 찾으려는 태도에 부정적이다. 정작 이산의 명칭은 소도 범도 아닌 '봉황鳳凰'이다.

## 〈2〉

이상의 이유를 들어 우수주를 제외하고 나면, 주양 오근내 수차약 수약주 삭주 광해 춘주 춘천 등이 남는다. 우수주를 제외한 이들 고지명에 표기된 한자만 대상으로 재구하여, '소[牛]'와 연결짓는다는 것은 무리이다.

필자는 이들 고지명이 모두 같은 대상물을 가리키고 있다고 본다. 춘천시 퇴계동 국사봉 아래 백돌이 그것이다. 이 때문에 이 마을을 흔히 백석골(동)이라고 부른다. '백돌 속에 태양이 깃들어 있다' 또는 '태양이 낳은 돌' 정도의 광명사상의 발로로 이해한다. 광명사상에 바탕한 지명은 붉은 빛, 흰 빛, 밝음, 물色 등등 태양의 어떤 면에 주목하느냐에 따라 3~4가지 계통이 존재한다. 우선 오근내가 속한 '불'[光明赤] 계통과, 그것과 m:p대응관계에 있는 '물'계통, 희다[희는 의미의 '실'계통, 마지막으로 '갈/알'계통 등이 그것이다. m:p대응이란 'ㅁ'과 'ㅂ'이 서로 넘나드는 현상을 말한다. 우리말에서 마소[馬牛]를 셀 때 마리와 바리가 있으며, 손톱깎기의 일본어 쓰메끼리[つめ切(き)り]에서 '쓰메[つめ]'가 우리말

'톱'에 해당되어 한일어간 m:p대응을 확인할 수 있다. 각 계통 별 차자 표기의 예를 몇 가지씩 들면 다음과 같다.

> '불'[pVr] 계통: 國士 星山 城山 尤美 烏斤乃 朔? …
> '물'[mVr] 계통: 武陵 退溪 …
> '실'[sVr] 계통: 走壤 迭巖 首次若 首若 朔? …
> '갈/알'[kVr/Vr] 계통: 加里 九折(九節) 鳳儀 阿次 峨嵯 …

편의 상 '불', '물', '실', '갈/알'이라고 표기했으나 고대국어에서는 자·모음의 교체가 빈번하여 대표 자모음을 특정하기 곤란하다. 편의상 개별 자·모음은 소문자로 표기하고, 특정할 수 없는 자·모음의 경우 자음은 약자 C: consonant로, 모음은 V: Vowel로 약식 표기한다. '불'의 종성 'ㄹ'의 고대음은 'ㄹ'보다는 'ㅅ'쪽에 가깝다. 따라서 기호로 표기하기 위해서는 'r'보다는 't'나 's' 등의 다른 글자를 써야겠지만, 이 말들이 현대국어에 와서는 대체로 'ㄹ'로 굳어졌기 때문에 알기 쉽게 'ㄹ'을 고수할 예정이다. 기호도 뒤에 모음이 첨가되지 않을 경우 'l'에 가깝지만, 실제로 접미사나 어미 등의 첨가로 변화무쌍하므로 편의상 'r'로 표기하기로 한다. 일반인의 입장에서는 굳이 이 표기에 신경쓸 것 없이 문장의 흐름에만 주목해도 충분하리라 본다.

## 〈3〉

국사봉에는 다양한 이름이 있다. 국사國士 성산星山 성산城山 우미산尤美山(谷/川) 무릉武陵 퇴계退溪 등이 그것이다. 여기서의 국사國士는 '나라'가 아니라 '불'을 표기한 것이다. 성산星山은 '별뫼'로 별은 불의 음이 변한 꼴이다. '불'의 초성 'ㅂ'이 약화되면 '홀'이 된다. 《삼국사기》고구려 지명에 홀忽과 성城의 대응이 빈번하다. 국사봉을 성산城山으로 표기한 것도 '홀'의 차자 표기이다. 경춘선 남춘천역의 첫 이름이 '성산역城山驛'이었다. '홀'의 초성이 소멸하면 '홀/울'이 되고, 종성 'ㄹ'이 소멸하

**333**

면 '위'가 된다. '위'가 단모음화한 것이 '오/우'이다. 국사봉의 다른 이름 우미산尤美山(谷/川)의 '우'가 이것을 표기한 것이다. 일대에 '우미나리'와 더불어 '웃미나리'로 채록된 예도 보인다. '웃'은 '붓'단계에서 초성 'ㅂ'이 소멸한 모양이다. 위의 음운변화 예는 그 과정을 알기 쉽게 설명한 것일 뿐 공식적으로 활용되는 음운 부호에 의한 표기는 아니다. 실제 각 단계 사이에는 한글만으로 표기하기 어려운 사항들이 있다는 것을 밝혀둔다.

고구려 두 번째 성은 국내성國內城이다. 달리 불내성不耐城이란 이름도 있다. 國과 不, 內와 耐의 대응에서 國은 '불'을 표기한 것임을 알 수 있다. 위나암성尉那巖城이란 이름으로도 불린다. '불'의 초성과 종성이 약화 소멸하면서 '불〉홀〉울〉위〉우'의 과정을 거치게 되는데, 위나암성은 초성이 완전히 소멸하고 종성이 거의 소멸된 '위' 단계에 해당된다. 국내성의 북쪽 산을 우산禹山이라고 한다. '위'가 단모음화 된 꼴이다.

국國이 불不 내지 별[星]과 대응하기에 '불'로 재구하였지만, '불'의 음은 본래 '붓'에 가까웠다. 이를 방증하는 것이 춘천~홍천 경계 지점에 보이는 부사원府司院 고개이다. 달리 부소원夫所으로도 표기된다. 부사府司 혹은 부소夫所는 '붓 ( )불'을 표기하기 위한 글자이다. 《대동지지》나 〈청구요람〉등의 문헌에 국사당치國師堂峙 · 국토현國土峴 등의 표기가 보이는 데서 國과의 관계를 확인할 수 있다. 土는 土의 잘못이다. 《대동지지》등의 문헌에 국사당치國師堂峙의 정확한 위치는 알려져 있지 않으나, 부소원치夫所院峙와 더불어 홍천읍치로부터 22리 떨어져 있으며 모두 춘천과 경계에 있다고 한 것으로 보아, 같은 고개를 가리키는 다른 이름으로 보인다.

근처에 불금봉[火金峰] 벌산보伐山洑 성동城洞 등의 지명도 있다. 불[火]와 벌伐은 '불'을 城은 '홀'을 차자표기한 것이다. 부사원 북쪽 춘천시 동산면 봉명리와 조양리의 옛 지명이 명암鳴巖이다. 상명암 · 하명암으로 구분하기도 했다. 명암鳴巖은 '울'을 차자표기한 것이다. 전국에 '울바위'라 불리는 곳은 매우 많다. 대체로 '울다, 울리다'는 의미로 이해되고 있지만 '흰바위'[白巖]로 이해해야 맞다. 봉명리와 조양리에 걸쳐 구절산이 있는데, 정상부 동남쪽에 자리한 거대한 바위 절벽이 그 지명 유래의 대상인 것으로 추정된다. 국사봉 아래 백돌白乭이 있듯이 구절산에는 백산곡白山谷이란 지명이 있다. '琚瑟:白德:獅子'의 연결과 비교할만하다.

춘천 국사봉의 다른 이름 우미천尤美川과 똑같은 지명이 경기 구리시 아천동 아차산 아래 있다. 같은 곳에 일교一橋 백교白橋 대교大橋 등의 지명이 보이는데 모두 흰돌[백돌]을 차자 표기한 것이다. 아차산 아래 한신학대학교의 이름이 '백돌'이다. 국사봉으로 대표되는 '불' 계통의 어휘와 아차산의 '앗~앚~앛 〉 알' 계통이 어휘 사이에 '백돌'을 매개로 밀접한 관계가 형성되어 있음을 시사하고 있다.

울릉도鬱陵島는《삼국사기》권4 지증마립간 13년(A.D. 512)〈이사부가 우산국을 정벌하다〉제목의 기사에 처음 보인다. '무릉武陵, 우릉亐陵, 우릉羽陵, …' 여러 지명들이 존재한다. 춘천 국사봉의 다른 이름 우미[尤美,우산]과 무릉武陵이 있는데, 울릉도에도 이와 유사한 우산于山과 무릉武陵이 있어 특기할만하다. '울'과 '우'는 '불'계통으로, '무릉'은 이와 m:p대응관계에 있는 '물'계통으로 볼 수 있다.

이상의 논의를 종합하면, '불'의 초성과 종성이 차례로 약화 소멸되면서 '불 〉 훌 〉 울 〉 위 〉 우/오' 순으로 변음되었다는 것을 알 수 있다. 각각에 해당하는 지명의 예를 보이면 다음과 같다.

불: 國內城, 不耐城(이상 고구려), 國士峰, 星山(이상 춘천), 國師·國土, 府司·夫所, 伐川(이상 홍천), 星川·伐川(충주 국사봉) …
홀: 忽, 城山(춘천), 城峙山, 城洞(이상 홍천) …
울: 蔚山巖, 鬱陵島 鳴巖(*홍천) …
위: 尉那巖城, 慰禮城
우/오: 尤美山(춘천), 于山國, 亐陵(이상 울릉도), 禹山(고구려), 烏斤(根)乃(춘천)

'우미'가 명사+명사의 결합이라면 '오근내'는 '붉은 내[광명의 땅]'로 형용사+명사 구조이다. '오'와 '우'는 양성모음이 음성으로, 음성모음이 양성으로 교체되는 모음교체 현상으로 설명된다. 화천 서북쪽 금성, 김화와의 경계 지역에 '적근산赤斤山'이란 지명이 보인다. '붉을 적[赤]'자이므로 그대로 '불근산'으로 풀 수 있다. 정선 화암면의 몰운대沒雲臺가 '몰굴대'로, 《다산시문집》〈산행일기〉의 수운담水雲潭이 '물굴담'을 표기한 것으로 보는 것도 비슷한 예가 될 것이다. 雲은 고대국어에서 '굴'로 재구된다. 뒤에 접미사 '음'이 더해져 현대국어 '구름'이 된 것이다.

### 〈4〉

화악산 북쪽은 화천군 사내면이다. 지금은 화천군이지만 불과 수십년 전까지만 해도 춘천 땅이었다. 1954년 수복되면서 춘천군에서 화천군으로 이관되었으니 꼭 70년 전 일이다. 본래 사탄향史呑鄕이 있던 지역을 내·외로 나누면서 사탄내면으로 부르던 것을 줄여서 1895년(고종 32) 사내면史內面으로 고쳐 부르게 된 것이다. 달리 '실운寀雲'이라고도 부른다. 이곳 삼일리三逸里의 촛대바위가 명물로 손꼽힌다. 寀:史:三의 대응관계가 성립한다. 삼척시의 지명이 이에 견줄만하다. 삼척의 옛 지명은 '실직곡군實直谷郡'이었다. '사직史直'이라고도 부르다가 뒤에 오늘날의 명칭인 '삼척三陟'이 되었다. 寀은 實의 약자이므로 이곳에도 역시 '實(寀):史:三'의 대응 관계가 성립하는 것을 알 수 있다.

화악산에는 '광악산光岳山'이란 명칭도 있다. 엄황의 《춘주지》에는 화악산을 가리켜 '영평인들은 백작산白作山이라 부른다.'[203]고 되어 있다. 華:光:白의 연결이 흥미롭다. 횡성읍 옥동리에도 국사봉이 있다. 〈조선지형도〉에 이 마을에 실아동實我洞 시라동時羅洞이란 지명이 보인다. '실

---

203  "華岳山 在府西九十里 永平人稱曰 白作山," 엄황, 《춘주지》(1648).

아/시라'를 반영한 표기이다. '실[白]'에 접미사 '아'가 첨가된 어형이다. 산 아래 구방리~중금리 간에 차돌광산이 있었다고 한다. 가평군 읍 경반리에는 백학동白鶴洞이 있고, 계곡 안쪽에 수락폭水落瀑이란 폭포가 있다. 白鶴은 '시락'을, 水落은 '수락'으로 재구되어 같은 말을 차자 표기한 것으로 보인다.

《삼국사기》〈지리지〉의 "주양성走壤城은 질암성迭巖城이라고도 한다."[204] 는 대목에서 迭(질)의 성부聲部는 失(실)이다. 일본어에서 '희다[白]'는 말이 'しらsira', 'しろいsiroi'이고, 走(주)의 일본음은 'そうsou'이다. 수차약首次若, 수약首若, 삭朔은 이 말을 표기한 명칭으로 본다. 次는 首의 말음 'ㅅ(ㅊ) 〉 ㄹ'을 표기한 것이다.

춘천시 서면 서상리 화악산華嶽山 아래에 퇴골이 보인다. 김영하의 《수춘지》와 황윤석의 《이재난고》에 '퇴로동退老洞'으로 표기되어 있다. 밀양시 부북면에도 '퇴로리退老里'가 있는데 화악산華嶽山 아래에 자리하고 있다. 한자까지 똑같다. 《삼국사기》〈지리지〉의 광양현은 '마로馬老 〉 희양晞陽 〉 광양光陽'의 지명변화를 보인다. '마를 희[晞]'자에 의해 '馬老'가 현대국어 '마르다'와 어원을 같이한다는 것을 알 수 있다. 이를 근거로 퇴로退老를 '무로'로 읽을 수 있는 여지가 확보된다.

춘천~홍천의 가리산加里山 북쪽에는 물로리勿老里라 부르는 마을이 있다. 북쪽으로 소양강에 연해 있다. 옛날에는 무로곡無老谷이라 불렀다. 앞에서 언급한 퇴로退老와 비교해 광명光明의 의미를 의심할 수 있다.

## 〈5〉

소양강의 소昭와 양陽에는 모두 광명光明의 의미가 있다. 소昭에 연화발(灬)을 더하면 '비출 조照'자가 된다. 물로리 바로 옆 마을이 조교리照

橋里이다. 조탄照呑과 삽교揷橋에서 한 글자씩 따서 붙인 지명이다.

북산면 물로리와 이웃한 조교리 마을에는 '중밭[中田]'이라 불리는 곳이 있다. 《대동지지》에 가리산은 동쪽 60리 거리에 있고, 중전산中田山은 춘천 동쪽 90리 거리에 있다고 하는 것으로 미루어, '중밭[中田]'이 있는 산을 가리킨 것으로 보인다. 그런데 《산경표》 등 여러 문헌에는 가리산의 맥이 중전산을 거쳐 대룡산에 이어지는 것으로 설명한 곳도 있다. 풍천楓川도 중전산에서 발원해 홍천강에 합쳐져 서류하다가 북한강에 합류하는 것으로 설명된다. 조교리의 물은 모두 서류하여 소양강에 들게 되므로 같은 하천일 수 없다. 이는 '가리산=중전산'의 논리를 성립시킨다. 중추절仲秋節을 '가배절'이라 읽는 것처럼 中은 '갑'으로도 읽히지만 '갈'로 읽히기도 한다. '가운데를 가르다[中分]'의 의미에 기초한 해석이다. [205]

춘천시에서 동면으로 넘어가는 고개를 '갑둔이고개'라 부르는데 여기서의 '甲'은 '中'의 의미라는 것을 알 수 있다. 제주의 풍속 중에 '조리희照里戱'라는 것이 있다. 두 편으로 나누어 힘을 겨룬다는 것으로 보아 '줄다리기'와 비슷한 놀이로 보인다. 두 편으로 나눈다는 말[中分]과 '조리照里'를 비교해 보면, '조탄照呑'과 '가리加里'의 관계도 무관치 않다는 것을 알 수 있다.

정선~평창에는 가리왕산加里王山이 있다. 근처에 중왕산中王山, 백석산白石山, 청옥산靑玉山, 옥갑산玉甲山 등의 지명이 있어, 홍천~춘천의 '加里:中:甲'과 같은 대응 관계가 성립하는 것을 알 수 있다.

가리왕산 남쪽에도 현재 '꽃밭덩이산'이란 지명이 확인된다. 한자로 바꾸면 '화전덕이花田德山' 정도가 되지 않을까 싶다. 벽파령碧波嶺의 남쪽 봉우리이다. 홍천의 별호는 화산花山이다. 옛 읍치가 삼정포三汀浦에 있

205 이남덕, 〈'가운데' 어원 考〉, 《한국어어원연구》, 이화여대출판부, 1987.

었다는 것<sup>206</sup>으로 미루어 현재의 내·외 삼포리 지역으로 보인다. 동춘천IC가 있는 지역이다. 화산花山이란 별호는 가리산에서 유래한 것으로 보인다. 홍천강의 다른 이름인 화양강도 가리산의 남쪽을 흐르는 강이란 의미를 가진 것으로 읽을 수 있다. 청옥산의 '푸를 청靑'과 벽파령碧波嶺의 '푸를 벽碧'은 홍천현의 고구려 때 명칭 벌력천伐力川 및 경덕왕 때 녹효현綠驍縣의 '伐力:綠驍'의 대응 관계와도 비교할만하다.

이밖에도 전국에 '가리加里'가 들어간 지명은 꽤 많다. 광명光明과 관련된다는 점에서 보면 빛깔, 색깔의 '깔'이 그 잔상이 아닐까 생각된다. 해삼의 일종으로 '갈삼'이란 것이 있다. 이를 '광삼光蔘'이라고 표기하는 데서도 '갈'의 의미를 추출할 수 있다.

## 〈6〉

아사달阿斯達(고조선), 아차지阿次池(아침못), 아차산峨嵯山(광진구), 아차산阿次山, 압해군, 아단阿旦 등등의 지명을 보면 대체로 아阿와 아峨자가 사용되고 있다. 간혹 드물게 아牙나 아衙도 보인다. 아阿의 성부는 가可이다. 부수에 따라 음이 바뀌어 하河로도 나타난다. '가〉하〉아'의 순서로 음변하였을 것으로 보인다. [ka]가 약화되면 [ga]가 된다 峨의 성부 我의 중국 상고음은 [ŋal]이다. 일본어에서 유성음 'ga'는 그대로 발음되기도 하지만 'ŋa'로 실현되기도 한다. /ŋ/음이 어두에 오는 것을 꺼리는 고대 한국어에서는 [ŋal]가 '나'로 바뀌었다. 중국어에서는 /ŋ/가 소멸하고 'a'만 남았다. 우리가 我의 뜻으로 읽는 우리말 '나'는 고대 한자음을 반영한 것으로 본다. [ŋə] 〉 [ə]의 변화는 물고기 어魚자에서도 확인된다. 대신 우리말에서 魚(어)자가 어말에 위치한 관계로 /ŋ/은 앞 음절의 말음에 올려붙었다. '사어沙魚'로 쓰고 '상어'라 읽는

206  "伐力川時邑址在三汀浦"《대동지지》권15, 강원도 홍천.

것이 그 예이다. 衙(아)의 성부 吾의 뜻이 '나'이며, [ka] [ga] [ŋ a]는 모두 아설순치후 중 牙音에 해당된다. 여기서 牙자의 사용이 설명된다. 아차 계통의 말은 가리 계통의 말에서 파생된 말이란 걸 알 수 있다. 같은 논리로 나라國는 날[日 nal] 낮[午 naʧ]과 함께 [ŋ ara]에서 / ŋ /이 /n/으로 바뀐 것이다.

'아차~아사~아침' 등 광명光明을 의미하는 말 중에 '아시'도 있다. 이재 황윤석의 〈화음방언자의해〉에 봉황의 우리말 '아시새'가 보인다. 광명을 뜻하는 백돌의 '아시'와 봉황이 만나는 대목이 여기이다. 이 '아시'란 말에 의해 현재 봉의산이란 말이 탄생하게 된 것이다.

그렇다면 봉황이 광명光明의 의미란 말인가? 그것은 아니다. 여기서 '아시'는 '크다'는 뜻으로 보아야 한다. 어질 인仁은《광주본 천자문》등에 '클 인'으로도 새겨진다. '클'의 전 단계 '귿~긋~'에서 초성 'ㄱ'이 소멸한 꼴이 '어질'이다. 유포리 아침못은 옛 문헌에는 아차지阿次池, 조연朝淵으로 표기되었다. 여기서의 '아차, 아침'도 같은 논리로 설명할 수 있다.

서울 광진구와 경기도 구리시 사이에 자리한 아차산은 아차산峨嵯山 또는 아차산阿且山 등으로도 표기된다. 한성백제의 궁궐인 위례성慰禮城의 북쪽이다. 발굴 성과에 따라 풍납토성은 한성백제의 왕궁지였을 것으로 추정하고 있다. 풍납동은 한자로風納洞으로 표기된다. 우리말로 바꾸면 '불[風]-내[納]'가 된다. 國:불, 城:홀의 대응 관계에 비추어보면 지명유래만으로도 왕궁터를 의심할만하다. 위례慰禮가 '불'에서 음변한 것도 주목할 만한 대목이다. 천안 성거산에도 위례성慰禮城이 있고, 천안시내에는 백석동이 있다. 춘천의 국사봉國士峰에 백돌白乭과 우미천尤美川이란 지명이 있고, 한성백제 쪽에는 불내[風納], 위례慰禮, 아차峨嵯, 백돌一橋, 大橋, 白橋, 우미천尤美川, 牛尾川이 있으며, 천안에도 위례성慰禮城과 백석동白石洞, 국사봉國士峰이 존재해 이들 지명 어휘 사이에서도 밀접한 연관성을 찾을 수 있다. 국사·위례·풍납·우미 등이 '불'계통이라면, 아차峨嵯는 '갈/알'계통이며, 백돌은 '실'계통으로 분류할 수 있는데, 서로 다른 세 계통의 지명이 백돌(백석)을 중심으로 밀집되어 있는 것이다.

삼척시와 동해시 경계 지역에는 두타산이 있다. 〈조선오만분일지형도〉에 이 산 아래 무릉계武陵溪, 무릉협武陵磐이란 지명이 보인다. 그밖에도 소학동巢鶴(鳥)洞, 미로리未老里, 삼화리三和里등의 지명도 보인다. 무릉武陵이 광명光明의 뜻으로서의 '불'과 m:p 대응관계이며, 미로未老는 '마로~무로'와 비교된다. 소학巢鶴은 '소락'으로 '희다'[白]의 의미를 갖는 것으로 이해하면 삼화三和와 더불어 다시 '불:물:시락[白]:三'의 관계가 성립한다. '實:史:三'의 대응 관계 성립에 더해 '國士:武陵:未老:巢鶴[白]' 등의 관계에서도 광명의 의미가 엿보인다. 동해~삼척의 두타산과 춘천~화천~가평~포천의 화악산 모두 '實:史:三'의 대응 관계를 이루고 있고, 화악산은 달리 '華:光:白作'의 대응관계를 이루고 있다는 점에서 '實:史:三'은 궁극적으로 '희다[白]'는 뜻을 담으려 했던 것으로 이해된다.

《세종실록지리지》에는 '거슬갑산은 속칭 백덕산이다.'[207]란 대목이 보인다. 거슬갑산은 평창군 서쪽에 있는 산이다. 거슬琚瑟은 '구슬'에 붉은 옥[琚]의 의미를 첨가한 표기로, 갑岬은 산山이란 뜻이다. 백덕산白德山의 다른 이름이 사자산獅子山이다. 춘천시 동내면 정족리에도 사자산이 있다. 이 마을을 사자우라고 칭하는데, '사자바위'에서 음전한 것이다. 산 전체가 거대한 흰 빛깔의 바위로 이루어져 있다. 사자바위를 달리 '명우암鳴牛岩'이라 부르는 것도 흥미롭다. 鳴은 '울'로 읽을 수 있기 때문이다. 동산면 봉명리와 조양리의 구절산 아래 명암鳴岩의 '울'에 비교할 수 있다. '소[牛]'는 '울'의 'ㄹ'을 보충하기 위해 사용된 것으로

207  "琚瑟岬山 俗稱 白德山"《세종실록지리지》.

보인다. 國土:師와 부사府司의 士·師·司 등과 같은 기능이다. 화악산 동쪽 자락에 사자사라는 절이 보인다. 사자동이란 지명도 있다. 영평 인들이 화악산을 백작산白作山이라 부른다는 대목을 염두에 두면, 평창 의 백덕산과 사자산이 같은 산이면서 다른 이름인 것과 무관치 않아 보 인다. '사자[獅子]'로 차자되고 있지만 결과적으로는 광명光明을 의미하 는 'sVr[白]'을 차자표기일 수도 있다는 말이다.

## 〈7〉

'춘천春川'은 조선 태종때 붙여진 이름이고 그 전에는 '춘주春州'로 불 렸다. 춘주의 전신은 삭주朔州이다. 신라 경덕왕 때 붙여진 명칭이다. 봄 춘春자의 유래를 두고 '한양의 동쪽에 자리했다거나', '봄이 빨리 오기 를 희망한 데서 붙여졌다거나' 하는 등의 황당한 주장들이 나돌고 있지 만 모두 사실이 아니다. 朔(삭)의 훈은 초하루이다. '初+하루'로 분석된 다. '하루'가 '하루, 이틀, 사흘, …'의 의미로 쓰이면서 '초하루'의 의미 가 퇴색되자 처음 초初자를 덧붙여 이를 되살린 것이다. 흥미로운 것은 봄 춘春의 일본어가 'はるharu'로서 우리말 '하루'와 같다는 것이다. '하 루'가 '하루, 이틀, 사흘, …'의 의미와, '초하루'의 의미에 더해, 계절의 처음을 뜻하는 '봄'의 의미도 갖고 있었던 방증이다.

관련하여《삼국사기》〈지리지〉에 흥미로운 대목이 보인다.

> 자춘현(子春縣)은 본래 고구려 을아단현(乙阿旦縣)이다. 경덕왕이 이름을
> 고쳤다. 지금은 영춘현(永春縣)이다.[208]

乙阿旦縣 〉子春縣 〉永春縣 순으로 변화되었다는 것을 알 수 있다. 여 기서 '阿旦:春'의 관계를 주목할 필요가 있다. '阿旦'은 본래 阿旦次로 표

---

208  子春縣, 本高句麗乙阿旦縣景德王玟名. 今永春縣(권 35).

기되던 것에 '아침'의 의미를 더하기 위해 '아침 단旦'자를 쓴 것으로 보인다. 즉, 아침[朝]과 봄春이 동일시되고 있는 것이다. 이것으로 미루어 고대 어느 시기까지는 하루의 시작인 '아침'과, 한 달의 시작인 '초하루', 한 해의 시작인 '봄'이 구분없이 쓰였다는 것을 알 수 있다. 봄의 일본어 'はる[haru]'는 고대 일본어에서는 'paru'로 본다. 몽골어 만주어 등 알타이어에서는 'fon', 'hon', 'on' 등으로 재구되어, 원시 알타이어에 조어祖語는 'pon[春]'이었을 것으로 짐작된다. /n/과 /r, l/은 조음 위치가 비슷하여 서로 넘나들기도 한다. 우리말의 봄을 뜻하는 'pom[봄]'은 'pon'의 /n/에서 음상이 비슷한 /m/으로 교체되었다는 것을 알 수 있다.

봄[pon~pom]과 아차~가리 계통의 상호 연관성은 음운론적으로는 도저히 설명할 길이 없다. 그런데 앞서 살펴본 바, '갈', '불', '물', '실' 계통의 지명들도 마찬가지이지만, 백돌을 중심으로 한 광명사상의 반영이라는 의미상의 공통점을 찾을 수 있던 것처럼, 하루의 시작, 한달의 시작, 일년의 시작이라는 공통분모가 이들의 교체를 가능케 하였다고 믿고 싶다.

## 〈8〉

지금까지 필자는 염제신농씨로 대표되는 농신을 모시는 제단이 자리한 장소로서의 우두산에서 비롯된 우수주를 제외하고 나머지 춘천의 옛 지명, 주양, 오근내, 수차약, 수약주, 삭주, 광해, 춘주, 춘천 등은 모두 같은 대상물을 가리키고 있다고 보았다. 춘천시 퇴계동 국사봉 아래 백돌이 그것이다. 이 때문에 이 마을을 흔히 백석골(동)이라고 부른다. '백돌 속에 태양이 깃들어 있다,' 또는 '태양이 낳은 돌' 정도의 광명사상의 발로로 이해한다. 참고로 우수주는 인신우두人身牛頭 또는 인신용두人身龍頭로 대표되는 농신으로서의 염제신농씨를 제향하는 장소로서 명명된 것으로 본다.

광명사상에 바탕한 지명은 붉은 빛, 흰 빛, 밝음, 물色 등등 태양의 어떤 면에 주목하느냐에 따라 3~4가지 계통이 존재한다. 우선 오근내가 속한 '불'[光明赤] 계통과, 그것과 m:p대응관계에 있는 '물'계통, 희다[白]는 의미의 '실'계통, 마지막으로 '갈/알'계통은 등이 그것이다. 계통별로 각각에 해당되는 지명을 나열하면 다음과 같다.

> '불' 계통: 國土 星山 城山 尤美 烏斤乃 朔? …
> '물' 계통: 武陵 退溪 …
> '실' 계통: 走壤 迭巖 首次若 首若 朔? …
> '갈/알' 계통: 加里 九折(九節) 鳳儀 阿次 峨嵯 …

필자는 전국의 국사봉 약 120여 곳, 무릉·백석(암)·아차·가리 등 지명 약 120여 곳을 중심으로 지명분석을 시도하였다. 대부분의 지역에서 광명光明의 의미를 띤 '갈', '불', '물', '실' 계통의 지명들이 국사봉을 중심으로 일정 범위 내에 집적되어 있는 것을 확인하였다. 이들 간에는 음운론적으로는 연관성을 인정할 수 없지만 백돌을 매개로 상호 밀접한 연관성을 띠고 있다는 것이 확인된다.

광명사상의 반영으로 규정할 수 있는 이런 지명들이 전국에 널리 분포하고 있다는 점에서, 이는 우리 민족의 원형 사상일 것으로 본다.

비교를 위해 대표적인 몇 곳의 지명을 계통별로 분류해 도표화하는 것으로 결론을 대신한다.

광명사상 유래 지명어휘의 계통별 비교

| | 계통 | 춘천 | 홍천부사원 | 국내성 | 한성백제 | 울릉도 | 횡성국사봉 | 화악산 |
|---|---|---|---|---|---|---|---|---|
| kVr系 | 갈 | | 굴[九節山] | | | | 가로[橫], 甲川, 花田 | 華嶽, 光岳 |
| | 알 | 아시[鳳] | | | 峨嵯, 阿次(旦) | | 於斯買, 御踏, 御床 | |
| pVr系 | 불 | 별[星山], 國士 | 夫所/府司, 國師(土), 火金峰 | 不耐, 國內 | 불내[風納] | | 國士 | |
| | 홀 | 城山 | 城洞里, 城峙山 | | | | | |
| | 울 | | 鳴巖 | | | 鬱陵, 亏陵 | 鬱屯 | |
| | 위 | | | 尉那巖 | 慰禮城 | | | |
| | 오/우 | 尤美, 雨民牙里, 烏根乃 | | 禹山 | 尤美/牛尾 | 于山 | 우물[井金山] | |
| mVr系 | 물 | 물[退溪] | | | | | | 退老洞 |
| | 무 | 무[武陵] | | | | 武陵 | 武士洞 | |
| sVr系 | 실 | | | | | | 實我洞/時羅洞, 鼎金 | 史吞, 宗雲, 三逸 |
| | 시라~시락 | | | | | | | 白作 |
| | 희-[白] | 白乭 | 白山谷 | | 一橋, 大橋, 白橋 | | | |

# 부록

반곡盤谷의 지명유래

두미리 이야기

반곡盤谷의 지명유래

내 고향은 홍천군 서면 반곡이다. 행정 구역상 두미리이지만, 반盤이란 말이 양 옆은 높고 바닥은 평평한 타원형의 제기를 뜻하고, 이 마을의 모습이 이 그릇의 모양을 닮았다고 해서 붙여진 지명이므로, 윗마을인 두미리와 아랫마을인 반곡리가 합쳐져야 온전한 반盤의 모습이 갖추어지기 때문이다. 1760년을 전후해서 편찬된 《여지도서》에는 감물악면(현 서면)에 반곡리와 대곡리라는 명칭밖에 없었다. 반곡리의 범위가 현재의 서면을 양분할 정도였으니, 지명의 유래를 오늘날의 법정·행정 동리의 범주로 국한시켜 생각해서는 안 될 일이다.

반곡이란 지명은 전국 여러 곳에 보인다. 강원도에만 해도 횡성에도, 원주에도 있다. 이 지명이 이렇게 많이 등장하게 된 데에는 당송팔대가의 한 사람으로 고문古文 운동을 주도했던 한유韓愈, 768~824의 〈송이원귀반곡서送李愿歸盤谷序〉란 글 때문이다.

> 태항산 남쪽에 반곡이 있으니 반곡의 사이에는 샘물이 달고 토지가 비옥
> 하여 초목이 무성하나 사는 사람은 드물다.

한유의 글은 이렇게 시작한다. 친구 이원을 그의 집이 있는 반곡으로 보내면서 쓴 이 글은, 세상에 대장부라고 일컫는 사람들은 모두 높은 자리에 올라 남에게 혜택을 베풀어 명성을 빛내며 조정에서 천자를 보좌하고, 출타할 때는 깃발을 펄럭이며 병사들이 호위하고 따르는 자들이 시중들기 위해 바삐 달리며, 준재들이 모여들어 듣기 좋은 칭송을 하고, 예쁜 미녀들이 아양을 떠는 삶을 꿈꾼다. 그러나 자신의 친구 이원은 척박한 산야에 묻혀 나물 캐고 낚시하며 숲에도 앉아보고 샘물로 목욕도 하며 남에게 근심과 비방을 얻지 않으며 정해진 일과 없이 편한 삶을 즐기며 살고 있다는 내용이다. 세속에서 벗어난 여유로운 삶을 꿈꾸는 자들이 처사를 자처하며 도를 닦고자 하는 꿈을 그는 몸소 실현했던 것이다. 고려 시대 왕가와의 연혼으로 권세를 차지했던 이자연 집안

의 자제로서 높은 벼슬과 부귀영화를 마다하고 춘천 오봉산(일명 청평산)에 은거하며 선禪을 닦았던 진락공 이자현을 후세 사람들이 흠모하였던 것도 같은 이유에서이다.

안동김씨와 더불어 조선후기 막강한 권력을 휘두르며 풍양조씨는 세도정치의 한 축을 이루었다. 조만영, 조인영, 조병구, 조병기 등이 그들인데, 이들의 묘소가 모두 춘천에 있다. 그 중 조인영趙寅永, 1782~1850의 문집인 《운석유고》에 〈반곡정사기〉란 글이 실려 있다.

> 홍천 서쪽 60리에 태항(太行)이란 산이 있다. 그 아래 있는 골짜기는 대개 옛 이원(李愿)의 반곡(盤谷)과 그 이름을 같이한다고 한다. 고령신씨(高靈申氏)들이 세거(世居)한다. 태어나 여기서 밭 갈고 죽어서도 이곳에 묻힌다. 뽕나무 가래나무 소나무 전나무가 울창하다. 모두 백 년 사이의 것들이어서, 배와 수레가 모여드는 곳이요, 우물과 절구가 모이는 곳이다.

앞서 언급한 한유의 〈송이원귀반곡서〉에서의 반곡은 척박한 산골짜기로 친구 이원만 고귀한 신분일 뿐이었지만, 홍천의 반곡은 토지도 비옥하고 살 만하며, 아름드리나무가 서 있고, 많은 이들이 모여드는 곳이라고 이원의 반곡과 비교하여 소개한 뒤, 반곡의 의미부터 써내려간다.

'반槃이란 반환盤桓이니 물러나 즐김이요, 반盤은 소반처럼 둘러쳐진 것이니 나아가서 길함이다.', '무엇 때문에 꼭 반우盤紆의 반盤을 버리고 반환盤桓의 반만을 취하겠는가?'라 하며, '은거隱居하는 일은 창려昌黎(한유)의 서序에 이미 다 피력하였으니 또 무엇을 서술하겠는가? 옛날에 회남淮南 땅에 소산小山이란 이가 금조琴操를 지어 은사隱士를 초대하였는데, '작은 은사는 산림에 숨고 큰 은사는 조시朝市에 숨는다.'고[209] 한 왕강거王康琚의 말은 본지本旨를 크게 잃었다. 그래서 주부자朱夫子가 부賦를

---

209  왕강거(王康琚): 진(晉)나라 왕강거(王康琚)의 〈반초은시(反招隱詩)〉에 "작은 은자는 산림에 숨고, 큰 은자는 저자거리에 숨는다."라는 말이 있다.

지어 은자를 초대해, 다시 바름[피]으로 돌이켰다. 나도 창려씨昌黎氏에 있어서 또한 그 뜻을 돌이켜, 곡중谷中에서 반선盤旋하는 선비를 초대하고자 할 따름이다.'라고 글을 맺었다.

글을 부탁한 친구는 '신씨申氏로 자字는 경명景命'이라고 밝혀 놓았다. 꽤 오래전 족보에 해박한 이를 찾아 물어보려고 고령신씨 대종회에 문의해 자를 경명景命이라 쓰는 이가 있는지를 물었더니, 다시 반곡에 거주하는 후손을 소개해준다. 돌아온 대답은 족보에 등재되지 않은 분들이 많아 이런 인물은 찾을 수 없다는 것이었다. 당시 조인영은 양근(현재의 양평)에서 태어나 일찌감치 벼슬길에 나아간 인물이다. 뒤에 영의정까지 오르며 위세를 떨쳤다. 당시에는 높은 벼슬아치가 아니었을지라도 뒤에 영의정에 오르는 인물과 교우할 정도라면 적어도 꽤 재목이었을 터인데, 불과 200년 전의 일이 이렇게까지 흔적조차 찾을 수 없다니 실망스럽기 그지없다.

지금 반곡 사람들은 마을 동쪽 고령신씨들의 선산을 가리켜 태양산이라고 일컫는다. 반곡盤谷 북쪽으로 강 건너 바위산을 어디서는 병풍산이라고 표기한 것을 본 적도 있다. 한유의 윗글에서 '태항산太行山 남쪽에 반곡이 있다'고 했다시피, 태항산은 반곡리 북쪽, 산수리에 솟은 산을 가리키는 지명이다. 이 말이 본의를 잃고 음이 변하여 '태양산太陽山'으로 바뀐 것이다. '태항산'의 'ㅎ'이 약화 되면 '태앙산'이 되는데 이때 모음충돌을 싫어하는 우리말의 특성상 반자음 /j/이 개입되어, '태양산'으로 바뀌게 된다. 이치로 보더라도 태양이 북쪽에서 뜰 리 없으니 마땅히 동쪽에 있는 산의 이름이라고 믿었을 것이다. 일제강점기에 작성된 어느 토지매매 문건에서도 '동쪽이 태양산'이라고 표기된 것을 본 적이 있다. 불과 100년 만에 이름이 바뀌고 산이 옮아간 것이요, 틀어진 지도 다시 100년이 넘어버린 묵은 오류인 것이다.

반곡 마을 북쪽의 산이 태항산이어야 하는 이유는 연변 출신 소설가 김학철의 〈격정시대〉란 소설에서도 찾을 수 있다.

> 태항산 원줄기에서 갈라져 내달아 온 지맥 하나가 선옹채 마을 바로 옆에까지 와 가지고 무춤 서버리는 바람에 몹시 가파른 뾰족산 모양의 누에머리가 이루어졌는데 그 꼭대기에 올라서면 눈앞을 가로 막히는 것이 없어 이름없는 개천과 갈래 많은 촌길이 얼기설기 얽힌 전야가 한눈에 안겨 왔다.[210]

팔봉산을 지나 반곡 마을 곁을 흐르는 홍천강이 태항산에 부딪쳐 휘돌아 뒤뜰과 산수리 사이를 흘러간다. 팔봉산 아래 밤골유원지 인근 강가와 함께 이곳은 초등학교 단골 소풍 장소였다. 그 강이 휘돌아 가는 모서리에 솟은 봉우리를 뾰족산이라 불렀다. 순우리말로 생각했던 '뾰족산'이란 이름의 신봉우리가 중국의 태항산에도 있었다니…. 내심 놀랍고도 신기했다.

홍천 서면의 반곡이란 지명이 언제부터 시작되었는지는 가늠하기 어렵다. 한유의 글이 《고문진보》 등에 수록되어 선비들이 암송할 정도로 유행을 하였으니, 그 이후 어느 때쯤 될 것이다. 지명이 처음 등장하는 때는 1611년과 1615년 두 차례 반곡을 다녀간 화음 이창정1573~1625이 남긴 〈동행록東行錄〉을 들 수 있다. 양주목사를 지내던 시절 둘째 아들의 혼례를 치르기 위해 간성을 가는 길에 금강산을 유람한다. 휴가를 얻은 터라 일정의 제약이 따랐으므로 그의 금강산 여정은 여느 탐승인探勝人들에 비해 짧을 수밖에 없었다. 혼례를 마친 후 진부령을 넘어 인제, 홍천을 거쳐 여행의 막바지에 팔봉산을 유람한 뒤 반곡, 가야(현 개야리), 한래곡(한덕), 맥곡(모곡), 갈라곡(관천리)를 지나, 총 22박 23일의 여정을 매듭짓는다.

210　[출처] 김학철전집2 격정시대 하-65(끝)-모이자 커뮤니티 [링크] https://life.moyiza.kr/fiction/4517468

임오일(음9/9, 22일째) : 팔봉에 이르러 잠깐 쉬었다. 여덟 개의 옥부용(玉芙蓉)이 점점이 맑은 못을 가로막았으니 벌어선 순서가 흡사 기러기 행렬 같다. 뭇 물이 얽혀 돌아 굴절되며 멀어진다. 팔봉은 의대(衣帶)를 띤 모습이다. 북쪽에 작은 산기슭이 있어 강 건너편에서 언덕과 마주하고, 눈썹 모양의 푸른 산들이 절[拱挹]하고 있다. 거울같은 빛과 구름 낀 산은 자태를 뽐내고 물소리는 옥소리 같다. 못가에 급한 여울이 있는데 매우 빠르다. 여울 아래 그물을 친 흔적이 있는데 가을에 추수가 적으면 고기잡아〈생계를 이을〉 만하다.

5리에 두 번 내[川]를 건너 반곡(盤谷)에 당도했다. 마을에 석간수(石磵水)가 있는데 가늘기가 실 가닥 같다. 그 입구는 넓게 퍼져 있고, 그 땅은 높고 풍요롭다. 뽕나무 밭도 있고 벼밭[稻田]도 있는데 농사지을 만하다. 산 하나[孤山]가 마을 한복판에 있는데, 험준한 산이 평지를 가로막고 얽힌 물줄기는 비취색을 띠었다. 인가(人家)는 깊고 고요해 숨어살 만하다.

용천택(龍天澤)[211] 공은 나이가 80인데 자못 원기왕성하고 몸이 재다. 젊어서 무예를 길러 과거에 장원하여, 평강(平康) 진위(振威) 두 읍을 다스렸다. 지금 이 노인의 집이 마을 어귀에 있다. 내가 신해년(辛亥, 1611) 봄에 유 면부(兪勉夫)[212]와 함께 이 냇물을 거슬러 올라가며 냇가에 한 뙈기[畝] 땅을 구했는데 늙어서 은거할 대책[菟裘計]을 마련하기 위해서였다. 고산(孤山) 아래에 이르니 밭이 집을 지을 만하기에 주인을 물었더니 김시헌(金時獻)[213] 참판이 버린 땅이었다. 내가 이내 매인 몸이었다가 5년 만에 교체되어 다시 오니, 참판공이 갑자기 졸하여 세상을 떠나신 것이다. 면부(勉夫)가 또 이어서 거듭 와 보니 구름 빛깔의 조짐은 예와 같은데, 사람을 돌아보

211  광해 137권, 11년(1619 기미 / 명 만력(萬曆) 47년) 2월 11일(을축) 7번째 기사에 보이는데, 홍천용씨 족보에서 찾지 못했다.

212  유면부(兪勉夫): 상단 여백에 '勉夫名好曾'이라 쓰여 있음. 유호증(兪好曾, 1573년~미상)의 자는 면부(勉夫)이다. 본관은 기계(杞溪)이다. 증조는 유강(兪絳)이고, 조부는 유영(兪泳)이다. 부친 선무랑(宣務郎) 유대의(兪大儀)이고 모친 이승서(李承緖)의 딸이다. 동생은 유성증(兪省曾)·유세증(兪世曾)·유희증(兪希曾)이다. 첫째 부인은 이인개(李寅凱)의 딸이고, 둘째 부인은 이성(李晟)의 딸이다. 1605년(선조 38) 증광시 문과에서 병과 2위로 급제하여, 검열(檢閱), 기사관(記事官) 등을 역임하였다. 1608년(광해군 즉위년)에 봉교(奉敎)로 재직 중이었는데, 수 차례 임금의 부름에 응하지 않아서 파직되었다. 1610년(광해군 2) 장연현감(長淵縣監)으로 재직하였으나, 관직을 버리고 고향으로 낙향하여 재차 파직되었다. 1614년(광해군 6)에는 경상도도사(慶尙道都事)에 임명되었다.

213  김시헌(金時獻, 1560년~1613). 자는 자징(子徵), 호는 애헌(艾軒). 본관은 신안동(新安東). 임진왜란 때 원주목사로서 왜장과 싸우다 전사한 김제갑(金悌甲)의 아들이다. 1588년(선조 21) 소과에 합격하여 생원이 되고, 같은 해 식년문과에 장원으로 급제하였다. 병조참의·우승지·좌승지를 거쳐 복수사(復讐使)의 종사관(從事官)으로 신립(申砬)이 전사한 탄금대(彈琴臺)를 돌아보고 임진왜란 뒤 민심을 수습하는 데 힘썼다. 1607년 양양부사로 나갔다가 병조참판에 올랐다. 선조가 죽자 동지춘추관사(同知春秋館事)로《선조실록》편찬에 참여하였다. 1611년 예조참판을 거쳐 도승지가 되었다. 역학(易學)에 밝아 일대(一代)의 명류(名流)로 이름이 있었다. 임진왜란 때 그의 아버지 김제갑이 적에게 죽음을 당하자 호남·영남 지방의 복수별장(復讐別將)이 되어 나갔다.

니 생사의 감회가 있었다고 〈하였다〉. 용씨 노인과 더불어 말하다가 이에 미치니, 침울하여 흐르는 눈물에 옷이 젖었다.²¹⁴

윗글은 〈동행록〉에서 팔봉산에서 반곡까지의 여정을 발췌한 것이다. 그가 묘사한 반곡의 모습도 이원의 반곡처럼 '샘물이 달고, 땅이 기름지다. 인가가 깊어 가히 숨어 살만하다.'는 표현에서 스스로도 토구지 책菟裘之策을 위해 삶의 터전을 물색하고 있었던 것을 엿볼 수 있다. 팔봉산 아래서 노후를 꿈꾸던 그의 계획은 끝내 실현되지 못하고 만다. 단 두 형제밖에 없는 처지에 서로 멀리 떨어져 사는 것이 서운하다는 백씨의 만류를 떨치기 어려웠던 것이다. 스물한 살이나 많은 아버지뻘 형의 부탁이니 따를 수밖에…. 팔봉산 아래 터전을 잡은 것은 이창정의 넷째아들 이괴李檜 대에 이르러 실현된다. 춘천부사로 내려오면서 가솔들을 이 반곡에 정착시킨 것이다. 두 분은 개인적으로 나의 11대, 10대 조이시다.

이창정이 홍천에 도착했을 때 홍천은 여주 남한강과 소양강을 오가며 중국의 죽림칠우竹林七友를 본떠 활동하던 일곱 서자들의 역모에 휘말리며 현縣이 철폐된 상태였다. 대화를 나눈 용천택이란 분은 60여 명과 연명하여 폐현을 복구해 줄 것을 요청하는 정장呈狀을 올리는 일을 주도한 인물이다.²¹⁵ 일곱 서자의 한 사람인 청송심씨 심우영은 본래 춘천 사람인데, 그의 처가 홍천에서 잡혔다는 이유로 폐현이 되었다고 한다. 정작 그들의 고향인 춘천은 그대로 둔 채, 홍천을 폐하여 춘천에 붙

---

214  至八峰。少憩八箇玉芙蓉。點點壓澄潭。次弟立如鴻鴈。行潭水縈紆屈折遠。八峯如衣帶形。北有短麓。隔流對峙。拱翠黛抱。鏡光山雲弄態。水聲鄰然。潭上有奔灘甚駛。灘下有張網迹。秋鮮。可漁也。五里再涉川。至盤谷。谷有石礑。細如線。北流入大川。其口曠而衍。其土高而饒。有桑田。有稻田。可藝。孤山在谷中央。倚峻壓平。縈流帶翠。人家深闃。可幽隱也。龍公天澤。齒八十。頗聖鑠。少治武藝。得巍科試。平康振威二邑。今則老子。是家于谷之口矣。余於辛亥春。借兪勉夫[好曾]。沂是川。求川上一畝地。爲菟裘計。至孤山下。有田可廬。問其主。則金參判時獻棄地也。余乃籠而有之五換壹于玆。參判公溢焉。化而去。勉夫又繼之重來。雲物如舊。顧人有存沒之感。與龍翁語是是。潛然涕在衣也。이창정,〈동행록〉,《화음선생유고》.

215  《광해군일기》〈영건 도감이 홍천 폐현에서 재목을 바치고 본현의 설치를 요구한다고 아뢰다〉 1619-02-11 (광해 11년)에 보인다.

였으니 무언가 매끄럽지 못한 처사이다. 영건도감營建都監을 통해 500그루[條]의 재목을 바치며 올린 상소는 1619년(광해 11) 2월 11일 아뢴 대로 시행하라는 분부에 의해 마침내 홍천현으로 복구된다.

참판 김시헌金時獻, 1560~1613은 임진왜란 당시 주민을 이끌고 원주 영원산성에 들어가 끝까지 싸우다 죽은 김제갑金悌甲, 1525~1592의 장남이며, 정기룡 · 곽재우 등과 합세해 왜군을 격퇴시키며, 진주대첩을 승리로 이끈 김시민金時敏, 1554~1593의 사촌 동생이기도 하다.

유호증1573~?은 이창정과 동갑으로 집안이 남양주 화도읍 차산리 일대에 묘산이 보인다. 그의 자字가 면부勉夫이다. 반곡을 소개한 이도 유호증인 것으로 보인다. 그는 본래 벼슬살이보다는 자연에 기울어 있었던 듯 재직 중에도 낙향하는 등 여러 차례 파직당하기도 한다. 동생인 유성증俞省曾, 1576~1649이 1619년 조도사調度使 이창정의 막하에 들어갔던 게 인연이 되었던 것으로 보인다. 유성증은 형 호증과 달리 호란 후의 수습책으로 양전量田의 실시, 대동법大同法의 실시, 부역의 공평 부과, 절행節行의 표창 등을 제안하여 강원도관찰사, 예조참판까지 오르게 되는 등 벼슬살이에 잘 적응한 인물이다.

홍천 서면은 행정적 측면을 제외하고는 모든 생활권이 홍천보다는 춘천에 가까운 탓에 지금은 홍천 중심권에서 밀려난 느낌이지만, 조선조까지만 해도 한양과 통하는 좋은 지리적 이점을 갖고 있어 수운이든 육로든 주요 인물들의 별업別業으로 선호되었던 것을 알 수 있다.

두머리 이야기

홍천군 서면 두미리는 여주에서 춘천을 잇는 70번 도로가 통과하는 마을이다. 일제강점기에 제작된 〈조선오만분일지형도〉에도 마을 길이 중로中路로 그려져 있다. 일찍부터 버스도 운행되어 춘천과 홍천에서 오는 버스의 종점이 이곳이다. 팔봉산유원지를 경유하다 보니 한때는 매시간 버스가 운행되었다. 그 덕에 남산면 광판리에 있는 중학교까지 10리 이상 걸어서 통학하는 다른 동네와 달리 우리 마을에서는 거의 대부분의 학생들이 버스를 타고 다녔다.

북쪽으로는 태항산이, 남쪽으로는 두릉산과 종자산이 높이 솟아 있고, 그 사이에 두미리와 반곡리가 자리하고 있다. 두릉산 골짜기에서 발원한 물과 종자산 골짜기에서 발원한 물이 북류하다가 마을 북쪽 부근에서 합류한 뒤, 비스듬히 동쪽으로 치우쳐 흘러 반곡마을에서 홍천강에 흘러든다. 이 'Y'자 형의 물줄기가 반班을 구분짓는 경계의 구실도 했다. 'Y'자형 물줄기의 오른쪽 아래는 1반이다. 덕거리, 어목촌, 양짓말, 향교골, 붓고지 등등의 마을이 있다. 2반과 3반은 위쪽 부분이다. 2반은 도인촌, 모탱이, 관사터, 옥담터, 3반은 웃말, 너분덕이 등등이며, 물줄기 좌측 4반은 응달말, 구석개울, 오리골, 새둔지, 석짓골, 등이다.

붓고지에는 《삼국지》의 관우關羽를 모시는 관운장 사당이 있다. 운장雲長은 그의 자字이다. 사당에 청룡언월도를 모셔놓고 있었는데, 언젠가 도둑맞았다가 서울 어느 고물상에서 되찾아왔다. 그 뒤 다시 잃어버린 뒤로는 소식이 없다. 사당은 구한말 명성황후가 총애하던 진령군이 지었다는 것으로 고종황제의 어필 현판이 있었다고도 한다. 뒤에 몇 분이 뜻을 모아 작으나마 비각을 지었다는 기록도 보이는데, 관리가 어렵게 되자 현재의 초라한 모습으로 겨우 유지되는 형편이다.

언젠가 〈두미리 산신제〉라는 이름으로 촬영한 것을 본 적이 있는데, 두릉산 아래와 관운장 사당에서 고사를 지내는 장면이었다. 옛날에는 반에서도 별도로 산신제를 지냈다고 하는데 모두 사라지고 말았다.

낮은 곳과 높은 곳의 표고차가 크지 않아 그냥 너른 들판으로 보인다. 두 마을의 경계가 채 1m도 안 되는 작은 도랑뿐이어서 이웃 마을 사람조차도 두 마을의 경계를 정확히 알지 못하는 경우가 허다하다.

두미는 한자로 斗尾라고 쓴다. 드물게 斗美라는 표기도 보인다. 두미斗尾라는 지명의 유래에 대해서는 알려진 바 없다. 《한국지명총람》에는 '팔봉산 아래 두메가 되므로'라는 설명을 달았는데 썩 미덥지는 못하다. 尾를 물~매[水]로 이해하면 두 물줄기가 합류하는 마을이란 뜻이 될 것이요, 물~뫼[山]으로 읽으면 두 개의 산줄기로 이루어진 두룽산 마을이란 뜻 정도로 풀 수 있을 것이다.

흥미로운 것은 다른 지역에도 같은 한자를 쓰는 지명이 보인다는 것

이석구, 관우묘 중수기(1948년)

이다. 우선 남한강과 북한강이 만나는 양수리 하류 쪽으로 팔당댐까지 이어지는 강에 도미渡迷, 두미斗尾 등의 지명이 보인다. 도미진渡迷津이란 표기가 일반적인데, 속칭 斗尾(두미) 또 斗迷(두미)로도 표기한다.[216]

조태억의 《겸재집》 권2에 〈두미천斗尾遷〉, 심육의 《저촌유고》 권41 〈풍악록〉과 신좌모의 《담인집》 권3, 강박의 《국포집》 권3 등에도 '두미천斗尾遷'으로 표기되어 있다.

《신증동국여지승람》 6권 경기 광주목廣州牧에 "도미진渡迷津 주 동쪽 10리, 양근군 대탄 용진龍津 하류에 있는데, 그 북쪽 언덕을 도미천渡迷遷이라 이름한다."고 하고 있으며, 이긍익의 《연려실기술 燃藜室記述》 별집 제16권 지리전고와, 홍직필의 《매산집》 권1에는 '渡迷(도미)'로 표기되어 있다.

두 물줄기가 합류한다는 데 대한 방증으로 삼을 수 있는 자료이다. 그런데 충북 아산시 음봉면 식산리에 보이는 두미斗尾마을은 성격이 다르다. 마을 양 끝에 해발 102.3m의 왕지산과 149.5m의 용암산이 있고 서쪽으로 신휴저수지가 보일 뿐이며, 마을 부근에는 과수원으로 이용되는 낮은 언덕이나 논이 있을 뿐이다. 용암산 서쪽으로는 의식천이 흘러 신휴저수지에 유입된다. 용암산 북측 계곡에서 발원하는 하천은 신휴저수지로 흘러 들어가는데, 마을에서는 이 물로 농사를 짓는다. 왕지산 아래는 물이 차고 수량이 풍부하여 아무리 가물어도 물이 줄어들지 않는다는 샘물이 있지만 마을과는 반대쪽이다.

한편, 대만과 마주한 중국 대륙에도 같은 한자를 쓰는 지명이 보인다. 중국 동남부 복건성福建省 천주시泉州市 혜안현惠安县 정봉진净峰镇에 두미

---

216 《東覽·廣州牧》山川,《重訂南漢志》山川,《邑誌·廣州》山川에는 "渡迷"로 되어 있고,《重訂南漢志》關防에는 "斗尾遷"이 있다. 以下 本府 內에서 "斗迷"는 同一하다.

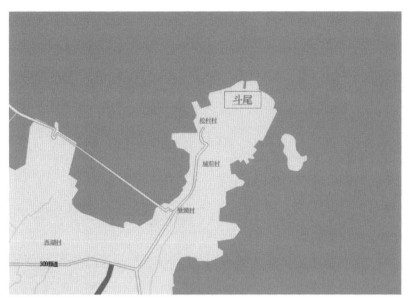

두미촌 복건성 천주시

항, 두미촌이 보인다. 황기산黃崎山, 누계산樓鷄山, 청란산靑蘭山 등 산은 둘
이 아닌 셋이요, 두 물줄기라고 할 곳은 마땅치 않다. 바다로 머리를 불
쑥 내민 듯한 곶串의 끄트머리에 항구와 마을이 있다. 머리인 듯 꼬리인
듯한 이 지형에 주목하면 두릉산에서부터 두미교회까지 뻗어내린 긴
산줄기도 주목할 만하다. 너분더기, 한자로 광평廣坪이라고 쓴다. 언덕
위에 논이 있을 정도로 길고 넓으며 평탄하다. 문제는 이 또한 남양주
와 아산의 두미 유래에 적용하기는 곤란하다는 것이다.

두미리에는 지평과 더불어 현縣을 유치하려 경쟁을 벌였다는 전설이
전해진다. 나라에서 지평과 반곡 둘 중의 한 곳에 현縣을 설치하려고 두
마을에 통보를 했다. 두 지역에서는 질세라 경쟁적으로 현 청사, 향교,
감옥 등등의 부대시설을 건설하기 시작했다. 공사가 거의 완료되어갈
시점에 반곡 쪽에서 살인 사건이 발생하고 말았다. 전통 시대에는 노비
가 주인을 죽이거나, 반역을 꾀하는 자가 나타나면 고을의 등급을 낮추

거나 아예 폐지를 시키는 일이 행해질 정도였으므로, 지평에 현을 설치하게 되었다는 것이다. 실제로 이 마을에는 관사터, 옥담터, 향교골 등의 지명이 남아 있다.

좀 다른 버전도 있다. 반곡(두미)이 실제 지평 현청이 있던 곳이라는 것이다. 지명들과 함께 주춧돌과 오래된 놋화로 불상들이 나온 것이 이를 방증한다고 한다. 양근과 지평의 거리가 직선거리로 30리(12km) 정도밖에 안 되니 별도의 현을 두기는 가깝다는 점에서 일면 그럴 듯도 하다.

이 이야기를 했더니 실제 답사를 한 이들에게서 증빙할만한 아무런 증거도 찾지 못했노라는 이야기를 들었다. 설치해서 운영되었다면 몰라도 설치하다가 말았다면, 무슨 증거가 남아 있단 말인가? 목재나 주춧돌 지붕 등 소용되었던 자재들은 헐어다 다른 집을 짓는 데 쓰였을 테고, 땅은 농지나 다른 집들이 들어서 있으니 증거가 나올 리 만무하지 않을까?

그나저나 이 이야기는 언제적 사실을 담고 있는 것일까? 반곡은 현재 강원도 땅이고 지평은 경기도 땅이다. 《삼국사기》〈지리지〉에 홍천, 횡성과 더불어 지평이 지금의 춘천인 삭주朔州가 거느리는 현에 포함되어 있다. 《고려사》〈지리지〉 이후 지평이 경기도에 예속된 것으로 나오는데, 그 이후로는 한 번도 강원도 땅이 된 적이 없다.

> 지평현(砥平縣)은 본래 고구려(高句麗) 지현현(砥峴縣)이었는데 경덕왕(景德王)이 이름을 고쳤다. 지금까지 그대로 따른다. (권 35)[217]

지평砥平은 본래 고구려의 지제현砥峴縣이었다가 삼국통일 후 경덕왕 때 이르러서야 지평현砥平縣으로 바뀌고, 이후 지제현砥堤縣 으로 불리다

---

217  《삼국사기》 권35, 신라 〉 삭주.

가 고종 32년(1895)에 이르러서야 다시 지평군으로 바뀐다. 1908년 9월 양근군과 지평군을 합병하여 양평군으로 칭하게 된다.

그렇다면 고구려 시대 처음 지현현砥峴縣을 설치할 때의 이야기일지도 모른다. 장수왕에서 광개토대왕을 거치면서 고구려의 남하와 더불어 현의 설치가 행해졌다면 약 1500년 전의 일일 것이요, 고구려 이전 삼국이 정립되기 이전의 일이라면 2천 년도 넘은 일일 수 있을 것이다. 증거가 남아 있다고 해도 언제적 유물인지조차 분간하기 어려운 일이다.

마을에 관한 기록을 찾아보면 참판을 지낸 김시헌이나 홍천 폐현을 복구시키는데 앞장선 용천택 같은 인물이 거주했던 것으로 보이고, 조인영의 〈반곡정사기〉란 글도 남아 있을 만큼 한때는 마을의 세가 융성했던 것으로 보인다. 한양으로 가는 길목 부근에 자리하고 있고, 홍천강에 연해 있어 수운水運이 용이하다는 것이 장점으로 작용한 듯하다. 족보를 살펴보면 연안이씨와 성주이씨, 원주이씨 등 여러 집안이 일찍부터 자리잡아 9~10대를 세거하고 있는 것을 알 수 있다. 반면에 능성구씨나 강릉김씨들은 집성을 이루는 듯싶더니, 일제강점기와 한국전쟁기를 거치면서 자취를 감추었다.

인물로는 한서 남궁억 선생의 제자로 강원일보와, 그 전신 팽오통신 간행에 관여했던 김우종의 출생지가 두미리 붓고지 마을이고,[218] 국립극단 단원으로 수많은 영화·연극 작품에 출연해 한국 기네스북에 오른 고설봉1913.4.10.~2001.9.16의 출생지는 양짓말이다.[219] 근래에는 이상용씨가 강원도지사 및 농림부장관을 역임한 바 있다. 두미리를 포함한 서면은 요사이 홍천의 주류 사회에서 다소 밀려난 감이 있

---

218  뒤에 학업을 위해 모곡으로 이사하면서 공적조서에는 모곡리 출신으로 되어 있다.
219  1993년에는 최다 작품 출연과 최고령 연극배우로 한국기네스북에도 올랐다.

다. 옛날 유리하게 작용하던 것들이 오히려 장애가 되어 정체되어버린 탓이다. 한때 290호에 달했다는 마을은 지금 고작 70~80호에 그친다. 젊은이와 아이들이 없으니 새로운 인재를 배출시키는 일도 요원하기만 하다.